Internationale Zuständigkeit

Studien zum vergleichenden und internationalen Recht -
Comparative and International Law Studies

Herausgeber: Bernd von Hoffmann, Erik Jayme
und Heinz-Peter Mansel

Band 80

PETER LANG
Frankfurt am Main · Berlin · Bern · Bruxelles · New York · Oxford · Wien

Ira Ditandy

Internationale Zuständigkeit

Neuregelung
durch die LOPJ 1985

Vergleich mit dem europäischen Vorbild
und Auswirkungen auf das spanische
internationale Zivilverfahrensrecht

PETER LANG
Europäischer Verlag der Wissenschaften

Bibliografische Information Der Deutschen Bibliothek
Die Deutsche Bibliothek verzeichnet diese Publikation in der Deutschen Nationalbibliografie; detaillierte bibliografische Daten sind im Internet über <http://dnb.ddb.de> abrufbar.

Zugl.: Trier, Univ., Diss., 2003

D 385
ISSN 0930-4746
ISBN 3-631-51257-0

www.peterlang.de

Für Martin

Vorwort

Die vorliegende Arbeit wurde im Wintersemester 2002/2003 vom Fachbereich Rechtswissenschaft der Universität Trier als Dissertation angenommen. Sie ist in den Jahren 1997-2000 entstanden. Die spanische Zivilprozeß-Novelle 2001 (zitiert: LEC n.F.) wie auch das Inkrafttreten der Verordnung (EG) 44/2001 konnten durch vergleichende Hinweise noch Berücksichtigung finden.

Herrn Prof. von Hoffmann als dem Betreuer der Dissertation gilt mein besonderer Dank für seine Unterstützung und konstruktive Kritik wie auch für die Aufnahme meiner Arbeit in die „Studien zum vergleichenden und internationalen Recht". Herrn Prof. Lindacher danke ich für die Erstellung des Zweitgutachtens.

Zu danken habe ich auch Herrn Prof. Garau Sobrino von der *Universidad de las Islas Baleares,* Palma de Mallorca, der mir während meines Aufenthalts dort in einer Vielzahl nützlicher Diskussionen Anregungen gegeben und mir nicht zugängliche Literatur aus seinen privaten Beständen zur Verfügung gestellt hat. Ebenso möchte ich sowohl den Bediensteten der dortigen Bibliothek wie auch denjenigen des Max-Planck-Instituts in Hamburg und der Universtiätsbibliothek Trier für ihren persönlichen Einsatz sowie den Universitäten und dem Institut selbst für die zur Verfügung gestellten Recherche-Möglichkeiten danken.

Ganz herzlich danken möchte ich meinen Eltern für ihre fortwährende Unterstützung und speziell meinem Vater für seinen Beitrag durch Korrektur lesen der Arbeit. Ebenso danke ich meinem Mann für seine in jeder Hinsicht hilfreichen Beiträge in Gesprächen sowie allen weiteren Personen, die gerne bereit waren, mir zu helfen, insbesondere bei den technischen Details und der Drucklegung.

Koblenz im März 2003 Ira Ditandy

Inhaltsverzeichnis

Vorwort VII

Verzeichnis spanischer Abkürzungen XXV

Einleitung 1

Teil I Internationale Zuständigkeit – Anerkennung und Vollstreckung ausländischer Entscheidungen in Spanien 3

1. Internationale Zuständigkeit 3
a) Begriff 3
b) Anforderungen an die internationale Zuständigkeit 4
aa) Effektiver Rechtsschutz 4
bb) Beklagtenschutz 5
cc) Sachnähe 5
dd) Öffentliche Interessen 6
ee) Internationale Durchsetzbarkeit 6
aaa) Identität von Entscheidungs- und Vollstreckungsstaat 7
bbb) Keine Identität von Entscheidungs- und Vollstreckungsstaat 7
ccc) Internationale Zuständigkeitsharmonie 8
aaaa) Internationale Zuständigkeitsharmonie im EuGVÜ 8
bbbb) Verzicht auf Überprüfung der internationalen Zuständigkeit 9

2. Anwendungsbereich des EuGVÜ 10

3. Anwendungsbereich der LOPJ 10

4. Multilaterale und unilaterale Regelungstechnik 11
a) Begründung der internationalen Zuständigkeit 12
b) Grenzen der internationalen Zuständigkeit 12
aa) Ausschließliche Zuständigkeit 12
aaa) LOPJ 12
bbb) EuGVÜ 13
bb) Konkurrierende Zuständigkeit 14
aaa) LOPJ 14
bbb) EuGVÜ 14

cc) Notgerichtsstand 15
aaa) LOPJ 15
bbb) EuGVÜ 15
c) Italienische und englische Regelung 15

5. Historischer Überblick 16
a) Sondergerichtsbarkeiten für Ausländer 17
b) Bürgerlicher Liberalismus 18
aa) *Real Decreto de Extranjería de 1852* 19
bb) *Decreto de Unificación de Fueros de 1868* 20
cc) Art. 267 LOPJ 1870/Art. 51 LEC 1881 20
c) Allzuständigkeit der spanischen Gerichte 21
d) Reformbestrebungen und Entwicklung 24
e) LOPJ 1985 – Ende der Allzuständigkeitsrechtsprechung 26

6. Anerkennung und Vollstreckung 28
a) Historische Entwicklung 28
b) Artt. 951 bis 958 LEC 29
aa) Art. 951 LEC – System der Staatsverträge 30
bb) Art. 952f. LEC – Prinzip der Gegenseitigkeit 31
cc) Art. 954 LEC – System der unabhängigen internen Kontrolle 31
aaa) Persönliche Klage 31
bbb) Kein Versäumnisurteil 32
ccc) Kein Widerspruch zum innerstaatlichen ordre public 32
ddd) Formale Erfordernisse 33
eee) Überprüfung des anwendbaren Rechts – révision au fond 33
fff) Kein Widerspruch zu einer spanischen Entscheidung 34
ggg) Internationale Zuständigkeit des Erstgerichts 34
aaaa) Rechtsprechung des *Tribunal Supremo* 35
bbbb) Bestätigung durch den *Tribunal Constitucional* 35
cccc) Rechtfertigung dieser Rechtsprechung 36
aaaaa) Reformüberlegungen bei Erarbeitung der LOPJ 1985 36
bbbbb) Änderung der Rechtsprechung zu Art. 954 Nr. 2 LEC 38
ccccc) Rechtfertigung aus Artt. 951 – 953 LEC 38
ddddd) Stellungnahme 39

Teil II Die Auswirkungen der Neuregelung der internationalen Zuständigkeit auf das spanische internationale Zivilverfahrensrecht 41

Einleitung 41

1. Entwicklung des Spiegelbildprinzips 41
a) Allzuständigkeitsrechtsprechung 41
b) Einfluß der Neuregelung der internationalen Zuständigkeit 42
c) Auswirkungen auf den internationalen Rechtsverkehr 44
aa) Beklagtenschutz 44
bb) Internationale Zuständigkeitsharmonie 45
aaa) Perfektes Spiegelbildprinzip im EuGVÜ 46
bbb) Internationale Zuständigkeitsharmonie durch Art. 22 LOPJ 47
d) LEC-Novelle 47

2. Internationale Rechtshängigkeit 47
a) Art. 533.5 LEC 47
aa) Erkenntnisverfahren 48
bb) Anerkennungsverfahren 49
b) Art. 533.5 LEC und ausländische Gerichte 50
aa) Anerkennungsprognose des erkennenden Gerichts 50
bb) Gefahr widerstreitender Entscheidungen 51
cc) Stellungnahme 53
dd) LEC-Novelle 54

3. Prüfung der inernationalen Zuständigkeit 55
a) Keine gesetzliche Regelung 55
b) Rechtsprechung 55
c) Spanische Lehre 57
d) EuGVÜ 58
e) LEC-Novelle 59

4. Prozessuale Rügemöglichkeit 60
a) Keine gesetzliche Regelung 60
b) Artt. 72ff. LEC 60
c) Art. 533.1 LEC 62
d) Auswirkungen im Anwendungsbereich von Art. 18 EuGVÜ 65
e) LEC-Novelle 67

5. Perpetuatio fori 68

Teil III Das autonome spanische internationale Zuständigkeitssystem und die einzelnen Gerichtsstände im Vergleich mit dem EuGVÜ 69

A) Allgemeines 69

1. Unabhängiges System 69

2. Kein örtlich zuständiges Gericht 72
a) Problemstellung 72
aa) Unterhaltsstreitigkeiten 73
bb) Vertragliche Streitigkeiten 73
cc) Außervertragliche Streitigkeiten 74
b) Lösungsansätze in der spanischen Literatur 74
c) Stellungnahme 75
d) LEC-Novelle 76

3. Systematik 78
a) Ausschließliche Gerichtsstände 78
b) Allgemeine Gerichtsstände 78
c) Besondere Gerichtsstände 79

4. Verhältnis der Gerichtsstände zueinander 80
a) Ausschließlichkeitstheorie 80
b) Subsidiaritätstheorie 82
aa) Wortlaut 82
bb) Parallele bei örtlicher Zuständigkeit 82
c) Konkurrenztheorie 84
aa) Spanische Lehre 84
bb) Rechtsprechung 85
aaa) Exequaturverfahren 85
bbb) Erkenntnisverfahren 86
d) Zwischenergebnis 87

B) Abweichungen von den Gerichtsständen des EuGVÜ 88

Einleitung 88
a) Anwendungsbereich von Art. 16 EuGVÜ 89
b) Begrenzungsfunktion von Art. 22 Abs. 1 LOPJ 90

1. Gerichtsstand der Immobilien 91
a) Vorlage aus 2. Beitrittsübereinkommen zum EuGVÜ 91
b) Ferienhaus-Rechtsprechung des EuGH 91
c) Ratifikation des 3. Beitrittsübereinkommens 92
aa) Beispiel 1: Immobilie in Spanien 94
bb) Beispiel 2: Gemeinsamer Wohnsitz in Spanien 96
cc) Ergebnis 97
d) Italienische Lösung 97

2. Gerichtsstand der Gesellschaften und juristischen Personen 99

3. Gerichtsstand der Zwangsvollstreckung 100
a) Anerkennung ausländischer Entscheidungen 100
b) Anerkennung ausländischer Schiedssprüche 101
c) Rechtsbehelfe in der Zwangsvollstreckung 101
aa) EuGVÜ 101
bb) LOPJ 102
aaa) Historische Interpretation 102
bbb) Teleologische Interpretation 103
ccc) Stellungnahme 104
d) Rechtsbehelfe in der Zwangsvollstreckung nach der LEC 105
aa) Rechtsbehelfe des Schuldners 105
bb) Rechtsbehelfe Dritter 106
cc) Zuständigkeit für Zwangsvollstreckungsverfahren 106
e) Stellungnahme 108

4. Gerichtsstand am Wohnsitz des Beklagten 109
a) Actor sequitur forum rei 109
b) Begriff des (Wohn-)sitzes 109
aa) Wohnsitz natürlicher Personen 110
bb) Sitz juristischer Personen 111
cc) Stellungnahme 112

5. Gerichtsstandsvereinbarungen 113
a) Anwendungsbereich von Art. 22. Abs. 2 LOPJ 113
b) Anwendbares Recht 115
c) Wirksamkeitsvoraussetzungen 118
aa) Formelle Voraussetzungen 118
aaa) Wirksamkeitserfordernis oder Beweiserleichterung 118
bbb) Allgemeine Geschäftsbedingungen 121
ccc) Erfüllungsortvereinbarung 122
ddd) Handelsbräuche am Beispiel Konnossement 122

eee) Rechtsnachfolge Dritter am Beispiel Konnossement 124
fff) Schriftliche Bestätigung mit Gerichtsstandsklausel 125
ggg) Schriftliche Bestätigung mündlicher Gerichtsstandsklausel 127
hhh) Stellungnahme 127
bb) Materielle Voraussetzungen 128
aaa) Genaue Bezeichnung des prorogierten Gerichts 128
bbb) Stellungnahme 129
ccc) Besondere Verbindung des Rechtsstreits zu Spanien 130
ddd) Stellungnahme 130
cc) Zulässigkeit der *derogatio fori* 132
aaa) Keine gesetzliche Regelung 132
bbb) *Derogatio fori* während der Zeit des Justizimperialismus 132
ccc) Inkrafttreten der LOPJ 1985 133
aaaa) SSTS vom 30. April und 18. Juni 1990 133
bbbb) Stellungnahme 134
cccc) STS vom 19. November 1990 135
dddd) Stellungnahme 135
eeee) Weitere Entwicklung der Rechtsprechung des *Tribunal Supremo* 136
ffff) Stellungnahme 138
gggg) Auswirkungen im Anwendungsbereich von Art. 17 EuGVÜ 141
ddd) Dogmatische Begründung der Zulässigkeit der *derogatio fori* 142
aaaa) Wortlaut von Art. 22 Abs. 2 LOPJ 143
bbbb) Hierarchischer Aufbau des Art. 22 LOPJ 143
cccc) Art. 22 Abs. 2 LOPJ analog 143
dddd) Analogie zu Schiedsgerichtsklauseln 146
eeee) Historische und teleologische Auslegung von Art. 22 Abs. 2 LOPJ 147
ffff) Stellungnahme 147
d) Alternative Gerichtsstandsvereinbarungen 149
aa) Art. 17 EuGVÜ 149
bb) Art. 22 Abs. 2 LOPJ 150

6. Rügelose Einlassung 150
a) Anwendungsbereich von Art. 22 Abs. 2 LOPJ 150
b) Wirksamkeitsvoraussetzungen 152
aa) Widerklage, Verfahrenseinreden und säumiger Beklagter 152
bb) Weitere zuständigkeitsbegründende Prozeßhandlungen 153

cc) Insbesondere: Hilfsweise Einlassung zur Hauptsache 154
aaa) Rechtsprechung des EuGH 154
bbb) Herkömmliche spanische Rechtsprechung 154
ccc) Entwicklung in spanischer Lehre und Rechtsprechung 154
ddd) Stellungnahme 156
c) Spanisches Prozeßrecht und Art. 18 EuGVÜ 156
aa) Richtiger nationaler Rechtsbehelf 156
bb) Entgegenstehende nationale Vorschriften 157

7. Unterhaltsgerichtsstand 158
a) Unterhaltsberechtigter 158
b) Abweichungen 158
aa) Unterhaltsklage 159
aaa) Klägergerichtsstand am gewöhnlichen Aufenthaltsort 159
bbb) Kein Klägergerichtsstand am Wohnsitz 160
ccc) Lösungsmöglichkeit 160
bb) Nebenentscheidung aus Hauptprozeß über den Personenstand 161
cc) Gerichtsstandsvereinbarungen in Unterhaltssachen 162
c) Stellungnahme 162

8. Vertragsgerichtsstand 163
a) Abweichungen 163
b) Gerichtsstand am Entstehungsort der Verbindlichkeit 164
c) Gerichtsstand am Erfüllungsort der Verbindlichkeit 166
aa) Bestimmung des Erfüllungsortes 166
aaa) Rechtssprechung des EuGH 167
bbb) Spanische Rechtsprechung 168
aaaa) Kritik in der Literatur 169
bbbb) Stellungnahme 169
cccc) Probleme der italienischen Reform 170
aaaaa) Bestimmung des Erfüllungsortes nach lex fori oder lex causae 170
bbbbb) Auslegungszuständigkeit des EuGH 170
ccccc) Spanische Lösung 172
bb) Abweichungen der Formulierungen 173
aaa) Art. 5 Nr. 1 EuGVÜ 173
bbb) Art. 22 Abs. 3, Alt. 7 LOPJ 174
ccc) Stellungnahme 174

9. Gerichtsstand arbeitsrechtlicher Streitigkeiten 175
a) Abweichungen 175
b) Begründung 177

c) Stellungnahme 177
d) Art. 3 Abs. 2 EuGVÜ 178
e) Zulässigkeit von Gerichtsstandsvereinbarungen 179

10. Gerichtsstand außervertraglicher Verbindlichkeiten 181
a) Qualifikation 181
b) Abweichungen 182
aa) Art. 22 Abs. 3: „Handlung, von der diese herrührt“ 182
bb) Stellungnahme 183
cc) Gemeinsamer gewöhnlicher Aufenthalt in Spanien 183
aaa) Schutz vor künstlicher Internationalisierung 184
bbb) Stellungnahme 184

11. Gerichtsstand der Mobilien 185
a) Abweichung: Kein Vorbild im EuGVÜ 185
b) Motivation des Gesetzgebers 185
c) EuGVÜ und deutsche Regelung 185
d) Stellungnahme 186

12. Gerichtsstand des einstweiligen Rechtsschutzes 188
a) EuGVÜ 188
b) LOPJ 189
c) Vollstreckung der Hauptsacheentscheidung 190
aa) EuGVÜ 190
bb) Spanische Rechtsordnung 191
d) Stellungnahme 192
e) Einstweiliger Rechtsschutz nach spanischem Recht 193
aa) Artt. 1397ff. LEC 193
bb) Principio de instrumentalidad 194

13. Gerichtsstand in Verbrauchersachen 195
a) Abweichungen 195
b) Bezug zum Wohnsitzstaat des Verbrauchers 197
aa) Art. 22 Abs. 4, Alt. 1, 1. und 2. Alt. LOPJ 197
bb) Art. 22 Abs. 4, Alt. 1, 3. Alt. LOPJ 198
aaa) Spanische Lehre 198
bbb) Stellungnahme 198
c) Verbraucherbegriff 200
aa) EuGVÜ 200
bb) Spanisches autonomes Recht 200
cc) Gegenüberstellung 202

d) Kompetenzrechtlicher Verbraucherschutz 203
aa) Forum actoris 203
aaa) Deutsche autonome Regelung 204
bbb) Spanische Regelung 204
bb) Verbraucherschutz durch *forum shopping* 204
aaa) Multilaterale Regelungstechnik des EuGVÜ 204
bbb) Unilaterale Regelungstechnik der LOPJ 205
ccc) Stellungnahme 205
cc) Asymmetrie als Gleichgewichtselement 206
aaa) EuGVÜ 206
bbb) Spanische Regelung 206
aaaa) Teleologische Auslegung 207
bbbb) Verbrauchergerichtsstand als *forum specialis* 208
cccc) Stellungnahme 208
dd) Gerichtsstandsvereinbarungen in Verbraucherverträgen 209
aaa) Abweichung 210
bbb) Unzulässigkeit von Gerichtsstandsvereinbarungen 210
aaaa) Prozessuale und spezialgesetzliche Regelungen 210
bbbb) Rechtslage vor Inkrafttreten des Gesetzes 7/1998 212
aaaaa) Prozeßrechtliche Betrachtung 212
bbbbb) Materiellrechtliche Betrachtung 213
ccccc) Europarechtliche Bewertung dieser Rechtsprechung 215
cccc) Rechtslage seit Inkrafttreten des Gesetzes 7/1998 216
ee) Eingeschränkt zulässige Zuständigkeitsvereinbarungen 219
ff) Verbraucherschutz durch Anerkennungsverweigerung 220
aaa) Art. 28 Abs. 1 EuGVÜ 220
bbb) Art. 954 Nr. 3 LEC 220
e) Stellungnahme 220

14. Gerichtsstand in Versicherungssachen 221
a) Abweichungen 221
b) Schutz des Versicherten 222
aa) Gleichlauf von *forum*, *ius* und Versicherungsaufsicht 223
bb) Versichertenschutz durch Art. 22 Abs. 4, 1. Alt. LOPJ 224

15. Gerichtsstand der Zweigniederlassung 226

16. Gerichtsstände des Art. 5 Nr. 4, 6 und 7 EuGVÜ 226
a) Art. 5 Nr. 6 und 7 EuGVÜ 226
b) Art. 5 Nr. 4 EuGVÜ 226

17. Gerichtsstände des Sachzusammenhangs 227
a) Gerichtsstand der Widerklage 228
b) Stellungnahme 229
c) Sonstige Gerichtsstände des Sachzusammenhangs 230
d) Stellungnahme 230
e) Gerichtsstand der Gewährleistungs- und Interventionsklage 231

C) Portugiesische Novelle 233

1. Harmonisierungsbemühungen 233
a) Die Regelungen über die internationale Zuständigkeit 233
b) Wichtigste Änderungen zur vormaligen Rechtslage 234
c) Doppelfunktionalität der örtlichen Gerichtsstände 235

2. Stellungnahme 236

Schlußbetrachtung 237

Anhang 1: Gegenüberstellung LOPJ – EuGVÜ 239

Anhang 2: Spanische Gesetze mit Übersetzung 255

Literaturverzeichnis:
1. Spanische Literatur 271
2. Spanische Parlamentaria 283
3. Deutsche Literatur 284
4. Sonstige Quellen 296

Verzeichnis spanischer Abkürzungen

AP	Audiencia Provincial
AT	Audiencia Territorial
BOE	Boletín Oficial del Estado
C	Curso de
Cc	Código civil
Ccom	Código de comercio
CE	Constitución Española
Col. Leg., Jur. Civ.	Colección Legislativa. Jurisprudencia Civil
DIP	Derecho Internacional Privado
LEC	Ley de Enjuiciamiento Civil
LECrim	Ley de Enjuiciamiento Criminal
LCS	Ley de Contrato de Seguros
LGDCU	Ley General para la Defensa de los Consumidores y Usarios
LOPJ	Ley Orgánica del Poder Judicial
RAJ	Repetitorio Aranzadi de Jurisprudencia
REDI	Revista Española de Derecho Internacional
Rev. Gen., Jur. Civ.	Revista General de Legislación y Jurisprudencia, Jurisprudencia Civil
RGD	Revista General del Derecho
TS	Tribunal Supremo
S(S)AP	Sentencia(s) Audiencia Provincial
S(S)AT	Sentencia(s) Audiencia Territorial
S(S)TS	Sentencia(s) Tribunal Supremo

Einleitung

Mit der spanischen Verfassung von 1978 und der dadurch bedingten Verankerung demokratischer verfassungsrechtlicher Grundprinzipien gewährleistete die spanische Rechtsordnung nach Jahrzehnten der Diktatur auch wieder den Zugang zu einer rechtsstaatlichen Grundsätzen verpflichteten Justiz. Diese Wertentscheidungen bereiteten den Boden für die spätere Integration Spaniens in die europäische Gemeinschaft und die Öffnung des Landes für den internationalen Rechtsverkehr.

Die bis dahin geltenden Regelungen des spanischen internationalen Zivilprozeßrechts waren allein an nationalen Zielen ausgerichtet und der Erleichterung des internationalen Entscheidungsverkehrs nicht dienlich. Deshalb nahm sich der spanische Gesetzgeber bei der Neuregelung der internationalen Zuständigkeit in Zivilsachen durch die *Ley Orgánica 6/1985 del Poder Judicial (LOPJ)* die Regelungen des Europäischen Übereinkommens über die gerichtliche Zuständigkeit und die Vollstreckung gerichtlicher Entscheidungen in Zivil- und Handelssachen (EuGVÜ) zum Vorbild.

Auch wenn Spanien dem EuGVÜ zu dieser Zeit noch nicht beigetreten war, fallen die Ähnlichkeiten zwischen beiden Regelungswerken auf den ersten Blick auf. Bei näherer Betrachtung ergeben sich jedoch Abweichungen der LOPJ von ihrem europäischen Vorbild. Mit der vorliegenden Arbeit soll daher untersucht werden, welche Abweichungen dies im einzelnen sind, welche Gründe hierzu geführt haben und welche Auswirkungen dies -zuständigkeits- wie anerkennungsrechtlich- für die spanische Rechtsordnung und den internationalen Rechtsverkehr hat. Ferner sollen die weiteren Auswirkungen der Novellierung sowie der Einfluß des EuGVÜ auf das spanische internationale Zivilprozeßrecht analysiert werden.

Hierzu werden die spanische Rechtsprechung und Literatur ausgewertet; berücksichtigt sind Veröffentlichungen bis Anfang Januar 2000. Soweit dies im Rahmen einzelner Aspekte interessant erscheint, werden vergleichend andere Rechtsordnungen im Geltungsbereich des EuGVÜ herangezogen. Die Darstellung der Rechtsprechung berücksichtigt die nach dogmatischer Herleitung und Ergebnis wegweisenden Entscheidungen des spanischen Verfassungsgerichts, des obersten Gerichtshofs und der Untergerichte.

Koblenz, im März 2003

Teil I Internationale Zuständigkeit - Anerkennung und Vollstreckung ausländischer Entscheidungen in Spanien

1. Internationale Zuständigkeit

a) Begriff

Die internationale Zuständigkeit ist eine Kernmaterie des internationalen Verfahrensrechts. Gegenstand der internationalen Zuständigkeit ist die Verteilung von Rechtsprechungsaufgaben an die Gerichte verschiedener Staaten[1]. Die internationale Zuständigkeit ist dann zu erörtern und festzustellen, wenn der Sachverhalt verfahrensrechtlich Auslandsberührungspunkte aufweist[2].

Rechtsquellen zur Bestimmung der internationalen Zuständigkeit der Gerichte eines Staates sind dessen nationale Vorschriften, selbst wenn einige dieser Normen staatsvertraglichen Ursprungs sind und erst durch ihre Umsetzung nationales Recht geworden sind[3]. Ein solcher -multilateraler- Staatsvertrag ist das Brüsseler Übereinkommen über die gerichtliche Zuständigkeit in Zivil- und Handelssachen vom 29. September 1968[4] (EuGVÜ), wohingegen die spanische *Ley Orgánica 6/1985 del Poder Judicial* vom 1. Juli 1985[5] (LOPJ) ein nationales spanisches

---

1 Cortés Domínguez, Derecho Procesal Civil Internacional, S. 3; von Hoffmann, IPRax 1982, 217ff.: Gegenwartsprobleme internationaler Zuständigkeit (217); aus deutscher Sicht BGHZ 44, 46f.: Die internationale Zuständigkeit betrifft „die Grenzziehung zwischen der Zuständigkeit deutscher Gerichte und der Zuständigkeit ausländischer Gerichte".

2 Aretz/Korth, Internationales Privat- und Verfahrensrecht, S. 73, RZ 53

3 Art. 96 Abs. 1 CE (= Spanische Verfassung; Art. 96 Abs.1 CE: vgl. Anhang); Art. 59 Abs. 2 GG

4 BGBl. 1972 II, S. 774; jetzt: Verordnung (EG) Nr. 44/2001, Amtsblatt der EG, Nr. L 12 vom 16. Januar 2001. Die Vorschriften der Verordnung sind mit Wirkung seit dem 01. März 2002 in den EU-Mitgliedstaaten mit Ausnahme Dänemarks an die Stelle des EuGVÜ getreten.

5 BOE, núm. 157, de 2 de julio de 1985; Fehlerkorrektur BOE, núm. 264, de 4 de noviembre de 1985

parlamentarisches Gesetz im Rang einer *Ley Orgánica*[6, 7] ist, dem das EuGVÜ als Vorlage gedient hat[8].

b) Anforderungen an die internationale Zuständigkeit

Die Vorschriften über die internationale Zuständigkeit müssen im internationalen Rechtsverkehr vielfältigen Forderungen gerecht werden:

aa) Effektiver Rechtsschutz

Die Zuständigkeitsregelungen müssen den verfassungsrechtlichen Garantien demokratischer Rechtsordnungen einfachgesetzlich Rechnung tragen[9]. So garantiert Art. 24 CE den effektiven Rechtsschutz mit Folge des Rechts auf Zugang zu den staatlichen Gerichten und dem Recht, sich dort zu verteidigen[10]; ferner ist in dieser Verfassungsnorm das Recht auf den gesetzlich vorbestimmten Richter veran-

---

6 Art. 81 Abs. 1 CE (Wortlaut und Übersetzung: vgl. Anhang) enthält die Legaldefinition einer *Ley Orgánica*: Gesetze im Rang einer *Ley Orgánica* sind danach zu verabschieden, wenn die zu verabschiedende Regelung die Entwicklung der Grundrechte und der bürgerlichen Freiheiten, die Zustimmung zu den Statuten der Autonomien und die Regelung des allgemeinen Wahlrechts zum Gegenstand hat, oder in Bezug auf Gesetze, die in der spanischen Verfassung als *Leyes Orgánicas* vorgesehen sind.

7 Einen Verfassungsauftrag für ein Gesetz zur Regelung der Gerichtsverfassung im Rang einer *Ley Orgánica* normiert Art. 122 Abs. 1 CE (Art. 122 Abs. 1 CE: vgl. Anhang). Nach *Senés Motilla*, Justicia 1986, S. 683ff.: Sistema de competencia judicial ... (689) ist der Gesetzgeber mit der Regelung der internationalen Zuständigkeit über diesen Verfassungsauftrag hinausgegangen. *Senés Motilla* argumentiert weiter, daß die Mitregelung der internationalen Zuständigkeit in der LOPJ zweckmäßig gewesen sei, weil die internationale Zuständigkeit eine Materie sei, die in engem Zusammenhang mit dem Grundrecht auf Justizgewährleistung (Art. 24 CE) stehe, so daß gemäß Art. 81 CE (vgl. vorherige Fußnote) die internationale Zuständigkeit in jedem Falle in einer *Ley Orgánica* geregelt werden mußte. Auch nach Fischer/Fischer, Spanisches Handels- und Wirtschaftsrecht, S. 346 folgt ein entsprechender Verfassungsauftrag aus Art. 24 CE.

8 Senés Motilla, Justicia 1986, S. 683ff.: Sistema de competencia judicial ... (689); Andrés de la Oliva/M. Angel Fernández, DPC, Vol. I, S. 362; J. Montero Aroca/M. Ortells Ramos/J. L. Gómez Colomer/A. Montón Redondo, Derecho Jurisdiccional, Vol. II, Proceso Civil, S.12; Amores Conradi, REDI 1989, S. 113ff.: La nueva estructura ... (126, 131); Iglesias Buhígues/Desantes Real, Extensiones y límites de la jurisdicción española ..., S. 453ff. (454); Borrás Rodríguez, Competencia Judicial y Reconocimiento de Decisiones Extranjeras en la CEE, S. 233ff. (237); Rodríguez Benot, REDI 1994, 567ff.: España en el espacio judicial ... (601); Quiñones y Escàmez, Revista Jurídica de Catalunya 1987, S. 657ff.: Evolución de la admisibilidad de la cláusula atributiva ... (673); dieselbe: El foro de pluralidad ... (83)

9 Garcimartín Alférez, REDI 1995-2, S. 121ff.: Caben reducciones teleológicas o „abuso de derecho" en las normas sobre competencia judicial internacional? (123); Amores Conradi, REDI 1989, S. 113ff.: La nueva estructura ... (117) verleiht den Kompetenzvorschriften daher pseudokonstitutionalen Charakter.

10 Garcimartín Alférez aaO (123); Amores Conradi aaO (114, 115)

kert[11]. Immer ist hier zu berücksichtigen, daß Kläger und Beklagter insoweit gegenläufige Interessen verfolgen: Was des einen leichterer Zugang zu den staatlichen Gerichten, ist des anderen beschwerliche Rechtsverfolgung[12].

Eine Reform des internationalen Zuständigkeitsrechts war in Spanien dringend geboten, nachdem die Verfassung von 1978 dazu verpflichtete, den zuvor bestehenden Zustand von Unbestimmtheit und fortwährender Unsicherheit zu beseitigen[13].

bb) Beklagtenschutz

Beklagtenschutz kann durch Vorschriften über die internationale Zuständigkeit erreicht werden, indem ein internationaler Gerichtsstand am Sitz des Beklagten bereitgestellt wird: Die entscheidende räumliche Beziehung einer Person zu einem Gerichtsbezirk wird durch deren Wohnsitz begründet[14]. Die bereits im römischen Zivilprozeßrecht geltende[15] Maxime *actor sequitur forum rei* beruht auf grundlegenden Postulaten prozessualer Fairneß gegenüber dem Beklagten: Der Kläger soll als Angreifer die Last des Weges zum Beklagten auf sich nehmen[16]. In der Schweiz ist dieser universell anerkannte Grundsatz des Beklagtenschutzes sogar in Art. 59 der Bundesverfassung[17] normiert.

cc) Sachnähe

Je nach der sachlichen Eigenart des streitigen Rechtsverhältnisses besteht ein Bedürfnis nach Beweis- und Sachnähe des Gerichtsstands zum räumlichen Schwer-

---

11 Amores Conradi aaO (114)

12 von Hoffmann, aaO (219); Amores Conradi aaO (118); Garcimartín Alférez aaO (123); Weiß, Die Konkretisierung der Gerichtsstandsregeln des EuGVÜ durch den EuGH (213) kommt zu dem Ergebnis, daß dem EuGH der richtige Mittelweg zwischen Effektivität des Rechtsschutzes für den Kläger und Beklagtenschutz gelungen ist.

13 Amores Conradi, REDI 1989, S. 113ff.: La nueva estructura ... (113f.): Die Verfassung von 1978 ist endlich würdig, diese Bezeichnung zu tragen.

14 von Hoffmann, IPRax 1982, 217 ff.: Gegenwartsprobleme internationaler Zuständigkeit (218)

15 Kaser, S. 183, s. dort auch: Fn. 33; Wengler, S. 43

16 Übersicht über die einzelnen Argumente: s. im einzelnen bei J. Schröder, S. 235 ff.

17 Stojan, Die Anerkennung und Vollstreckung ausländischer Zivilurteile in Handelssachen, S. 107 ff. mit genauer Analyse der Voraussetzungen dieser Bestimmung: Art. 59 der schweizerischen Bundesverfassung bestimmt, daß der aufrechtstehende (solvente) Schuldner mit (festem) Wohnsitz in der Schweiz für persönliche Ansprachen vor dem Richter seines Wohnsitzes gesucht werden muß.

punkt des Rechtsstreits[18]. Zu diesen Gerichtsständen muß sich auch der Beklagte bequemen[19]. Solche Gerichtsstände sind der Tatort bei unerlaubten Handlungen[20] und der Lageort bei Grundstücken[21] sowie der Registerort für Patente und gewerbliche Schutzrechte[22]. Den Parteien ist ferner an leichtem und billigem Zugang zu den Beweismitteln gelegen[23].

dd) Öffentliche Interessen

Auch Staatsinteressen im eigentlichen Sinn wie Verteidigung und außenwirtschaftliches Gleichgewicht oder gesellschaftliche Werte im Familienrecht können Anknüpfungskriterien für die internationale Zuständigkeit sein. Eine Überbewertung dieser Kriterien kann aber leicht zu exorbitanten Gerichtsständen führen[24].

ee) Internationale Durchsetzbarkeit

Die internationale Zuständigkeit steht in engem Zusammenhang mit der (Anerkennung und) Vollstreckung einmal erstrittener Entscheidungen: Einmal als Möglichkeit, unmittelbar im ausländischen Vollstreckungsstaat zu klagen (direkte Entscheidungszuständigkeit[25]), zum anderen als Voraussetzung für die Anerkennung der im Ausland erstrittenen Entscheidung im Inland (indirekte oder Anerkennungszuständigkeit[26]). Zwar meint Schröder, Vollstreckungsinteressen seien bei der Formulierung der internationalen Zuständigkeit für das Erkenntnisverfahren nicht zu berücksichtigen[27]. Die Durchsetzbarkeit eines Anspruchs ist jedoch unter dem Blickwinkel der effektiven internationalen Rechtsdurchsetzung, zu der auch die Befriedigung der obsiegenden Partei wegen des im Erkenntnisverfahren erstrittenen Anspruchs gehört, von großer Bedeutung[28].

---

18 Schröder aaO (108); von Hoffmann aaO (218); Garcimartín Alférez, REDI 1995-2, S. 121ff.: Caben reducciones teleológicas o „abuso de derecho“ en las normas sobre competencia judicial internacional? (124)

19 von Hoffmann aaO (218)

20 Geimer, IZPR, RZ 902, 1529

21 von Hoffmann aaO (218)

22 Geimer, IZPR, RZ 902

23 Garcimartín Alférez aaO (124)

24 von Hoffmann, aaO (218)

25 Geimer, IZPR, RZ 850

26 Geimer aaO, RZ 851

27 Schröder, Internationale Zuständigkeit S. 403f.; anders aber für die Wahl des Gerichtsstandes durch den Kläger, ders. aaO (108)

28 so von Hoffmann für den Gerichtsstand des Vermögens, aaO (220); Amores Conradi, REDI 1989, S. 113ff., La nueva estructura ... (148); Jayme in FS für Schwind, *Giuseppe Pisanelli* (1812-1879): Zur Begründung des „Internationalen“ Zivilprozeßrechts, S. 43ff. (43)

aaa) Identität von Entscheidungs- und Vollstreckungsstaat

Der Kläger kann zunächst ein internationales Forum wählen, das mit dem Vollstreckungsstaat identisch ist[29]. Dies erleichtert die Zwangsvollstreckung, setzt aber voraus, daß der Vollstreckungsstaat ein internationales Forum bereitstellt. Ein wichtiges Forum stellt insoweit der Beklagtenwohnsitz dar, da in aller Regel davon ausgegangen werden kann, daß sich auch das der Zwangsvollstreckung unterliegende Vermögen des Beklagten an seinem Wohnsitz befindet[30]. Hat der Kläger im Erkenntnisverfahren obsiegt, so ist ein weiterer Prozeß im Ausland, um die Vollstreckung aus dem Urteil zu erreichen, überflüssig geworden. Diese Vermeidung doppelter Prozesse liegt im Ordnungsinteresse internationaler Prozeßökonomie[31].

bbb) Keine Identität von Entscheidungs- und Vollstreckungsstaat

Der Gläubiger hat ferner ein Interesse an der Vollstreckung einer Entscheidung außerhalb des Entscheidungsstaates, sofern eine Vollstreckungsmöglichkeit im Entscheidungsstaat nicht besteht. Normiert der Anerkennungsstaat als Anerkennungsvoraussetzung die internationale Zuständigkeit des Erstgerichts nach seinen eigenen nationalen Vorschriften über die internationale Zuständigkeit[32], so erlangen die Vorschriften über die internationale Zuständigkeit des Entscheidungsstaates auch anerkennungsrechtlich Bedeutung.

Bei Formulierung der Anerkennungszuständigkeit sind drei Varianten denkbar: Einmal das Kongruenz- oder Spiegelbildprinzip, bei dem internationale Entscheidungszuständigkeit und internationale Anerkennungszuständigkeit sich decken[33], ferner eine Erweiterung der Anerkennungszuständigkeit, bei der auch internationale Gerichtsstände ausländischer Staaten anerkannt werden, die dem inländischen Recht nicht oder nicht in diesem Umfang bekannt sind, die jedoch durchaus vernünftig sind, weil sie kein die Gerichtspflichtigkeit des Beklagten unzumutbar ausweitendes „exorbitantes“ Forum darstellen[34] und letztlich eine Einengung internationaler Anerkennungszuständigkeit, bei der dem Ausland weniger Zuständigkeit zugestanden wird als man für die eigenen Gerichte in Anspruch nimmt[35].

---

29 Amores Conradi, REDI 1989, S. 113ff., La nueva estructura ... (148)

30 Senés Motilla, Justicia 1986, S. 683ff.: Sistema de competencia judicial ... (697)

31 von Hoffmann aaO (219)

32 sog. Spiegelbildprinzip; im deutschen Recht in § 328 Abs. 1 Nr. 1 ZPO niedergelegt

33 Geimer, IZPR, RZ 854: im deutschen Recht niedergelegt in § 328 Abs. 1 Nr.1 ZPO, § 16a Nr.1 FGG, Art. 102 Abs. 1 Nr. 1 EGInsO

34 Geimer aaO, RZ 858: im deutschen Recht beispielsweise § 606a Abs. 2 ZPO

35 Geimer aaO, RZ 859: „chauvinistische Alternative“

Die internationale Rechtsdurchsetzung steht über die Anerkennungszuständigkeit in engem Zusammenhang mit der nachfolgend dargestellten internationalen Zuständigkeitsharmonie:

ccc) Internationale Zuständigkeitsharmonie

Weiterhin ist die Schaffung internationaler Zuständigkeitsharmonie ein Ziel bei Ausarbeitung internationaler Gerichtsstände[36]. Dem Ideal einer internationalen Zuständigkeitsharmonie entspricht es, ausländische Entscheidungen dann anzuerkennen, wenn das ausländische Gericht nach dem Maßstab der inländischen Zuständigkeitsregeln seine Zuständigkeit bejahen konnte[37]. Zwar kann der nationale Gesetzgeber unmittelbar nur das Tätigwerden inländischer Gerichte normieren; doch mittelbar kann er die Ausübung der internationalen Zuständigkeit durch ausländische Gerichte regeln, wenn er die Voraussetzungen der Anerkennung ausländischer Entscheidungen im Inland bestimmt[38]. Voraussetzung der für den funktionierenden internationalen Rechtsverkehr angestrebten internationalen Zuständigkeitsharmonie ist damit, daß die Normen über die internationale Zuständigkeit international akzeptabel sind; sie sollen so konzipiert sein, daß sie einem übernationalen Gesetzgeber als Modell dienen könnten[39]. Die spiegelbildliche Anwendung der eigenen Vorschriften internationaler Zuständigkeit auf die Anerkennung ausländischer Urteile hat zugleich den heilsamen Effekt, die Zuständigkeit der eigenen Gerichte nicht übermäßig auszudehnen[40].

aaaa) Internationale Zuständigkeitsharmonie im EuGVÜ

Das Beispiel des EuGVÜ zeigt, daß die Vollstreckung ausländischer Entscheidungen durch internationale Zuständigkeitsharmonie wesentlich erleichtert werden kann: Nach Art. 220, 4. Spiegelstrich EWG-Vertrag waren die Mitgliedstaaten zunächst nur verpflichtet, zugunsten ihrer Staatsangehörigen die Vereinfachung der Förmlichkeiten für die gegenseitige Anerkennung und Vollstreckung richterlicher Entscheidungen und Schiedssprüche sicherzustellen. Die Mitglied-

---

36 von Hoffmann aaO (217)

37 von Hoffmann aaO (217)

38 von Hoffmann aaO (217)

39 so bereits Neuner, Internationale Zuständigkeit (1929), S. 14 „...wenn auch der einzelne Staat selbständig die Grenzen der internationalen Zuständigkeit festsetzt, so erfüllt er doch damit eine Aufgabe, die eigentlich der internationale Gesetzgeber erfüllen sollte, und er wird sie so erfüllen müssen, daß Kantisch gesprochen, die Maxime seiner Zuständigkeitsordnung als Prinzip einer völkerrechtlichen Gesetzgebung dienen könnte."

40 Neuhaus, Die Grundbegriffe des IPR (1976), S. 411 f.; Iglesias Buhígues/Desantes Real, Extensiones y límites de la jurisdicción española ..., S. 453ff. (455)

staaten sind über diesen Auftrag jedoch hinausgegangen[41], indem sie gleichzeitig in den Artikeln 2 bis 24 die internationale Zuständigkeit regelten, stets an die spätere Vollstreckung denkend[42], um deren Erleichterung es nach dem primären Gemeinschaftsrecht allein ging. Der wahrhaft „freie Entscheidungsverkehr"[43], der auch als die fünfte Freiheit innerhalb der Europäischen Union bezeichnet wird[44], konnte nicht existieren, wenn nicht zuvor die Zuständigkeit der jeweiligen Gerichte in internationalen Materien geregelt war[45]. Die Verfasser schufen so eine *convention double*[46, 47], bei der die Bedeutung der Überprüfung der internationalen Zuständigkeit des Erstrichters an Virulenz verliert, weil dieser in der Regel die Vorschriften des Übereinkommens in zutreffender Weise anwendet[48].

bbbb) Verzicht auf Überprüfung der internationalen Zuständigkeit

Bei Schaffung des EuGVÜ wollte man im Rahmen der Anerkennung der Entscheidung der Gerichte der Mitgliedstaaten auf eine Überprüfung der internationalen Zuständigkeit des Erstrichters verzichten[49]. Eine solche, in der damaligen Zeit bewundernswert mutige Entscheidung, erzwang aber die Verwirklichung einer Vorbedingung, die in Art. 220 EWGV durchaus nicht angelegt war[50]. Man konnte es den einzelnen Staaten nicht mehr überlassen, die internationale Zuständigkeit ihrer Gerichte eigenverantwortlich zu regeln[51]. Man mußte im Bereich der EWG ein neues, einheitliches System der internationalen Zuständigkeit schaffen,

---

41 Coester-Waltjen, FS für Nakamura, S. 89ff.: Die Bedeutung des EuGVÜ und des Luganer Übereinkommens für Drittstaaten (91)

42 Borrás Rodríguez, Competencia Judicial y Reconocimiento de Decisiones Extranjeras en la CEE, S. 233ff. (243)

43 Borrás Rodríguez aaO (237) verwendet den Begriff *libre circulación de decisiones*

44 Iglesias Buhígues/Desantes Real, La quinta libertad comunitaria: Competencia Judicial, reconocimiento y ejecución de resoluciones judiciales en la Comunidad Europea, S. 711ff. geben ihrem Beitrag diesen Titel (Die fünfte Freiheit: Zuständigkeit, Anerkennung und Vollstreckung gerichtlicher Entscheidungen in der Europäischen Gemeinschaft)

45 Borrás Rodríguez aaO (237)

46 Schack, ZEuP 1993, S. 306ff.: Perspektiven eines weltweiten Anerkennungs- und Vollstreckungsübereinkommens (314f.): Eine *convention double* regelt neben der Anerkennung auch die Entscheidungszuständigkeit, während eine *convention simple* lediglich die Anerkennungsvoraussetzungen regelt.

47 Calvo Caravaca, Comentarios al Convenio de Bruselas ..., S. 29, Ziff. 6: *convenio de naturaleza doble o perfecta*

48 Calvo Caravaca aaO, S. 29, RZ 6

49 Schlosser, EuGVÜ, Einl., S. 2, RZ 3; Bülow/Böckstiegel/Geimer/Schütze, Der internationale Rechtsverkehr ..., Einl., RZ 4

50 Schlosser aaO, Einl., S. 2, RZ 3

51 Schlosser aaO, Einl., S. 2, RZ 3; Bülow/Böckstiegel/Geimer/Schütze aaO, Einl., RZ 4

das die nationalrechtlichen Vorschriften verdrängte[52]. Damit konnte und kann es nicht mehr dazu kommen, daß das Gericht des Ursprungsstaates nach seinem Recht internationale Zuständigkeit unter solchen Umständen in Anspruch nimmt, die dem Anerkennungs- und Vollstreckungsstaat als Legitimationsgrundlage hierfür untragbar erschienen[53].

2. Anwendungsbereich des EuGVÜ

Das EuGVÜ regelt -wie bereits aus seiner vollständigen Bezeichnung hervorgeht- die internationale Zuständigkeit sowie die Anerkennung und Vollstreckung von gerichtlichen Entscheidungen in Zivil- und Handelssachen. Die Regelung dieses Bereichs liegt angesichts der Zielsetzung der EWG als „Wirtschaftsgemeinschaft" nahe[54]. Das Gebiet des bürgerlichen Rechts wird in Art. 1 Abs. 2 EuGVÜ durch Ausnahmen beschränkt. Es werden in Nr. 1 alle Angelegenheiten ausgenommen, die den Ehe- und Familienstand, die Rechts- oder Handlungsfähigkeit, den ehelichen Güterstand, Schenkungen, Testamente oder eine Erbschaft betreffen, also global die unmittelbaren oder mittelbaren Statussachen; zu den Statussachen gehören nicht die Unterhaltssachen, wie sich aus Art. 5 Nr. 2 EuGVÜ ergibt[55]. Neben der Eröffnung des sachlichen Anwendungsbereichs muß das EuGVÜ zeitlich (Art. 54 EuGVÜ) anwendbar sein; ferner muß der Beklagte grundsätzlich seinen Wohnsitz in einem Vertragsstaat haben (Artt. 2 bis 4 EuGVÜ)[56].

3. Anwendungsbereich der LOPJ

Der Anwendungsbereich der LOPJ im Verhältnis zum EuGVÜ ist gemäß Art. 21 Abs. 1 LOPJ[57] nur dort eröffnet, wo internationale Übereinkommen zur Regelung der internationalen Zuständigkeit nicht einschlägig sind[58]. Damit hat die LOPJ, soweit die Mitgliedstaaten der EU die dritte Fassung des EuGVÜ von Donostia/San Sebastián vom 26. Mai 1989[59] bzw. das Übereinkommen vom 29. November 1996 über den Beitritt Österreichs, Finnlands und Schwedens ratifi-

---

52 Schlosser aaO, Einl., S. 2, RZ 3

53 Schlosser aaO, Einl., S. 2, RZ 3

54 Bülow, Rabels Zeitschrift Bd. 29 (1965), S. 473ff.: Internationales Zivilprozeßrecht in der EWG (477)

55 Bülow aaO (477); vgl. dort auch Fn. 12

56 Kropholler, Europäisches Zivilprozeßrecht, vor Art. 2, RZ 5; Czernich/Tiefenthaler, Europäisches Gerichtsstands- und Vollstreckungsrecht, Art. 1, RZ 1ff.

57 Art. 21 LOPJ: vgl. Anhang

58 González Granda, Extensión y límites ..., S. 100

59 Amtsblatt der EG Nr. C 189/1990 = BGBl 1994 II 519

ziert haben[60], im räumlichen und sachlichen Anwendungsbereich des EuGVÜ keine Relevanz. Die Vorschriften der LOPJ finden damit nur bei Bezug des Sachverhalts zu Nicht-EU-Staaten Anwendung. Soweit es zwischen den Gerichtsständen der LOPJ und denjenigen des EuGVÜ seit dessen Inkrafttreten in Spanien Überschneidungen gibt, erfolgt eine genaue Definition des Anwendungsbereichs der LOPJ im Rahmen der Darstellung der einzelnen Gerichtsstände. Die LOPJ regelt in Art. 22 allerdings auch die internationale Zuständigkeit in Statussachen, so daß in diesen von einer im Verhältnis der Mitgliedstaaten anwendbaren europäischen Regelung derzeit[61] noch ausgeschlossenen Rechtsgebieten die Vorschriften der LOPJ auch im Gebiet der Europäischen Union zur Anwendung kommen.

4. Multilaterale und unilaterale Regelungstechnik

EuGVÜ und LOPJ unterscheiden sich wesentlich dadurch, daß das EuGVÜ ein multilaterales Übereinkommen[62], die LOPJ ein unilaterales Gesetz ist.

---

60 Zum Stand der Staatsverträge: Jayme/Kohler, IPRax 1999, S. 401ff.: Europäisches Kollisionsrecht – Die Abendstunde der Staatsverträge (402)

61 Jayme/Kohler, IPRax 1998, S. 417ff.: Europäisches Kollisionsrecht 1998: Kulturelle Unterschiede und Parallelaktionen (419f.): Am 28.5.1998 ist in Brüssel das Übereinkommen über die gerichtliche Zuständigkeit und die Anerkennung und Vollstreckung von Entscheidungen in Ehesachen sowie das Protokoll über die Auslegung dieses Übereinkommens durch den Gerichtshof der Europäischen Gemeinschaften von den 15 Mitgliedstaaten der Europäischen Union unterzeichnet worden (Amtsblatt der EG Nr. C 221 vom 16.7.1998 mit Bericht von *Alegría Borrás*). Das Übereinkommen bedarf der Annahme durch die Mitgliedstaaten gemäß ihren verfassungsrechtlichen Vorschriften (Art. 47 Abs. 1) und tritt in Kraft, wenn alle Mitgliedstaaten die Annahme notifiziert haben. Schon vor diesem Zeitpunkt kann es im Verhältnis zwischen einzelnen Mitgliedstaaten kraft dahingehender Erklärungen angewandt werden, vorausgesetzt, daß diese Staaten die Annahme notifiziert haben (Art. 47 Abs. 4). Dem Vernehmen nach sind u.a. Frankreich und Deutschland an einer solchen bilateralen Voranwendung interessiert.

62 Streitig ist, ob das EuGVÜ als primäres bzw. sekundäres Gemeinschaftsrecht, weil in Ausführung von Art. 220 EWG-Vertrag ergangen, anzusehen ist oder als völkerrechtlicher Vertrag. Der EuGH hat sich bisher zur Rechtsnatur der Brüsseler Konvention nicht ausdrücklich geäußert, jedoch klargestellt, daß das EuGVÜ innerstaatlichen Bestimmungen, die mit ihm unvereinbar sind vorgehen muß, auch wenn es sich um *leges posteriores* handelt (EuGH, 13. November 1979, Rs. 25/79 -Sanicentral/Collin-, Slg. 1979, S. 3423ff.; EuGH, 15. November, 1983, Rs. 288/82 -Duijnstee/Goderbauer-, Slg. 1983, S. 3663ff. (3674, Nr. 13)). Mittlerweile ist das EuGVÜ durch die VO (EG) 44/2001 (vgl. Fn. 4) abgelöst worden, so daß diese Frage obsolet ist. So bereits: Jayme/Kohler, IPRax 1999, S. 401ff.: Europäisches Kollisionsrecht 1999 - Die Abendstunde der Staatsverträge (401).

a) Begründung der internationalen Zuständigkeit

Entsprechend dem multilateralen Charakter des EuGVÜ sind die darin enthaltenen Zuständigkeitsvorschriften formuliert. Weil der Geltungsbereich des Übereinkommens nicht wie bei nationalen Gesetzen durch die Grenzen staatlicher Souveränität beschränkt ist, ist ein solches multilaterales Übereinkommen in der Lage, Gerichtsstände auch außerhalb der Grenzen einzelstaatlicher Souveränität bereitzustellen[63]. Ein unilateral formuliertes Gesetz wie die spanische LOPJ hingegen kann lediglich ein Forum im Inland begründen: Im Gegensatz zum EuGVÜ schafft die LOPJ ein attributives, kein distributives System[64]. Der nationale Gesetzgeber kann ausländischen Foren nur durch seine Regeln über die Anerkennung und Vollstreckung Gültigkeit erhalten[65].

b) Grenzen der internationalen Zuständigkeit

aa) Ausschließliche Zuständigkeit

aaa) LOPJ

Eine ausdrückliche Regelung, die die Grenzen der internationalen Zuständigkeit spanischer Gerichte normiert, enthält Art. 22 LOPJ nicht. Nach Ansicht der spanischen Rechtsprechung und Lehre ist den spanischen Gerichten im Bereich der ausschließlichen Zuständigkeiten eine Entscheidung über den Sachverhalt verwehrt, sofern der maßgebliche Anknüpfungspunkt im Ausland belegen ist[66]; dies wird aus der in Art. 21 LOPJ enthaltenen Formulierung *con arreglo a lo establecido en la presente Ley y en los tratados y convenios internacionales*[67]

---

63 Espinar Vicente, DPCI, S. 110

64 Amores Conradi, REDI 1989, S. 113ff.: La nueva estructura ... (124f.)

65 ausführlich: oben, S.7; Geimer, IZPR, RZ 854-859

66 SSTS de 18 de junio de 1990, RAJ, 1990, núm. 4764 = REDI 1991, 190ff. mit Anmerkung von González Campos; de 30 de abril de 1990, RAJ, 1990, núm. 2807 = REDI 1990, 606ff. mit Anmerkung von Amores Conradi; SAP de Málaga (Sección 6.ª) de 2 de noviembre de 1993, REDI 1995-2, S. 358ff. mit Anmerkung von F. Esteban de la Rosa (358); Auto AP de Barcelona (Sección 11.ª) de 2 de junio de 1994 mit Anmerkung von Iván Milans del Bosch Portoles, REDI 1995-2, S. 370ff. (370, 374); González Campos in Pérez Vera et al, DIP, Vol. I, 6.ª edición, Tema X, S. 310; Senés Motilla, Justicia 1986, S. 683ff.: Sistema de competencia judicial ... (694); Cortés Domínguez, Justicia 1985, S. 775ff., La nueva regulación ... (777, 778); Rodríguez Benot, Los acuerdos atributivos ..., S. 89

67 Art. 21 LOPJ: ... nach Maßgabe der Regelungen dieses Gesetzes und der internationalen Verträge und Übereinkommen, ...; Wortlaut und Übersetzung: vgl. Anhang

hergeleitet: Die internationale Zuständigkeit der spanischen Gerichte wird nur durch die Regelungen der LOPJ und der Staatsverträge bestimmt.

Im Zuge des Gesetzgebungsverfahrens zur LOPJ wurde eine Vorschrift diskutiert, die im Bereich der ausschließlichen Zuständigkeit der spanischen Gerichte *vice versa* die Unzuständigkeit derselben normierte, sofern die Voraussetzungen der Vorschriften über die ausschließliche Zuständigkeit im Ausland begründet wären[68]. Diese wurde, wie die oben zitierte Rechtsprechung[69] zeigt, ohne Auswirkungen für die Praxis nicht in die endgültige Gesetzesfassung übernommen.

Seit Inkrafttreten der neuen spanischen Zivilprozeßordnung[70] werden die Grenzen der internationalen Zuständigkeit spanischer Gerichte in Art. 36 Abs. 1 LEC n.F.[71] geregelt, wonach diese sich nach den Bestimmungen der LOPJ und den internationalen Verträgen und Übereinkommen bestimmen, an denen Spanien beteiligt ist.

bbb) EuGVÜ

Nach Art. 19 EuGVÜ hat sich das angerufene Gericht von Amts wegen für unzuständig zu erklären, wenn es wegen einer Streitigkeit angerufen wird, für die das Gericht eines anderen Vertragsstaats aufgrund Art. 16 EuGVÜ ausschließlich zuständig ist. Damit ist allerdings noch keine Aussage über das Verhältnis zu Drittstaaten gemacht, wenn der maßgebliche Anknüpfungspunkt in einem Drittstaat belegen ist. Die Frage, ob die Gerichte eines Vertragsstaats dann international unzuständig sind, wird in der Literatur unterschiedlich beantwortet:

---

68 Iglesias Buhígues/Desantes Real, Extensiones y límites de la jurisdicción española ..., S. 453ff. (458)

69 vgl. oben, S. 12, Fn. 66

70 Die LEC in ihrer Neufassung durch Ley 1/2000, de 7 de enero, de Enjuiciamiento Civil, BOE, núm. 7, de 8 de enero del 2000 ist am 08. Januar 2001 in Kraft getreten. Correción de errores (Fehlerkorrektur): BOE, núm. 90, de 14 de abril del 2000 y BOE, núm. 180, de 28 de julio del 2001. Gesetz geändert durch Ley 39/2002, de 28 de octubre, de transposición al ordenamiento jurídico español de diversas directivas comunitarias en materia de protección de los intereses de los consumidores y usarios (=geändert durch Gesetz Nr. 39/2002 betreffend die Umsetzung gemeinschaftsrechtlicher Richtlinien in die spanische Rechtsordnung zum Schutz der Verbraucher) BOE, núm. 259, de 29 de octubre del 2002

71 Art. 36 Abs. 1 LEC n.F. lautet:
La extensión y límites de la jurisdicción de los tribunales civiles españoles se determinará por lo dispuesto en la Ley Orgánica del Poder Judicial y en los tratados y convenios internacionales en los que España sea parte.

Nach zum Teil vertretener Ansicht enthält Art. 16 EuGVÜ kein Verbot für die Gerichte eines Vertragsstaats, sich für zuständig zu erklären[72]. Der Wohnsitzstaat des Beklagten -als Vertragsstaat- sei zur Justizgewährung nicht nur berechtigt, sondern verpflichtet[73]. Dasselbe gelte für die nach Artt. 5ff. EuGVÜ zuständigen Vertragsstaaten[74]. Nach anderer Ansicht sind die Gerichte der Vertragsstaaten berechtigt, sich in Hinblick auf die ausschließliche Zuständigkeit des dritten Staates für unzuständig zu erklären[75]. Nach im Ergebnis identischer Ansicht ist die spiegelbildliche Anwendung von Art. 16 EuGVÜ ein Gebot der internationalen Fairneß, Art. 16 EuGVÜ komme Reflexwirkung zu[76].

bb) Konkurrierende Zuständigkeit

aaa) LOPJ

Im Bereich der konkurrierenden Zuständigkeiten sind die spanischen Gerichte wegen des Rechts auf den gesetzlich bestimmten Richter[77] auch dann international nicht zuständig, wenn durch keine der konkurrierenden Zuständigkeiten ein inländischer Gerichtsstand begründet wird[78].

bbb) EuGVÜ

Im EuGVÜ ist dies in Art. 3 Abs. 1 festgeschrieben. Nach Art. 3 Abs. 1 EuGVÜ können Personen, die ihren Wohnsitz in dem Hoheitsgebiet eines Vertragstaats haben, vor den Gerichten eines anderen Vertragsstaats nur gemäß den Vorschrif-

---

72 Geimer/Schütze, Europäisches Zivilverfahrensrecht, Art. 16, RZ 13

73 Geimer/Schütze aaO, Art. 16, RZ 13

74 Geimer/Schütze aaO, Art. 16, RZ 13

75 Kropholler, Europäisches Zivilprozeßrecht, Art. 16, RZ 8; Gottwald in MüKO, Band 3, Art. 16, RZ 5; Schack, Internationales Zivilverfahrensrecht, RZ 316; Bülow/Böckstiegel/Geimer/Schütze, Art. 16, RZ 2

76 Jayme in: Schwind, Europarecht, IPR und Rechtsvergleichung, S. 97ff. (108); Coester-Waltjen, FS für Nakamura, S. 89ff. (105)

77 Quiñones y Escámez, El foro de pluralidad ..., S. 84

78 SSTS de 30 de abril de 1990, RAJ, 1990, núm. 2807 = REDI 1990, 606ff. mit Anmerkung von Amores Conradi; de 18 de junio de 1990, RAJ, 1990, núm. 4764 = REDI 1991, 190ff. mit Anmerkung von González Campos; Auto AP de Barcelona (Sección 11.ª), de 2 de junio 1994; REDI 1995, 370ff. (370) mit Anmerkung Milans del Bosch Portoles; SAP Málaga (Sección 6.ª) de 2 de noviembre de 1993, REDI 1995-2, S. 358ff. (358) mit Anmerkung F. Esteban de la Rosa; Andrés de la Oliva/Angel Fernández, Derecho Procesal Civil, Vol. I, S. 363; Amores Conradi, REDI 1989, 113ff.: La nueva estructura ... (124f.); Díaz Ruíz, La Ley, 1986-2, S. 1078ff.: Jurisdicción Española y contratos de financiación internacional (1084)

ten des 2. bis 6. Abschnitts verklagt werden. In Absatz 1 wird ein *numerus clausus* der besonderen Zuständigkeiten normiert[79].

cc) Notgerichtsstand

Weder die LOPJ noch das EuGVÜ normieren ausdrücklich einen Notgerichtsstand.

aaa) LOPJ

In der spanischen Literatur wird für die internationale Zuständigkeit trotz Fehlen einer ausdrücklichen Regelung ein *forum necessitatis* anerkannt[80]. Dies folgt aus Art. 6 Abs. 1 EMRK[81] und aus Art. 24 Abs. 1 CE, wenn die Verneinung der internationalen Zuständigkeit einer Rechtsschutzverweigerung gleichkomme[82].

bbb) EuGVÜ

In der Literatur zum EuGVÜ wird hierzu vertreten, daß ein solcher in zwei Fällen eröffnet sein muß: Im Falle der Nichtanerkennung einer Entscheidung aus einem anderen Vertragsstaat und im Falle der Rechtsschutzverweigerung[83].

c) Italienische und englische Regelung

Trotz der aufgezeigten Strukturunterschiede zwischen einem internationalen Übereinkommen und einem nationalen Gesetz ist es möglich, den internationalen Gerichtsständen des EuGVÜ auch im Rahmen einer autonomen staatlichen Regelung Geltung zu verschaffen: Der spanische Gesetzgeber wählte die Technik, die Vorschriften über die internationale Zuständigkeit von der Vorlage des EuGVÜ ausgehend zu gestalten[84]. Daß dies nicht der einzige Weg ist, die Überle-

---

79 Kropholler, Europäisches Zivilprozeßrecht, Art. 3, RZ 1

80 de Miguel Asensio, Revista de Derecho Privado, julio-agosto 1998, S. 541ff.: Derechos humanos, diversidad cultural y derecho internacional privado (555); González Campos in Pérez Vera et al., DIP, Vol. I, 6.ª edición, Tema X, S. 308f.

81 Spanien wurde kurz nach Inkrafttreten der Verfassung von 1978 Vertragsstaat der Europäischen Menschenrechtskonvention: BOE, núm. 243, de 10 de octubre de 1979

82 de Miguel Asensio, Revista de Derecho Privado aaO (555); González Campos in Pérez Vera et al. aaO (309) ebenfalls ausdrücklich für den Fall der Rechtsschutzverweigerung

83 Geimer/Schütze, Europäisches Zivlverfahrensrecht, Art. 3, RZ 7f.; Kropholler, Europäisches Zivilprozeßrecht, vor Art. 2, RZ 22

84 Senés Motilla, Justicia 1986, S. 683ff.: Sistema de competencia judicial ... (689); Andrés de la Oliva/M. Angel Fernández, DPC, Vol. I, S. 362; J. Montero Aroca/M. Ortells Ramos/J. L. Gómez Colomer/A. Montón Redondo, Derecho Jurisdiccional, Vol. II, Proceso Civil, S.12; Amores Conradi, REDI 1989, S. 113ff.: La nueva estructura ... (126, 131); Iglesias Buhígues/Desantes Real, Extensiones y límites de la jurisdicción española ...,

gungen dieses übernationalen Gesetzgebers in das nationale Recht zu transponieren, zeigt das Beispiel Italiens[85]: Fällt die Streitigkeit in den sachlichen Anwendungsbereich des EuGVÜ, so sind die Zuständigkeits-„kriterien" der Artt. 5 -15 EuGVÜ gegenüber Beklagten ohne Wohnsitz in einem EuGVÜ-Staat als Teil des autonomen italienischen Internationalen Zivilprozeßrechts im Wege einer dynamischen Verweisung anzuwenden[86]; für Beklagte mit Wohnsitz in einem EuGVÜ-Staat gilt das Übereinkommen ohnehin (Artt. 2 Abs. 1, 4 Abs. 2 EuGVÜ)[87]. Das Vereinigte Königreich wählte mit dem *Civil Jurisdiction and Jugdements Act 1982* eine Zwischenlösung, indem es das EuGVÜ in das Recht des Vereinigten Königreichs inkorporierte und das EuGVÜ, allerdings in modifizierter Form für anwendbar erklärt wird, wenn die Parteien in verschiedenen Hoheitsgebieten innerhalb des Vereinigten Königreichs ansässig sind[88].

5. Historischer Überblick

Der späteren Entwicklung der internationalen Zuständigkeit in Spanien lagen zu Beginn der Entwicklung des internationalen Privatrechts alternativ oder kumulativ drei inkongruente Konzepte zugrunde: Die Einrichtung einer Sondergerichtsbarkeit für Ausländer, die Öffnung des eigenen Justizsystems für Ausländer (im Wege einer Fiktion, durch die der Ausländer kraft der geltend gemachten An-

---

S. 453ff. (454); Borrás Rodríguez, Competencia Judicial y Reconocimiento de Decisiones Extranjeras en la CEE, S. 233ff. (237); Quiñones y Escámez, El foro de pluralidad ... (83) und vgl. bereits oben, S. 4

85 Gesetz Nr. 218 vom 31. Mai 1995, Gazzetta Ufficiale, suppl. n. 68 al n. 128 del 3 giugno 1995; deutsche Übersetzung in IPRax 1996, S. 356ff.
Art. 3 Abs. 1: Die italienische internationale Zuständigkeit ist gegeben, wenn der Beklagte den Wohnsitz oder (gewöhnlichen) Aufenthalt in Italien hat oder wenn er dort einen Verteter (bestellt) hat, der ermächtigt ist, vor Gericht aufzutreten (und zwar im Sinne) der Vorschrift des Art. 77 der Zivilprozeßordnung und in den anderen vom Gesetz vorgesehenen Fällen.
Abs 2: Die internationale Zuständigkeit ist außerdem auf Grund derjenigen Kriterien gegeben, welche in den Abschnitten 2, 3 und 4 des Titels II des Übereinkommens über die gerichtliche Zuständigkeit und die Vollstreckung in Zivil- und Handelssachen – unterzeichnet in Brüssel am 27. 9. 1968 und in Kraft gesetzt durch das Gesetz vom 21. 6. 1971 Nr. 804 mit den späteren Änderungen, welche für Italien in Kraft sind – festgelegt sind, auch wenn der Beklagte seinen Wohnsitz nicht in einem Vertragsstaat hat, wenn es sich um eines der Sachgebiete handelt, die vom Anwendungsbereich des Übereinkommens erfaßt werden. Hinsichtlich der anderen Sachgebiete ist die internationale Zuständigkeit auch auf Grund der Kriterien gegeben, welche für die örtliche Zuständigkeit festgelegt sind.

86 Kindler, RabelsZ 61 (1997), S. 227ff.: Neues italienisches IPR-Gesetz 1995 (242)

87 Kindler aaO (242)

88 Dietze/Schnichels, EuZW 1996, S. 455ff.: Die aktuelle Rechtsprechung des EuGH zum EuGVÜ (456); zu den Auswirkungen auf die Auslegungszuständigkeit des EuGH für diese autonomen Regelungen vgl. unten, S. 170f.

sprüche als Staatsangehöriger betrachtet wurde) sowie die Erlaubnis, daß innerhalb des Hoheitsgebietes Richter fungieren konnten, die einer gewissen dort ansässigen ethnischen Minderheit angehörten[89].

a) Sondergerichtsbarkeiten für Ausländer

Das System der Sondergerichtsbarkeit dominierte seit Beginn des 17. Jahrhunderts[90]. Angesichts der ökonomischen und sozialen Umstände[91] schuf die königliche Gesetzgebung den sogenannten *juez conservador* als Privileg[92] für Kaufleute aus dem Städtebund der Hanse[93] und für bestimmte englische Staatsbürger in Andalusien[94]. Im Laufe der Zeit wurde diese Gerichtsbarkeit auf die Angehörigen weiterer Staaten ausgedehnt[95], so daß letztlich der *juez conservador* in allen Rechtsstreitigkeiten erkannte, in die ein Ausländer als Kläger oder Beklagter verwickelt war[96]. Der *juez conservador* wurde vom Monarchen persönlich[97] auf Vorschlag der beteiligten Parteien ernannt[98].

Später verschwand diese Spezialfigur, nicht aber ihre Kompetenzen[99], die durch königliche Anordnung in der Mitte des 18. Jahrhunderts auf die Militärbehörden übertragen wurden[100].

---

89 Espinar Vicente, CDIP, S. 23
90 Espinar Vicente aaO, S. 23
91 Espinar Vicente aaO, S. 23
92 Pecourt García, Homenaje Sela Sampil, S. 885; Gonzáles Campos/Recondo Porrua, Lecciones de DPCI, 2. Aufl., S. 51
93 Gonzáles Campos/Recondo Porrua, Lecciones de DPCI, 2. Aufl., S. 51; Pecourt García, aaO, S. 885; Puente Egido, S. 6; Munz, Das spanische System der internationalen Zuständigkeiten und seine künftige Einfügung in das EuGVÜ, S. 19
94 Miaja de la Muela in: Miscellany in Honor of Charalambos N. Fragistas on the occasion of his 35th anniversary as professor of the university, Vol. XII, Part III, S. 89ff. : El „imperialismo jurisdiccional" español y el derecho internacional (98); Pecourt García aaO, S. 885; Puente Egido, S. 7; Munz aaO, S. 19
95 Pecourt García aaO, S. 887 ff.; Miaja de la Muela aaO, S. 98; Munz aaO, S. 19
96 Espinar Vicente aaO, S. 23
97 Pecourt García, Homenaje Sela Sampil, S. 885
98 Espinar Vicente aaO, S. 23
99 Espinar Vicente aaO, S. 23
100 Miaja de la Muela aaO, S. 98, nach dessen Auffassung dies durch die Real Orden vom 21. 12. 1759 geschah; Pecourt García aaO, S. 890, nach dessen Auffassung dies durch Decreto Real vom 26. 08. 1758 erfolgte; Munz aaO, S. 19

Sondergerichtsbarkeiten existierten zu dieser Zeit in Spanien in vielen Bereichen, so beispielsweise für die Kirche, das Militär, die Marine, für Ingenieure[101]. Neben der Einrichtung als sogenannte *fueros privilegiados* für bestimmte Personen, die es vorzogen, von ihresgleichen gerichtet zu werden, wodurch sie von einer gegenüber den einfachen Bürgern bevorzugten Behandlung profitierten[102], bestanden Sondergerichtsbarkeiten, die von der Exekutive errichtet waren und auch durch dieselbe besetzt waren, gegebenenfalls zusammen mit einigen eigens ernannten Richtern, um mit besonderer Härte und geringen prozessualen Garantien Verhaltensweisen zu verfolgen, die in Spezialgesetzen zu Delikten erklärt waren[103].

b) Bürgerlicher Liberalismus

Der Gedanke einer *unidad jurisdiccional*[104], einer Rechtsprechungseinheit, entstand im 19. Jahrhundert im Zuge des bürgerlichen Liberalismus als freiheitlicher Staats-, Gesellschafts- und Wirtschaftsauffassung[105]. Den Einfluß des bürgerlichen Liberalismus auf die Rechtsentwicklung kann man auch im Deutschland des 19. Jahrhunderts erkennen[106]. Das 19. Jahrhundert verwirklicht den Gedanken der Rechtsstaatlichkeit und staatsbürgerlichen Gleichheit[107]. Zugleich kommt mit der Einigungsbewegung das Streben nach Rechtseinheit hinzu[108]. Der Schaffung von Rechtseinheit diente auch die Errichtung des obersten spanischen Gerichts, des *Tribunal Supremo* als Hüter derselben bereits durch die Verfassung des Jahres 1812[109], deren fünfter Titel[110] dem Gerichtsaufbau und der Gerichtsorganisation in Zivil- und Strafsachen gewidmet war.

---

101 Francisco Tomás y Valiente, Manual de Historia del Derecho Español, S. 525

102 Francisco Tomás y Valiente aaO, S. 525

103 Francisco Tomás y Valiente aaO, S. 525

104 Espinar Vicente aaO, S. 23

105 Creifelds, Rechtswörterbuch, Stichwort (alphabethisch): Liberalismus

106 Mitteis/Lieberich, Deutsche Rechtsgeschichte, Kapitel 49, S. 467: Auch das Bismarckreich erlangte im Rahmen dieser Bestrebungen nach Rechtseinheit durch eine Reihe von Gesetzen (GVG, ZPO, StPrO; RechtsanwO) mit Wirkung vom 1. Oktober 1979 einheitliche Normen für die Verfassung und das Verfahren der Gerichte. Gleichzeitig (GVG von 1877, §§ 12, 123ff.) wurde eine höchstrichterliche Rechtsprechung eingeführt mit dem Ziel, im Reichsgericht zu Leipzig einen Hüter deutscher Rechtseinheit zu schaffen.

107 Mitteis/Lieberich aaO, Kapitel 49, S. 467

108 Mitteis/Lieberich aaO, Kapitel 49, S. 467

109 José Antonio Escudero, Curso de Historia de Derecho, cap. 47, I. B) 1., S. 934; Nuevo Diccionario de Legislación, núm. 29601: *Tribunal Supremo*

110 Constitución Española de 1812, Título V: „De los Tribunales y de la Administración de Justicia en lo Civil y Criminal"

Obwohl die spanischen Verfassungen von 1812 und 1837 bereits die Schaffung einer einheitlichen Gerichtsbarkeit vorsahen, blieb der damalige Gesetzgeber untätig. Im Gegensatz dazu schwieg die Verfassung von 1845 zu diesem Ziel einer einheitlichen Gerichtsbarkeit, und so vermehrten sich in dieser Zeit die Sondergerichtsbarkeiten zunächst insgesamt weiter[111].

aa) Real Decreto de Extranjería de 1852

Im Verlauf der weiteren Entwicklung führte der bürgerliche Liberalismus mit seinem Streben nach Rechtseinheit in Spanien zu einer Beschneidung des Zuständigkeitsbereichs der Ausländergerichtsbarkeit[112]. Mit dem *Real Decreto de Extranjería* vom 17. November 1852 (RDE) wurde der Zuständigkeitsbereich der Ausländergerichtsbarkeit durch positivrechtliche Festschreibung einiger Foren in den Artikeln 29[113], 32[114] sowie in Artikel 33[115] zugunsten der ordentlichen Gerichtsbarkeit[116] eingeschränkt. Nach diesen Vorschriften waren die ordentlichen Gerichte für zivilrechtliche Streitigkeiten und die damals noch existierenden Handelsgerichte für Streitigkeiten aus Handelsgeschäften zuständig[117].

Die Vorschriften des *Real Decreto de la Extranjería* wurden aufgehoben, wobei in der spanischen Literatur umstritten ist, ob durch die *Ley Orgánica del Poder*

---

111 Francisco Tomás y Valiente, Manual de Historia del Derecho Español, S. 525

112 Miaja de la Muela aaO, S. 98f.; Munz aaO, S. 20

113 Übersetzung nach Werth, RIW/AWD 1975, 556 ff. (556), Fn. 36 bis 38: Art. 29 RDE: Ausländer mit Wohnsitz oder vorübergehendem Aufenthaltsort sind den Gesetzen Spaniens und den spanischen Gerichten unterworfen für Delikte, die sie auf spanischem Boden begehen, und wegen der Erfüllung von Schuldverhältnissen, die sie in Spanien oder außerhalb Spaniens eingehen, wenn diese zugunsten spanischer Staatsbürger bestehen.

114 Art. 32 RDE: Ausländer, die ständig oder vorübergehend in Spanien wohnhaft sind, haben einen Anspruch darauf, daß ihnen vor spanischen Gerichten Rechtsschutz für Klagen zuteil wird, die sie auf Erfüllung von Verträgen erheben, die entweder in Spanien abgeschlossen wurden oder die in Spanien erfüllt werden müssen, und für solche Klagen, die sich auf in Spanien befindliche Güter beziehen.

115 Art. 33 RDE: Spanische Gerichte sind auch für Streitigkeiten zwischen Ausländern oder gegen Ausländer zuständig, wenn weder eine dingliche noch eine persönliche Klage aus in Spanien eingegangenen Verpflichtungen Gegenstand des Verfahrens sind, es sich aber darum handelt, eine strafbare Handlung zu verhüten oder dringende und vorläufige Maßnahmen zu ergreifen, um einen Schuldner, der sich in der Absicht der Zahlungsvereitelung entfernen will, festzunehmen, oder Waren, die in Lagerhäusern dem Verderben preisgegeben sind, zu verkaufen oder einen Schwachsinnigen unter vorläufige Aufsicht zu stellen und ähnliche Fälle.

116 Espinar Vicente aaO, S. 23

117 Miaja de la Muela aaO, S. 99f.; Munz aaO, S. 20

Judicial (LOPJ) vom 15. September 1870[118] oder durch die *Ley de Enjuiciamiento Civil* (LEC[119]) von 1881[120] oder erst durch Art. 27 des *Código civil* (Cc) vom 27. Juli 1889[121].

bb) Decreto de Unificación de Fueros de 1868

Durch das *Decreto de Unificación de Fueros* vom 6. Dezember 1868 wurden die bestehenden Sondergerichtsbarkeiten und damit auch die Ausländergerichtsbarkeit abgeschafft[122]. Dieses Dekret verabschiedete die Interimsregierung *(Gobierno Provisional)* noch bevor in Art. 91 der Verfassung von 1869 das Prinzip der *unidad de fuero*[123] erneut Verfassungsrang erhielt[124]. Nunmehr waren die ordentlichen Gerichte ausnahmslos zuständig[125].

cc) Art. 267 LOPJ 1870/Art. 51 LEC 1881

Nachdem die Verfassung von 1869 in Kraft getreten war, monarchisch, weitestgehend liberal und ausgehend vom Prinzip der Gewaltenteilung, erschien die *Ley Orgánica del Poder Judicial* (LOPJ) vom 15. September 1870, deren Art. 267 zur einfachgesetzlichen Rechtswegvereinheitlichung die Zuständigkeit der ordentlichen Gerichtsbarkeit in allen zivilrechtlichen Streitigkeiten zwischen Spaniern, Spaniern und Ausländern und Ausländern bestimmte[126]. Diese Regelung reproduzierte ein Jahrzehnt später Art. 51 LEC (1881)[127], wie er bis zum Inkrafttre-

---

118 Miaja de la Muela aaO, S. 104: Die Zuständigkeitsvorschriften nach dem *Real Decreto de Extranjería* zu derogieren, bedeute nicht, die dadurch begründeten Zuständigkeiten aufzuheben, sondern durch die Neuregelung erfolge eine Erweiterung der bestehenden Zuständigkeiten unter deren Einschluß; die vormals bestehenden Zuständigkeiten könnten lediglich nicht mehr der Begrenzung der Zuständigkeit der spanischen Gerichte in Bezug auf Ausländer dienen.

119 Zivilprozeßordnung

120 Espinar Vicente aaO, S. 24; Miaja de la Muela aaO, S. 102ff.: Spätestens durch Art. 2182 LEC, der alle Gesetze, Dekrete und sonstige Rechtsvorschriften aufhob, die zivilprozessuale Regelungen enthielten, erfolgte die Aufhebung dieser Vorschriften.

121 Munz, RIW/AWD 1985, S. 535ff.: Internationale Zuständigkeit spanischer Zivilgerichte ebenfalls mit eingehender Auseinandersetzung (537f.): Art. 27 Cc führte die Gleichstellung der zivilen Rechte von Spaniern und Ausländern ein; aA: Miaja de la Muela aaO: Dies sei zumindest in Hinblick auf die Prozeßfähigkeit keinerlei Neuerung gewesen (S. 103).

122 Espinar Vicente aaO, S. 23; Munz, Das spanische System der internationalen Zuständigkeit und seine künftige Einfügung in das EuGVÜ, S. 20

123 Einheitlichkeit des Gerichtsstandes

124 Francisco Tomás y Valiente aaO, S. 526

125 Miaja de la Muela aaO, S. 101; Munz aaO, S. 20

126 Miaja de la Muela aaO, S. 101

127 Abarca Junco, La Ley, núm. 1677 de 27 de marzo de 1987, S. 1ff.: Extensiones y límites de la Jurisdicción internacional de los Juzgados y Tribunales españoles en el orden civil:

ten der Reform der spanischen Zivilprozeßordnung im Jahr 2001 galt[128]. Der Zusammenhang zwischen Art. 267 LOPJ (1870) und der *unificación de fueros*[129] ist bereits hier besonders hervorzuheben, da die Rechtsprechung später -ungeachtet des rein rechtswegvereinheitlichenden Sinns der Vorschrift- aus dem Wortlaut von Art. 51 LEC 1881 die bis zur Erlaß der LOPJ 1985 geltende Lehre von der internationalen Allzuständigkeit der spanischen Gerichte herleiten würde[130]. Von *Miaja de la Muela* wurde insoweit der Begriff des *imperialismo jurisdiccional*[131] geprägt[132].

c) Allzuständigkeit der spanischen Gerichte

Die Begründung der Allzuständigkeit der spanischen Gerichte ist ein Produkt der spanischen Rechtsprechung. Der *Tribunal Supremo* stützte sie auf die nachstehende Argumentation:

Da die internationale Zuständigkeit Ausfluß der staatlichen Souveränität war[133], galten die Normen über die internationale Zuständigkeit als Bestandteil des spanischen *orden público*[134]. Aus dieser Argumentation folgte das Verbot für die

---

La nueva ley orgánica del poder judicial y el convenio de Bruselas sobre Jurisdicción en los ordenes civil y comercial (1)

128 vgl. oben, Fn. 70

129 Amores Conradi, REDI 1990, S. 607ff. (609), Anmerkung zu STS (Sala 1.ª) de 30 de abril de 1990, RAJ 2807

130 vgl. hierzu das folgende Kapitel

131 Justizimperialismus

132 Miaja de la Muela aaO, Titel: El „imperialismo jurisdiccional" español y el Derecho internacional

133 SSTS de 31 de enero de 1921, Col. Leg., Jur. Civil, Vol. I, núm. 31; 30 de mayo de 1961, RAJ 2343; 20 de marzo de 1973, RAJ 3775

134 J. D. González Campos/J. C. Fernández Rozas/R. Recondo Porrua, DIP, Parte Especial, Vol. I, Oviedo 1984, S. 320 unter Bezugnahme auf eine Entscheidung vom 4.12.1935; Arroyo Martinez, transpR 1985, S. 383ff.: Gerichtsstandsklauseln in internationalen Verträgen nach der spanischen Rechtsprechung (383)

spanischen Gerichte, ihre Zuständigkeit zugunsten der Gerichtsbarkeit eines anderen Staates abzulehnen[135]. Der *Tribunal Supremo* begründete diese Schlußfolgerung[136]:

> Die absolute und unbestreitbare Zuständigkeit eines jeden Staates, über zivilrechtliche Streitigkeiten zu richten, die sich auf seinem Hoheitsgebiet ergeben [...], ist ein allgemeines aus der einem jeden Staat zustehenden Souveränität abgeleitetes Prinzip.

Ausdrückliche Regelungen über die internationale Zuständigkeit waren zu dieser Zeit im spanischen Recht allerdings nicht vorhanden. Wie bereits oben[137] ausgeführt, waren die einzigen vorhandenen Normen über die Stellung von Ausländern vor den spanischen Gerichten, die in dem *Real Decreto de Extranjería* enthalten waren, mittlerweile wieder außer Kraft getreten.

Dennoch rekurrierte der *Tribunal Supremo*, je nach Lage des Einzelfalles, auf dieses *Real Decreto de Extranjería* vom 17. 11. 1852[138], auf Art. 51[139] LEC oder auf die analoge Heranziehung der Vorschriften über die örtliche Zuständigkeit[140]. Auf die Vorschriften zur Regelung der örtlichen Zuständigkeit stützte er sich dann, wenn ihre Anwendung zur Begründung der Zuständigkeit spanischer Gerichte führte[141]. Dem von ihm selbst geschaffenen Justizimperialismus treu bleibend, erklärte der *Tribunal Supremo* die Anwendung der Vorschriften über die

---

135 SSTS de 31 de enero de 1921, Col. Leg., Jur. Civil, Vol. I, núm. 31; de 30 de mayo de 1961, RAJ 2343; de 31 de octubre de 1968, RAJ 4926; SAP Barcelona de 22 de octubre de 1980, Anuario de Derecho Marítimo, Vol. II, S. 559ff.; Munz, RIW 1985, S. 535ff.: Internationale Zuständigkeit spanischer Zivilgerichte (537)

136 SSTS de 30 de mayo de 1961, RAJ 2343; de 20 de marzo de 1973, RAJ 3775

137 vgl. oben, S. 20

138 SSTS de 15 de noviembre de 1898, Rev. Gen., Jur. Civ., tomo 85, núm. 69; de 17 de octubre de 1901, Col. Leg., Jur. Civil, Vol. II, núm.83; de 29 de septiembre de 1956, RAJ 3168; de 22 de junio de 1964, RAJ 3386; Pecourt García, REDI 1966, S. 81ff: Crónica de jurisprudencia en materia de Derecho internacional privado (91): Werth, Die spanische Regelung der internationalen Zuständigkeit, RIW/AWD 1975, S. 556 ff. (556)

139 Art. 51 LEC: vgl. Anhang

140 Art. 70 LEC: Die vorstehenden Zuständigkeitsvorschriften gelten auch für Ausländer, die vor spanischen Gerichten Akte der freiwilligen Gerichtsbarkeit beantragen, vor ihnen einem Rechtsstreit beitreten oder vor Gericht als Kläger oder Beklagte auftreten, gegen Spanier oder andere Ausländer, wenn feststeht, daß die spanische Gerichtsbarkeit ihre Tätigkeit in Übereinstimmung mit den Gesetzen des Königreichs oder den Verträgen mit anderen Mächten ausübt.

141 SSTS 1 de julio de 1897, Col. Leg., Jur. Civ., Vol. III, núm. 1 und núm. 4; 13 de junio de 1917, Rev. Gen., Jur. Civ., tomo 140, núm. 111; 10 de junio de 1933, RAJ 1000; 21 de febrero de 1936, RAJ 350; 30 de mayo de 1961, RAJ 2343

örtliche Zuständigkeit für unzulässig, wenn sie zur Verneinung der internationalen Zuständigkeit der spanischen Gerichte führte[142]. Der *Tribunal Supremo* führte aus, insbesondere könne die internationale Zuständigkeit der spanischen Gerichte nicht mit der Begründung verneint werden, nach den Vorschriften über die örtliche Zuständigkeit (Art. 62 LEC) seien ausländische Gerichte international zuständig, denn dies verstoße gegen die staatliche Souveränität. Durch die nationalen Gesetze, deren Geltungsbereich durch die Souveränität begrenzt werde, könne die Zuständigkeit ausländischer Gerichte nicht begründet werden. Eine Entscheidung, die die Unzuständigkeit der spanischen Gerichte auf Art. 62 LEC gründe, verletze damit das Gesetz[143].

Ohne den historischen Hintergrund der Entstehung von Art. 51 LEC in Betracht zu ziehen -interne Abgrenzung zwischen den einzelnen Rechtswegen und zugleich Aufhebung der Sondergerichtsbarkeiten, insbesondere für Ausländer[144]- ging der *Tribunal Supremo* davon aus, daß es sich hierbei allein um eine Regelung der internationalen Zuständigkeit handelte. Im Wege einer extrem weiten Auslegung leitete er aus Art. 51 LEC den Grundsatz der absoluten und unbeschränkten Zuständigkeit der ordentlichen spanischen Gerichte her[145] und bejahte deren Zuständigkeit immer dann, wenn der jeweilige Rechtsstreit in einem anerkennenswerten Zusammenhang mit der spanischen Gerichtsbarkeit stand, denn jedes Verbindungsmoment, sei es schuldrechtlicher oder dinglicher Art, reichte aus, um die spanischen Gerichte für international zuständig zu erklären: Die Verpflichtung war in Spanien zu erfüllen[146], der Beklagte hatte in Spanien seinen

---

142 SSTS 10 de febrero de 1915, Rev. Gen., Jur. Civ., tomo 132, núm. 62; 31 de enero de 1921, Col. Leg., Jur. Civ., Vol. I, núm. 31; 1 de junio de 1929, Col. Leg., Jur. Civ., Vol. III, núm. 84; Ruíz Gutiérrez, Revista de Derecho Procesal 1962, S. 9ff. (24f.): La competencia de los tribunales españoles en actos en que intervienen elementos extrajeros, con referencia a los de jurisdicción voluntaria; Werth aaO (556)

143 STS de 31 de enero de 1921, Col. Leg., Jur. Civ., Vol. I, núm. 31

144 de Angulo, Lecciones de Derecho procesal internacional, S. 30; González Campos/Recondo Porrua, Lecciones de Derecho procesal civil internacional, 2. Aufl., Bilbao 1981, S. 64; Werth aaO (557f.); Arroyo Martinez, transpR 1985, S. 383 ff.: Gerichtsstandsklauseln in internationalen Verträgen nach der spanischen Rechtsprechung (384); Ruíz Gutiérrez aaO (19-22); Munz aaO (537)

145 SSTS de 31 de enero de 1921, Col. Leg., Jur. Civ., Vol. I, núm. 31; 16 de diciembre de 1927, Col. Leg, Jur. Civ., Vol. VII, núm. 77;1 de enero de 1929, Col. Leg., Jur. Civ., Vol. III, núm. 84; 30 de mayo de 1961, RAJ 2343; 22 de junio de 1964, RAJ 3386; Pecourt García, REDI 1964, S. 540f. und REDI 1966, S. 91: Crónica de jurisprudencia española en materia de Derecho internacional privado; Gutiérrez de Cabiedes, Revista de Derecho Procesal 1971, S. 419 ff. (432-499): La incompetencia de jurisdicción; Jorge Carreras, REDI 1970, S. 375 ff. (391): La jurisdicción de los Tribunales españoles en el caso „Barcelona Traction"; Werth aaO (557f.)

146 SSTS de 10 de junio de 1933, RAJ 1000; 22 de junio de 1964, RAJ 3386

Wohnsitz[147], Gegenstand des Rechtsstreits war eine Verpflichtung, die zugunsten spanischer Staatsbürger eingegangen worden war[148], es handelte sich um Ausländer, die in Spanien Handel trieben (Art. 15 Ccom[149])[150], Gegenstand des Rechtsstreits waren dingliche Ansprüche hinsichtlich in Spanien belegener Sachen[151] oder eine der Parteien hatte die spanische Staatsbürgerschaft[152]. Zuständigkeitsbegründend war ferner die Klageerhebung vor spanischen Gerichten selbst[153]. Aus den Vorschriften über die örtliche Zuständigkeit ließ sich im internationalen kaufmännischen Verkehr die internationale Zuständigkeit unter anderem herleiten, wenn die Hauptniederlassung der Gesellschaft in Spanien war oder wenn die Verpflichtung in Spanien eingegangen worden war (Art. 65 Abs. 2 LEC).

Hinsichtlich internationaler Gerichtsstandsvereinbarungen verhielt die spanische Rechtsprechung sich extrem restriktiv: Zulässig waren nur solche Gerichtsstandsvereinbarungen, wonach die Zuständigkeit spanischer Gerichte vereinbart wurde; Gerichtsstandsvereinbarungen zugunsten ausländischer Gerichte, also die *derogatio fori*, wurden, sofern eine der Parteien ein spanischer Staatsangehöriger war[154], wegen Verstoßes gegen den spanischen *orden público* als nichtig erachtet, da -wie ausgeführt[155]- die Normen über die internationale Zuständigkeit Bestandteil des spanischen *orden público* waren.

d) Reformbestrebungen und Entwicklung

Reformbestrebungen bestanden bereits seit dem Jahre 1950 parallel zur Neuregelung des spanischen Kollisionsrechts[156]. Im Zuge der Reformierungsarbeiten hinsichtlich der gesamten spanischen Zivilprozeßordnung begannen auch die Bestrebungen, die internationale Zuständigkeit der spanischen Gerichte zu regeln[157].

---

147 SSTS de 10 de junio de 1933, RAJ 1000; 30 de mayo de 1961, RAJ 2343

148 STS de 10 de febrero de 1915, Rev. Gen., Jur. Civ., tomo 132, núm. 62 und vgl. oben, S. 19, Fn. 113 (Wortlaut Art. 29 RDE)

149 Handelsgesetzbuch

150 STS de 25 de enero de 1956, RAJ 661

151 STS de 17 de octubre de 1901, Col. Leg., Jur. Civ., Vol. II, núm. 83 und vgl. oben, S. 19, Fn. 114 (Wortlaut Art. 32 RDE)

152 SSTS de 17 de enero de 1912, Col. Leg., Jur. Civ., Vol. I, núm. 26; 10 de junio de 1933, RAJ 1000

153 STS de 1 de junio de 1929, Col. Leg., Jur. Civ., Vol. III, núm. 84

154 SSTS de 17 de enero de 1912, Col. Leg., Jur. Civ., Vol. I, núm. 26; de 10 de junio de 1933, RAJ 1000; de 25 de enero de 1956, RAJ 661

155 vgl. oben, S. 21

156 Fernández Rozas/Sánchez Lorenzo, CDIP, S. 200f.

157 Fernández Rozas/Sánchez Lorenzo aaO, S. 200

Dennoch dauerte es bis zum 28. November 1974, bis eine erste Gesetzesvorlage existierte, die allerdings später nicht Gesetz wurde[158]. In der ersten demokratischen Legislaturperiode nach 1978 lag mit dem Entwurf einer LOPJ von 1980 erneut eine Gesetzesinitiative vor, die in ihrem dritten Kapitel (Artt. 29 - 34) eine Regelung der internationalen Zuständigkeit der spanischen Gerichte enthielt[159]. Diese Vorlage wurde zum einen wegen ihrer Regelungstechnik heftig kritisiert; sie entferne sich zu weit von den verfassungsrechtlichen Vorgaben des Art. 122.1 CE[160]. Zum anderen beschränkte insbesondere Art. 30 der Vorlage sich auf eine Reproduktion von Art. 4 der italienischen Zivilprozeßordnung von 1940[161], worin der Staatsangehörigkeit mehr Bedeutung zugemessen wird als dem Schwerpunkt des streitigen Rechtsverhältnisses. Zu einer Zeit, in der das Brüsseler Übereinkommen von 1968 bereits hinreichend deutlich demonstrierte, wohin sich die Reform zu orientieren habe[162], erschien dies nicht mehr zeitgemäß. Gerade in Hinblick auf den damals in naher Zukunft anstehenden Beitritt Spaniens zum EuGVÜ und zum Lugano-Übereinkommen war es notwendig, auch außerhalb des Anwendungsbereichs dieser Übereinkommen ein modernes System internationaler Zuständigkeit bereitzustellen[163].

---

158 Fernández Rozas/Sánchez Lorenzo aaO, S. 200

159 zu diesem Text: González Campos/Recondo Porrúa, Lecciones de Derecho procesal civil internacional, S. 66f.; Text in Congreso de los Diputados, I, Legislatura, serie A, núm. 129-I, 16-4-1980

160 vgl. oben, S. 4, Fn. 7; Wortlaut: vgl. Anhang

161 Übersetzung nach Bauer u.a.: Italienische Zivilprozeßordnung * *Codice di Procedura Civile* - Zweisprachige Ausgabe
Art. 4 ZPO 1940: Gerichtsbarkeit über Ausländer
Ein Ausländer kann vor den inländischen Gerichten verklagt werden:
1) wenn er im Inland wohnhaft ist oder hier auch nur wahlweise (47 ZGB.) ein Domizil (43 ZGB.) begründet hat oder einen Vertreter (1387 ZGB.) hat, der gemäß Artikel 77 zur Prozeßführung berechtigt ist, oder wenn er sich der italienischen Gerichtsbarkeit unterworfen hat, sofern die Klage nicht unbewegliche, im Ausland gelegene Sachen zum Gegenstand hat;
2) wenn die Klage im Inland befindliche Sachen oder die Erbfolge (456 ZGB.) nach einem italienischen Staatsbürger oder eine im Inland eröffnete Erbfolge oder aber im Inland entstandene (1182 ZGB.) oder zu erfüllende (1326 ff. ZGB.) Verpflichtungen (1173 ff. ZGB.) zum Gegenstand hat;
3) wenn die Klage mit einer anderen vor einem italienischen Gericht behängenden Klage in Zusammenhang (40) steht oder Sicherungsmaßnahmen (670ff.) zum Gegenstand hat, die im Inland durchzuführen sind oder Rechtsverhältnisse betreffen, über die ein italienisches Gericht befinden kann (14 SeeGB);
4) wenn, im umgekehrten Fall, auch das Gericht des Staates, dem der Ausländer angehört, über die gegen einen italienischen Staatsbürger erhobenen Ansprüche befinden kann.

162 J.C. Fernández Rozas/S. Sánchez Lorenzo aaO, S. 200

163 Borrás Rodríguez, Los criterios de Competencia Judicial ..., S. 265ff. (268)

Die Reform vollzog sich schließlich stückweise, zunächst durch die Rechtsprechung auf dem Sektor des Arbeitsrechts, sodann durch das Gesetz 30/1981 vom 7. Juli[164] betreffend die Änderung der Regelungen über die Ehe im spanischen *Código Civil* und die Bestimmungen über das Verfahren bei Nichtigkeit, Trennung von Tisch und Bett und Scheidung der Ehe. In dessen Zusatzbestimmung wurden Vorschriften aufgenommen, die die internationale Zuständigkeit der spanischen Gerichte für die betreffenden Materien bestimmten[165].

e) LOPJ 1985 - Ende der Allzuständigkeitsrechtsprechung

Die Reform schloß mit der Verabschiedung des Gesetzes 6/1985 vom 1. Juli (LOPJ) ab. Dabei versäumte es der Gesetzgeber, auch Fragen der internationalen Rechtshängigkeit sowie die Prüfung der internationalen Zuständigkeit von Amts wegen zu regeln[166]; solche Regelungen blieben einer erneuten Reform der spanischen Zivilprozeßordnung vorbehalten[167].

Zum Zeitpunkt des Inkrafttretens der LOPJ hatte Spanien bereits seit einem Monat die Beitrittsakte zur Europäischen Gemeinschaft unterzeichnet[168]. Diese Tatsache zeigt, daß die parlamentarische Debatte über dieses Gesetz zeitlich mit der Endphase der Verhandlungen über den EG-Beitritt Spaniens zusammenfiel, der über kurz oder lang die Ratifizierung des EuGVÜ mit sich bringen würde. All dies hatte Einfluß auf die Ausarbeitung der Vorschriften der LOPJ über die internationale direkte Zuständigkeit in der Zivilgerichtsbarkeit[169]. So konnte von einer vorweggenommenen Angleichung der spanischen Rechtsordnung an das EG-Recht gesprochen werden[170]. Ein Beweis hierfür ist die Tatsache, daß Art. 3 EuGVÜ in seiner Fassung von Donostia/San Sebastián keine spanischen Normen beinhaltet, die exorbitante Gerichtsstände umfassen[171, 172].

---

164 BOE, núm 172, de 20 de julio de 1981

165 Fernández Rozas/Sánchez Lorenzo aaO, S. 201

166 Arenas García, El control de oficio de la competencia judicial internacional, S. 28

167 Fernández Rozas/Sánchez Lorenzo aaO, S. 201; vgl. hierzu oben, Fn. 70 und im Einzelnen unten, Titel II., S. 54 und 59

168 Garau Sobrino, Ein internationales Zivilverfahrensrecht für Gesamteuropa, S. 341ff.: Das Beispiel Spanien (343f.)

169 Garau Sobrino aaO (343f.)

170 Borrás Rodríguez, Los criterios de Competencia Judicial ..., S. 265ff. (268)

171 Amtsblatt der EG Nr. C 189 vom 28. 7. 1990, S. 35ff. (43) - Bericht de Almeida Cruz/Desantes Real/Jenard; Garau Sobrino aaO, S. 344; Borrás Rodríguez, Los criterios de Competencia Judicial ... (268)

172 vgl. aber unten, S. 177ff.

Mit der Verabschiedung der LOPJ wurde daher der extensiven Interpretation der internationalen Zuständigkeit spanischer Gerichte durch die Rechtsprechung ein Ende gesetzt. Die Beschränkung des spanischen Jurisdiktionsbereichs erfolgte durch Art. 21 LOPJ, der Art. 51 LEC überwand, obwohl er dessen Normtext übernahm. Denn die Neufassung enthält zwei Neuerungen: Erstens wurde die stets falsch verstandene Formulierung *negocios civiles* (zivilrechtliche Rechtsstreitigkeiten) durch den Begriff *juicios* (Prozesse) ersetzt[173, 174].

Zweitens führt der neu eingeführte Zusatz: *con arreglo a lo establecido en la presente ley*[175] zu einer Begrenzung der internationalen Zuständigkeit der spanischen Gerichte[176]. Die Entscheidungen des *Tribunal Supremo* vom 30. April[177] und 18. Juni 1990[178] nehmen ausdrücklich Bezug auf diese Neuerung, „*introduciendo la novedad*"[179], um dann die internationale Zuständigkeit der spanischen Gerichte unter strikter Beachtung des Wortlauts von Art. 22 LOPJ zu überprüfen: Nur wenn Art. 22 LOPJ einen internationalen Gerichtsstand bereitstellt, darf das angerufene Gericht seine internationale Zuständigkeit bejahen.

Dennoch vertreten einige Autoren die Auffassung, das neue System der internationalen Zuständigkeit in Zivilsachen nach Artt. 21, 22 LOPJ zeige den Willen des Gesetzgebers, den spanischen Gerichten fast immer die internationale Zuständigkeit einzuräumen[180]. Auffällig sei die Vielzahl der Gerichtsstände, es sei kaum ein Rechtsstreit denkbar, der nicht in die internationale Zuständigkeit der spanischen Gerichte falle[181]; die Überwindung des *imperialismo jurisdiccional* in der Recht-

---

173 vgl. oben, S. 20f.: Funktion der Rechtswegabgrenzung

174 Espinar Vicente, DPCI, S. 24: Gemeint ist das Mißverständnis, daß die spanischen Gerichte aus dieser Formulierung die Allzuständigkeit in Zivilsachen herleiteten, während an sich der Hintergrund der Formulierung *negocios civiles* die Rechtswegvereinheitlichung vor die ordentliche Gerichtsbarkeit war.

175 nach Maßgabe der Vorschriften dieses Gesetzes

176 Borrás Rodríguez, Los criterios de Competencia Judicial ..., S. 265ff. (267), Fn. 2; de Miguel Asensio, Revista de Derecho Privado, julio-agosto 1998, S. 541ff.: Derechos humanos, diversidad cultural y derecho internacional privado hält den Katalog der internationalen Gerichtsstände des spanischen Rechts für äußerst restriktiv; Cortés Domínguez, Justicia 1985, 775ff.: La nueva regulación ... (776) bezweifelt allerdings, daß dies den Kurs der spanischen Rechtsprechung zu ändern vermöge

177 STS de 30 de abril de 1990, RAJ, 1990, núm. 2807 = REDI 1990, 606ff. mit Anmerkung von Amores Conradi

178 STS de 18 de junio de 1990, RAJ, 1990, núm. 4764 = REDI 1991, 190ff. mit Anmerkung von González Campos

179 die Neuerung einführend

180 Cortés Domínguez, Justicia 1985, S. 775ff.: La nueva regulación ... (777)

181 Senés Motilla, Justicia 1986, S. 683ff.: Sistema de competencia judicial ... (697)

sprechung erfolge daher auf dem Wege, diesen durch den Gesetzgeber weiterzuführen[182]. Die Argumentation von *Senés Motilla* und *Cortés Domínguez* verkennt, daß die normierten Gerichtsstände abschließend sind[183] und daß im Gegenschluß die spanischen Gerichte international unzuständig sind, wo Anknüpfungskriterien nicht vorliegen und jedenfalls keine Hilfszuständigkeit, beispielsweise aus der spanischen Nationalität, begründet werden kann[184].

Die Novellierung des internationalen Zuständigkeitsrechts beendete in Spanien mithin die bestehende Rechtsunsicherheit und brachte die Allzuständigkeitsrechtsprechung zu Fall. Gleichzeitig führte sie zu einer vorweggenommenen Rechtsangleichung an das europäische Recht[185]. In einer viel beachteten Entscheidung der *Audiencia Territorial de Palma de Mallorca* vom 13. Oktober 1988[186] heißt es:

> ... die LOPJ hat im Rahmen des Möglichen versucht, die Schwierigkeiten zu überwinden, die mit unserer Inkorporation in das EuGVÜ auftreten werden, indem sie ein System eingeführt hat, mit dem sie die überkommene Konstruktion des Art. 51 LEC mit allen dazugehörigen Ansichten in Literatur und Rechtsprechung verworfen hat; sie wird so den Anforderungen an die Eingliederung Spaniens in die Europäische Gemeinschaft gerecht ...

6. Anerkennung und Vollstreckung

a) Historische Entwicklung

Erstmalig enthielt die Zivilprozeßordnung von 1855 eine Regelung der Anerkennung und Vollstreckung ausländischer Entscheidungen. Diese gesetzliche Regelung des Jahres 1855 übernahmen die Verfasser der Zivilprozeßordnung von

---

182 Cortés Domínguez, Justicia 1985, S. 775ff.: La nueva regulación ... (777)

183 vgl. oben, S. 12f. (ausschließliche) und S. 14 (besondere Zuständigkeiten) mit Nachweisen aus der neueren Rechtsprechung

184 Amores Conradi, REDI 1989, S. 113ff.: La nueva estructura ... (120, Fn. 20); dies erkennt auch Senés Motilla, Justicia 1986, S. 683ff.: Sistema de competencia judicial ... (686) an: Die Staatsangehörigkeit ist kein prozessual relevantes Kriterium; dies würde auch im Widerspruch zu Art. 24 CE stehen.

185 Rodríguez Benot, Los acuerdos atributivos ..., S. 101; Garau Sobrino, Ein internationales Zivilverfahrensrecht für Gesamteuropa, S. 341ff.: Das Beispiel Spanien (344)

186 RGD, núms. 532-533, 1989, S. 734-736

1881 fast wörtlich; sie gilt auch heute noch[187] in den Artikeln 951ff. LEC[188]. Zuvor kam ausländischen Entscheidungen in Spanien keinerlei Wirkung zu, da die spanischen Gerichte sich mit ausschließlichem Charakter für allzuständig hielten[189]. Es bestand nur die Möglichkeit einer erneuten Klageerhebung in Spanien[190].

Bei der Regelung in der Zivilprozeßordnung von 1855 hatten die Verfasser offenbar ausschließlich die Vollstreckung fremder Leistungsurteile im Auge; an feststellende und gestaltende Urteile dachte man damals nicht[191]. Feststellungs- und Gestaltungsurteile bedürfen, da ihr Tenor keinen vollstreckungsfähigen Inhalt hat, keiner Vollstreckbarerklärung; ein Merkmal des in der spanischen Zivilprozeßordnung geregelten Exequaturverfahrens ist daher das Fehlen einer Unterscheidung zwischen Anerkennung und Vollstreckung[192].

Die Entscheidung, das Exequatur auszusprechen, bedeutet daher sowohl Anerkennung als auch Vollstreckbarerklärung der ausländischen Entscheidung, wobei letztere Voraussetzung für die Zwangsvollstreckung ist[193]. Zuständig für den Ausspruch des Exequatur ist gemäß Art. 56 Nr. 4 LOPJ der *Tribunal Supremo*, erster Zivilsenat[194].

b) Artt. 951 bis 958 LEC

Die Vorschriften über Anerkennung und Vollstreckung sind in den Artt. 951 bis 958 LEC enthalten. Daneben existieren in Spanien als multilaterale Konvention

---

187 Miguel y Alonso, El reconocimiento de sentencias extrajeras en el derecho procisas español, Homenaje a Ch. Fragistas, S. 167ff. (168)

188 Art. 951-954 LEC: Wortlaut und Übersetzung vgl. Anhang. Diese Bestimmungen gelten auch nach der Reform der spanischen Zivilprozeßordnung (vgl. oben, Fn. 70) fort. Ihre Neuregelung soll gem. Aufhebungsbestimmung Art. 1.3 LEC n.F. im Zuge eines Gesetzes über die internationale Zusammenarbeit in Zivilsachen erfolgen (Anteproyecto de Ley de Cooperación Jurídica internacional en materia civil, Actividad prelegislativa del Ministerio de Justicia [1996-1999], Año L III, Supl. Nr. 1854, 01.10.1999); näher vgl. unten, S. 37f.

189 González Granda, Extensión y límites ..., S. 118 mwN bei Covarrubias, Opus Iuris Civilis, 1, III cap. XIV, S. 243 und Conde de la Canada, De las Leyes Civiles, 1, III, cap. VIII, S. 325

190 González Granda aaO, S. 118, Fn. 27

191 Almagro Nosete, Revista de Derecho Procesal 1973, S. 705 ff.: Reconocimiento y ejecución extranacional de sentencias en la Comunidad Hispano-Luso-Americana y Filipina (726); Weigand, Der deutsch-spanische Rechtsverkehr, S. 64

192 Almagro Nosete aaO (726); Weigand aaO, S. 64

193 Garau Sobrino, Ein internationales Zivilverfahrensrecht für Gesamteuropa, S. 341ff.: Das Beispiel Spanien (358); Vorschriften über die Zwangsvollstreckung: Artt.: 1429ff. LEC

194 Ramos, IPRax 1985, 235 ff.: Vollstreckung deutscher Scheidungsurteile in Spanien (237)

das EuGVÜ sowie bilaterale Verträge[195]. Die Artt. 951 bis 954 LEC[196] regeln drei verschiedene Systeme für die Anerkennung und Vollstreckbarerklärung ausländischer Entscheidungen: das System der Staatsverträge (Art. 951), das System der Gegenseitigkeit (Artt. 952f.) und das System der unabhängigen internen Kontrolle (Art. 954). Das Exequaturverfahren nach Art. 951 LEC ist vorrangig vor dem System der Gegenseitigkeit[197], dieses wiederum vor dem System der unabhängigen internen Kontrolle[198], anzuwenden.

aa) Art. 951 LEC - System der Staatsverträge

Die bilateralen Anerkennungs- und Vollstreckungsverträge bleiben im Rahmen der vorliegenden Arbeit außer Betracht, da solche Abkommen üblicherweise die Anerkennungszuständigkeit durch Sondervorschriften mitregeln[199], die Gerichtsstände des Art. 22 LOPJ mithin keine Rolle spielen. Dies gilt auch dann, wenn das Exequatur nach dem Vertragsrecht nicht gewährt werden kann. In der spanischen Lehre wird überwiegend das Garantie- oder Ausschließlichkeitsprinzip[200] vertreten. Danach ist das autonome Recht neben einem Staatsvertrag nur anzuwenden, wenn dieser ausdrücklich einen Rückgriff auf die autonome Regelung zuläßt[201].

---

195 Spanien hat mit folgenden Ländern bilaterale Abkommen geschlossen: mit der Schweiz am 19.11.1896 (Gaceta v. 9.7.1898); mit Kolumbien am 30.5.1908 (Gaceta v. 18.4.1909); mit Frankreich am 28.5.1969 (BOE v. 14.3.1970; s. Notenaustausch v. 1.4.1974 über die Auslegung des Abkommens (BOE v. 20.4.1974)); mit Italien am 22.5.1973 (BOE v. 15.11.1977); mit der Bundesrepublik Deutschland am 14.11.1983 (BOE v. 16.2.1988; s. Notenaustausch v. 25.9.1989 und 9.5.1990 zur Korrektur bestimmter im spanischen Text aufgetauchter Fehler (BOE v. 23.6.1990)); mit Österreich am 17.2.1984 (BOE v. 29.8.1985); mit der Tschechoslowakei am 4.5.1987 (BOE v. 3.12.1988; Fehlerkorrektur, BOE v. 26.1.1989); mit Mexiko am 17.4.1989 (BOE v. 9.4.1991)

196 Artt. 951 bis 954 LEC: vgl. Anhang

197 Art. 952 LEC: Wenn besonderere Verträge mit dem Staat, in dem sie ergangen sind, nicht bestehen, [...]

198 Art. 954 LEC: Liegt keiner der Fälle der drei vorhergehenden Artikel vor, [...]

199 Vorschriften betreffend die direkte Zuständigkeit enthalten solche bilateralen Übereinkommen regelmäßig nicht; Amores Conradi, REDI 1989, 113ff.: La nueva estructura ... (126, Fn. 35); Calvo Caravaca, Comentarios al Convenio de Bruselas ..., S. 29, Ziff. 6; Borrás Rodríguez, Los criterios de competencia judicial ... S. 265ff. (267); Weigand aaO, S. 150

200 González Campos/Fernández Rozas/Recondo Porrúa, DIP, S. 384; Fernández Rozas/ Sánchez Lorenzo, CDIP, 1.ª edición, S. 614; Karl, Die Anerkennung von Entscheidungen in Spanien, S. 243ff.; Weigand aaO, S. 63

201 González Campos/Fernández Rozas/Recondo Porrúa aaO, S. 384; Fernández Rozas/ Sánchez Lorenzo aaO, S. 614; Karl aaO, S. 243ff.; Weigand aaO, S. 63. Im Gegensatz dazu ist nach dem in deutscher Rechtsprechung und Literatur vertetenen Günstigkeitsprinzip, sofern das autonome Recht anerkennungsfreundlicher ist als das Vertragsrecht, zu prüfen, ob nach dem Willen des Gesetzgebers, der den Vertrag in innerstaatliches Recht transformiert hat, das Vertragsrecht eine abschließende Regelung darstellt oder nicht.

bb) Art. 952f. - Prinzip der Gegenseitigkeit

Angesichts der praktischen Schwierigkeit, den Nachweis der regelmäßigen Anerkennung oder Nichtanerkennung durch ausländische Gerichte zu führen, ist das System der Gegenseitigkeit ein in der Praxis selten angewandtes Anerkennungssystem[202]. Dies sei deshalb der Fall, weil die Partei, die um das Exequatur nachsuche, sich nicht auf diese Regelung beziehe oder diese nicht nachweise, oder aber weil die Partei, die sich dem System der Gegenseitigkeit widersetze, ihr Fehlen nicht nachweise[203].

cc) Art. 954 LEC - System der unabhängigen internen Kontrolle

Damit erlangt im Anwendungsbereich außerhalb von Staatsverträgen Art. 954 LEC die in der Praxis vorherrschende Bedeutung:

aaa) Persönliche Klage

Nach Art. 954 Nr. 1 LEC muß es sich um eine „persönliche Klage“[204] handeln. Dies hat zweifach Bedeutung: Einerseits ist die Anerkennung von Entscheidungen ausgeschlossen, die nicht dem Zivilrecht zuzuordnen sind, andererseits ist die Anerkennung von Entscheidungen ausgeschlossen, denen dingliche Ansprüche zugrunde liegen[205]. Bei Erlaß der LEC 1881 sollte so gewährleistet werden, daß bei Klagen über dingliche Ansprüche das spanische Realstatut beachtet wurde; lediglich den Urteilen spanischer Gerichte sollte Rechtswirksamkeit verliehen werden[206]. Bei Berücksichtigung des Sinns dieser Vorschrift ist sie heute so zu verstehen, daß die internationale Zuständigkeit ausschließlich den spanischen Gerichten obliegt, um einen Rechtsstreit über dingliche Rechte an unbeweglichen Sachen und Vermietung von in Spanien belegenen Immobilien (Art. 22 Abs. 1 LOPJ) zu entscheiden, d.h. das Exequatur wird ausländischen Entscheidungen in diesen Angelegenheiten bei Nichtbeachtung dieser ausschließlichen Zuständigkeit

---

Geimer in Zöller, ZPO, § 328, RZ 5 mwN bei Geimer/Schütze I 1383; StJ/Schumann 41; ähnlich Habscheid Schweizer ZPR, RZ 533; Matscher ZZP 103 (1990), 311; Schack IZVR, RZ 807; Karl, 243; MK/Gottwald, RZ 12; Hamm RIW 78, 689 = IPRspr 78/162; BGH FamRZ 87, 582 (Gottwald) = IPRax 89, 104 (Siehr) = NJW 87, 3083 (Geimer) = IPRspr 87/145; BayObLG RR 90, 842 = FamRZ 90, 898 = IPRspr 90/218

202 Espinar Vicente, DPCI, S. 172f.; Garau Sobrino aaO, S. 359

203 Espinar Vicente, DPCI, S. 172f.; Garau Sobrino aaO, S. 359

204 *acciones personales*: schuldrechtliche Klagen

205 Espinar Vicente, DPCI, Guias de Estudio, La Ley, Madrid 1988, S. 182; Weigand aaO, S. 67

206 Garau Sobrino aaO, S. 360 mwN bei M. Virgós, Reconocimiento y ejecución, S. 338

nicht ausgesprochen[207]. Aus der Interpretation dieser Bestimmung folgt heute, daß auch allen übrigen ausländischen Entscheidungen die Anerkennung versagt wird, sofern sie unter Verletzung der weiteren spanischen ausschließlichen Zuständigkeiten ergangen sind, die in Art. 22 Abs. 1 LOPJ normiert sind[208].

bbb) Kein Versäumnisurteil

Nicht anerkannt wird nach Art. 954 Nr. 2 LEC ein Versäumnisurteil. Die jüngste Rechtsprechung des *Tribunal Supremo* legt diese Bedingung dahingehend aus, daß der Vollstreckungsschuldner korrekt vorgeladen sein muß. Erscheint dieser trotzdem nicht, so soll ihm dies nicht zum Vorteil gereichen. Der *Tribunal Supremo* will so der absichtlich herbeigeführten Säumnis zur Schaffung eines Anerkennungshindernisses entgegen wirken[209].

ccc) Kein Widerspruch zum innerstaatlichen ordre public

Nach Art. 954 Nr. 3 LEC darf die Entscheidung nicht dem spanischen *orden público* widersprechen. Der *Tribunal Supremo* definiert den *orden público* als öffentliche oder private Gesetzesprinzipien, (und) politische, ökonomische, moralische, ja sogar religiöse (Prinzipien), die absolut verpflichtend sind für die Aufrechterhaltung der sozialen Ordnung in einer Nation und zu einer bestimmten Zeit[210]. Auch die Grundrechte und -freiheiten binden den *Tribunal Supremo* bei der Entscheidung, ob Exequatur gewährt wird[211].

Bis zur Wiedereinführung der Scheidung durch das Gesetz 30/1981 vom 7. Juli 1981[212] waren es insbesondere ausländische Scheidungsurteile, die wegen Verstoßes gegen den spanischen *ordre public* nicht anerkannt wurden[213].

---

207 Garau Sobrino aaO, S. 360f.; Borrás Rodríguez, Los Criterios de Competencia Judicial ..., S. 265ff. (271f.), die diese Schlußfolgerung ferner aus einem Analogieschluß aus Art. 278 LOPJ herleitet, der ausdrücklich die Möglichkeit der Verweigerung internationaler Rechtshilfe eröffnet, sofern das Rechtshilfeersuchen sich auf einen Rechtsstreit bezieht, der in die ausschließliche internationale Zuständigkeit der spanischen Gerichte fällt

208 Espinar Vicente aaO, S. 183, 189; Senés Motilla, Justicia 1986, S. 683ff.: Sistema de competencia judicial ... (690f.)

209 Garau Sobrino aaO, S. 361; Weigand aaO, S. 68f.

210 STS de 5 de abril de 1966, RAJ 1684

211 Cremades/Cabiedes, Litigating in Spain, S. 380; de Miguel Asensio, Revista de Derecho Privado, julio-agosto 1998, S. 541ff.: Derechos humanos, diversidad cultural y derecho internacional privado (556) sieht ferner die Garantien der EMRK als Bestandteil des innerstaatlichen *orden público* an

212 BOE, núm. 172, de 20 de julio de 1981

213 F. Ramos, IPRax 1985, 235 ff.: Vollstreckung deutscher Scheidungsurteile in Spanien (237); Navarro Fernández, El fraude de Ley: Su tratamiento jurisprudencial, S. 156f.:

ddd) Formale Erfordernisse

Art. 954 Nr. 4 LEC bestimmt, daß die Entscheidung die im Ursprungsstaat und die in Spanien bestehenden Gültigkeitsvoraussetzungen erfüllen muß, um in Spanien öffentlichen Glauben zu genießen. Gemeint sind die formalen Voraussetzungen des Art. 600, insbesondere Nr.4, sowie des Art. 601 LEC[214, 215].

Weiterhin bestehen neben diesen durch die LEC ausdrücklich geregelten Voraussetzungen solche, die von der spanischen Rechtsprechung entwickelt wurden[216]. Nach zum Teil vertretener Ansicht[217] gehört hierher auch die Frage, ob eine ausschließliche Zuständigkeit der spanischen Gerichte mißachtet wurde, wohingegen eine andere Ansicht, wie bereits oben dargestellt[218], dieses Erfordernis nach teleologischer und historischer Interpretation aus Art. 954 Nr. 1 LEC herleitet.

eee) Überprüfung des anwendbaren Rechts - révision au fond

Nachdem der *Tribunal Supremo* einige Zeit, insbesondere bei der Anerkennung ausländischer Scheidungsurteile, ganz konkret seit dem Urteil vom 14. Juli 1982[219], die *lex causae*-Theorie vertrat -Verweigerung des Exequatur, sofern eine andere *lex causae* anwendbar war-, gab er diese Rechtsprechung im Urteil vom 1. Juni 1983[220] ausdrücklich wieder auf[221]. Die Abkehr von der *lex causae*-Theorie bestätigte der *Tribunal Supremo* sodann in einer Entscheidung vom 6. Mai

---

Auto TS de 5 de octubre de 1982, RAJ 1982, núm. 5539: Nichtbeachtung der ausschließlichen spanischen Zuständigkeit, wenn beide Ehepartner die spanische Staatsangehörigkeit besitzen, stellt Verstoß gegen den *ordre public* dar, da die Normen über die internationale Zuständigkeit als Bestandteil desselben angesehen werden; Weigand aaO, S. 69: die Ehescheidung war bis zu ihrer Wiedereinführung durch Gesetz 30/1981 in Spanien nicht möglich, weshalb auch der ausländischen Ehescheidung wegen Verstoßes gegen den *ordre public* die Anerkennung zu versagen war

214 Die Entscheidung muß legalisiert (oder mit der Apostille versehen sein, sofern der Ursprungsstaat dem Haager Übereinkommen zur Befreiung ausländischer öffentlicher Urkunden von der Legalisation vom 5.10.1961 beigetreten ist -BOE vom 25.9.1978) und sie muß ins Spanische übersetzt worden sein (entweder privat oder durch einen vereidigten Übersetzer). Nach Inkrafttreten des Zivilprozeßreformgesetzes (vgl. Fn. 70) nunmehr Art. 323 LEC n.F.

215 Garau Sobrino aaO, S. 361

216 nachfolgend eee) bis ggg)

217 Garau Sobrino aaO, S. 361

218 in diesem Kapitel oben, S. 31f.

219 Text in: La Ley 1983-1, S. 426-430

220 Text in: La Ley 1983-4, S. 249-253

221 Garau Sobrino, Ein internationales Zivilverfahrensrecht für Gesamteuropa, S. 341ff.: Das Beispiel Spanien (362); Karl aaO, S. 51ff.

1991[222]: Eine Überprüfung der ausländischen Gesetzesanwendung erfolge nicht, weil es im Exequaturrecht nicht vorgesehen sei, und weil die Souveränität der spanischen Gerichte nicht so weit reiche, daß sie die Entscheidungen ausländischer Gerichte überprüfen dürften[223].

fff) Kein Widerspruch zu einer spanischen Entscheidung

Der *Tribunal Supremo* fordert weiterhin, daß keine spanische Entscheidung existiert, die derjenigen widerspricht, deren Exequatur beantragt wird[224].

ggg) Internationale Zuständigkeit des Erstgerichts

In der Rechtsprechung uneinheitlich behandelt und in der Literatur umstritten war die Frage, ob die internationale Zuständigkeit des Erstrichters, die sogenannte indirekte oder Anerkennungszuständigkeit, im Rahmen des Exequaturverfahrens überprüft wird.

Auch hier fehlt es an einer positiven (einfach-)gesetzlichen Regelung. *Calvo Caravaca* und *Espinar Vicente* halten dies für ein bedauerliches rechtshistorisch begründetes Versäumnis[225]. Ein solches liege vor, da der Verfasser der Art. 954 LEC vorausgehenden Vorschrift in der Zivilprozeßordnung von 1855, die in die Zivilprozeßordnung von 1881 übernommen worden sei, sich an einer Publikation

---

222 Beschluß TS de 6 de mayo de 1990, REDI 1992, S. 207ff. (209)

223 Maseda Rodríguez, Anmerkung zu STS de 22 de diciembre de 1993, REDI 1994, 320 ff. (323) vertritt allerdings die Auffassugn, die *révision au fond* bleibe gegebenenfalls dem im Zwangsvollstreckungsverfahren erkennenden Gericht vorbehalten. Diese Ansicht ist abzulehnen. Nach Geimer/Schütze, Europäisches Zivilverfahrensrecht, Art. 29, RZ 1 widerspräche auch diese Auffassung dem Verbot der *révision au fond*, einem Essentiale der internationalen Urteilsanerkennung. Zutreffend formuliert Schuschke, Vollstreckung und Vorläufiger Rechtsschutz, Kommentar zum Achten Buch der Zivilprozeßordnung, Band I, Zwangsvollstreckung §§ 704 - 915 ZPO, zu § 723, RZ 4, die Urteilsanerkennung erfolge ohne Überprüfung der ausländischen Gesetzesanwendung, wobei dieses Ergebnis wieder *ad absurdum* geführt werde, wenn über den Umweg eines Rechtsbehelfs in der Zwangsvollstreckung die *révision au fond* wieder eingeführt werde.

224 Anmerkung Arenas García zu SAP Oviedo de 17 de diciembre de 1991, REDI 1992, S. 634ff. (637); Garau Sobrino aaO, S. 363 mit Rechtsprechungsnachweisen: Autos TS vom 24.4.1935 (deutsches Scheidungsurteil widersprach einem spanischen Urteil, das zwischen Beantragung des Exequatur und Exequaturentscheidung ergangen war); 4.7.1967 (es handelte sich um einen Fall des *exequatur sur exequatur*, den der *Tribunal Supremo* allerdings nicht als solchen behandelte)

225 Calvo Caravaca/Espinar Vicente, La Ley 1983, Ausgabe vom 18. Oktober 1983, El control de la competencia judicial internacional del tribunal de origen de la sentencia, S. 1ff. (4)

eines granadinischen Diplomaten von 1849[226] orientiert habe, dabei aber vergessen habe, die zweite darin aufgestellte Bedingung zu übernehmen. Diese lautete sinngemäß: Voraussetzung der Anerkennung sei, daß das erkennende Gericht zuständig gewesen sei gemäß der Natur des Rechtsstreits oder nach den ausdrücklichen oder stillschweigenden Übereinkommen der beiden Staaten[227].

aaaa) Rechtsprechung des *Tribunal Supremo*

Trotz Fehlen einer ausdrücklichen positivrechtlichen Grundlage überprüft der *Tribunal Supremo* in der überwiegenden Anzahl der Entscheidungen[228] im Wege einer Bilateralisierung der spanischen Normen über die internationale Zuständigkeit die internationale Zuständigkeit des Erstrichters. Der *Tribunal Supremo* bejahte die internationale Zuständigkeit des Erstrichters nach spiegelbildlicher Anwendung der entsprechenden spanischen Vorschrift und gewährte den zitierten Entscheidungen das Exequatur nach Art. 954 LEC. Sofern in Einzelfällen eine ausdrückliche Prüfung der Anerkennungszuständigkeit unterblieben ist, geschah dies insbesondere in den Fällen, in denen das Exequatur bereits aus anderen Gründen nicht gewährt wurde[229].

bbbb) Bestätigung durch den *Tribunal Constitucional*

Der spanische *Tribunal Constitucional*[230] hat diese Rechtsprechung anerkannt und begründet: Das Recht auf den gesetzlich bestimmten Richter wird gewahrt,

---

226 Calvo Caravaca/Espinar Vicente aaO (4) mN bei: A. Riquelme y Gómez, Elementos de Derecho público internacional, T. I. Madrid, 1849, S. 412

227 „Que el Tribunal que haya dado la sentencia sea competente, con arreglo a la naturaleza del litigio o en virtud de convenciones expresas o tácitas entre los dos Estados..."

228 Beschlüsse des TS de 21 de octubre de 1982, abgedruckt bei Hernanz Sánchez: Das Kollisions-, Zuständigkeits- und Anerkennungsrecht der internationalen Ehescheidung in Spanien, S. 350ff.; de 29 de noviembre de 1982; 9 de diciembre de 1982, abgedruckt bei Calvo Caravaca, REDI 1983, S. 504ff. (506): Anmerkung zu Rechtsprechungsübersicht: Alle drei Entscheidungen betreffen die Anerkennung von Scheidungsurteilen ausländischer Gerichte, bei denen einer der Ehegatten nicht die spanische Staatsangehörigkeit hatte; haben beide Ehegatten die spanische Staatsangehörigkeit, so nimmt der *Tribunal Supremo* eine ausschließliche internationale Zuständigkeit der spanischen Gerichte an und versagt ausländischen Entscheidungen das Exequatur; SSTS de 15 de diciembre de 1987 (unveröffentlicht, teilweise abgedruckt in REDI 1990, S. 242f.); de 19 de febrero de 1990 (unveröffentlicht, teilweise abgedruckt in REDI 1991, S. 220); González Campos, REDI 1988, S. 208ff.: Anmerkung zu SSTS de 2 de marzo de 1987 (unveröffentlicht); de 16 de marzo de 1987 (RAJ, 1987, núm. 1508) zum Kindschaftsrecht; die ansonsten unveröffentlichte Entscheidung ist nur teilweise abgedruckt in REDI 1989, S. 298ff. (299)

229 Calvo Caravaca, La sentencia extranjera en España y la competencia del juez de origen, S. 135

230 Verfassungsgericht

wenn eine ausländische Entscheidung auf Grundlage der Bilateralisierung eines der Gerichtsstände des Art. 22 LOPJ ergangen und im Inland sodann anerkannt worden ist[231]. Die Entscheidungen des spanischen Verfassungsgerichts werden im spanischen Staatsanzeiger veröffentlicht und binden sodann die drei Gewalten[232].

cccc) Rechtfertigung dieser Rechtsprechung

aaaaa) Reformüberlegungen bei Erarbeitung der LOPJ 1985

Bei Schaffung der LOPJ wurde ausdrücklich erwogen, eine Vorschrift betreffend die Überprüfung der internationalen Zuständigkeit des Erstrichters bei der Anerkennung ausländischer Entscheidungen aufzunehmen; dies unterblieb jedoch[233].

Eine Parlamentariergruppe brachte bei den Vorarbeiten zur LOPJ den Verbesserungsvorschlag (*enmienda*) Nr. 818[234] ein, der ausdrücklich die Prüfung der

---

231 Anmerkung Amores Conradi zu STC 43/1986 de 15 de abril, REDI 1987, S. 190ff. (192)

232 Ramos Méndez, Derecho Procesal Civil, S. 86; Torres del Moral, Principios de Derecho Constitucional, Vol II., S. 413

233 Garau Sobrino, Ein internationales Zivilverfahrensrecht für Gesamteuropa, S. 341ff.: Das Beispiel Spanien (361f.); Weigand aaO, S. 88 ff.; Karl, Die Anerkennung von Entscheidungen in Spanien, S. 66 ff.

234 Congreso de los Diputados, Serie A, 118 - 19-9-84, Enmiendas, Comisión de Justicia e Interior, Proyecto de Ley Orgánica del Poder Judicial, Enmiendas; enmienda n.° 21, S. 224f.:
Art. 37:
1. En el orden civil, a reserva del cumplimiento de los requisitos establecidos en un tratado o convenio internacional o, en su caso, de los previstos en los articulos 952 a 954 de la Ley de Enjuiciamiento Civil, se denegará el reconocimiento y ejecución en España de una sentencia extranjera cuando la jurisdicción del Tribunal de origen de la decisión se ha basado en alguno de los criterios del apartado 1 del artículo 33 (jetzt Art. 22).
Asimismo, el reconocimiento y ejecución en España será denegado si la jurisdicción del Tribunal extranjero se ha basado únicamente en el hecho de que el demandante era nacional de aquel Estado; en la mera presencia de bienes del demandado o en el embargo preventivo de los bienes en el Estado de origen de la sentencia, salvo que el litigio se haya suscitado sobre la propiedad o posesión de dichos bienes o sobre un crédito garantizado por los mismos; en el hecho de que el demandado haya realizado actividades patrimoniales en aquel Estado, sin que el litigio se refiera a estas actividades; en la designación unilateral del Tribunal por el demandante en una factura o documento mercantil, y en el hecho de que la demanda fue notificada al demandado que, ocasionalmente, se hallaba en aquel Estado.
2. En otro caso, y a reserva del cumplimiento de los demás requisitos, procederá el reconocimiento y ejecución en España de una sentencia extranjera cuando la jurisdicción del Tribunal de origen de la decisión se haya basado en los criterios establecidos, en relación con la materia objeto del litigio, por los apartados 2, 3, 4 y 5 del artículo 33; cuando aun siendo distintos los criterios, no constituya un exceso de jurisdicción atendidas la na-

internationalen Zuständigkeit des Erstrichters vorsah. Die Anerkennung sollte danach versagt werden, wenn der Erstrichter eine spanische ausschließliche oder eine exorbitante internationale Zuständigkeit in Anspruch genommen hatte; hingegen sollte die Anerkennung nicht versagt werden, wenn das spanische Recht zwar eine internationale Zuständigkeit nicht bereitstellte, die in Anspruch genommene jedoch nicht als exorbitant anzusehen war. Damit hätte das spanische Recht bei Umsetzung dieses Verbesserungsvorschlages mehr Anerkennungszuständigkeiten als direkte Zuständigkeiten bereitgestellt[235]. *Calvo Caravaca*[236] sieht diese Ausnahme von der Bilateralisierung der Normen über die direkte Zuständigkeit als Grund dafür an, daß dieser Vorschlag Nr. 818 nicht Gesetz wurde. Eine grundsätzliche gesetzgeberische Absage an die Prüfung der Zuständigkeit des Erstgerichts im Anerkennungsverfahren war deshalb in der Ablehnung des Vorschlags nicht zu sehen.

Die Neuregelung des Anerkennungsrechts blieb, wie oben dargestellt[237], im Zuge der Reform der spanischen Zivilprozeßordnung[238] einem Gesetz über die internationale Zusammenarbeit in Zivilsachen vorbehalten. Dieses Gesetz sollte gem. der XX. Schlußbestimmung LEC n.F. sechs Monate nach Inkrafttreten des Zivilprozeßreformgesetzes seinerseits in Kraft treten. Diese Frist ist allerdings verstrichen, ohne daß dieses Gesetz in Kraft getreten wäre. Art. 18 Nr. 1 a)[239] des

---

turaleza y circunstancias del litigio, y cuando las partes se hayan sometido mediante un acuerdo escrito a la jurisdicción del Tribunal extranjero.

235 Geimer, Anerkennung ausländischer Entscheidungen in Deutschland, S. 115: solche Anerkennungszuständigkeiten gibt es aber beispielsweise in Frankreich; zum französischen und zum schweizer Recht vgl. dort insbesondere Fn. 32; ferner vgl. oben, S. 7

236 Calvo Caravaca, La sentencia extranjera en España y la competencia del juez de origen, S. 129

237 vgl. oben, Fn. 188

238 vgl. oben, Fn. 70

239 Art. 18 des Entwurfs lautet:
La resolución no se reconocerá y ejecutará:
Cuando el tribunal de origen no tuviere competencia de acuerdo con un tratado o aquélla no se correspondiere con las reglas de competencias de la ley española y, en todo caso, si hubiere invadido competencias de la jurisdicción española, exclusivas o por acuerdo entre las partes, o su competencia estuviese fundada en una regla de competencia exorbitante.
Se considera como competencia exorbitante, la que no tenga un lazo suficiente con las partes, las circunstancias del caso, con la causa del objeto de la acción o que no tenga en cuenta el principio de una buena administaración de la justicia.
No obstante, aquél se considerará competente cuando hubiere ejercicio jurisdicción para evitar una denegación de justicia.
[...]

Entwurfs[240] sieht eine Versagung der Anerkennung und Vollstreckung der ausländischen Entscheidung vor, wenn das Erstgericht nicht international zuständig war nach den Bestimmungen eines internationalen Vertrages oder des spanischen Rechts und stets, wenn ausschließliche spanische internationale Zuständigkeiten oder solche kraft Gerichtsstandsvereinbarung der Parteien verletzt worden sind oder wenn das Erstgericht seine Entscheidung auf eine exorbitante Zuständigkeit gestützt hat.

bbbbb) Änderung der Rechtsprechung zu Art. 954 Nr. 2 LEC

In Ermangelung einer ausdrücklichen Vorschrift, die die Bilateralisierung der Normen über die internationale Zuständigkeit im Anerkennungsverfahren vorsieht, wird in der Literatur zum Teil die Ansicht vertreten, daß diese Prüfung gesetzwidrig ist[241]. Nach anderer Ansicht in der spanischen Literatur kann die Bilateralisierung jedoch gerechtfertigt werden. Ein Argument ist die geänderte Rechtsprechung des *Tribunal Supremo* zu Art. 954.2 LEC[242], wonach ein ausländisches Versäumnisurteil anerkennungsfähig ist, wenn der Beklagte ordnungsgemäß geladen wurde[243]. Die prozessualen Rechte der säumigen beklagten Partei würden nämlich nur dann gewahrt, wenn das ausländische Urteil in internationalen Gerichtsständen ergangen ist, die dem Beklagten zumutbar sind. War aber das erkennende Gericht international unzuständig, so vermöge dieser Umstand die Säumnis der beklagten Partei zu rechtfertigen[244].

ccccc) Rechtfertigung aus Artt. 951 – 953 LEC

Weiterhin wird zur Rechtfertigung der Bilateralisierung angeführt, die Anerkennungssysteme der Artt. 951 bis 953 LEC sähen eine Prüfung der Anerkennungszuständigkeit vor[245], so daß ein Minus an Anforderungen im subsidiären System der internen Kontrolle des Art. 954 LEC für paradox gehalten wird[246].

---

240 Anteproyecto de Ley de Cooperación Jurídica internacional en materia civil, Actividad prelegislativa del Ministerio de Justicia (1996-1999), Año L III, Supl. Nr. 1854, 01.10.1999

241 Calvo Caravaca aaO, S. 135 mit Hinweis auf Ramos Méndez

242 Calvo Caravaca aaO, S. 135

243 vgl. in diesem Kapitel oben, S. 32

244 Fernández Rozas/Sánchez Lorenzo, CDIP, 3.ª edición, S. 568

245 Calvo Caravaca, La sentencia extranjera en España y la competencia del juez de origen, S. 135; Fernández Rozas/Sánchez Lorenzo, CDIP, 3.ª edición, S. 569; Pérez Vera et al. (Virgós Soriano), DIP, Vol. I; Tema XII, S. 382; Karl aaO, S. 71f.

246 Calvo Caravaca, La sentencia extranjera en España y la competencia del juez de origen, S. 135; Fernández Rozas/Sánchez Lorenzo, CDIP, 3.ª edición, S. 569

ddddd) Stellungnahme

Calvo Caravaca führt für eine Rechtfertigung *de lege lata* neben den unter den beiden letzten Unterpunkten genannten Argumenten weiterhin eine rechtsvergleichende Betrachtung sowie die Rechtsprechung des *Tribunal Supremo*[247] an. Keines dieser Argumente läßt sich indes dem geschriebenen spanischen Recht entnehmen.

Wie bereits oben ausgeführt[248], hat das spanische Verfassungsgericht anerkannt, daß das Recht auf den gesetzlich bestimmten Richter (Art. 24 CE) gewahrt ist, wenn eine ausländische Entscheidung auf Grundlage der Bilateralisierung eines der Gerichtsstände des Art. 22 LOPJ ergangen und im Inland sodann anerkannt worden ist[249]. Die positivrechtliche Rechtfertigung der Bilateralisierung der Vorschriften über die internationale Zuständigkeit im Exequaturverfahren, die den inländischen gesetzlichen Richter bestimmen, liegt daher in diesem verfassungsmäßigen Recht der Partei[250].

Auch für das deutsche Recht wird ein Zusammenhang zwischen dem verfassungsmäßigen Recht auf den gesetzlichen Richter und der Prüfung der Anerkennungszuständigkeit anhand der Normen über die internationale Zuständigkeit anerkannt[251].

---

247 Calvo Caravaca aaO, S. 134f.

248 vgl. oben, S. 35f.

249 Anmerkung Amores Conradi zu STC 43/1986 de 15 de abril, REDI 1987, S. 190ff. (192)

250 González Granda, Extensión y límites ..., S. 126ff.: C) Tratamiento Constitucional de la Incompetencia del Juez de Origen (129): Der TC führt unter Ziffer 7. im Zusammenhang mit dem Recht auf den gesetzlich bestimmten Richter aus, daß „... nach den Regeln über die spanische internationale Zuständigkeit die Zuständigkeit der nordamerikanischen Gerichte für den hier zur Entscheidung anstehenden Fall resultiere". González Granda aaO meint allerdings, diese Zuständigkeit ergebe sich lediglich daraus, daß keine ausschließliche Zuständigkeit der spanischen Gerichte berührt sei (129).

251 Geimer, Verfassungsrechtliche Vorgaben bei der Normierung der internationalen Zuständigkeit, S. 17ff. (23, Fn. 46): Die internationale Zuständigkeit des Urteilsstaates als Voraussetzung der Anerkennung bzw. Vollstreckbarerklärung ist vom Richter anhand generell-abstrakter Normen zu beurteilen. Nur dies genügt dem Recht auf den verfassungsmäßigen Richter, nicht die forum-non-conveniens-Theorie; ders. in Zöller, ZPO, § 328, RZ 119b

Teil II Die Auswirkungen der Neuregelung der internationalen Zuständigkeit auf das spanische internationale Zivilverfahrensrecht

Einleitung

Die Neuregelung der internationalen Zuständigkeit durch die LOPJ 1985 hat auch auf andere Bereiche des spanischen internationalen Zivilverfahrensrechts Einfluß genommen und zu einer Öffnung der Rechtsprechung für den internationalen Rechtsverkehr geführt. Diese Entwicklungen werden im folgenden nachvollzogen:

Bei Darstellung des Anerkennungsrechts nach Art. 954 LEC wurde soeben darauf hingewiesen, daß eine Prüfung der Anerkennungszuständigkeit anhand einer Bilateralisierung der Vorschriften über die internationale Zuständigkeit erfolgt[252]. Im folgenden wird dargelegt, daß dies eine erste und unmittelbare Folge der Neuregelung des direkten Zuständigkeitsrechts durch die LOPJ 1985 war:

1. Entwicklung des Spiegelbildprinzips

Es ist zunächst zu untersuchen, warum die Neuregelung der internationalen Zuständigkeit in Spanien zur Entwicklung des Spiegelbildprinzips im spanischen Anerkennungsrecht führte, sodann welche Auswirkungen dies für den internationalen Rechtsverkehr hat.

a) Allzuständigkeitsrechtsprechung

Die Überprüfung der internationalen Zuständigkeit des Erstrichters anhand der spiegelbildlichen Anwendung der eigenen Vorschriften über die internationale Zuständigkeit kann nur in denjenigen Rechtsordnungen zu einem Anerkennungshindernis führen, die selbst einen begrenzten Zuständigkeitskatalog haben[253]. Regelmäßig konnte daher in der spanischen Rechtsprechung vor Einführung gesetzlich bestimmter internationaler Foren eine Prüfung der Anerkennungszuständigkeit unterbleiben, da in dem System der *plenitud jurisdiccional*[254] grundsätzlich

---

252 vgl. oben, S. 34ff.

253 Calvo Caravaca/Espinar Vicente, La Ley 1983, Ausgabe vom 18. Oktober 1983, El control de la competencia judicial internacional del tribunal de origen de la sentencia, S. 1ff. (5)

254 in diesem Sinne: STS de 11 de julio de 1970, RAJ 3489

eine korrespondierende spanische internationale Zuständigkeit bestanden hätte[255]. Nehmen die innerstaatlichen Gerichte für das Erkenntnisverfahren Allzuständigkeit in Anspruch, muß in jedem Falle bei Bilateralisierung der Allzuständigkeit begründenden Normen auch die Anerkennungszuständigkeit bejaht werden. Denn die Anerkennung wegen der Inanspruchnahme ausufernder Zuständigkeiten kann nicht verweigert werden, wenn man selbst eine identische internationale Zuständigkeit bereitstellt[256]. Ausufernde Zuständigkeiten schlagen mithin auf das Anerkennungsrecht zurück[257].

Umgekehrt konnte die spanische Judikatur, solange sie eine Bilateralierung der Vorschriften über die internationale Zuständigkeit nicht vornahm, widerspruchsfrei, also auch ohne Berücksichtigung der eigenen Wertentscheidungen, die internationale Zuständigkeit ausländischer Gerichte auch in denjenigen Fällen ablehnen, in denen sie die eigene internationale Zuständigkeit als gegeben ansah. Beispiel hierfür ist die vor Erlaß der LOPJ gefestigte Rechtsauffassung der spanischen Gerichte, daß eine Unterwerfung der Parteien unter die Gerichte ausländischer Staaten, die *derogatio fori*, gegen den innerstaatlichen *orden público* verstoße und damit unwirksam sei[258]. Umgekehrt ließ die spanische Rechtsprechung die *prorogatio fori* auch bei Rechtsstreitigkeiten mit Auslandsbezug zu[259]. Dieses Ergebnis wäre bei Bilateralisierung der internationalen Gerichtsstände im Anerkennungsverfahren nicht haltbar gewesen[260].

b) Einfluß der Neuregelung der internationalen Zuständigkeit

Die Entwicklung des Spiegelbildprinzips begann mit Einführung des Gesetzes 30/1981[261] über die Wiedereinführung der Scheidung, dessen Erste Zusatzbestimmung eine Regelung der internationalen Zuständigkeit der spanischen Gerichte

---

255 González Campos/Recondo Porrúa, Lecciones de Derecho Procesal civil internacional, Bilbao, 1981, S. 185; Calvo Caravaca, La sentencia extranjera en España y la competencia del juez de origen, S. 135, 162; Fernández Rozas/Sánchez Lorenzo, CDIP, 3.ª edición, S. 567f.

256 Fernández Rozas/Sánchez Lorenzo, CDIP aaO, S. 567f.; Calvo Caravaca aaO (135)

257 Calvo Caravaca/Espinar Vicente, La Ley 1983, Ausgabe vom 18. Oktober 1983, El control de la competencia judicial internacional del tribunal de origen de la sentencia, S. 1ff. (5)

258 vgl. unten, S. 132ff.

259 ausführlich Werth, RIW/AWD 1975, S. 556ff.: Die spanische Regelung der internationalen Zuständigkeit (559)

260 Es sei denn, die *derogatio fori* ist gesetzlich ausdrücklich für unzulässig erklärt, was jedoch in Spanien nicht der Fall war.

261 BOE, núm. 172, de 20 de julio de 1981

enthält[262]. Der *Tribunal Supremo* begann in der Folgezeit, im Exequaturverfahren die internationale Zuständigkeit des Erstgerichts anhand einer Bilateralisierung der Ersten Zusatzbestimmung zu prüfen[263].

In den nach Inkrafttreten der LOPJ durchgeführten Exequaturverfahren kann eine Parallele zu der Entwicklung bei der Anerkennung ausländischer Scheidungsurteile festgestellt werden. Noch die letzten Exequaturentscheidungen des *Tribunal Supremo* vor Inkrafttreten der LOPJ betreffend Leistungsklagen, die nach Art. 954 LEC zu ergehen hatten, bestätigen die vormals herrschende Meinung in der Rechtsprechung, wonach die internationale Zuständigkeit des Erstrichters nicht zu prüfen war[264]. Demgegenüber beginnt der *Tribunal Supremo* in den unmittelbar nach Erlaß der LOPJ 1985 ergangenen Entscheidungen, eine ausdrückliche Prüfung der internationalen Zuständigkeit des Erstrichters vorzunehmen[265]. *González Campos* zitiert aus der unveröffentlichten Entscheidung vom 2. März 1987[266]:

> ... da die Antragstellerin, die Minderjährige A.L.T., in Schweden wohne, ebenso wie ihre Mutter, J.T.P., und der Vater Chilene war, ist die internationale Zuständigkeit der schwedischen Gerichte nicht durch Art. 22.3 LOPJ ausgeschlossen...

Es erfolge eine Bilateralisierung des Kriteriums gewöhnlicher Aufenthalt des Kindes in Spanien[267]. Auch in der Entscheidung vom 16. März 1987 wird die internationale Zuständigkeit des Erstrichters für die Gewährung des Exequatur als wesentlich angesehen, wenn auch keine ausdrückliche Bilateralisierung erfolgt,

---

262 näher zu dieser Vorschrift sowie Text und deutsche Übersetzung bei Rau, IPRax 1981, S. 189ff.: Neues spanisches Internationales Familienrecht (192)

263 Calvo Caravaca/Espinar Vicente, La Ley 1983, Ausgabe vom 18. Oktober 1983, El control de la competencia judicial internacional del tribunal de origen de la sentencia, S. 1ff. (5)

264 Ramón Viñas Farre, REDI 1986, S. 264ff. (266ff.); Anmerkung zu SSTS de 8 de marzo de 1982 (Col. Leg., Jur. Civ., marzo-abril 1982, Núm. 101); 15 de junio del1982 (Col. Leg., Jur. Civ., mayo-juno 1982, núm. 295); 24 de mayo de 1983 (Col. Leg., Jur. Civ., mayo-junio 1983, núm. 295); 8 de marzo de 1984 (unveröffentlicht); 6 de abril de 1984 (unveröffentlicht); 28.6.1984 (unveröffentlicht); 25 de enero de 1985 (Revista de la Corte Española de Arbitraje, 1985, II, S. 218-220); 19 de febrero de 1985 (unveröffentlicht); 25 de febrero de 1985 (Revista de la Corte Española de Arbitraje, 1985, II, S. 220-222); 1 de marzo de 1985 (unveröffentlicht)

265 González Campos, REDI 1988, S. 208ff.: Anmerkung zu SSTS de 2 de marzo de 1987 (unveröffentlicht); de 16 de marzo de 1987, RAJ 1508 (Kindschaftsrecht)

266 González Campos aaO, S. 210

267 González Campos aaO, S. 210

indem der *Tribunal Supremo* die Ausführungen des Kölner Gerichts betreffend seine internationale Zuständigkeit für das Erkenntnisverfahren bestätigt. Auch in dieser Kindschaftsangelegenheit hob das Kölner Gericht auf den gewöhnlichen Aufenthalt aller am Prozeß Beteiligten in Deutschland ab, Kriterium, das demjenigen des Art. 22.3 LOPJ entspricht[268]. Wiederum in einer Exequaturentscheidung betreffend Kindschaftsrecht vom 26. Oktober 1987[269] führt der *Tribunal Supremo* aus, die Entscheidung des deutschen Gerichts sei anzuerkennen, wenn Art. 22.3 LOPJ nicht einen gravierenden Einwand gegenüber der internationalen Zuständigkeit des ausländischen Gerichts erhebe[270]. Diese Rechtsprechung ist nicht auf kindschaftsrechtliche Entscheidungen beschränkt: Die Entscheidung des *Tribunal Constitucional* vom 15. April 1986[271] erging beispielsweise in einer schuldrechtlichen Rechtsstreitigkeit, der ein Verkehrsunfall in den Vereinigten Staaten zugrunde lag.

c) Auswirkungen auf den internationalen Rechtsverkehr

aa) Beklagtenschutz

Zweck des Spiegelbildprinzips ist zunächst der Schutz des Beklagten vor unzumutbaren Foren[272], soweit es sich nicht um die Wahrung von im öffentlichen Interesse beanspruchten ausschließlichen Zuständigkeiten handelt[273]. Über die positive Prüfung der internationalen Zuständigkeit des Erststaates setzt der Anerkennungsstaat die eigenen Vorstellungen über die Gerichtspflichtigkeit des Beklagten durch; indem dieser seine Zuständigkeitsnormen zugrunde legt, fixiert er denjenigen Staat bzw. diejenigen Staaten, vor deren Gerichten es dem Beklagten zugemutet werden kann, sich gegen die Klage zu verteidigen[274].

---

268 González Campos aaO, S. 210

269 die ansonsten unveröffentlichte Entscheidung ist nur teilweise abgedruckt in REDI 1989, S. 298ff. (299)

270 ferner: SSTS de 15 de diciembre de 1987 (unveröffentlicht, teilweise abgedruckt in REDI 1990, S. 242f.); de 19 de febrero de 1990 (unveröffentlicht, teilweise abgedruckt in REDI 1991, S. 220)

271 TC 43/1986 de 15 de abril de 1986, REDI 1987, S. 190ff.; vgl. oben, S. 35f.

272 Geimer IZPR, RZ 905, 2901; Geimer sieht im Beklagtenschutz den alleinigen Zweck des Spiegelbildprinzips.

273 Geimer, ZZP 1974, S. 336ff. - Anmerkung zu BGH, Urt. v. 9. April 1973 - VIII ZR 64/71 - (341)

274 Calvo Caravaca, La sentencia extranjera y la competencia del juez de origen, S. 26; Geimer aaO (341); ders., Anerkennung ausländischer Entscheidungen in Deutschland, S. 48; ders., Zur Prüfung der Gerichtsbarkeit und der internationalen Zuständigkeit bei der Anerkennung ausländischer Urteile, S. 123; Martiny, Handbuch des Internationalen Zivilverfah-

Beklagtenschutz wird damit primär durch die Vorschriften über die internationale Zuständigkeit selbst gewährleistet, indem der Gesetzgeber internationale Foren bestimmt, die den Beklagten gegenüber dem Kläger günstiger stellen wie beispielsweise der Gerichtsstand am Wohnsitz des Beklagten[275], und indem sie die internationale Gerichtspflichtigkeit des Beklagten festlegen[276]. Sekundär schützt die spiegelbildliche Anwendung dieser Normen im Anerkennungsrecht den Beklagten dadurch, daß Voraussetzung der Anerkennung der ausländischen Entscheidung hinreichende Sachnähe der Gerichte und Behörden des Entscheidungsstaates zu den Parteien und dem Streitgegenstand ist[277], so daß der Beklagte vor ausufernden Zuständigkeiten ausländischer Gerichte geschützt wird[278].

bb) Internationale Zuständigkeitsharmonie

Andererseits ist das Spiegelbildprinzip in der Lage, die Rechtsprechungstätigkeit der eigenen Gerichte zu begrenzen[279]. Denn diejenigen Rechtsordnungen, die das Spiegelbildprinzip kennen, billigen grundsätzlich fremden Staaten den gleichen Jurisdiktionsbereich zu, den sie für die eigenen Gerichte in Anspruch nehmen[280], weil der Gesetzgeber die eigenen Normen über die internationale Zuständigkeit offensichtlich für ausgewogen und deshalb für internationalisierungsfähig hält[281]. Wenn der Gesetzgeber bei Schaffung einer internationalen Zuständigkeit bereits im Blick hat, daß er auch Entscheidungen ausländischer Gerichte auf Grundlage derselben Zuständigkeiten anerkennen werden muß, so kann er dem wirksam entgegentreten, indem er eine solche Zuständigkeit nicht selbst begründet. Damit kann schon auf Gesetzgebungsebene die Schaffung exorbitanter Gerichtsstände vermieden werden.

Das Spiegelbildprinzip dient damit dem Schutz allgemein anerkannter Kompetenzabgrenzungen, dem Schutz vor Rechtsimperialismus[282]. In diese Richtung

---

rensrechts III/1, Kap. I, RZ 639; StJ/Schumann 21, 165; Stojan, Die Anerkennung und Vollstreckung ausländischer Zivilurteile in Handelssachen, S. 107

275 vgl. hierzu oben, S. 5

276 Geimer, Zur Prüfung der Gerichtsbarkeit und der internationalen Zuständigkeit bei der Anerkennung ausländischer Urteile, S. 123

277 Martiny, Handbuch des Internationalen Zivilverfahrensrechts III/1, Kap. I, RZ 635

278 Calvo Caravaca/Espinar Vicente, La Ley 1983, Ausgabe vom 18. Oktober 1983, El control de la competencia judicial internacional del tribunal de origen de la sentencia, S. 1ff. (5)

279 Fernández Arroyo, REDI 1990, S. 242ff.: Anmerkung zu Auto TS (Sala 1.ª) de 15 de diciembre de 1987 (243)

280 Geimer, Anerkennung ausländischer Entscheidungen in Deutschland, S. 114

281 Geimer aaO, S. 114, so für den deutschen Gesetzgeber

282 Stojan aaO, S. 107

geht auch der Ansatz von *Schröder*[283], der in der Prüfung der internationalen Zuständigkeit des Erststaates durch den Zweitrichter eine „international-pädagogische Aufgabe" sieht. Jeder Staat sei für die Zuständigkeitsverteilung in aller Welt verantwortlich[284]. Mit der Vermeidung exorbitanter Gerichtsstände und der Respektierung der allgemein anerkannten Kompetenzabgrenzungen fördert das Spiegelbildprinzip also die internationale Zuständigkeitsharmonie[285]. *Fricke*[286] beschreibt diese Auswirkung des Spiegelbildprinzips, indem er formuliert: „Sobald sich ergibt, daß ein inländischer Gerichtsstand nicht internationalisierungsfähig, nicht allseitig anwendbar ist, hat er keine Berechtigung. Was nicht taugt, Anerkennungszuständigkeit zu geben, sollte auch als Entscheidungszuständigkeit getilgt werden." Jeder Staat müsse darauf hinarbeiten, wenigstens die eigene internationale Zuständigkeit nach bestem Können auf echte Allseitigkeit hin zu orientieren oder um noch einmal mit *Neuner* zu formulieren, Zuständigkeiten zu schaffen, die einem übernationalen Gesetzgeber als Modell dienen könnten[287].

aaa) Perfektes Spiegelbildprinzip im EuGVÜ

Daß das Spiegelbildprinzip internationale Zuständigkeitsharmonie vorantreibt, beweist das multilaterale Regelwerk des EuGVÜ: Die Effizienz des gewährleisteten Rechtsschutzes im Anwendungsbereich des EuGVÜ erreicht eine Qualität, die sich sonst nur im nationalen Bereich findet[288]. Mit dem EuGVÜ schuf die Gemeinschaft der vertragsschließenden Staaten gleichsam als übernationaler Gesetzgeber das perfekte Spiegelbildprinzip mit der Folge einer perfekten Zuständigkeitsharmonie, gar mit der Folge, daß sich gemäß Art. 28 Abs. 3 EuGVÜ bei der Anerkennung eine Prüfung der Zuständigkeit des Erstrichters nach den Vorschriften des Übereinkommens erübrigt, da exorbitante Zuständigkeiten durch das Übereinkommen nicht begründet werden und innerstaatliche exorbitante Gerichtsstände gemäß Art. 3 EuGVÜ ausgeschlossen sind. *Schlosser*[289] meint dasselbe, wenn er formuliert: „Der große Fortschritt des Übereinkommens liegt in Art. 28 Abs. 3, dessen Rechtsfolge, die Unüberprüfbarkeit der internationalen

---

283 Schröder, Internationale Zuständigkeit, S. 778

284 Diese Ansicht Schröders wird von Geimer, ZZP 1974, S. 336 (341f.) und Martiny aaO, RZ 640 iVm 91, mit der Begründung abgelehnt, rechtspolitischer Druck durch Nichtanerkennung ausländischer Urteile, die auf Grundlage nicht anerkennenswerter internationaler Zuständigkeiten ergangen seien, sei weder angebracht noch erfolgversprechend.

285 Martiny aaO, RZ 643

286 Fricke, Anerkennungszuständigkeit zwischen Spiegelbildgrundsatz und Generalklausel, S. 98

287 vgl. bereits oben, S. 8, Fn. 39: Neuner, Internationale Zuständigkeit (1929), S. 14

288 Herdegen, Internationales Wirtschaftsrecht, S. 94

289 Schlosser, EuGVÜ, zu Artt. 27-29, RZ 30

Zuständigkeit des Gerichts im Ursprungsstaat, sich bereits aus der limitativen Aufzählung der Anerkennungsversagungsgründe in Artt. 27 f. ergibt. Die Norm setzt das einheitliche Zuständigkeitssystem in Artt. 2-24 voraus." Die multilaterale Regelungstechnik des Übereinkommens „spiegelt" so jede bestehende internationale Zuständigkeit in jeden Mitgliedstaat mit der Folge, daß zwingend auch die Anerkennungszuständigkeit gegeben ist und sich so eine Überprüfung derselben erübrigt.

bbb) Internationale Zuständigkeitsharmonie durch Art. 22 LOPJ

Es muß bezweifelt werden, daß der spanische Gesetzgeber sich bei Formulierung der internationalen Gerichtsstände in der LOPJ durch das Spiegelbildprinzip leiten ließ, da es weder gesetzlich fixiert noch die nachfolgende Weiterentwicklung sicher war. Jedoch belegt die umgekehrte Entwicklung in der spanischen Rechtsprechung -Spiegelbildprinzip als Folge einer gesetzlich eingeführten internationalen Kompetenzabgrenzung- die Bedeutung desselben für das Funktionieren des internationalen Rechtsverkehrs, so daß die aus der Neuregelung folgende Entwicklung des Spiegelbildprinzips als erstes Indiz für die Tauglichkeit der internationalen Gerichtsstände des Art. 22 LOPJ für den internationalen Rechtsverkehr angesehen werden kann.

d) LEC-Novelle

Im Zuge der Reform des spanischen Zivilprozeßrechts erfolgte noch keine Neuregelung der Artt. 951-954 LEC; diese blieb –wie oben bereits dargestellt[290]- gemäß Aufhebungsbestimmung 1.3 LEC n.F. einem Gesetz über die internationale Zusammenarbeit in Zivilsachen vorbehalten. In Art. 18 Nr.1 a) des Entwurfs eines Gesetzes über die internationale Zusammenarbeit in Zivilsachen[291] hat das Spiegelbildprinzip Eingang gefunden.

2. Internationale Rechtshängigkeit

a) Art. 533.5 LEC

Die Reform des Rechts der internationalen Zuständigkeit durch die LOPJ von 1985 zeitigt mittlerweile auch Auswirkungen auf die Rechtsprechung der spani-

---

[290] vgl. oben, Fn. 188 und S. 37f.

[291] Text vgl. oben, Fn. 239

schen Gerichte zur Frage der internationalen Rechtshängigkeit[292]. Ausgangspunkt dieser Thematik ist die Feststellung, daß -außerhalb des Anwendungsbereichs des EuGVÜ- eine gesetzliche Regelung der internationalen Rechtshängigkeit weder vor der Reform bestand noch durch diese eingeführt wurde oder zwischenzeitlich erfolgt ist[293]. Dieser Umstand wird in der spanischen Literatur heftig als gesetzgeberische Fehlleistung kritisiert[294], *Fernández Rozas* und *Sánchez Lorenzo* bezeichnen dies gar als peinliches Stillschweigen der LOPJ[295].

Spanien stellte insoweit keine Ausnahme dar: Die Rechtslage in Italien[296], Frankreich, den Niederlanden und Luxemburg war identisch. Auch die Rechtsordnungen dieser Staaten mißachteten die internationale anderweitige Rechtshängigkeit des Streitgegenstandes[297].

aa) Erkenntnisverfahren

Die Rechtsprechung des *Tribunal Supremo* vor der Reform des internationalen Zuständigkeitsrechts stützte sich auf Art. 533.5 LEC in Verbindung mit Art. 51 LEC. Art. 533.5 LEC normiert die Einrede der Rechtshängigkeit, er lautet[298]:

---

292 SAP Oviedo de 17 de diciembre de 1991, REDI 1992, 634ff. mit Anmerkung von Rafael Arenas García

293 González Campos, DIP, vol.I, 6.ª edición 1996, S. 318; das gilt auch für die Neufassung der LEC durch Ley 1/2000 (vgl. Fn. 70), näher hierzu unten, S. 54f.

294 Iglesias Buhígues/Desantes Real, Extensiones y límites de la jurisdicción española ... S. 453ff. (454); Espinar Vicente, DPCI, S. 144

295 Fernández Rozas/Sánchez Lorenzo, CDIP, S. 279: Esta doctrina aparece sentada en [...] y en la jurisprudencia anterior de la L.O.P.J. que tampóco introdujó cambio alguno en la situación anterior al guardar escrupuloso silencio sobre el problema de la litispendencia.

296 Kindler, RabelsZ 1997, 227ff.: Neues italienisches IPR-Gesetz 1995 (250f.): Dahinter stand auch im italienischen Recht der Gedanke, daß die Inanspruchnahme der internationalen Zuständigkeit Ausfluß der Souveränität des italienischen Staates sei, die durch Prozeßhandlungen vor ausländischen Gerichten keine Begrenzung erfahren könne. Die Neuregelung ordnet nunmehr bei positiver Anerkennungsprognose (Art. 64 IPRG) die Aussetzung des italienischen Verfahrens an und folgt damit dem Vorbild des Art. 21 EuGVÜ. Bei der näheren Umschreibung der Streitgegenstandsidentität übernimmt das IPRG sogar den italienischen Wortlaut des Übereinkommens und distanziert sich damit von der entsprechenden Regelung für interne Rechtshängigkeitskonflikte (Art. 39 C.p.c. [italienische ZPO]).

297 SAP Oviedo de 17 de diciembre de 1991, REDI 1992, 634ff. mit Anmerkung von Rafael Arenas García (634f.); Karl, Die Anerkennung von Entscheidungen in Spanien, S. 89 mwN in Fußnoten 124-127

298 Art. 533 LEC: Sólo serán admisibles como excepciones dilatorias:
[...]
5.ª La litis pendencia en el mismo o en otro Juzgado o Tribunal competente.
[...]

Art. 533. Als dilatorische Einrede sind nur zulässig:

[...]

5.ª Die Rechtshängigkeit bei demselben oder einem anderen zuständigen Gericht.

[...]

Aufgrund des vor Erlaß der LOPJ von der Rechtsprechung entwickelten und bereits oben dargestellten, auf Art. 51 LEC gestützten *imperialismo jurisdiccional*, wonach die spanische internationale Zuständigkeit stets gegeben und unabdingbar war, weil dies dem spanischen Verständnis staatlicher Souveränität entsprach, war ein ausländisches Gericht auch niemals zuständiges Gericht im Sinne von Art. 533.5 LEC[299], weil es ohnehin international unzuständig war. Die Einrede nach Art. 533.5 LEC griff daher in Rechtsstreitigkeiten mit internationalem Bezug niemals Platz.

bb) Anerkennungsverfahren

Im spanischen Anerkennungsrecht ist die internationale Rechtshängigkeit lediglich im Rahmen der Anerkennung einer ausländischen Entscheidung nach einem bestehenden Staatsvertrag gemäß Art. 951 LEC zu prüfen, sofern die vertragliche Regelung dies vorsieht.

Bei der Anerkennung einer ausländischen Entscheidung nach Art. 954 LEC ist nur die inländische anderweitige Rechtshängigkeit immer beachtlich, wobei es nicht darauf ankommt, ob das im Inland anhängige Verfahren zeitlich nach dem ausländischen eingeleitet wurde[300]. Grund hierfür ist die spanische Rechtsprechung zu dieser Vorschrift, wonach die anzuerkennende Entscheidung nicht in Widerspruch zu einer spanischen Entscheidung stehen darf[301].

Auch diese Rechtsprechung war Konsequenz des Justizimperialismus, denn der Grundsatz *prior tempore potior iure* kann nur Gültigkeit erlangen, wenn das zeitlich frühere Verfahren bei einem zuständigen Gericht anhängig ist.

---

299 SAT de Oviedo (Sala de lo Civil) de 6 de julio de 1988 und Sentencia Juzgado de Primera Instancia núm. 1 de Avilés de 26 de septiembre de 1987 mit Anmerkung von Amores Conradi, REDI 1989, 285ff (290); SAP Valencia (Sala de lo Civil) de 16 de mayo de 1989 mit Anmerkung von Pilar Rodríguez Mateos, REDI 1990, S. 234ff. (235f.)

300 SSTS vom 24.4.1935, abgedruckt bei Remiro Brotons, S. 360ff.; 16.4.1985, REDI 1986, S. 234 m. Anm. Amores Conradi; 19.3.1986 und 1.10.1986, REDI 1987, S. 196 m. Anm. Guzmán Zapater

301 SSTS aaO (vgl. vorherige Fußnote)

b) Art. 533.5 LEC und ausländische Gerichte

Die *Audiencia Provincial* von Oviedo gelangt in ihrer Entscheidung vom 17. Dezember 1991[302], nachdem das Gericht zunächst die Haltung des *Tribunal Supremo* gemäß obigen Ausführungen darstellt, zu dem Ergebnis, daß mit Wegfall des Justizimperialismus, also seit Inkrafttreten der LOPJ, auch ausländische Gerichte zuständig im Sinne der Norm sein können[303]. Denn außer im Falle ausschließlicher Gerichtsstände könne nun auch die Zuständigkeit ausländischer Gerichte, sei es nach dem Willen der Parteien, sei es nach dem besonderen Bezug von Personen oder Sachen zu einer ausländischen Rechtsordnung, begründet sein. Dennoch könne die Rechtsfigur der internationalen Rechtshängigkeit im spanischen Prozeßrecht keine Wirksamkeit erlangen, da sie dem erkennenden Richter die unzulässige Prognoseentscheidung abverlangen würde, ob der ausländischen Entscheidung im Inland das Exequatur gewährt wird, unzulässig deshalb, weil die Instanzgerichte dafür nicht zuständig seien[304].

aa) Anerkennungsprognose des erkennenden Gerichts

Dieses Ergebnis -Nichtbeachtung der Rechtshängigkeit der Streitsache bei einem ausländischen Gericht- ist aber auch nach der bestehenden Rechtslage nicht zwingend[305]. Zwar mag der Umstand problematisch sein, daß die Prüfung der internationalen Rechtshängigkeit dem Instanzgericht eine Entscheidung über die Anerkennung der ausländischen Entscheidung abverlangt, für die allein der *Tribunal Supremo* nach dem Prozeßrecht zuständig ist; eine andere Beurteilung ergibt sich jedoch bereits im Anwendungsbereich internationaler Übereinkommen[306], in denen die internationale Rechtshängigkeit ausdrücklich geregelt ist, so im spanisch-französischen Abkommen, das in Art. 13 die Zuständigkeit des *Tribunal Supremo* für die Anerkennung ausländischer Entscheidungen und in Art. 10 die internationale Rechtshängigkeit regelt. Auch dort müssen die Instanzgerichte eine entsprechende Prognoseentscheidung treffen. Nach Ansicht *Arenas*

---

302 SAP Oviedo de 17 de noviembre de 1991, REDI 1992, S. 634ff.

303 so auch Fernández Rozas/Sánchez Lorenzo, CDIP, S. 279

304 wie bereits oben, S. 29, ausgeführt, ist gemäß Art. 56 Nr.4 LOPJ der erste Zivilsenat des *Tribunal Supremo* ausschließlich für Exequaturentscheidungen zuständig

305 Rafael Arenas García, Anmerkung zu SAP Oviedo de 17 de diciembre de 1991, REDI 1992, 634ff. (634f.)

306 mittlerweile ist im Bereich verschiedener internationaler Abkommen eine Änderung der Rechtslage betreffend die Zuständigkeit für die Anerkennung ausländischer Entscheidungen eingetreten, so beispielsweise auch in Art. 32 Abs. 1, 5. Spiegelstrich EuGVÜ, wonach für die Anerkennung das *Juzgado de Primera Instancia* zuständig ist; dem Argument kommt mit zunehmender Änderung der Rechtslage durch internationale Übereinkommen immer geringere Bedeutung zu

Garcías[307] kann daher die Einrede aus Art. 533.5 LEC bereits dann Platz greifen, wenn *nicht* damit gerechnet werden muß, daß die Entscheidung *nicht* anerkannt wird.

Auch nach Ansicht *Fernández Rozas* und *Sánchez Lorenzos*[308] soll Art. 533.5 LEC analog auf Fragen der internationalen Rechtshängigkeit angewendet werden. Keine Vorschrift verbiete einem spanischen Gericht bei Prüfung der internationalen Rechtshängigkeit die Beurteilung der internationalen Zuständigkeit eines ausländischen Gerichts. Zwar treffe es zu, daß die gleichzeitige Anhängigkeit der Streitsache bei einem ausländischen Gericht nur dann Relevanz im Inland erlange, wenn der ausländischen Entscheidung später das Exequatur gewährt werde; der doppelten Rechtshängigkeit könne aber auch ein rein suspensiver Effekt zukommen, damit nicht zwei Gerichte zur gleichen Zeit über nach dem Streitgegenstand identische Rechtsstreitigkeiten entschieden[309].

bb) Gefahr widerstreitender Entscheidungen

Die Frage nach der Beachtung der Rechtshängigkeit einer Streitsache vor einem ausländischen Gericht erlangt mit der zunehmenden Anerkennungsfreundlichkeit in der spanischen Spruchpraxis[310] weiter an Bedeutung. Solange die Anerkennungspraxis in Spanien noch restriktiv war, war die Bedeutung der internationalen Rechtshängigkeit gering, da die Gefahr widerstreitender Entscheidungen im Inland nicht gegeben war.

In diesem Sinne argumentiert die *Audiencia Provincial* von Oviedo noch in einer Entscheidung vom 6. Juli 1988[311]. Der zu entscheidende Rechtsstreit war gleichzeitig bei einem englischen Gericht anhängig. Das spanische Gericht hielt dies für irrelevant, denn spanische Entscheidungen würden in England nicht anerkannt und ebensowenig daher englische Entscheidungen in Spanien, so daß die

---

307 Rafael Arenas García, Anmerkung zu SAP Oviedo de 17 de diciembre de 1991, REDI 1992, 634ff. (634f.)

308 Fernández Rozas/Sánchez Lorenzo, CDIP, S. 278ff.

309 BGH, Urteil vom 10. Oktober 1985, Az.: I ZR 1/83 (München), NJW 1986, S. 2195f.; Geimer, NJW 1984, S. 527ff. (528); Thomas/Putzo, § 261, RZ 15: Diese Lösung kennt auch das deutsche Prozeßrecht bei unsicherer Anerkennungsprognose der im Ausland rechtshängigen Streitsache: Es kommt Verfahrensaussetzung nach § 148 ZPO in Betracht.

310 Karl aaO, S. 257

311 SAT Oviedo (Sala de lo Civil) de 6 de julio de 1988 und Sentencia Juzgado de Primera Instancia núm. 1 de Avilés de 26 de septiembre de 1987 mit Anmerkung Amores Conradi, REDI 1989, S. 285ff (288); González Campos/Fernández Rozas, Derecho Internacional Privado Español - Textos y materiales, Vol. I, Derecho Judicial Internacional, S. 231

Gefahr widerstreitender Entscheidungen im Inland nicht bestehe, mithin die Rechtshängigkeit vor dem ausländischen Gericht unbeachtlich sei.

Das Gericht nimmt bei dieser Argumentation Bezug auf Artt. 952 und 953 LEC, läßt dabei allerdings außer Betracht, daß die Anerkennung der englischen Entscheidung in Ermangelung des Vorliegens der Anerkennungsvoraussetzungen der Artt. 951 - 953 LEC nach Art. 954 LEC erfolgen könnte.

Dies erkannte die *Audiencia Territorial* von Valencia in einer Entscheidung vom 16. Mai 1989[312]: Die Einrede der internationalen Rechtshängigkeit werde durch die Prozeßökonomie und die Gefahr widerstreitender Entscheidungen gerechtfertigt. Art. 51 LEC könne als reine Rechtswegzuweisung keine Aussage zur Beurteilung der ausländischen Rechtshängigkeit einer Streitsache machen. Es stelle sich die Frage, ob der ausländischen Entscheidung das Exequatur gewährt werde; dann nämlich sei die Rechtshängigkeit vor einem ausländischen -in diesem Fall niederländischen- Gericht erheblich. Für die Anerkennung der internationalen Rechtshängigkeit sprächen die folgenden Argumente:

- Die Rechtsprechung des *Tribunal Supremo*, namentlich eine Entscheidung aus dem Jahre 1921, welche davon ausgeht, daß ausländische Entscheidungen nicht anerkannt würden, habe sich geändert.
- Eine neuere Entscheidung des *Tribunal Supremo* vom 19. Dezember 1985[313] lehne die internationale Rechtshängigkeit nicht mehr ab, sondern prüfe sie nur deshalb nicht, weil der ausländischen Entscheidung bereits das Exequatur gewährt wurde.
- Niederländischen Entscheidungen werde mittlerweile mit hinreichender Konstanz das Exequatur gewährt.
- Nach der neueren Rechtsprechung des *Tribunal Supremo* setze Art. 952 LEC nicht mehr voraus, daß die Reziprozität bewiesen werde, sondern es reiche aus, daß nicht feststehe, daß die Entscheidung im Ausland nicht anerkannt werde.
- Insbesondere komme in Ermangelung der Voraussetzungen dieser Vorschrift eine Anerkennung noch nach Art. 954 LEC in Betracht. -
- Zudem bestimme Art. 3.1 Cc[314], daß die Gesetze im Zusammenhang mit der sozialen Wirklichkeit der Zeit, in der sie angewandt werden, auszulegen sind. Die Neigung des Gesetzgebers zur Ratifikation des EuGVÜ sei bekannt. Da-

---

312 González Campos/Fernández Rozas aaO, S. 233
313 La Ley 1986-2, S. 496 mit Anmerkung Martínez Pardo
314 Art. 3.1 Cc: vgl. Anhang

her müsse Art. 21 EuGVÜ in die Auslegung der nationalen Vorschriften Eingang finden.

cc) Stellungnahme

Die Argumentation der Gerichte, soweit diese die Nichtbeachtung ausländischer Rechtshängigkeit lediglich mit der Nichtanerkennung der ausländischen Entscheidung rechtfertigen, so daß die Gefahr sich widersprechender Entscheidungen im Inland gebannt sei, ist nach wie vor der spanischen traditionellen, rein nationalistischen Sichtweise verhaftet. Internationale Aspekte wie die internationale Entscheidungsharmonie bleiben dabei völlig außer Betracht. Auch eröffnet die Nichtbeachtung ausländischer Rechtshängigkeit der im Ausland ein Unterliegen befürchtenden Partei die Möglichkeit rechtsmißbräuchlichen Verhaltens. Diese Partei könnte einen zweiten Prozeß in Spanien anstrengen, um dort eine obsiegende Entscheidung zu erlangen. Die –widerstreitende- ausländische Entscheidung könnte in Spanien nicht mehr anerkannt werden, obwohl sie zu einem früheren Zeitpunkt rechtshängig war. Die so agierende Partei provoziert eine Verdopplung der Prozesse und Kosten und handelt dem Prinzip der internationalen Prozeßökonomie zuwider[315]. Insbesondere dann, wenn die Parteien beider Prozesse über Haftungsmasse in beiden Staaten verfügen, wird der internationale Entscheidungseinklang, ohne daß es einer Anerkennung der ausländischen Entscheidung in Spanien bedürfte, durch sich widersprechende Entscheidungen beeinträchtigt. Die spanische Rechtsprechung und Lehre[316] haben dies bereits erkannt und apellieren an den Gesetzgeber, eine geeignete Regelung der internationalen Rechtshängigkeit einzuführen.

Interessant ist die auf Art. 3.1 Cc gestützte Argumentation der *Audiencia Territorial de Valencia*, die eine Auslegung des spanischen Prozeßrechts im Lichte des damals durch Spanien noch nicht ratifizierten EuGVÜ vornimmt. Diese Rechtsprechung läßt sich auch auf andere Bereiche des spanischen internationalen Prozeßrechts übertragen, sofern dort Regelungslücken verblieben sind[317]. Ergänzend

---

[315] Fernández Rozas/Sánchez Lorenzo, CDIP, S. 281

[316] SAP Oviedo de 17 de diciembre de 1991, REDI 1992, 634ff. mit Anmerkung von Rafael Arenas García (637f.); Fernández Rozas/Sánchez Lorenzo aaO, S. 280f. unter Hinweis auf Remiro Brotóns, Desantes Real, Rodríguez Mateos und Arenas García

[317] Virgós Soriano/Garcimartín Alferéz, S. 77ff.: El Convenio de Bruselas y las propuestas para su reforma: Una crítica radical. Arts. 5.1.I, 21, 24 y 27.2 (86) weisen im Zusammenhang mit der Beeinflussung von autonomem Recht durch die Brüsseler Konvention darauf hin, daß jedes System des internationalen Zivilverfahrensrechts, sei es autonom oder entspringe es einer Konvention, denselben Strukturen folgen müsse. Dieser Aspekt spiele eine besondere Rolle in einem System wie dem spanischen, wo in vielen speziellen Fragestel-

zu der auf eine baldige zukünftige Ratifikation des EuGVÜ gestützten Argumentation kann die aus der Vorlagefunktion des Brüsseler Übereinkommens herzuleitende teleologische Interpretation des Art. 22 LOPJ zur Begründung einer Auslegung dieser Vorschriften im Lichte des EuGVÜ herangezogen werden[318].

dd) LEC-Novelle

In der LEC-Novelle[319] findet sich eine Vorschrift betreffend die Regelung der anderweitigen Rechtshängigkeit, wobei keine ausdrückliche Einbeziehung internationaler Rechtsstreitigkeiten erfolgt. Artt. 416 Abs. 1 Nr. 2[320], 421 der LEC-Novelle bestimmen, daß ein Gericht, das die anderweitige Rechtshängigkeit feststellt, innerhalb fünf Tagen nach Anhörung hierüber zu entscheiden hat. Art. 425 der LEC-Novelle normiert weiter:

> Die Entscheidung über Umstände, die von den Parteien geltend gemacht worden sind oder von denen das Gericht von Amts wegen Kenntnis erlangt hat, und die nicht in Art. 416 aufgeführt sind, erfolgt analog den vorstehenden Vorschriften.

An anderer Stelle der LEC-Novelle werden ausdrücklich bestimmte Regelungen für internationale Rechtsstreitigkeiten getroffen[321], so zum Beispiel die Vorschriften betreffend die Prüfung der internationalen Zuständigkeit vom Amts wegen und über die Rüge des Fehlens der internationalen Zuständigkeit. Art. 425 LEC n.F.[322], der mit „Gerichtliche Entscheidung im Falle prozessualer Umstände analog den vorstehend vorgesehenen" überschrieben ist, dürfte eine anlaoge Anwendung der Artt. 416ff. LEC n.F. auf die internationale Rechtshängigkeit zulassen.

---

lungen eine ausdrückliche Entscheidung des Gesetzgebers fehle; Grube, EuZW 1992, S. 17ff.: Deutsch-spanische Gerichtsstandsvereinbarungen (19)

318 so auch Espinar Vicente, DPCI, S. 46

319 Ley 1/2000, vgl. Fn. 70

320 Ley 1/2000 (vgl. vorherige Fußnote): Art. 416 Abs. 1 LEC n.F. lautet:
Kommt ein Vergleich zwischen den Parteien nicht zustande, so entscheidet der Richter in Gemäßheit der folgenden Vorschriften über jedweden Umstand, der die zulässige Verfolgung und Beendigung des Prozesses verhindern kann, durch Sachurteil, insbesondere über die folgenden Umstände:
[...]
2.ª Entgegenstehende Rechtskraft oder anderweitige Rechtshängigkeit;
[...]

321 Artt. 36ff., 63ff. LEC n.F. und vgl. hierzu ausführlich unten, S. 59 und S. 67

322 Art. 425 LEC n.F.:
Die Entscheidung solcher Umstände, die geltend gemacht werden oder von Amts wegen geprüft werden, die nicht in Art. 416 enthalten sind, erfolgt analog den vorstehenden Vorschriften.

Eine ausdrückliche Regelung der internationalen Rechtshängigkeit findet sich auch im Entwurf des Gesetzes über internationale Zusammenarbeit in Zivilsachen[323] nicht. Ihre Anerkennung wird darin allerdings vorausgesetzt. Gem. Art. 18 Nr.1 f)[324] des Entwurfs ist einer ausländischen Entscheidung die Anerkennung und Vollstreckbarerklärung zu versagen, wenn zwischen denselben Parteien mit demselben Streitgegenstand in Spanien ein Rechtsstreit anhängig ist, der zu einem früheren Zeitpunkt begonnen wurde als demjenigen Datum, zu welchem die Klage im Ursprungsstaat eingereicht wurde.

3. Prüfung der internationalen Zuständigkeit

a) Keine gesetzliche Regelung

Auch hinsichtlich der Frage, ob die internationale Zuständigkeit von Amts wegen oder lediglich auf Rüge der Parteien zu prüfen ist, bestand unter Geltung der spanischen Zivilprozeßordnung in ihrer bis 2001 gültigen Fassung[325] eine gesetzliche Regelungslücke[326]. Nach der Rechtsprechung und Lehre sowie innerhalb derselben gingen die diesbezüglichen Auffassungen auseinander:

b) Rechtsprechung

Für eine Prüfung der internationalen Zuständigkeit *ex officio* bezogen zwei erstinstanzliche Entscheidungen[327] ausdrücklich Position. Für ihre Auffassung führen sie an, daß Art. 74 LEC[328], wonach in keinem Fall die Prüfung der örtlichen

---

323 Vgl. oben, Fn. 188 und S. 37f.

324 Art. 18 des Entwurfs lautet:
La resolución no se reconocerá y ejecutará:
[...]
f) Cuando existiese un litigio pendiente en España entre las mismas partes y con el mismo objeto, iniciado con anterioridad a la fecha de presentación de la demanda en el Estado de origen.
[...]

325 zum Reformgesetz vgl. oben, Fn. 70

326 Bardaji Gómez, La Ley, 24 de abril de 1987, S. 1ff.: Sobre el Control de Oficio de la Competencia Judicial Internacional de los Tribunales Españoles (2); González Campos, DIP, vol.I, 6.ª edición 1996, S. 319

327 Sentencia del Juzgado de Primera Instancia núm. 5 de Gijón de 15 de abril de 1986, Sentencia del Juzgado de Primera Instancia núm. 2 de Avilés de 12 de marzo de 1987, REDI 1987, S. 179ff. mit Anmerkung von Santiago Alvarez González

328 Art. 74 Abs. 1 LEC: (Übersetzung vgl. Anhang)
En ningún caso se promoverán de oficio las cuestiones de competencia en los asuntos civiles; [...]

Zuständigkeit von Amts wegen erfolgt[329], nicht anwendbar sei. Im Gegensatz zur Disponibilität der Vorschriften über die örtliche Zuständigkeit seien die Normen über die internationale Zuständigkeit zwingendes Recht. Andererseits beziehe Art. 117 Abs. 3 CE[330] sich auf die durch Gesetz *bestimmten* Richter und Gerichte mit der Folge, daß in den nicht in Art. 22 LOPJ geregelten Fällen die spanischen Gerichte nicht zur Entscheidung über den Fall berufen seien. Dies sei vorab zu prüfen.

Nach Auffassung des Kommentators dieser beiden Entscheidungen steht zunächst fest, daß zwischen den Normen über die internationale und die örtliche Zuständigkeit keinerlei Übereinstimmung in Struktur, Funktion und Logik bestehe, ganz im Gegenteil zu der deutsch-rechtlichen Struktur[331]. Daher sei der Auffassung der erkennenden Gerichte zuzustimmen, daß die für die örtliche Zuständigkeit geltenden Vorschriften des Art. 74 LEC auf die internationale Zuständigkeit nicht anwendbar seien. Die frühere Rechtsprechung des *Tribunal Supremo*, wonach die Rüge der Parteien erforderlich war, beziehe sich nur auf die Zeit vor Inkrafttreten der LOPJ, wonach über Art. 70 LEC die Vorschriften über die örtliche Zuständigkeit entsprechend anzuwenden waren[332], und sei daher nicht übertragbar[333].

---

329 Tätigkeiten des Gerichtshofes und des Gerichts Erster Instanz der Europäischen Gemeinschaften, Woche vom 14. bis 18. September 1998, Nr. 20/98, S. 48: Der *Juzgado de Primera Instancia de Barcelona* hat eine Frage nach der Auslegung der Richtlinie 93/13/EWG des Rates vom 5. April 1993 über mißbräuchliche Klauseln in Verbraucherverträgen zur Vorabentscheidung nach Art. 177 EGV (jetzt Art. 234 EG) vorgelegt: Hat das aufgrund einer eventuell mißbräuchlichen Gerichtsstandsvereinbarung angerufene Gericht die Befugnis, von Amts wegen die Gültigkeit im Rahmen seiner Zuständigkeitsprüfung zu beurteilen - Wirkungen einer nicht fristgerecht umgesetzten Richtline?

330 Art. 117 Abs. 3 CE:
Die Ausübung der rechtsprechenden Gewalt durch Entscheidung und Vollstreckung in jeder Art von Verfahren obliegt ausschließlich den durch die Gesetze bestimmten Einzelrichtern und Kollegialgerichten gemäß den in diesen Gesetzen enthaltenen Zuständigkeits- und Verfahrensnormen.

331 Anmerkung von Santiago Alvarez González zu Sentencia del Juzgado de Primera Instancia núm. 5 de Gijón de 15 de abril de 1986, Sentencia de Juzgado de Primera Instancia núm. 2 de Avilés de 12 de marzo de 1987, REDI 1987, S. 179ff. (182)

332 Santiago Alvarez González aaO (182); Bardaji Gómez; La Ley, 24 de abril de 1987, S. 1ff.: Sobre el Control de Oficio de la Competencia Judicial Internacional de los Tribunales Españoles (2); Pecourt García, Multitudo Legum Ius Unum. Mélanges en l'honneur de Wilhelm Wengler, vol. II: Control e impugnación de la competencia judicial internacional de los tribunales españoles, S. 635ff. (636, 639)

333 Santiago Alvarez González (182); ebenso für eine Prüfung von Amts wegen in jeder Lage des Verfahrens: Díaz Ruíz, La Ley 1986-2: Jurisdicción Española y contratos de financiación internacional (1092)

In einer weiteren Entscheidung stellte das Gericht 1. Instanz von *Avilés*[334] fest, es stimme mit der herrschenden Lehre darin überein, daß die internationale Zuständigkeit als *prius*[335] für die Zulässigkeit eines Prozesses anzusehen sei, und betrachtete die internationale Zuständigkeit in Verbindung mit der staatlichen Souveränität, die die Quelle aller Rechtsprechung sei, so daß diese Normen *ius cogens* und Bestandteil des *ordre public* seien mit der Folge, daß die internationale Zuständigkeit von Amts wegen zu prüfen sei[336].

c) Spanische Lehre

Die spanische Lehre forderte teilweise eine Amtsprüfung der internationalen Zuständigkeit durch die erkennenden Gerichte[337]. Nach anderer Ansicht hatte *ex officio* die Prüfung zu erfolgen, ob eine ausschließliche Zuständigkeit tangiert war; sofern dies nicht der Fall war, sollte die Prüfung nur auf Rüge einer Partei geschehen[338]. Nach Ansicht *Amores Conradis* sollte eine Amtsprüfung bei den

---

334 Sentencia del Juzgado de Primera Instancia núm. 1 de Avilés de 26 de septiembre de 1987, REDI 1989, S. 285f.

335 so auch: Sentencia del Juzgado de Primera Instancia núm. 5 de Gijón de 15 de abril de 1986, Sentencia del Juzgado de Primera Instancia núm. 2 de Avilés de 12 de marzo de 1987, REDI 1987, S. 179ff.; González Campos/Calvo Caravaca in Albaladejo y Silvia Díaz Alabart: Comentarios al Código Civil y Compilaciones Forales, Art. 8.2, S. 113; Amores Conradi, REDI 1989, S. 113ff.: La nueva estructura ... (136); González Campos/Recondo Porrúa, Lecciones de Derecho procesal civil internacional, S. 77; Quiñones y Escámez, El foro de pluralidad ..., S. 107; Pecourt García, Control e impugnación de la competencia judicial internacional de los Tribunales Españoles, S. 635ff. (638, 642) sieht die Begründung für das Vorliegen einer Prozeßvoraussetzung darin, daß die internationale Zuständigkeit Grundvoraussetzung für die Entscheidung des erkennenden Gerichts in internationalen Rechtsstreitigkeiten ist, woraus er die Notwendigkeit einer Amtsprüfung - vor Prüfung der örtlichen Zuständigkeit- bereits für die alte Rechtslage folgert; für das deutsche Recht: Greger in Zöller, vor § 253, RZ 9, 17

336 Amores Conradi, REDI 1989, S. 113ff.: La nueva estructura ... (151): Trotz der in Zeiten des Justizimperialismus vertretenen Auffassung, daß die Vorschriften über die internationale Zuständigkeit Ausfluß der staatlichen Souveränität waren, fand in der Rechtsprechung keine Prüfung von Amts wegen statt; ebenso: González Campos in DIP, vol. I, 6.ª edición 1996, S. 319: die logische Konsequenz wäre gewesen, ein Erfordernis der Amtsprüfung einzuführen

337 Andrés de la Oliva/Angel Fernández, Derecho Procesal Civil, Vol. I, S. 368, RZ 31f.; Arenas García, El control de oficio de la competencia judicial internacional, S. 36; derselbe: REDI 1996-2, S. 266ff.: Anmerkung zu Sentencia de la Audiencia Provincial de Baleares de 18 de julio de 1995 (269); ebenso: Díaz Ruíz, La Ley 1986-2, S. 1078ff.: Jurisdicción Española y contratos de financiación internacional (1083): Art. 9.1 LOPJ (vgl. Anhang), auch wenn er wohl eher auf interne Konflikte zugeschnitten sei, spreche dafür, daß die spanischen Gerichte von Amts wegen von der Entscheidung eines Rechtsstreits Abstand nehmen müßten, wenn die internationale Zuständigkeit nicht begründet sei

338 Senés Motilla, Justicia 1986, S. 683ff.: Sistema de competencia judicial ... (695f.); Martínez-Pardo, La Ley 1986-2, S. 496ff.: Comentario a la sentencia del *Tribunal*

ausschließlichen Zuständigkeiten, bei den Verbraucher- und Versicherungsverträgen, sowie wenn der Beklagte säumig war, erfolgen[339]; soweit nach seiner Ansicht die Gerichtsstände des Art. 22 disponibel sind sei der Schutz gegen den Willen der Partei unnötig[340]. *González Campos*[341] sprach sich bis zu einer Neuregelung durch eine Reform der spanischen Zivilprozeßordnung für eine Weitergeltung der vor Inkrafttreten der LOPJ bestehenden Rechtslage aus. Ausdrücklich befürwortete er die Einführung des Amtsprüfungserfordernisses.

d) EuGVÜ

Nach Art. 19 EuGVÜ hat sich das Gericht von Amts wegen für unzuständig zu erklären, wenn es wegen einer Streitigkeit angerufen wird, für die das Gericht eines anderen Vertragsstaats aufgrund des Art. 16 ausschließlich zuständig ist[342]. Ist das angerufene Gericht nicht wegen Art. 19 EuGVÜ unzuständig, so erfolgt nach Art. 20 Abs. 1 EuGVÜ eine Prüfung der internationalen Zuständigkeit durch das angerufene Gericht nur, wenn der Beklagte säumig ist[343] oder auf Rüge der beklagten Partei[344].

Supremo de 10 de diciembre de 1985 (500); Bardaji Gómez, La Ley, 24 de abril de 1987, S. 1ff.: Sobre el Control de Oficio de la Competencia Judicial Internacional de los Tribunales Españoles (3)

339 Amores Conradi, REDI 1989, S. 113ff.: La nueva estructura ... (153)

340 Amores Conradi aaO (136): Auch wenn die internationale Zuständigkeit echte Prozeßvoraussetzung sei, liege hierin kein Widerspruch zur Disponibilität der Vorschriften.

341 González Campos, DIP, vol.I, 6.ª edición 1996, S. 319

342 Calvo Caravaca, Comentarios al Convenio de Bruselas ..., Art. 19, S. 383, RZ 5: Das öffentliche Interesse rechtfertigt die Errichtung und Beachtung der ausschließlichen Gerichtsstände des Art. 16 EuGVÜ *ex officio*.

343 Kropholler, Europäisches Zivilprozeßrecht, zu Art. 20, RZ 1: Der Beklagte braucht nicht vor einem unzuständigen ausländischen Gericht zu erscheinen, nur um die Zuständigkeit zu rügen. Ebenso im spanischen Recht die höchstrichterliche Rechtsprechung, vgl. unten, S. 153, Fn. 859- rügelose Einlassung: der säumige Beklagte läßt sich nicht rügelos ein, sowie oben, S. 32 und S. 38: Argument für die Prüfung der internationalen Zuständigkeit des Erstrichters bei Anerkennung der ausländischen Entscheidung: Es kann nie ausgeschlossen werden, daß der Beklagte nur wegen Fehlens der internationalen Zuständigkeit und damit berechtigterweise dem Verfahren ferngeblieben ist; Amores Conradi, REDI 1989, S. 113ff.: La nueva estructura ... (150, 152f.): Jedenfalls im Falle der Säumnis des Beklagten müsse eine Prüfung der internationalen Zuständigkeit von Amts wegen erfolgen. Zwischen örtlicher und internationaler Zuständigkeit bestünden zwar gewisse Ähnlichkeiten, dennoch könnten der Beklagte mit Wohnsitz im Inland und derjenige mit Sitz im Ausland nicht gleichgestellt werden; von beiden könnten nicht dieselben Sorgfaltspflichten gefordert werden.

344 Geimer in Zöller, Art. 20 EuGVÜ, RZ 5; Kropholler, Europäisches Zivilprozeßrecht, zu Art. 20, RZ 1

e) LEC-Novelle

Die LEC-Novelle brachte Klarheit. Die gewählte Lösung ist der des EuGVÜ sehr ähnlich.

Art. 36 i.V.m. Art. 38 der Novelle[345, 346] bestimmen die Fälle, in denen die spanischen Gerichte von Amts wegen von einer Entscheidung über den Rechtsstreit Abstand nehmen: Wenn die Klage gegen ein Rechtssubjekt gerichtet ist, das Immunität genießt, wenn ein anderer Staat nach einem internationalen Vertrag oder Übereinkommen, bei dem Spanien Vertragspartei ist, ausschließlich zuständig ist oder wenn die internationale Zuständigkeit sich allein auf die rügelose Einlassung des Beklagten gründen kann, wenn dieser in Übereinstimmung mit den Vorschriften dieses Gesetzes und den anwendbaren internationalen Verträgen und Übereinkommen geladen wurde, und sich innerhalb der ihm gesetzten Frist nicht einläßt. Gemäß Art. 38 LEC n.F.[347] nehmen die spanischen Gerichte von Amts wegen von der Entscheidung über den Rechtsstreits Abstand, sobald das Fehlen der internationalen Zuständigkeit festgestellt ist. Gemäß Art. 39 LEC n.F.[348] kann der Beklagte das Fehlen der internationalen Zuständigkeit darüber hinaus rügen.

---

345 Ley 1/2000 (vgl. Fn. 70)

346 Art. 36 LEC n. F. lautet:
1. La extensión y límites de la jurisdiccon de los tribunales españoles se determinará por lo dispuesto en la Ley Orgánica del Poder Judicial y en los tratados y convenios internacionales en los que España sea parte.
2. Los tribunales civiles españoles se abstendrán de conocer de los asuntos que se les sometan cuando concurra en ellos alguna de las circunstancias siguientes:
1.° Cuando se haya formulado demanda o solicitado ejecución respecto de sujetos que gocen de inmunidad de jurisdicción o de ejecución conforme a las normas del Derecho Internacional Público.
2.° Cuando, en virtud de un tratado o convenio internacional en el que España sea parte, el asunto se encuentre atribuido con carácter exclusivo a la jurisdicción de otro Estado.
3.° Cuando no comparezca el demandado emplazado en debida forma, en los casos en que la competencia internacional de los tribunales españoles únicamente pudiera fundarse en la sumisión tacita de las partes.

347 Ley 1/2000 (vgl. vorherige Fußnoten), Art. 38 LEC n.F. lautet:
La abstención a que se refieren los dos artículos precedentes se acordará de oficio, con audiencia de las partes y del Ministerio Fiscal, tan pronto como sea advertido la falta de competencia internacional o la falta de jurisdicción por pertenecer el asunto a otro orden jurisdiccional.

348 Ley 1/2000 (vgl. vorherige Fußnoten), Art. 39 LEC n.F. lautet:
El demandado podrá denunciar mediante la declinatoria la falta de competencia internacional o la falta de jurisdicción por pertenecer el asunto a otro orden jurisdiccional o por haberse sometido a arbitraje la controversia.

4. Prozessuale Rügemöglichkeit

Fraglich war bis zum Inkrafttreten des Zivilprozeßreformgesetzes[349] weiter, mit welchem prozessualen Verteidigungsmittel die beklagte Partei die Rüge der internationalen Unzuständigkeit des angerufenen Gerichts in den Rechtsstreit einführen konnte.

Nach *Arenas García*, der -wie im vorangehenden Kapitel ausgeführt- für eine Amtsprüfung eintrat, sollte die die internationale Unzuständigkeit feststellende Entscheidung -ohne Parteirüge- durch Beschluß analog zu den Vorschriften über die Rechtswegunzuständigkeit ergehen[350].

a) Keine gesetzliche Regelung

Auch in Ansehung der Frage, welches prozessuale Mittel einer Partei zur Verfügung steht, die die internationale Zuständigkeit rügen möchte, bestand eine gesetzliche Regelungslücke[351].

Für die notwendige oder freiwillige Parteirüge kamen die Vorschriften über die örtliche Zuständigkeit analog, Art. 72ff. LEC, oder Art. 533.1 LEC in Betracht:

b) Artt. 72ff. LEC

Hinsichtlich der örtlichen Zuständigkeit bestimmte Art. 72 Abs. 1 LEC[352], daß ihr Fehlen mit der *inhibitoria* oder mit der *declinatoria* geltend gemacht werden konnte. In prozessualer Hinsicht konnte der Beklagte zwischen beiden Möglichkeiten wählen, die Unterschiede zwischen den beiden Rügemöglichkeiten werden nachstehend skizziert:

Die *inhibitoria* (Art. 72 Abs. 2 LEC) war bei dem für zuständig erachteten Gericht einzureichen, wobei zu beantragen war, daß dieses Gericht das als unzuständig erachtete Gericht um Erklärung der Unzuständigkeit und Übersendung der Akten ersuchte. Mit dem Zivilprozeßreformgesetz[353] wurde die *inhibitoria* als

---

349 Vgl. oben, Fn. 70

350 Arenas García, El control de oficio de la competencia judicial internacional, S. 277- 285; derselbe: REDI 1996-2, S. 266ff.: Anmerkung zu SAP Baleares de 18 de julio de 1995 (269)

351 Santos Vijande, Declinatoria y „Declinatoria Internacional", Tratamiento Procesal de la Competencia Internacional, S. 225

352 Art. 72 Abs. 1 bis 3 LEC: vgl. Anhang

353 vgl. oben, Fn. 70

prozessuales Mittel, die Unzuständigkeit des angerufenen Gerichts zu rügen, abgeschafft. Das einzige prozessuale Mittel ist nunmehr die *declinatoria.*

Die *declinatoria* (Art. 72 Abs. 3 LEC; Art. 63 LEC Abs. 2 n.F.) ist an das für unzuständig erachtete Gericht zu richten mit dem Antrag, daß es sich für unzuständig erkläre und die Akten an das für zuständig gehaltene Gericht übersende. Nach Art. 63 Abs. 2 LEC n.F.[354] ist es darüber hinaus zulässig, die *declinatoria* beim Wohnsitzgericht des Beklagten einzureichen, welches das angerufene Gericht darüber so schnell wie möglich zu informieren hat, unbeschadet des Umstandes, daß es die Rüge am Folgetag der Einreichung von Amts wegen an das angerufene Gericht zu übersenden hat.

In Ermangelung einer Regelung für die Geltendmachung der internationalen Unzuständigkeit vertrat der *Tribunal Supremo* auch schon vor Inkrafttreten der LOPJ die Ansicht, daß die Rüge des Fehlens derselben mit der *declinatoria* zu erfolgen habe[355]. Diese Auffassung vertrag der *Tribunal Supremo* auch nach Inkrafttreten der LOPJ in seiner Entscheidung vom 10. November 1993[356]:

> Die prozessuale Behandlung der *falta de jurisdicción* ist richtungsgleich mit derjenigen für die Geltendmachung der gerichtlichen Unzuständigkeit (*declinatoria*), weil nicht vorstellbar ist, daß ein ausländisches Gericht Unterlassung von einem spanischen Gericht fordert, damit es über den Sachverhalt nicht erkenne[357], denn dies widerspräche der Souveränität. Die gerichtliche Unzuständigkeit wird dann nicht mit

---

354 Art. 63 Abs. 2 LEC n.F. lautet:
La declinatoria se proponderá ante el mismo tribunal que esté conociendo del pleito y al que se considere carente de jurisdicción o competencia. No obstante, la declinatoria podrá presentarse también ante el tribunal del domicilio del demandado, que la hará llegar por el medio de comunicación más rápido posible al tribunal ante el que se hubiera presentado la demanda, sin perjuicio de remitírsela por oficio al día siguiente de su presentación.

355 González Campos, DIP, vol.I, 6.ª edición 1996, S. 319 verweist auf die Entscheidung des *Tribunal Supremo* vom 4. März 1902, Rev. Gen., Jur. Civ., tomo 93, núm. 62, worin dieser bereits mit derselben Begründung, wie er sie in der Entscheidung vom 10. Novemeber 1993 (vgl. nachfolgende Fußnote) anführt, die Geltendmachung des Fehlens der internationalen Zuständigkeit mit der *inhibitoria* abgelehnt hat. Amores Conradi, REDI 1989, S. 113ff.: La nueva estructura ...(153f.) führt aus, es bestehe eine Regelunglücke und weder durch die LEC-Reform von 1984 noch durch Inkrafttreten der LOPJ habe sich etwas wesentliches geändert, so daß die vorherige Lösung weiterhin Bestand haben könne.

356 STS de 10 de noviembre de 1993, REDI 1994, S. 388ff. (388f.) mit Anmerkung von Santiago Alvarez González; Fußnoten im Zitat sind durch die Verf. ergänzt

357 = *inhibitoria*

der Verweisung an das zuständige Gericht enden[358], sondern mit einem Hinweis an die Parteien, die Gerichte welchen Landes nach Auffassung des spanischen Richters zuständig sind.

c) Art. 533.1 LEC

Kam man mit dem *Tribunal Supremo* zu dem Ergebnis, daß die Rüge der internationalen Zuständigkeit mit der *declinatoria* zu erfolgen hatte, so wurde in der spanischen Literatur weiter diskutiert, ob die *declinatoria*, also der Antrag auf Unzuständigerklärung und Verweisung, durch Erhebung der Einrede fehlender Gerichtsbarkeit nach Art. 533.1 LEC in prozessual zulässiger Weise ersetzt werden konnte[359]. Art. 533 LEC normierte dilatorische Einreden. Nach Erhebung einer dilatorischen Einrede entschied das Gericht hierüber vorab[360]. Eine Verweisung der Rechtsstreits erfolgte nicht.

Der Diskussion über die Zulässigkeit der Rüge der internationalen Unzuständigkeit mit der Einrede fehlender Gerichtsbarkeit lag die Neufassung von Art. 79 und Art. 533.1 LEC durch die LEC-Reform durch das Gesetz 34/1984 vom 6. August[361] zugrunde[362]. Art. 533.1 LEC bestimmte seither in einer enumerativen Aufzählung[363] der möglichen dilatorischen Einreden das Fehlen der Gerichtsbarkeit

---

358 so auch im Anwendungsbereich des EuGVÜ: Geimer/Schütze, Internationale Urteilsanerkennung I, S. 330; Köln RIW 1988, 555 (558); Kropholler, Europäisches Zivilprozeßrecht, Art. 19, RZ 2 und Art. 20, RZ 1

359 bejahend: Ramos Méndez in Valentín Cortés, Comentarios a la Reforma de la Ley de Enjuiciamiento Civil, Art. 533, S. 500; ders., Enjuiciamiento Civil, Tomo I, S. 141

360 Gemäß Art. 532 LEC mußte das Verfahren über die dilatorische Einrede vor dem Verfahren zur Hauptsache vorrangig entschieden werden. Zur Rechtslage seit Inkrafttreten des Zivilprozeßreformgesetzes (vgl. Fn. 70): Artt. 416ff. LEC n.F., worin für die jeweiligen Tatbestände bestimmt ist, wie das Gericht zu verfahren hat. Zur Rechtslage seit Inkrafttreten des Zivilprozeßreformgesetzes vgl. auch unten, S. 67

361 BOE, núm. 188, de 7 de agosto de 1984

362 Die Einrede fehlender internationaler Zuständigkeit/Rechtsweges ist in der Neufassung von Art. 533 LEC mit dem Zivilprozeßreformgesetz (vgl. Fn. 70; =416 LEC n.F.) gestrichen worden. Beides ist nach Art 39 LEC n.F. (vgl. S. 59, Fn. 348) mit der *declinatoria* geltend zu machen. Vgl. oben, S. 59 und unten S. 67

363 Art. 533: Sólo serán admisibles como excepciones dilatorias:
1.ª Falta de jurisdicción o de competencia objetiva o funcional.
[...]
Übersetzung: Art. 533 LEC Als dilatorische Einreden sind nur zulässig:
1.Fehlen der Gerichtsbarkeit oder der objektiven oder funktionalen Zuständigkeit.
[...]

sowie der funktionellen oder sachlichen Zuständigkeit. Die ursprünglich vorgesehene unmißverständliche Fassung *falta de jurisdicción*[364] *o competencia*[365] wurde in einem verunglückten Verbesserungsvorschlag durch die Worte *objetiva o funcional* ergänzt[366]. Hierdurch entstand die Unklarheit, ob die örtliche -wie auch die internationale- Zuständigkeit aus dieser Aufzählung ausgeklammert worden sind[367].

Weitere Verwirrung ist dadurch entstanden, daß der Gesetzgeber in Art. 79 LEC[368] die *declinatoria* als dilatorische Einrede ausgestaltet hat. Daher wurde die Auffassung vertreten: Ist die *declinatoria* eine dilatorische Einrede, so kann auch durch Erhebung der dilatorischen Einrede fehlender Gerichtsbarkeit nach Art. 533.1 LEC in prozessual zulässiger Weise das Fehlen der internationalen Zuständigkeit gerügt werden[369].

In diesem Sinne wurde ferner argumentiert, die Reform von 1984 habe die mißverständliche und ungenaue Formulierung *incompetencia de jurisdicción* überwunden, so daß Art. 533.1 LEC auf die Geltendmachung der internationalen Unzuständigkeit Anwendung finde[370].

Umgekehrt wurde die Ansicht vertreten, die *declinatoria* selbst stelle keine dilatorische Einrede im enumerativen System des Art. 533 LEC dar mit der Folge, daß dies auch für die *declinatoria internacional*, die internationale Unzuständigkeit, gelte[371].

---

364 Fehlen der Gerichtsbarkeit

365 Fehlen der Zuständigkeit

366 Ramos Méndez in Valentín Cortés, Comentarios a la Reforma de la Ley de Enjuiciamiento Civil, Art. 533, S. 500

367 Ramos Méndez in Valentín Cortés aaO, S. 500

368 Art. 79 Abs. 1 LEC: Die Einwendungen der *declinatoria* werden **wie** dilatorische Einreden erhoben oder in der in diesen Abschnitten beschriebenen Form.

369 Ramos Méndez in Valentín Cortés aaO, S. 500

370 Senés Motilla, Justicia 1986, S. 683ff.: Sistema de competencia judicial ... (696) mwN in Fn. 18; Díaz Ruíz, La Ley 1986-2; S. 1078ff.: Jurisdicción Española y contratos de financiación internacional (1092)

371 Andrés de la Oliva/Angel Fernández, Derecho Procesal Civil, Vol. I, S. 421ff., RZ 13ff.

Art. 533.1 LEC war nach Ansicht von *Amores Conradi* unanwendbar, weil die Einrede der Unzuständigkeit in formaler Hinsicht eben nicht die *declinatoria* sei, und daher bei restriktivem Verständnis von Art. 58.2 LEC[372] zur rügelosen Einlassung des Beklagten führe[373]. Sofern nicht eine Amtsprüfung der internationalen Zuständigkeit stattfinden müsse[374], vertrat er mit dem *Tribunal Supremo*[375] die Ansicht, daß die *declinatoria internacional* anwendbar sei mit dem Unterschied, daß wegen des unilateralen Charakters der Regeln über die internationale Zuständigkeit eine Verweisung an das zuständige -gemeint ist ausländische-Gericht nicht in Betracht kam[376].

Die *Audiencia Provincial de Bilbao* hat in der Entscheidung vom 24. Juni 1993[377] ausgeführt, durch die Reform der LEC könne das Fehlen der internationalen Zuständigkeit nicht mehr nach Art. 533.1 LEC geltend gemacht werden, da Art. 533.1 LEC die dilatorischen Einreden normiere; eine solche sei die gerichtliche Unzuständigkeit lediglich vor 1984 gewesen, 1984 sei eine Änderung der LEC erfolgt. Der Gesetzgeber habe in Bezug auf die örtliche Zuständigkeit Stillschweigen bewahrt, deren Fehlen nunmehr lediglich mit der *declinatoria* oder der *inhibitoria* geltend gemacht werden könne[378]. Diese Ansicht war in der spanischen Rechtsprechung vorherrschend[379]. Sie führte zu der auch von *Amores Conradi* vertretenen Konsequenz, daß der Beklagte, der das Fehlen der internationalen Zuständigkeit mit der Einrede nach Art. 533.1 LEC geltend machte, sich rügelos auf den Rechtsstreit einließ[380].

---

372 Art. 58 LEC: Als stillschweigende Unterwerfung versteht sich:
[...]
2.° Für den Beklagten, nach Erscheinen, jede Handlung, die nicht die förmliche Einreichung der *declinatoria* ist.

373 Amores Conradi, REDI 1989, S. 113ff.: La nueva estructura ... (154)

374 Amores Conradi aaO (153): bei den ausschließlichen Zuständigkeiten, Verbraucherverträgen, Versicherungsverträgen und wenn der Beklagte säumig ist

375 STS de 10 de noviembre de 1993, REDI 1994, S. 388ff.; in diesem Kapitel, S. 68

376 Amores Conradi aaO (154)

377 SSAP Bilbao de 24 de junio de 1993, REDI 1994, S. 293ff. (293f.) mit weiteren Rechtsprechungsnachweisen: AP Oviedo de 30 de noviembre de 1989; AP Bilbao de 30 de mayo de 1990 y de 24 de septiembre de 1987 (beide Sección 2.ª); AP Bilbao (Sección 3.ª) de 26 de febrero de 1992 y 11 de marzo de 1993; TS de 27 de julio de 1990

378 SAP Alicante (Sección Cuarta) de 4 de octubre de 1995, REDI 1996-2, S. 269ff.: das Gericht kommt mit derselben Begründung zu demselben Ergebnis (270)

379 vgl. die beiden vorherigen Fußnoten

380 SAP Alicante (Sección Cuarta) de 4 de octubre de 1995, REDI 1996-2, S. 269ff.: das Gericht kommt mit derselben Begründung zu demselben Ergebnis (270)

d) Auswirkungen im Anwendungsbereich von Art. 18 EuGVÜ

Die Frage nach der von der Partei zu ergreifenden prozessualen Rügemöglichkeit zur Geltendmachung der internationalen Unzuständigkeit wirkte sich auch im Anwendungsbereich des EuGVÜ aus, da die Beantwortung dieser Frage nach der Regel *lex fori regit processum* den nationalen Verfahrensrechten der Mitgliedstaaten vorbehalten ist. Das EuGVÜ enthält insoweit keine eigenständige Regelung[381]:

Nach spanischer Rechtsprechung stellt die Geltendmachung der internationalen Unzuständigkeit mit der *excepción dilatoria* gemäß Art. 533.1 LEC auch innerhalb des Anwendungsbereichs des EuGVÜ das falsche prozessuale Mittel dar mit der Folge, daß der Beklagte sich, wie soeben unter c) dargestellt, gemäß Art. 18 EuGVÜ rügelos eingelassen hat[382].

Fraglich war, ob sich diese Auslegung von Art. 18 EuGVÜ in die durch den EuGH vorgenommene Interpretation der rügelosen Einlassung einfügte, denn das autonome staatliche Recht darf nicht in Widerspruch zu einer Regelung des Übereinkommens stehen[383]. In diesem Zusammenhang stellt Art. 18 S. 2 EuGVÜ allein darauf ab, daß eine rügelose Einlassung dann nicht vorliegt, wenn „der Beklagte sich nur einläßt, um den Mangel der Zuständigkeit geltend zu machen".

Bei Betrachtung des eindeutigen Wortlauts dürfte Art. 18 EuGVÜ der Schlußfolgerung der spanischen Gerichte entgegenstehen, daß die Geltendmachung der internationalen Unzuständigkeit mit dem falschen prozessualen Rechtsbehelf die rügelose Einlassung des Beklagten begründete. Denn der Beklagte brachte so trotz falschem prozessualen Verteidigungsmittel nichts anderes zum Ausdruck, als daß er die fehlende internationale Zuständigkeit des angerufenen Gerichts rügte[384].

---

381 Kropholler, Europäisches Zivilprozeßrecht, vor Art. 2, RZ 20 mit ausdrücklichem Hinweis auf Art. 19, 20 EuGVÜ; Geimer, IZPR, RZ 1823; Esteban de la Rosa, REDI 1996-2, S. 269ff.: Anmerkung zu SAP Alicante (Sección Cuarta) de 4 de octubre de 1995 (271); Calvo Caravaca, Comentarios al Convenio de Bruselas ..., Art. 20, S. 391, RZ 5

382 SAP Alicante (Sección Cuarta) de 4 de octubre de 1995, REDI 1996-2, S. 269ff. (270): der dortige Rechtsstreit fiel in den Anwendungsbereich des EuGVÜ

383 Kropholler, Europäisches Zivilprozeßrecht, vor Art. 2, RZ 21 mit ausdrücklichem Hinweis darauf, daß das autonome staatliche Recht keinesfalls in Widerspruch zu Vorschriften des Übereinkommens, etwa Art. 19, 20 EuGVÜ, stehen darf; Gloria Esteban de la Rosa, REDI 1996-2, S. 281ff.: Anmerkung zu Auto AP Vizcaya (Sección Cuarta) de 19 de junio de 1996 (286)

384 Kropholler, Europäisches Zivilprozeßrecht, Art. 18, RZ 8

Die spanische Rechtsprechung stand insbesondere nicht mit der Zielsetzung des Übereinkommens in Einklang, im Rahmen des Möglichen gleiche prozessuale Anforderungen an die Rechtssuchenden in den Mitgliedstaaten zu stellen[385]. Der EuGH hat zum Verhältnis von EuGVÜ und nationalem Prozeßrecht die Formel geprägt[386]:

> Der Grundsatz der Rechtssicherheit innerhalb der Gemeinschaftsrechtsordnung und die mit dem Übereinkommen aufgrund von Art. 220 EWG-Vertrag -auf den sich das Übereinkommen stützt- verfolgten Ziele verlangen aber, daß die Gleichheit und Einheitlichkeit der sich aus dem Übereinkommen für die Vertragsstaaten und die betroffenen Personen ergebenden Rechte und Pflichten sichergestellt werden, wie die einschlägigen Vorschriften in der Rechtsordnung dieser Staaten auch immer beschaffen sein mögen. Daraus ist zu schließen, daß das Übereinkommen, das im innergemeinschaftlichen Rahmen die Zuständigkeit der Gerichte in Vertragsstaaten in Zivilsachen festlegen will, den innerstaatlichen Bestimmungen, die mit ihm unvereinbar sind, vorgehen muß.

Es erschien geboten, daß die mit der Entscheidung betrauten spanischen Gerichte dem EuGH die Frage zur Vorabentscheidung vorlegten, damit jedenfalls im Anwendungsbereich des Übereinkommens diese Frage geklärt wurde[387]. Das Problem ist durch das 2001 in Kraft getretene spanische Zivilprozeßreformgesetz[388] allerdings obsolet geworden, wie im folgenden Kapitel e) gezeigt werden wird.

---

385 EuGH, Slg. 1983, 3663 (Duijnstee/Goderbauer)

386 von Hoffmann/Hau, RIW 1997, S. 89ff.: Probleme der abredewidrigen Streitverkündung im Europäischen Zivilrechtsverkehr (89) mN bei: EuGH, Slg. 1983, 3663 (Duijnstee/Goderbauer) = RIW 1984, 483 = IPRax 1985, 92 m. Anm. Stauder, 76. Zuletzt EuGH, Slg. 1995, 2269 (SISRO/Ampersand) = RIW 1995, 940 = EWS 1995, 345 = IPRax 1996, 336 m. Anm. Hau, 322-324:"... daß der Grundsatz der Rechtssicherheit in der Gemeinschaftsrechtsordnung sowie die Ziele des Übereinkommens gemäß dem ihm zugrundeliegenden Artikel 220 des Vertrages eine in allen Mitgliedstaaten einheitliche Anwendung der Vorschriften des Übereinkommens und der vom Gerichtshof hierzu entwickelten Rechtsprechung erfordert."; Kropholler, Europäisches Zivilprozeßrecht, Einl., RZ 38: „Im Zweifel ist also eine die Integration begünstigende und nicht eine die nationalen Unterschiede aufrechterhaltende Lösung zu wählen."; Esteban de la Rosa, REDI, 1996-2, S. 269ff.: Anmerkung zu SAP Alicante (Sección Cuarta) de 4 de octubre de 1995, REDI 1995 (272f.)

387 Esteban de la Rosa aaO (272f.)

388 vgl. oben, Fn. 70

Auch im Anwendungsbereich der LOPJ erschien die durch die Gerichte vorgenommene Auslegung nicht sachgerecht: Zum einen spricht stets der Gedanke der Zuständigkeitsharmonie für eine identische Handhabung im Bereich des internationalen Übereinkommens und in demjenigen des autonomen Rechts[389]. Zum anderen sollten die prozessualen Anforderungen in internationalen Rechtsstreitigkeiten nicht überspannt werden[390]. Letztlich war die Frage am Maßstab von Art. 24 CE zu messen, in dem das Recht auf Justizgewährleistung verankert ist. Mit diesem ist das Fehlen einer hinreichenden positivrechtlichen Grundlage, verbunden mit der Unsicherheit über den richtigen Rechtsbehelf, nicht zu vereinbaren[391].

e) LEC-Novelle

Die LEC-Novelle brachte auch insoweit Klarheit: Artt. 39 und 416 LEC n.F. (Art. 533 LEC) bestimmen ausdrücklich, daß der Beklagte, der sich eingelassen hat, das Fehlen der internationalen Zuständigkeit nur mit der *declinatoria* geltend machen kann. Das Fehlen der internationalen Zuständigkeit ist in Art. 416 LEC n.F. nicht mehr als mögliche dilatorische Einrede enthalten[392], vielmehr verweist Abs. 2 der Bestimmung ausdrücklich darauf, daß Rügen betreffend die Zuständigkeit des angerufenen Gerichts mit der *declinatoria* geltend gemacht werden müssen, unbeschadet der Pflicht des Gerichts, sich gegebenenfalls von Amts wegen für unzuständig zu erklären. Art. 63 Abs. 1 LEC n.F.[393] regelt die Gründe, die den Rechtsbehelf der *declinatoria* rechtfertigen. Er bestimmt unter anderem, daß mit dieser die gerichtliche Unzuständigkeit gegen die zugelassene Klage vorgebracht werden kann, weil für die Entscheidung über die Klage ausländische Gerichte zuständig sind.

---

389 Virgós Soriano/Garcimartín Alférez, S. 77ff. (86): El Convenio de Bruselas y las propuestas para su reforma: una crítica radical. Arts. 5.1.I, 21, 24 y 27.2

390 Esteban de la Rosa aaO (271)

391 Esteban de la Rosa aaO (271)

392 Vgl. schon oben in diesem Kapitel in Fn. 362; Text Art. 39 LEC n.F. in Fn. 348

393 Ley 1/2000 (vgl. Fn. 70), Art. 63 Abs. 1 LEC n.F. lautet:
Mediante la declinatoria, el demandado y los que puedan ser parte legítima en el juicio promovido podrán denunciar la falta de jurisdicción del tribunal ante el que se ha interpuesto la demanda, por corresponder el conocimiento de ésta a tribunales extranjeros, a órganos de otro orden jurídiccional o a árbitros.
[...]

5. Perpetuatio fori

Die LOPJ selbst regelt diese nicht ausdrücklich, der Grundsatz gilt dennoch[394]. Ihre Rechtsgrundlage besteht in der Einheitlichkeit der einmal begründeten Prozeßrechtsbeziehung, die nicht durch Änderung der Umstände nach Klageerhebung variiert werden kann[395]. Aus Art. 22 Abs. 3 LOPJ kann sie ebenfalls gefolgert werden, denn sowohl der Gerichtsstand am Belegenheitsort der beweglichen Sachen als auch derjenige des gemeinsamen gewöhnlichen Aufenthalts der Ehegatten und des Kindes in kindschaftsrechtlichen Angelegenheiten heben auf den Zeitpunkt der Klageerhebung ab[396]. Die besondere Hervorhebung für diese beiden Gerichtsstände ist möglicherweise dadurch bedingt, daß Mobilien sowie die Parteien einer in Auflösung begriffenen Ehe bzw. ein Kind in dieser Situation für Ortsveränderungen prädestiniert sind. In der LEC-Novelle wird die *perpetuatio fori* für alle Arten der Zuständigkeit in Art. 411 LEC n.F. festgeschrieben[397].

---

394 Abarca Junco, La Ley 1987 de 27 de marzo, S. 1ff.: Extensión y límites ... (3)

395 Senés Motilla, Justicia 1986, S. 683ff.: Sistema de competencia judicial ... (697)

396 Senés Motilla aaO (697)

397 Ley 1/2000 (vgl. Fn. 70)
Art. 411: Die Veränderungen, die sich, wenn der Prozess einmal begonnen ist, ergeben in Bezug auf den Wohnsitz der Parteien und die Situation des Streitgegenstandes, beeinflussen nicht die Gerichtsbarkeit und die Zuständigkeit, die sich aus den Umständen bei Beginn der Rechtshängigkeit ergeben.

Teil III Das autonome spanische internationale Zuständigkeitssystem und die einzelnen Gerichtsstände im Vergleich mit dem EuGVÜ

A) Allgemeines

1. Unabhängiges System

Während das deutsche System der internationalen Zuständigkeit den Anknüpfungskriterien der örtlichen Zuständigkeit folgt[398], bestimmen die romanischen Rechte und so auch Art. 22 LOPJ die internationale Zuständigkeit unabhängig von der örtlichen[399]. Das EuGVÜ normiert hingegen internationale Gerichtsstände, die teilweise zugleich die örtliche Zuständigkeit regeln, teilweise allein die internationale Zuständigkeit, wobei die Regelung der örtlichen Zuständigkeit den nationalen Prozeßordnungen überlassen bleibt[400].

Im Anwendungsbereich des Art. 22 LOPJ ist als erste Konsequenz der Unabhängigkeit der Systeme der internationalen und der örtlichen Zuständigkeit herauszuarbeiten, daß beiden Systemen jeweils eigenständige Erwägungen des Gesetzgebers zugrundeliegen. Übereinstimmungen in Struktur, Funktion und Logik bestehen nicht[401], so daß gesetzliche Wertungen des einen Zuständigkeitskatalogs nicht auf den jeweils anderen übertragen werden können. Eine analoge Anwendung der Normen über die örtliche Zuständigkeit im Rahmen der Bestimmung der internationalen Zuständigkeit kommt nicht in Betracht[402].

---

398 von Hoffmann, IPRax 1982, 217ff.: Gegenwartsprobleme internationaler Zuständigkeit (218)

399 Bardaji Gómez, La Ley, 24 de abril de 1987, S. 1ff.: Sobre el Control de Oficio de la Competencia Judicial Internacional de los Tribunales Españoles (2); Teixeira de Sousa, IPRax 1997, S. 352ff.: Die neue internationale Zuständigkeitsregelung im portugiesischen Zivilprozeßgesetzbuch und die Brüsseler und Luganer Übereinkommen: Einige vergleichende Bemerkungen (352); Szászy, International Civil Procedure. A Comparative Study, S. 376ff.; von Hoffmann aaO (218)

400 Kropholler, Europäisches Zivilprozeßrecht, vor Art. 2, RZ 3; Iglesias Buhígues/Desantes Real, Extensiones y límites de la jurisdicción española ..., S. 453ff. (458, 460)

401 Alvarez Gonzaléz, REDI 1987, S. 179ff. (182): Anmerkung zu Sentencia del Juzgado de Primera Instancia núm. 5 de Gijón de 15 de abril de 1986, Sentencia del Juzgado de Prmera Instancia núm. 2 de Áviles de 12 de marzo de 1987

402 Auto AP Barcelona (Sección 11.ª), de 2 de junio 1994, REDI 1995, 370ff. (373) mit Anm. von Iván Milans del Bosch Portoles; Anmerkung Cuartero Rubio zu SAP Barcelona de 13 de junio de 1989, REDI 1990, S 602ff. (605); aA für Art. 24 LSC: Amores Conradi, REDI 1989, S. 113ff.: La nueva estructura ... (S. 141, Fn. 85); Navarro Contreras, REDI

Nach Ansicht von *Quiñones y Escámez*[403] folgt dies daraus, daß die Bestimmung der internationalen Zuständigkeit im internationalen Rechtsverkehr ein *prius*[404] für eine wirksame und rechtmäßige Entwicklung des Rechtsstreits mit Auslandsberührung darstellt. Die Autorin führt aus: Erst wenn die internationale Zuständigkeit des angerufenen Gerichts bejaht worden ist, könne in die Prüfung der örtlichen Zuständigkeit eingetreten werden. Die internationale Zuständigkeit sei mithin eine Voraussetzung der örtlichen Zuständigkeit. Die internationale Zuständigkeit könne nur bejaht werden, wenn sie gesetzlich bestimmt sei. Ob danach auch die örtliche Zuständigkeit bejaht werden könne, sei unerheblich. Keinesfalls aber könne die örtliche Zuständigkeit herangezogen werden, um die internationale Zuständigkeit der spanischen Gerichte zu begründen oder abzulehnen[405].

Diese Ansicht wird maßgeblich auf den Willen des Gesetzgebers gestützt[406]: Bei Formulierung der örtlichen Zuständigkeit verteile der Gesetzgeber die Rechtsprechungsaufgaben an die nationalen Gerichte nach Natur, Bedeutung oder territorialen Banden. Die Probleme der Verteilung der Zuständigkeit lösten sich immer innerhalb des nationalen Territoriums durch Zuteilung der Rechtsstreitigkeiten an die vorbestimmten Gerichte[407]. Demgegenüber bestimme ein nationales System der internationalen Zuständigkeit unilateral diejenigen Rechtsstreitigkeiten mit einem ausländischen Element, die den spanischen Gerichten zugewiesen seien. Die internationale Zuständigkeit der Gerichte stelle sich nicht als Idealverteilung im Fächer der möglichen zuständigen Staaten innerhalb der internationalen Staatengemeinschaft dar. Vielmehr sei es so, daß die durch einen nationalen Gesetzgeber begründeten Foren keinen ausländischen Staat verpflichteten, seine internationale Zuständigkeit zugunsten seiner eigenen Gerichte zu negieren, genausowenig, wie ausländische Staaten dadurch verpflichtet würden, die internationale Zuständigkeit anzunehmen[408]. Weil der Gesetzgeber damit unterschiedlichen Zielsetzungen

---

1997-1, S. 204ff. (205f.): Anmerkung zu SAP Álava de 31 de enero de 1996; auch die Entscheidung des TS vom 12. Juli 1986, RAJ 4506, führt zu keiner abweichenden Beurteilung, da der TS die internationale Zuständigkeit nach Art. 22 Abs. 2 LOPJ am Wohnsitz des Beklagten, die örtliche sodann nach Art. 24 LCS, bestimmt; González Granda, Extensión y límites ..., S. 236

403 Quiñones y Escámez, El foro de pluralidad ..., S. 107

404 für die internationale Zuständigkeit als echter Prozeßvorausetzung vgl. bereits oben, S. 57

405 Quiñones y Escámez, El foro de pluralidad ..., S. 107

406 Quiñones y Escámez, El foro de pluralidad ..., S. 102; ebenso für Art. 24 LCS: Blanco-Morales Limones, El seguro español ..., S. 215; Alvarez González, Condiciones generales en la contratación internacional, S. 144 für Art. 22 des Entwurfs für ein Gesetz zur Regelung der Allgemeinen Geschäftsbedingungen

407 Quiñones y Escámez, El foro de pluralidad ..., S. 102

408 Quiñones y Escámez, El foro de pluralidad ..., S. 102

folgt –einmal Idealverteilung der denkbaren Rechtsstreitigkeiten, einmal abschließende Zuweisung bestimmter Rechtsstreitigkeiten- kommt eine analoge Heranziehung der örtlichen Zuständigkeit für die Bestimmung der internationalen Zuständigkeit nicht in Betracht.

Genau entgegengesetzt waren die Erwägungen des deutschen Gesetzgebers der ZPO, der die Doppelfunktionalität dieser Gerichtsstände bei Formulierung derselben wollte. Dies zeigt die Betrachtung der Entstehungsgeschichte der §§ 12 ff. ZPO:

Den Vorschriften der ZPO über die örtliche Zuständigkeit liegt eine Gleichsetzung von örtlicher und internationaler Zuständigkeit zugrunde, wodurch sich auch das Fehlen von Vorschriften über die internationale Zuständigkeit in der ZPO erklärt[409]. Diese Gleichsetzung ist jedoch allein dadurch ermöglicht worden, daß die Fragen der internationalen Zuständigkeit schon längst hinreichend diskutiert worden und in die Fragen der örtlichen Zuständigkeit eingeflossen waren: Spätestens die Hannoversche Kommission war sich im vollen Umfang darüber bewußt, daß bei der Verteilung der Rechtsprechungsaufgaben allein unter inländische Gerichte und bei der Verteilung zwischen In- und Ausland verschiedenartige Problemstellungen auftreten könnten[410]. Die fehlende begriffliche Trennung war es dann, die die Ausarbeitung der (örtlichen) Gerichtsstände völlig unter den Primat der Auslandsbeziehungen stellte. Es sollten -überspitzt ausgedrückt- internationale Zuständigkeiten formuliert werden, die auch innerstaatlich brauchbar waren[411].

Die Väter der späteren ZPO dachten ebenfalls international: In Bezug auf den Wohnsitzgerichtsstand ließen sie bewußt eine Beschränkung fallen, die der Entwurf der Hannoverschen Kommission noch vorsah, nämlich die Beschränkung des Wohnsitzgerichtsstands darauf, daß dieser im (prozessualen) Inland lag. Dies geschah, um *actor sequitur forum rei* ohne Unterscheidung der In- und Aus-

---

409 Fricke, Anerkennungszuständigkeit zwischen Spiegelbildgrundsatz und Generalklausel, S. 75

410 Fricke aaO, S. 79: Der Hannoversche Entwurf einer Prozeßordnung von 1866 diente über die Zwischenstufe des Norddeutschen Entwurfs als Grundlage für die Regelungen der ZPO

411 Fricke aaO, S. 78 mit Nachweisen in den Beratungsniederschriften der Hannoverschen Kommission, Fn. 111: Hann. Co, Bd. II, 413: „Die Gerichte des einen Staates gewähren denen des anderen Staates ganz in gleicher Weise Rechtshilfe wie den Gerichten des eigenen Landes. Von diesem Standpunkt aus müssen bei der Aufstellung der Gerichtsstände vorzugsweise die internationalen Rücksichten in Betracht gezogen werden."

landsbeteiligung durchzusetzen; man wollte dadurch zugleich die Fortbildung internationalen Rechts fördern und gab sich damit zufrieden, daß in den wirklich berechtigten Fällen der ausländische Schuldner aufgrund der besonderen Gerichtsstände vor deutsche Gerichte gezogen werden könne[412].

2. Kein örtlich zuständiges Gericht

Ein Problem, das aus der Unabhängigkeit des Systems der örtlichen von der internationalen Zusändigkeit resultiert, ist die Existenz internationaler Gerichtsstände, die keine Entsprechung bei den örtlichen Gerichtsständen finden:

a) Problemstellung

Wie ihr Vorbild EuGVÜ im Bereich der allgemeinen (Art. 2 Abs. 1) und der ausschließlichen (Art. 16) Zuständigkeiten enthält Art. 22 LOPJ allein Regeln zur Bestimmung der internationalen Zuständigkeit, wohingegen diese Regeln nicht zur Bestimmung des örtlich zuständigen Gerichts herangezogen werden können. Abweichend hiervon regeln Artt. 5 bis 6a EuGVÜ nach der Formulierung der Vorschriften[413] zugleich die örtliche Zuständigkeit[414].

Zur Bestimmung des örtlich zuständigen Gerichts sind im spanischen Recht die Artt. 56ff. LEC (Artt. 50ff. LEC n.F.[415]) heranzuziehen[416]. Probleme entstehen daher, sofern nach Art. 22 LOPJ zwar die internationale Zuständigkeit der spanischen Gerichte begründet ist, die Zuständigkeitsvorschriften der LEC jedoch kein örtlich zuständiges Gericht zu bestimmen vermögen, namentlich in den folgenden Fällen:

---

[412] Fricke aaO, S. 79

[413] Art. 5: „Gerichte des Ortes"; Art. 2: „Gerichte dieses Staates"; Art. 16: „Gerichte des Vertragsstaates"

[414] Kropholler, Europäisches Zivilprozeßrecht, vor Art. 2, RZ 3; Iglesias Buhígues/Desantes Real, Extensiones y límites de la jurisdicción española ..., S. 453ff. (S. 458: für die ausschließlichen Zuständigkeiten nach Art. 22 Abs. 1 LOPJ, S. 460: für die betreffenden besonderen Zuständigkeiten); Quiñones Escámez, Anmerkung zu SAP Valladolid (Sección Primera) de 24 de febrero de 1995, REDI 1996-2, S. 262f. (263)

[415] Zum Zivilprozeßreformgesetz vgl. Fn. 70

[416] STS de 12 de julio de 1986, RAJ 4506 = REDI 1989, S. 285; SAP Madrid (Sección 21.ª) de 4 de enero de 1994 mit Anmerkung von Maria Victoria Cuartero Rubio, REDI 1995-1, S. 249ff., die diese systematisch korrekte Trennung lobend hervorhebt (251); Iglesias Buhígues/Desantes Real, Extensiones y límites de la jurisdicción española ..., S. 453ff. (458); Amores Conradi, REDI 1989, S. 113ff.: La nueva estructura ... (121f.)

aa) Unterhaltsstreitigkeiten

In Unterhaltsstreitigkeiten[417] begründet Art. 22 Abs. 3 LOPJ ein *forum actoris*: Die spanischen Gerichte sind international zuständig, wenn der *gewöhnliche Aufenthalt* des Unterhalts*gläubigers* sich in Spanien befindet. Bis zum Inkrafttreten des Zivilprozeßreformgesetzes[418] bestimmte Art. 63. Nr. 21 LEC[419] in Unterhaltsstreitigkeiten, daß das Gericht am *Wohnsitz* des Unterhalts*schuldners* örtlich zuständig ist. In Ermangelung eines inländischen Wohnsitzes des Unterhaltsschuldners oder ausdrücklicher oder stillschweigender Unterwerfung unter ein bestimmtes Gericht stand dem Unterhaltsgläubiger kein örtlich zuständiges Gericht in Spanien zur Verfügung[420, 421].

bb) Vertragliche Streitigkeiten

Nach Art. 22 Abs. 3 LOPJ sind die spanischen Gerichte in vertraglichen Angelegenheiten[422] international zuständig, wenn die Verpflichtung in Spanien eingegangen wurde oder in Spanien zu erfüllen war. Bis zum Inkrafttreten des Zivilprozeßreformgesetzes[423] war gemäß Art. 62 Nr. 1 LEC[424] für schuldrechtliche Klagen das Gericht örtlich zuständig, an dem die Verbindlichkeit zu erfüllen ist, in Ermangelung eines solchen nach der Wahl des Klägers das Gericht am Wohnsitz des Beklagten oder am Ort des Vertragsschlusses, wenn der Beklagte sich dort aufhielt, auch wenn dort nur zufällig die Ladung zugestellt werden konnte. *Garau Sobrino* bildet folgendes Beispiel, das nach der jetzt bestehenden Rechtslage al-

---

417 Amores Conradi, REDI 1989, S. 113ff.: La nueva estructura ... (121f.); Iglesias Buhígues/Desantes Real, Extensiones y límites de la jurisdicción española ..., S. 453ff. (460)

418 vgl. Fn. 70

419 Art. 63 Nr. 21 LEC: En las cuestiones de alimentos, cuando éstos se pidan incidentalmente en los casos de depósito de personas o en un juicio, será Juez competente el del lugar en que tenga su domicilio aquél a quien se pidan.

420 Amores Conradi, REDI 1989, S. 113ff.: La nueva estructura ... (122)

421 Die örtliche Zuständigkeit kann entgegen der Ansicht von Iglesias Buhígues/Desantes Real, Extensiones y límites de la jurisdicción española ..., S. 453ff. (460f.) jedenfalls im Falle gesetzlicher Unterhaltsverpflichtungen nicht nach dem Vertragsgerichtsstand begründet sein.

422 Iglesias Buhígues/Desantes Real, Extensiones y límites de la jurisdicción española ..., S. 453ff. (460f.); Garau Sobrino, Ein internationales Zivilverfahrensrecht für Gesamteuropa, S. 341ff.: Das Beispiel Spanien (349f.); Borrás Rodríguez, Los Criterios de Competencia Judicial ..., S. 265ff. (279)

423 vgl. Fn. 70

424 Art. 62 Nr. 1 LEC: En los juicios en que se ejerciten acciones personales, será Juez competente el del lugar en que deba cumplirse la obligación, y, a falta de éste, a elección del demandante, el del domicilio del demandado, o el lugar del contrato, si hallándose en él, aunque accidentalmente, pudiera hacerse el emplazamiento.

lerdings in den Anwendungsbereich der VO (EG) 44/2001 fiele, jedoch auf Fälle außerhalb des Anwendungsbereichs dieser Verordnung übertragen werden kann: Im Falle eines in Spanien von zwei in der Bundesrepublik Deutschland wohnhaften Spaniern geschlossenen Vertrags, der in Italien zu erfüllen ist, wären die spanischen Gerichte zwar international zuständig (*forum celebrationis*), es gäbe jedoch keinen örtlich zuständigen Richter[425].

cc) Außervertragliche Streitigkeiten

Dasselbe Problem taucht im Gerichtsstand der deliktischen Verbindlichkeiten auf[426], denn Art. 22 Abs. 3 LOPJ bestimmt für diese ein *forum delicti commissi*. Für die örtliche Zuständigkeit galt bis zum Inkrafttreten des Zivilprozeßreformgesetzes[427] -wie für vertragliche Verbindlichkeiten- Art. 62 Nr. 1 LEC[428]. Eine örtliche Zuständigkeit für deliktische Streitigkeiten bestand mithin an dem Ort, an dem die Verbindlichkeit zu erfüllen war, in Ermangelung eines solchen nach Wahl des Klägers am Wohnsitz des Beklagten.

Ein örtliches *forum delicti commissi* bestand nur nach der 1. Zusatzbestimmung Abs. 2 zur *Ley Orgánica* 3/1989 vom 21. Juni 1989 über Ersatz bei Verletzungen und Schäden im motorisierten Straßenverkehr. Ferner besteht ein *forum delicti commissi* gemäß Artt. 14f. *Ley de Enjuiciamiento Criminal* (LECrim)[429] in der Strafgerichtsbarkeit bei Adhäsionsverfahren[430].

b) Lösungsansätze in der spanischen Literatur

Amores Conradi[431, 432] möchte diese Diskrepanz zwischen internationaler und örtlicher Zuständigkeit lösen, indem er die Vorschriften über die internationale

---

425 Garau Sobrino, Ein internationales Zivilverfahrensrecht für Gesamteuropa, S. 341ff.: Das Beispiel Spanien (349)

426 Iglesias Buhígues/Desantes Real, Extensiones y límites de la jurisdicción española ..., S. 453ff. (461, Fn. 34): zwar schweige die LEC, der *Tribunal Supremo* habe vor diesem Hintergrund jedoch schon seit langer Zeit das *forum delicti commissi* neben dem *forum domicilii* des Beklagten zugelassen mN bei M. Guasp, Derecho Procesal Civil, Madrid 1961, S. 136f.

427 vgl. Fn. 70

428 vgl. bereits Wortlaut und Übersetzung im vorstehenden Kapitel: Vertragliche Streitigkeiten und Fn. 424

429 Gaceta de 24 de junio de 1882; Ley de Enjuiciamiento Criminal = Strafprozeßordnung

430 vgl. näher hierzu unten, S. 226f.

431 Amores Conradi, REDI 1989, S. 113ff.: La nueva estructura ... (122)

432 Iglesias Buhígues/Desantes Real, Extensiones y límites de la jurisdicción española ..., S. 453ff. (460f.) zeigen das Problem zwar auf, bieten jedoch keine Lösungsmöglichkeit an;

Zuständigkeit ausnahmsweise auch für die Bestimmung der örtlichen Zuständigkeit heranzieht, denn in diesen Fällen erlaube der durch Art. 22 LOPJ bestimmte internationale Gerichtsstand eine genaue Lokalisation des Rechtsstreits innerhalb des spanischen Territoriums[433].

Garau Sobrino nimmt für das Beispiel vertragliche Verbindlichkeiten eine teleologische Auslegung von Art. 62 Abs. 1 LEC vor: Raum für eine Auslegung der Vorschrift ergebe sich, da sie lediglich auf nationale Sachverhalte zugeschnitten sei, ihr aber die Zielsetzung zu entnehmen sei, einem Richter, der mit einem Privatrechtsgeschäft zu tun habe, Rechtsprechungsbefugnis zu erteilen. Örtlich zuständig sei daher das Gericht des Abschlußortes, wobei auf die Voraussetzung, daß dem Beklagten dort auch die Ladung zugestellt worden sein muß, zu verzichten sei, da diese die Konkretisierung der örtlichen Zuständigkeit verhindere[434].

c) Stellungnahme

Die Lösung des Problems über eine teleologische Auslegung der Vorschriften über die örtliche Zuständigkeit ist abzulehnen, weil sie nicht verallgemeinerungsfähig ist. Sie scheitert deutlich für den Unterhaltsgerichtsstand: Die Bestimmung der örtlichen Zuständigkeit am Wohnsitz des Unterhaltsschuldners läßt sich nicht in Richtung des gewöhnlichen Aufenthalts des Unterhaltsgläubigers teleologisch auslegen; Grenze der Auslegung ist der Wortlaut. Aus demselben Grunde scheitert sie für den Gerichtsstand außervertraglicher Verbindlichkeiten.

Überzeugend ist der Lösungsvorschlag *Amores Conradis*: Einerseits, da dieser sich auch auf den Gerichtsstand in vertraglichen und außervertraglichen Streitigkeiten übertragen läßt, andererseits, weil der zugrundeliegende Gedanke dem Vorbild des Art. 5 Nr. 1, 2 und 3 EuGVÜ entspricht[435], die eine genaue Lokalisierung des Rechtsstreits erlauben und daher zugleich die internationale und die örtliche Zuständigkeit regeln[436]. Für das spanische Recht folgt die Pflicht,

---

dasselbe gilt für Borrás Rodríguez, Los Criterios de Competencia Judicial ..., S. 265ff. (279)

433 zustimmend Quiñones y Escámez, El foro de pluralidad ..., S. 107

434 Garau Sobrino, Ein internationales Zivilverfahrensrecht für Gesamteuropa, S. 341ff.: Das Beispiel Spanien (350)

435 Amores Conradi, REDI 1989, S. 113ff.: La nueva estructura ... (131); Espinar Vicente, DPCI, S. 46: allgemein für die historische Auslegung der LOPJ-Gerichtsstände

436 aA Blanco-Morales Limones, El seguro español ..., S. 232: Örtlich zuständig sind die Gerichte der Hauptstadt unter Berufung auf Kropholler analog, vor Art. 2, RZ 2; für das EuGVÜ wird dies zum Teil als ungeschriebene Konventionsregel angesehen:

bei Vorliegen der internationalen Zuständigkeit auch ein örtlich zuständiges Gericht bereitzustellen[437, 438], aus Art. 24 CE, da die Garantie effektiven Rechtsschutzes ein Recht auf Zugang zu den staatlichen Gerichten einschließt[439].

d) LEC-Novelle

Die Neuregelung der örtlichen Zuständigkeit im Zivilprozeßreformgesetz[440] scheint nicht Resultat des Bewußtseins zu sein, daß zwischen örtlicher und internationaler Zuständigkeit Diskrepanzen aufgetreten sind: Für den internationalen Gerichtsstand der Unterhaltsklage wird dem Unterhaltsberechtigten weiterhin kein *forum actoris* zur Verfügung stehen, sofern dieser als Kläger auf spanischem Territorium lediglich seinen gewöhnlichen Aufenthalt hat. Denn Art. 50 LEC n.F.[441], der den allgemeinen Gerichtsstand der natürlichen Personen bestimmt, sieht in Absatz 2 der Vorschrift in Ermangelung eines inländischen Gerichtsstandes des Beklagten den Gerichtsstand am Wohnsitz, nicht am Ort des gewöhnlichen Aufenthalts, des Klägers vor.

Geimer/Schütze, Internationales Zivilverfahrensrecht, Art. 2, RZ 116: diese ist allerdings die *ultima ratio*; aA und mit überzeugender Begründung LG Konstanz, 24.8.1992, NJW-RR 1993, 638 = IPRax 1994, 448, 426 m Anm. Thorn für den Verbrauchergerichtsstand: Auch die örtliche Zuständigkeit sei am Wohnsitz des Klägers begründet; die Interessen des Beklagten würden dadurch nicht mehr tangiert, als wenn er vor den Gerichten der Hauptstadt erscheinen müsse, der Rechtsstreit weise hingegen die nächste Verbindung mit dem Forumstaat am Wohnsitz des Klägers auf.

437 Espinar Vicente, CDIP, S. 98, 102

438 Geimer/Schütze aaO, Art. 2, RZ 28ff.; Kropholler, Europäisches Zivilprozeßrecht, vor Art. 2, RZ 22: Wo das EuGVÜ lediglich die internationale Zuständigkeit regelt, folgt die Pflicht der Vertragsstaaten, ein örtlich zuständiges Gericht bereitzustellen, aus deren Pflicht zur Justizgewährung.

439 Amores Conradi, REDI 1989, S. 113ff.: La nueva estructura ... (117)

440 vgl. Fn. 70

441 Art. 50 LEC n.F. lautet:
1.° Salvo que la Ley disponga otra cosa, la competencia territorial corresponderá al tribunal del domicilio del demandado y si no tuviere en el territorio nacional, será Juez competente el de su residencia en dicho territorio.
2.° Quienes no tuvieren domicilio ni residencia en España podrán ser demandados en el lugar en que se encuentren dentro del territorio nacional o en el de su última residencia en éste y, si tampoco pudiera derterminarse así la competencia, en el lugar del domicilio del actor.
3.° Los empresarios y profesionales, en los litigios derivados de su actividad empresarial o profesional, también prodrán ser demandados en el lugar donde se desarrolle dicha actividad y, si tuvieren establecimientos a su cargo en diferentes lugares, en cualquiera de ellos a elección del actor.

Für deliktische Streitigkeiten sieht Art. 52 Abs. 1 Nr. 9 LEC n.F.[442] weiterhin lediglich für Deliktsklagen, die ihre Ursache im motorisierten Straßenverkehr haben, eine ausschließliche Zuständigkeit[443] am Ort des schädigenden Ereignisses vor; sonstige außervertragliche Rechtsstreitigkeiten sowie der gemeinsame gewöhnliche Aufenthalt der Parteien bleiben außer Betracht.

Eine Zuständigkeit am Entstehungs- oder Erfüllungsort der Verbindlichkeit für aus Verträgen resultierende Streitigkeiten wird ebenfalls nicht begründet. Die örtliche Zuständigkeit bestimmt sich daher nach den allgemeinen Gerichtsständen der natürlichen Personen des Art. 50 LEC n.F.[444] und, betreffend juristische Personen, des Art. 51 LEC n.F.[445]. Im obigen Beispielsfall[446] wäre wiederum zwar eine spanische internationale, jedoch keine örtliche Zuständigkeit begründet, es sei denn, der Beklagte hielte sich bei Begründung der Rechtshängigkeit zufällig gerade in Spanien auf oder es lägen im Falle juristischer Personen die Voraussetzungen des Art. 51 Abs. 1 Satz 2 LEC n.F. vor.

---

442 Art. 52 LEC n.F. lautet:
1. No se aplicarán los fueros establecidos en los artículos anteriores y se determinará la competencia de acuerdo con lo establecido en el presente artículo en los casos siguientes:
[...]
9.º En los juicios en que se pida indemnización de los daños y perjuicios derivados de la circulación de vehiculos de motor será competente el tribunal del lugar en que se causaron los daños.
[...]

443 Art. 52 Abs. 1 bestimmt, daß die allgemeinen Foren der Artt. 50 und 51 in den Fällen des Art. 52 nicht zur Anwendung kommen; Art. 54 Abs. 1 bestimmt, daß die Bestimmungen über die örtliche Zuständigkeit nur anzuwenden sind, wenn es an einer rügelosen Einlassung oder Gerichtsstandsvereinbarung fehlt; ausgenommen sind die Regeln in Art. 52 Abs. 1 Nr. 1 und Nr. 4 bis 15 sowie des Abs. 2 und diejenigen weiteren, denen dieses oder andere Gesetze ausdrücklich zwingenden Charakter beimessen.

444 vgl. Fn. 441

445 Art. 51 LEC n.F. lautet:
1.º Salvo que la Ley disponga otra cosa, las personas jurídicas serán demandadas en el lugar de su domicilio.
También podrán ser demandadas en el lugar donde la situación o relación jurídica a que se refiera el litigio haya nacido o deba surtir efectos, siempre que en dicho lugar tengan establecimiento abierto al público o representante autorizado para actuar en nombre de la entidad.
2.º Los entes sin personalidad podrán ser demandados en el domicilio de sus gestores o en cualquier lugar en que desarrollen su actividad.

446 vgl. oben, S. 73f.

3. Systematik

Es ist unbestritten, daß das EuGVÜ dem spanischen Gesetzgeber bei Formulierung des Systems der internationalen Zuständigkeit der spanischen Gerichte in der Zivilgerichtsbarkeit als Vorlage diente[447].

Von diesem Vorbild ausgehend wählte der spanische Gesetzgeber auch das System der ausschließlichen, allgemeinen und besonderen Gerichtsstände aufgrund der Materie. Ein solcher Aufbau führt zu einem System, in dem in ausgewogener Weise dem Beklagtenschutz durch Bereitstellung eines Forums nach dem römischrechtlichen[448] Prinzip *actor sequitur forum rei*, den Klägerinteressen durch die Möglichkeit, innerhalb der gesetzlich bestimmten Grenzen den Gerichtsstand durch *forum shopping* zu bestimmen[449], und staatlichen Interessen durch Bestimmung der ausschließlichen Zuständigkeiten Rechnung getragen wird[450].

a) Ausschließliche Gerichtsstände

Art. 22 Abs. 1 LOPJ normiert wie sein Vorbild Art. 16 EuGVÜ fünf ausschließliche Foren, wobei Art. 16 Nr. 1 bis 4 EuGVÜ und Art. 22 Abs. 1, Alt. 2 bis 4 LOPJ fast wörtlich übereinstimmen, während Art. 22 Abs. 1, Alt. 1 und 5 LOPJ von Art. 16 Nr. 1 und 5 EuGVÜ abweichen[451, 452].

b) Allgemeine Gerichtsstände

Art. 22 Abs. 2 LOPJ normiert die allgemeine internationale Zuständigkeit der spanischen Gerichte, sofern sich die Parteien ausdrücklich oder stillschweigend

---

447 Senés Motilla, Justicia 1986, S. 683ff.: Sistema de competencia judicial ... (689); Andrés de la Oliva/M. Angel Fernández, DPC, Vol. I, S. 362; J. Montero Aroca/M. Ortells Ramos/J. L. Gómez Colomer/A. Montón Redondo, Derecho Jurisdiccional, Vol. II, Proceso Civil, S.12; Amores Conradi, REDI 1989, S. 113ff.: La nueva estructura ... (126, 131); Iglesias Buhígues/Desantes Real, Extensiones y límites de la jurisdicción española ..., S. 453ff. (454); Borrás Rodríguez, Competencia Judicial y Reconocimiento de Decisiones Extranjeras en la CEE, S. 233ff. (237); Rodríguez Benot, REDI 1994, 567ff.: España en el espacio judicial ... (601); Quiñones y Escàmez, Revista Jurídica de Catalunya 1987, S. 657ff.: Evolución de la admisibilidad de la cláusula atributiva ... (673); dieselbe: El foro de pluralidad ... (83)

448 Kaser, S. 183, insbes. Fn. 33; Wengler, S. 42f.

449 Calvo Caravaca, Comentarios al Convenio de Bruselas ..., Introducción, S. 33

450 Calvo Caravaca aaO, Introducción, S. 33

451 rechtsirrig Andrés de la Oliva/M. Angel Fernández, Derecho Procesal Civil, Vol. I, S. 363, die von einer buchstäblichen Übereinstimmung der gesamten Vorschriften ausgehen, ohne den offensichtlichen Wortlautunterschied in Nr. 1 und 5 der beiden Vorschriften zu bemerken

452 vgl. unten, S. 91ff. und S. 100ff.

unter die spanische Gerichtsbarkeit unterworfen haben oder wenn der Beklagte seinen Wohnsitz in Spanien hat.

Ein allgemeines Forum stellt das EuGVÜ demgegenüber lediglich in Art. 2 Abs. 1 am Wohnsitz des Beklagten bereit. Im Falle zulässiger ausdrücklicher Gerichtsstandsvereinbarungen der Parteien ist nach Art. 17 Abs. 1 EuGVÜ das vereinbarte Gericht ausschließlich zuständig. Übereinstimmung besteht wiederum insoweit, als gemäß Art. 2 Abs. 2 EuGVÜ und nach Sinn und Zweck von Art. 22 LOPJ sowie nach dem Willen des spanischen Gesetzgebers die Nationalität der Parteien für die Bestimmung der internationalen Foren irrelevant ist[453]. Unterschiede bestehen hingegen, soweit die spanische LOPJ im Gegensatz zum EuGVÜ weder den Begriff des (Wohn-)sitzes definiert[454], noch die Voraussetzungen aufstellt, an die eine ausdrückliche oder stillschweigende Unterwerfung der Parteien[455] unter die spanische Gerichtsbarkeit geknüpft sein soll[456]; ebenso fehlt es an den in Artt. 17 und 18 EuGVÜ festgeschriebenen Grenzen einer ausdrücklichen oder stillschweigenden Unterwerfung unter die spanische Gerichtsbarkeit[457].

c) Besondere Gerichtsstände

Art. 22 Abs. 3 und 4 LOPJ normieren sodann besondere Gerichtsstände aufgrund der Materie, wobei die internationale Zuständigkeit spanischer Gerichte auch über den durch Art. 1 EuGVÜ begrenzten Anwendungsbereich des Übereinkommens hinaus in Personenstands-, Ehe-, Kindschafts- und Nachlaßsachen begründet wird. Eine Auseinandersetzung mit diesen Gerichtsständen wird im Rahmen dieser vergleichenden Arbeit nicht erfolgen, weil diese kein Vorbild im EuGVÜ finden[458]. Die Untersuchung wird von den im EuGVÜ normierten Gerichtsstän-

---

453 Andrés de la Oliva/M. Angel Fernández, Derecho Procesal Civil, Vol. I, S. 364, Fn. 22; Iglesias Buhígues/Desantes Real, Extensiones y límites de la jurisdicción española ..., S. 453ff. (454), die die Auffassung vertreten, daß die Nationalität der Parteien auch wegen der *Ley Orgánica* 7/1985 vom 1. Juli 1985 über die Rechte und Freiheiten der Ausländer in Spanien (BOE de 3 de julio 1985, S. 20824ff.) unbeachtlich sein muß

454 Artt. 52f. EuGVÜ; seit Inkrafttreten der VO (EG) 44/2001 (vgl. Fn. 4) nunmehr Artt. 59ff.

455 Artt. 17f. EuGVÜ; seit Inkrafttreten der VO (EG) 44/2001 (vgl. vorherige Fn.) nunmehr Artt. 23f.

456 Andrés de la Oliva/M. Angel Fernández, Derecho Procesal Civil, Vol. I aaO, S. 364

457 Andrés de la Oliva/M. Angel Fernández, Derecho Procesal Civil, Vol. I aaO, S. 364; Miguel Angel Fernández hält die Gerichtsstände der ausdrücklichen und stillschweigenden Unterwerfung unter die spanische Gerichtsbarkeit aus diesem Grunde für exorbitant

458 Vgl. zu dem am 28.5.1998 in Brüssel unterzeichneten Übereinkommen über die gerichtliche Zuständigkeit und die Anerkennung und Vollstreckung von Entscheidungen in Ehesa-

den ausgehen und die Unterschiede derjenigen Gerichtsstände erfassen, die nach dieser Vorlage geschaffen wurden, ferner diejenigen Gerichtsstände aus dem sachlichen Anwendungsbereich des EuGVÜ erfassen, die dort kein Vorbild finden, sowie zuletzt die Gerichtsstände des EuGVÜ, von deren Übernahme in die LOPJ der spanische Gesetzgeber abgesehen hat.

4. Verhältnis der Gerichtsstände zueinander

Die Frage, in welchem Verhältnis die Absätze eins bis vier des Art. 22 LOPJ zueinander stehen, wird in spanischer Rechtsprechung und Lehre unterschiedlich beantwortet:

a) Ausschließlichkeitstheorie

Eine extreme Haltung vertritt *Cortés Domínguez*, wonach außer dem Gerichtsstand am Wohnsitz des Beklagten alle internationalen Foren des Art. 22 LOPJ ausschließliche sein sollen mit der Begründung, in einigen Fällen ordne das Gesetz die Ausschließlichkeit der Gerichtsstände an, in den anderen erlaube das Gesetz in keinem Fall eine Prorogation[459].

González Granda[460] vertritt die Ansicht, jedenfalls die ausdrückliche oder stillschweigende Unterwerfung nach Art. 22 Abs. 2 LOPJ begründe einen ausschließlichen Gerichtsstand, weil anderenfalls die Bedeutung der Parteiautonomie, wie sie in der *lex fori* zum Ausdruck komme[461], verkannt werde. Zwar komme eine analoge Anwendung von Artt. 56, 57 LEC wegen der Strukturunterschiede der Normen über die örtliche und die internationale Zuständigkeit nicht in Betracht[462], dennoch sei offensichtlich, daß die Wirkung einer Gerichtsstandsvereinbarung sich nach den Bestimmungen der *lex fori* des angerufenen Gerichts richten müsse, wenn der Vereinbarung der Prorogation oder der Derogation Effektivität zukommen solle[463].

---

chen sowie das Protokoll über die Auslegung dieses Übereinkommens durch den Gerichtshof der Europäischen Gemeinschaften bereits oben, Fn. 61.

459 Cortés Domínguez, Justicia 1985, S. 775ff.: La nueva regulación ... (779)

460 González Granda, Extensión y límites ..., S. 236; ihm folgend Hauschild, Gerichtsstandsvereinbarungen in Spanien und Portugal, S. 95f.

461 Ramos Méndez, Derecho Procesal Civil, S. 176; Munz, RIW 1984, S. 782ff.: Die örtliche Zuständigkeit der spanischen Gerichte in Zivilsachen (782): Artt. 56 und 57 LEC begründen die ausschließliche Zuständigkeit des so bestimmten Gerichts. Ausführlich hierzu unten in diesem Kapitel, S. 82f.

462 vgl. hierzu ausführlich oben, S. 69ff.

463 González Granda, Extensión y límites ..., S. 236

Die extremen Haltungen, wonach alle oder fast alle internationalen Foren des Art. 22 LOPJ ausschließliche sein sollen, finden im Wortlaut des Gesetzes, das ausdrücklich zwischen ausschließlichen, besonderen und allgemeinen Gerichtsständen unterscheidet, keine Stütze[464]. Lediglich die in Abs. 1 bezeichneten Gerichtsstände sollen deshalb ausschließlich sein, und wollte man weitere ausschließliche Gerichtsstände, hätte man diese in Abs. 1 aufnehmen müssen[465]. Auch ist nach *Amores Conradi*, wären alle Foren ausschließliche, nicht zu verstehen, warum der Gesetzgeber für eine Kategorie von Rechtsstreitigkeiten verschiedene zuständigkeitsbegründende Kriterien schaffen sollte. Dies würde zu dem absurden Ergebnis führen, daß gleichzeitig verschiedene Gerichte für ausschließlich zuständig gehalten würden[466].

Für das Verhältnis zwischen dem Gerichtsstand am Wohnsitz des Beklagten und der durch Unterwerfung unter die spanische Gerichtsbarkeit begründeten Zuständigkeit vertritt *Amores Conradi* die Ansicht, daß zwischen diesen nach dem Gesetzeswortlaut keinerlei Verhältnis von Hirarchie besteht, so daß diese untereinader allein in einem Verhältnis echter Alternativität stehen könnten[467].

Eine Differenzierung zwischen allgemeiner und ausschließlicher Zuständigkeit innerhalb des Absatzes zwei[468], wonach der Wohnsitz des Beklagten ein allgemeines Forum begründet, die Unterwerfung der Parteien unter die spanische Gerichtsbarkeit jedoch eine ausschließliche, kommt damit nach dem Wortlaut der Vorschrift nicht in Betracht.

---

464 Amores Conradi, REDI 1989, S. 113ff.: La nueva estructura ... (128)

465 Díaz Ruíz, La Ley 1986-2, S. 1078ff.: Jurisdicción Española y contratos de financiación internacional (1084)

466 Amores Conradi, REDI 1989, S. 113ff.: La nueva estructura ... (128). Verf. hält dieses Argument für unzutreffend, weil es bei der internationalen Zuständigkeit nicht um die Verteilung der Zuständigkeiten an einzelne Gerichte geht, sondern um die Zuweisung derselben an die Gesamtheit der spanischen Gerichte. Damit können aber nicht mehrere (spanische) Gerichte gleichzeitig ausschließlich zuständig sein, sondern nur die spanischen Gerichte insgesamt. Im übrigen zeigt das Beispiel des Art 16 Nr. 1 EuGVÜ in der Fassung des 3. Beitrittsübereinkommens, daß die Gerichte zweier Vertragsstaaten gleichzeitig international ausschließlich zuständig sein können, so: Kropholler, Europäisches Zivilprozeßrecht, Art. 16, RZ 32

467 Amores Conradi, REDI 1989, S. 113ff.: La nueva estructura ... (131)

468 so Cortés Domínguez, Justicia 1985, S. 775ff.: La nueva regulación ... (779); González Granda, Extensión y límites ..., S. 234

b) Subsidiaritätstheorie

aa) Wortlaut

Art. 22 Abs. 3 LOPJ beginnt mit den Worten: *In Ermangelung der vorstehenden Kriterien und in Angelegenheiten der* [...][469]. Nach der Eingangsformulierung dieses Absatzes liegt der Schluß nahe, daß die besonderen Zuständigkeiten wegen Sachzusammenhangs lediglich subsidiär gegenüber den allgemeinen Gerichtsständen, nicht aber konkurrierend neben diesen nach Wahl des Klägers zur Verfügung stehen, wie es im EuGVÜ geregelt ist. In dessen Art. 5 Abs. 1 heißt es ausdrücklich[470]: *Eine Person, die ihren Wohnsitz in dem Hoheitsgebiet eines Vertragsstaats hat, kann in einem anderen Vertragsstaat verklagt werden: ...*

Die Subsidiaritätstheorie wurde zunächst in der spanischen Lehre überwiegend vertreten[471]: Mit der Eingangsformulierung des Absatzes drei habe der Gesetzgeber das System einer Zuständigkeitshierarchie gewählt.

bb) Parallele bei örtlicher Zuständigkeit

Der Gedankengang der spanischen Lehre, wonach die einzelnen Gerichtsstände nicht in einem Verhältnis von Konkurrenz, sondern in einem Verhältnis strikter Subsidiarität stehen, bei dem der vorrangige den nachrangigen Gerichtsstand ausschließt, könnte auf die Systematik der Vorschriften über die örtliche Zuständigkeit in den Artt. 56ff. LEC[472] zurückzuführen sein: Griff dort ein übergeordneter Gerichtsstand ein, so waren die nachfolgenden ausgeschlossen. Art. 56 LEC

---

469 En defecto de los criterios precedentes y en materia de ...

470 offizieller deutscher Vertragstext; Spanischer Text: Las personas domiciliadas en un Estado contratante podrán ser demandadas en otro Estado contratante: ...

471 Abarca Junco, La Ley 1987-I, S. 1108ff., Extensión y límites ... (1109); Iglesias Buhígues/Desantes Real, Extensiones y límites de la jurisdicción española ..., S. 453ff. (457); Pérez Vera et al., DIP, Tema X: Competencia judicial internacional de los Tribunales españoles (González Campos), S. 277 (289), 2.ª edición revisada, Madrid 1990; Borrás Rodríguez, Los Criterios de Competencia Judicial ..., S. 265ff. (269); Senés Motilla, Justicia 1986, S. 683ff.: Sistema de competencia judicial ... (697f.); Díaz Ruíz, La Ley 1986-2, S. 1078ff.: Jurisdicción Española y contratos de financiación internacional (1085) mit der Begründung Abs. 3 sei subsidiär, ebenso Abs. 4, denn grammatikalisch beziehe sich *asimismo* auf den vorstehenden Absatz; aA für Abs. 4: Borrás Rodríguez, Los Criterios de Competencia Judicial ..., S. 265ff. (267ff.): *asimismo* in Abs. 4 bedeute nicht ebenso wie die subsidiären Zuständigkeiten in Abs. 3, sondern konkurrierend neben den sonstigen Zuständigkeiten der spanischen Gerichte; dies ergebe sich insbesondere aus den darin geregelten Materien und der im *anteproyecto de la ley concursal (art. 382)* geregelten ausschließlichen Zuständigkeit (269f.)

472 Artt. 56 bis 58 LEC: vgl. Anhang

räumte der stillschweigenden oder ausdrücklichen Unterwerfung der Parteien unter ein bestimmtes Gericht für die Bestimmung der örtlichen Zuständigkeit im Bereich der ordentlichen Gerichtsbarkeit die Hegemoniestellung[473] ein; durch eine solche Unterwerfung wurden alle in den Artt. 62 und 63 aufgeführten Gerichtsstände, immerhin 27 allein in Art. 63 LEC[474], ausgeschlossen. Lag keine rügelose Einlassung vor, so war strikt hierarchisch zu prüfen: A) Gerichtsstandsvereinbarung; B) die Spezialregeln nach Art. 63; in Ermangelung beider: C) die allgemeinen Regeln nach Art. 62[475].

Innerhalb der Gerichtsstände des Art. 63 LEC hatten die spezielleren vor den allgemeineren Vorrang[476]; auch hier bestand also kein Verhältnis von Alternativität. Lediglich innerhalb einer Ordnungsnummer konnten verschiedene Gerichtsstände konkurrieren und standen dann zur Wahl des Klägers[477].

Art. 62 LEC als unterste Vorschrift in der Zuständigkeitshierarchie enthielt eine Formulierung, die der Eingangsformulierung des Art. 22 Abs. 3 sehr ähnlich war:

> *Fuera de los casos de sumisión expresa o tácita de que tratan los artículos anteriores se seguirán las siguientes reglas de competencia:* [...][478]

Ein System konkurrierender Gerichtsstände nach dem Vorbild des EuGVÜ war mithin vor Inkrafttreten von Art. 22 LOPJ in Spanien unbekannt, so daß als Grund für die zunächst in der spanischen Lehre herrschende Subsidiaritätstheorie die Eingangsformulierung des Abs. 3 *En defecto de los criterios precedentes y en materia* [...] in Verbindung mit der bekannten Hirarchiestruktur im Bereich der örtlichen Zuständigkeit möglich erscheint.

---

473 Ramos Méndez, Derecho Procesal Civil, S. 176; Munz, RIW 1984, 782ff.: Die örtliche Zuständigkeit der spanischen Gerichte in Zivilsachen (782)

474 Andrés de la Oliva/Angel Fernández, Derecho Procesal Civil, Vol. I, S. 433, Fn. 31 hält die Regelungen in Art. 63 LEC für übertriebenen Kasuismus

475 Andrés de la Oliva/Angel Fernández, Derecho Procesal Civil, Vol. I, S. 429, 434; Montero Aroca/Ortells Ramos/Gomez Colomer/ Monton Redondo, Derecho Jurisdiccional, Vol. II, S. 25

476 Ramos Méndez, Derecho Procesal Civil, S. 176

477 Andrés de la Oliva/Angel Fernández, Derecho Procesal Civil, Vol. I, S. 433; beispielsweise: Art. 63 Nr. 13 LEC: Für Klagen, mit denen ein Rücktritt gerichtlich geltend gemacht wird, die Gerichte, wo sich die streitbefangene Sache befindet oder die Gerichte am Wohnsitz des Beklagten, nach Wahl des Klägers.

478 Außerhalb der Fälle einer ausdrücklichen oder stillschweigenden Unterwerfung, die in den vorausgehenden Artikeln behandelt werden, sind die folgenden Vorschriften anzuwenden ...

c) Konkurrenztheorie

aa) Spanische Lehre

Mittlerweile wird in der spanischen Lehre überwiegend die Ansicht vertreten, daß die Gerichtsstände der Absätze zwei bis vier in einem echten Verhältnis von Konkurrenz zueinander stehen[479].

Für die Konkurrenztheorie streitet der Umstand, daß der spanische Gesetzgeber sich eng am EuGVÜ orientierte, mithin auch dessen Systematik übernehmen wollte[480]. Auch zur Interpretation der Systematik des Art. 22 LOPJ kann im Sinne der Entscheidung der *Audiencia Territorial de Valencia* vom 16. Mai 1989[481] Art. 3.1 Cc herangezogen werden, wonach die Vorschriften im Lichte der Rechtswirklichkeit ihrer Zeit, mithin im Lichte des europäischen Vorbilds, ausgelegt werden können[482].

Weiterhin sprechen die vom Gesetzgeber für die Begründung der internationalen Zuständigkeit der spanischen Gerichte gewählten Verbindungsmomente für ein echtes Konkurrenzverhältnis zwischen Absatz zwei und den Absätzen drei und vier der Vorschrift[483]: Der Gesetzgeber hat nicht immer die engste mögliche Verbindung des Rechtsstreits zum Forum gewählt, sondern eine vernünftige Nähebeziehung[484] zwischen beiden. So hält der spanische Gesetzgeber den gewöhnlichen Aufenthalt des Unterhaltsgläubigers in Spanien in Art. 22 Abs. 3 LOPJ für eine

---

479 Amores Conradi, REDI 1989, S. 113ff.: La nueva estructura ... (128); Rueda Valdivia, Anmerkung zu SAP Granada de 14 de enero de 1991, REDI 1991, S. 480 ff. (482) sowie Arenas García, Anmerkung zu SAP Barcelona (Sección 15.ª) de 15 de febrero de 1994, REDI 1995-1, S. 211ff. (213f.) und Garau Sobrino, Anmerkung zu STS de 6 de abril de 1987, REDI 1988, S. 249ff. (251); Bermúdez de la Fuente/Durán Berrocal/Galán Menéndez/Marina Martínez-Pardo/Abella Poblet, Ley Orgánica del Poder Judicial, Art. 22, S. 39; Pérez Vera et al., DIP, Tema X: Competencia judicial internacional de los Tribunales españoles (González Campos), S. 289 (310), 6.ª edición, Madrid 1996; Fernández Rozas/Sánchez Lorenzo, CDIP, S. 267; Garcimartín Alférez, REDI 1995-2, S. 121ff.: Caben reducciones teleológicas o „abuso de derecho" en las normas sobre competencia internacional? (128)

480 Andrés de la Oliva/M. Angel Fernández, Derecho Procesal Civil, Vol. I, S. 365; Amores Conradi aaO (128); Espinar Vicente, DPCI, S. 46

481 González Campos/Fernández Rozas, Derecho Internacional Privado Español – Textos y materiales, Vol. I, Derecho Judicial Internacional, S. 233

482 vgl. oben, S. 52ff. und Übersetzung Art. 3.1 CC: vgl. Anhang

483 Amores Conradi, REDI 1989, S. 113ff.: La nueva estructura ... (125)

hinreichend vernünftige Nähebeziehung, um die internationale Zuständigkeit der spanischen Gerichte zu rechtfertigen, obwohl weit engere Bande mit einem anderen Land bestehen können, wie die gemeinsame Staatsangehörigkeit von Gläubiger und Schuldner, in dem zudem der beklagte Schuldner seinen Wohnsitz haben könnte[485].

Sind die internationalen Gerichtsstände auf die Schaffung einer hinreichenden Nähebeziehung des Rechtsstreits zum Forumstaat ausgerichtet, so spricht dies für ein Verhältnis echter Konkurrenz zwischen den allgemeinen und besonderen Gerichtsständen des Art. 22 LOPJ. Nur wenn es die Aufgabe der Vorschriften über die internationale Zuständigkeit wäre, die Lokalisierung des Rechtsstreits vor denjenigen Gerichten vorzunehmen, die die meisten und wichtigsten Verbindungsmomente mit dem Prozeß aufwiesen, gäbe es lediglich einen einzigen möglichen internationalen Gerichtsstand, der dann alle anderen ausschließen würde[486].

bb) Rechtsprechung

Das Verhältnis der Gerichtsstände des Art. 22 LOPJ muß letzlich durch die Rechtsprechung gelöst werden[487]:

aaa) Exequaturverfahren

Die Rechtsprechung des *Tribunal Supremo* zur Anerkennung ausländischer Entscheidungen erteilt der Ausschließlichkeitstheorie ausdrücklich eine Absage[488]: Nach dieser steht es der Anerkennung einer ausländischen Entscheidung nicht entgegen, daß die internationale Zuständigkeit der spanischen Gerichte nach Art. 22 Abs. 3 LOPJ begründet gewesen wäre[489]. Das Gericht betont, daß es die Entscheidung des ausländischen Gerichts nicht anerkannt hätte, wenn sie unter Verletzung spanischer ausschließlicher Zuständigkeiten ergangen wäre[490].

---

484 Amores Conradi aaO (125): *proximidad razonable*; Garcimartín Alférez, REDI 1995-2, S. 121ff.: Caben reducciones teleológicas o „abuso de derecho“ en las normas sobre competencia internacional? (125)

485 Amores Conradi aaO (125)

486 Amores Conradi aaO (125)

487 Iglesias Buhígues und Desantes Real, S. 453ff. (457): Extensiones y límites de la jurisdicción española ...

488 Auto TS (Sala 1.ª) de 26 de octubre de 1987, REDI 1989, S. 298 (299)

489 Amores Conradi, REDI 1989, S. 113ff.: La nueva estructura ... (128)

490 vgl. hierzu oben, S. 31f. sowie S. 33

Der *Tribunal Supremo*[491] führt in einer weiteren Exequaturentscheidung zu der in Art. 22 Abs. 3 LOPJ formulierten internationalen Zuständigkeit in Kindschaftssachen aus:

> Die Voraussetzungen der Artt. 954ff. LEC liegen vor, so daß die ausländische Entscheidung in Spanien anzuerkennen ist, sofern Art. 22.3 LOPJ keine ernsthaften Einwände gegen die Zuständigkeit des ausländischen Gerichts hervorbringt, wobei zu berücksichtigen ist, daß, obwohl das Kind sich in Spanien aufhält, die vaterländischen Gerichte nicht ausschließlich zuständig sind ...

bbb) Erkenntnisverfahren

Auch die Entscheidung des *Tribunal Supremo* vom 13. Oktober 1993[492] erklärt nur die Foren des Art. 22 Abs. 1 LOPJ für ausschließlich:

> [...] Zuletzt ist anzuführen, daß Art. 22 [LOPJ] am wenigsten den Schluß des Berufungsgerichts rechtfertigt, da der Rechtsstreit nicht unter diejenigen Materien fällt, deren Entscheidung ausschließlich den spanischen Gerichten zugewiesen ist (Absatz 1)[493].

Der *Tribunal Supremo*[494] bezieht für die Geltung der Konkurrenztheorie Stellung, indem er in einer Entscheidung zum Gerichtsstand kraft Parteivereinbarung ausführt, daß durch diese lediglich eine allgemeine Zuständigkeit begründet wird, neben der sowohl das allgemeine Forum am Wohnsitz der Beklagten als auch das besondere Forum am Erfüllungsort der vertraglichen Verpflichtung zur Anwendung kommen. Damit spricht der *Tribunal Supremo* sich sowohl eindeutig für eine echte Alternativität zwischen den allgemeinen Gerichtsständen innerhalb des Art. 22 Abs. 2 LOPJ als auch für eine echte Alternativität zwischen den Foren der Absätze zwei und drei derselben Vorschrift aus. Denn würde die ausdrückliche Unterwerfung eine ausschließliche internationale Zuständigkeit begründen oder wären die Gerichtsstände der Absätze drei und vier gegenüber Absatz zwei sub-

---

491 Auto TS (Sala 1.ª) de 26 de octubre de 1987, REDI 1989, S. 298 (299)

492 REDI 1994, S. 301ff. mit Anmerkung von Álvarez Rubio; Bestätigung der STS de 1 de marzo de 1991, REDI 1991, S. 517

493 STS de 13 de octubre de 1993, REDI 1994, S. 301ff. (302)

494 STS de 10 de noviembre de 1993, REDI 1994, S. 388ff.; ebenso eindeutig für die Konkurrenztheorie: SAP Barcelona de 15 de febrero de 1994, REDI 1995-1, S. 211ff. mit Anmerkung von Rafael Arenas García

sidiär, so käme daneben nicht das Forum am Erfüllungsort der Verbindlichkeit in Betracht und könnte daneben keine stillschweigende Unterwerfung Rechtswirkungen entfalten.

d) Zwischenergebnis

(1) Ausschließliche internationale Zuständigkeiten werden lediglich in Art. 22 Abs. 1 LOPJ begründet.

(2) Eine internationale Gerichtsstandsvereinbarung begründet im System des Art. 22 LOPJ ein allgemeines Forum.

(3) Art. 22 Abs. 3 und 4 LOPJ begründen besondere Gerichtsstände aufgrund der Materie, die nicht subsidiär nach Art. 22 Abs. 2 LOPJ zur Anwendung kommen, sondern neben diesen allgemeinen Gerichtsständen konkurrierend nach Wahl des Klägers zur Verfügung stehen.

B) Abweichungen von den Gerichtsständen des EuGVÜ

Einleitung

Wie bereits ausgeführt, ist unbestritten, daß das EuGVÜ dem spanischen Gesetzgeber bei Formulierung der internationalen Zuständigkeiten der spanischen Gerichte in der Zivilgerichtsbarkeit als Vorlage diente[495]. *Miguel Angel Fernández* formuliert hierzu: Vielleicht enthält unser Rechtssystem -jetzt- die kompletteste Regelung der internationalen Zuständigkeit, jedenfalls aber nicht die ureigenste. Die Normen sind -verschlechtert- kopiert von den Regeln über die internationale Zuständigkeit aus dem Brüsseler Übereinkommen von 1968[496].

In dem nun folgenden Teil der Arbeit wird eine vergleichende Betrachtung der internationalen Gerichtsstände der Artt. 22/25 Abs. 1 LOPJ mit dem jeweils korrespondierenden Gerichtsstand des EuGVÜ vorgenommen. Der Aufbau der Arbeit folgt im wesentlichen dem Aufbau von Art. 22 LOPJ unter Einbeziehung des Arbeitsgerichtsstandes in individualarbeitsrechtlichen Streitigkeiten (Art. 25 Abs. 1 LOPJ) im Zusammenhang mit dem Vertragsgerichtsstand. Am Ende des Kapitels werden diejenigen Gerichtsstände des EuGVÜ behandelt, die der spanische Gesetzgeber nicht in seinen Zuständigkeitskatalog aufgenommen hat. Welche Unterschiede zwischen beiden Systemen der internationalen Zuständigkeit bestehen und ob und gegebenenfalls warum die spanische Fassung eine Verbesserung oder Verschlechterung bedeutet, wird im folgenden untersucht werden.

---

495 Senés Motilla, Justicia 1986, S. 683ff.: Sistema de competencia judicial ... (689); Andrés de la Oliva/M. Angel Fernández, DPC, Vol. I, S. 362; J. Montero Aroca/M. Ortells Ramos/J. L. Gómez Colomer/A. Montón Redondo, Derecho Jurisdiccional, Vol. II, Proceso Civil, S.12; Amores Conradi, REDI 1989, S. 113ff.: La nueva estructura ... (126, 131); Iglesias Buhígues/Desantes Real, Extensiones y límites de la jurisdicción española ..., S. 453ff. (454); Borrás Rodríguez, Competencia Judicial y Reconocimiento de Decisiones Extranjeras en la CEE, S. 233ff. (237); Rodríguez Benot, REDI 1994, 567ff.: España en el espacio judicial ... (601); Quiñones y Escàmez, Revista Jurídica de Catalunya 1987, S. 657ff.: Evolución de la admisibilidad de la cláusula atributiva ... (673); dieselbe: El foro de pluralidad ... (83)

496 Andrés de la Oliva/M. Angel Fernández, Derecho Procesal Civil, Vol. I, S. 362, Fn. 20: Quizá cuente -ahora- nuestro Derecho con los preceptos más completos sobre competencia judicial internacional, pero no, desde luego, con los más originales. Son sustancialmente copia -empeorada- de las normas sobre competencia internacional que contiene el Convenio de Bruselas de 1968.

a) Anwendungsbereich von Art. 16 EuGVÜ

Artikel 16 EuGVÜ[497] stellt einen Katalog der Fälle auf, in denen die Gerichte eines Vertragsstaats allein zuständig sind, da die Zusammenfassung der Streitfälle vor den Gerichten eines einzigen Staates aus Gründen einer geordneten Rechtspflege geboten ist[498]. Wie bereits oben[499] angesprochen, übernahm der spanische Gesetzgeber die ausschließlichen Gerichtsstände des Art. 16 EuGVÜ mit geringen Änderungen. Fraglich ist zunächst, welche Auswirkungen die Abweichungen, die der spanische Gesetzgeber von dem europäischen Vorbild vorgenommen hat, haben. Denn der Katalog der ausschließlichen internationalen Zuständigkeiten des Art. 16 EuGVÜ gilt in einem Vertragsstaat unabhängig davon, wo der Beklagte wohnt[500]. Die Anwendungsnormen des EuGVÜ sind zwingend[501]. Die Parteien können keine Vereinbarung über den Geltungsbereich der europäischen Zuständigkeitsordnung treffen, auch nicht vereinbaren, daß die Zuständigkeitsvorschriften des Übereinkommens nicht anzuwenden seien[502]. Entgegenstehendes nationales Zuständigkeitsrecht wird im Anwendungsbereich von Art. 16 EuGVÜ überlagert[503]. Art. 16 EuGVÜ verdrängt damit Art. 22 Abs. 1 LOPJ.

Die spanische Lehre hat dies erkannt: Die ausschließlichen Gerichtsstände des Art. 22 Abs. 1 LOPJ werden kaum jemals zur Begründung der internationalen Zuständigkeit herangezogen werden, weil an deren Stelle nunmehr Art. 16

---

[497] Nach Inkrafttreten der Verordnung (EG) Nr. 44/2001 des Rates über die gerichtliche Zuständigkeit und die Anerkennung und Vollstreckung von Entscheidungen in Zivil- und Handelssachen (vgl. Fn. 4) jetzt Art. 22.

[498] Amtsblatt der EG Nr. C 59 vom 5. März 1979 (29)

[499] vgl. oben, S. 78, und dortige Verweise auf S. 91ff. und S. 100ff.

[500] Art. 16 EuGVÜ setzt außer den in der Vorschrift selbst normierten Anknüpfungskirterien keinen weiteren Bezug zu einem anderen Vertragsstaat voraus, also auch nicht den Wohnsitz des Beklagten in einem Vertragsstaat. Weder Wortlaut noch Sinn und Zweck verlangen einen weiteren Berührungspunkt. So zuletzt HansOLG Hamburg, Urteil vom 6. Februar 1998, Az.: 12 U 16/96, IPRax 1999, S. 168ff. (169) mit zahlreichen Literaturnachweisen; Amtsblatt der EG Nr. C 59 vom 5. März 1979 aaO, S. 29; Geimer in Zöller, Art. 2 GVÜ, RZ 8; Nagel/Gottwald, IZPR, § 3 (Internationale Zuständigkeit), S. 129, RZ 258; Linke, IZPR, S. 146, RZ 123; Schlosser, EuGVÜ, Art. 16, RZ 15; Coester-Waltjen in FS für Nakamura, S. 89ff.: Die Bedeutung des EuGVÜ und des Luganer Übereinkommens für Drittstaaten (102); Mankowski, EuZW 1996, S. 177ff.: Timesharing und internationale Zuständigkeit am Belegenheitsort (177); Calvo Caravaca, Comentarios al Convenio de Bruselas ..., Art. 4, S. 75, RZ 1

[501] Amtsblatt der EG Nr. C 59 vom 5. März 1979, S. 11f. (8f.) - Bericht Jenard

[502] Geimer in Zöller, Art. 2 GVÜ, RZ 3; Geimer/Schütze, EuGVÜ, Art. 2, RZ 25

[503] Geimer, IZPR, RZ 1881

EuGVÜ anwendbar ist[504]. Art. 22 Abs. 1 LOPJ bleibt in der Praxis aber dennoch von Interesse, da die spanische Judikatur trotzdem weiter auf diese Norm rekurriert[505].

b) Begrenzungsfunktion von Art. 22 Abs. 1 LOPJ

Den Gerichtsständen des Art. 22 Abs. 1 LOPJ verbleibt überdies eigenständige Bedeutung auch seit Inkrafttreten des EuGVÜ: Nach Auffassung von *Fernández Rozas* und *Sánchez Lorenzo* besteht diese im Rahmen der Prüfung der internationalen Zuständigkeit des Erstrichters bei der Anerkennung ausländischer Entscheidungen, die unter Mißachtung eines ausschließlichen Forums ergangen sind[506]. Diese Auffassung trifft jedoch wegen Art. 28 Abs. 1 EuGVÜ nicht zu, da diese Vorschrift auch Geltung für Drittstaatenentscheidungen beansprucht[507]. Nach *Espinar Vicente* hat Art. 22 Abs. 1 LOPJ Bedeutung, wenn der Kläger nicht in Spanien residiert und der Beklagte seinen Wohnsitz außerhalb der Gemeinschaft hat[508]. Auch diese Auffassung trifft nicht zu, da es für die Anwendbarkeit von Art. 16 EuGVÜ nicht auf den Wohnsitz der Parteien, sondern lediglich auf die in den Nummern 1 bis 5 niedergelegten Anknüpfungspunkte ankommt[509].

Art. 22 Abs. 1 LOPJ erhält seine Bedeutung aber im Zusammenhang mit der Beschränkung der spanischen Jurisdiktionssphäre, indem er die internationale Zuständigkeit der spanischen Gerichte ausschließt, sofern die maßgeblichen Anknüpfungspunkte im Hoheitsgebiet eines Nichtvertragsstaates belegen sind und die Vertragsparteien keinen gemeinsamen Wohnsitz auf spanischem Territorium haben[510]. Es ist bereits oben dargestellt worden, daß Art. 16 EuGVÜ nach zum Teil vertretener Ansicht kein Verbot für die Gerichte eines Vertragsstaats enthält, sich für zuständig zu erklären, wenn der maßgebliche Anknüpfungspunkt in einem Drittstaat belegen ist[511]. Im Hinblick auf die Intention des spanischen Gesetzgebers, dem nationalen Justizimperialismus ein Ende zu setzen, ist diese

---

504 Fernández Rozas/Sánchez Lorenzo, CDIP, S. 263ff. (267); Espinar Vicente, DCPI, S. 47ff. (54)

505 SSTS de 13 de octubre de 1993, REDI 1994, 301; de 10 de noviembre de 1993 = RAJ, núm. 8980; Auto TS (Sala 1.ª) de 6 de mayo de 1991, REDI 1992-1, S. 207ff.

506 Fernández Rozas/Sánchez Lorenzo, CDIP, S. 263ff. (267)

507 Coester-Waltjen in FS für Nakamura, S. 89ff.: Die Bedeutung des EuGVÜ und des Luganer Übereinkommens für Drittstaaten (98)

508 Espinar Vicente, DPCI, S. 47ff.: Los Foros de Competencia Exclusiva (54)

509 vgl. oben, Fn. 500

510 vgl. bereits die Rechtsprechungs- und Literaturnachweise bei Behandlung des Kapitels: Grenzen der internationalen Zuständigkeit: oben, S. 12ff.

511 vgl. oben, S. 13f.

Begrenzungsfunktion der Vorschrift, die sie durch die Rechtsprechung erfahren hat[512], auch seit Inkrafttreten des EuGVÜ zu begrüßen.

1. Gerichtsstand der Immobilien

a) Vorlage aus 2. Beitrittsübereinkommen zum EuGVÜ

Der spanischen LOPJ diente das Brüsseler EWG-Übereinkommen über die gerichtliche Zuständigkeit und die Vollstreckung gerichtlicher Entscheidungen in Zivil- und Handelssachen in der Fassung des 2. Beitrittsübereinkommens vom 25. Oktober 1982[513] als Vorlage. Dessen Art. 16 Nr. 1 lautete:

> Art. 16. Ohne Rücksicht auf den Wohnsitz sind ausschließlich zuständig:
>
> 1. für Klagen, die dingliche Rechte an unbeweglichen Sachen sowie die Miete oder Pacht von unbeweglichen Sachen zum Gegenstand haben, die Gerichte des Vertragsstaats, in dem die unbewegliche Sache belegen ist;
>
> [...]

Diese Formulierung hat die spanische Gesetzesfassung fast wörtlich übernommen.

b) Ferienhaus-Rechtsprechung des EuGH

Im 3. Beitrittsübereinkommen zum EuGVÜ wurde eine Präzisierung von Art. 16 Nr. 1 für notwendig empfunden[514]. Grund hierfür war eine Stellungnahme des Gerichtshofs zu dieser Bestimmung in der Fassung von 1968. Dieser hatte sich gezwungen gesehen, Artikel 16 Nr. 1 des Übereinkommens wörtlich auszulegen und zu entscheiden, daß dieser auf alle Klagen betreffend die Mietzahlung anzuwenden sei, also auch im Falle der befristeten Gebrauchsüberlassung von Ferien-

---

512 SSTS de 18 de junio de 1990, RAJ 4764 = REDI 1991, 190ff. mit Anmerkung von González Campos; de 30 de abril de 1990, RAJ 2807 = REDI 1990, 606ff. mit Anmerkung von Amores Conradi; SAP de Málaga (Sección 6.ª) de 2 de noviembre de 1993, REDI 1995-2, S. 358ff. mit Anmerkung von F. Esteban de la Rosa (358); Auto AP de Barcelona (Sección 11.ª) de 2 de junio de 1994 mit Anmerkung von Iván Milans del Bosch Portoles, REDI 1995-2, S. 370ff. (370, 374)

513 BGBl. 1988 II, S. 435

514 Amtsblatt der EG Nr. C 189 vom 28. Juli 1990, S. 35ff. (46) - Bericht Almeida Cruz/Desantes Real/Jenard

wohnungen. Anderenfalls werde das Ziel des Übereinkommens, sichere und voraussehbare Zuständigkeitszuweisungen festzulegen, gefährdet[515]. In der Folge dieser Auslegung des Gerichtshofs bekundeten die EFTA-Mitgliedstaaten und einige Mitgliedstaaten der Gemeinschaft ihr Interesse daran, eine Bestimmung über die befristete Miete oder Pacht von unbeweglichen Sachen in das Übereinkommen aufzunehmen. Dementsprechend einigte man sich darauf, Artikel 16 Nr. 1 durch einen neuen Buchstaben b) zu ergänzen[516]. Das Lugano-Übereinkommen vom 16. September 1988[517] enthielt bereits eine solche Bestimmung, mit der die im 3. Beitrittsübereinkommen gewählte Formulierung allerdings nicht gänzlich übereinstimmt[518]. Die im 3. Beitrittsübereinkommen gewählte Regelung stellt für die bis zu sechs Monaten befristete Überlassung zum vorübergehenden privaten Gebrauch zur Wahl des Klägers einen weiteren Gerichtsstand in dem Vertragsstaat bereit, in dem der Beklagte seinen Wohnsitz hat, sofern der Eigentümer und der Mieter oder Pächter natürliche Personen sind und ihren Wohnsitz in demselben Vertragsstaat haben. Diese Formulierung stellt insbesondere auf Gebrauchsüberlassungsverträge zum Zwecke eines Ferienaufenthalts ab. Juristische Personen wurden ausgenommen, weil diese im allgemeinen geschäftlichen Tätigkeiten nachgehen[519], so daß für gewerbliche Vermietung weiterhin eine ausschließliche Zuständigkeit im Belegenheitsstaat erhalten bleibt[520].

c) Ratifikation des 3. Beitrittsübereinkommens

Der spanische Gesetzgeber blieb trotz Ferienhaus-Rechtsprechung des EuGH und Ratifikation des dadurch beeinflußten 3. Beitrittsübereinkommens in Art. 22 Abs. 1 LOPJ untätig. *Borrás Rodríguez* vertritt, allerdings unter Hinweis auf die Gebotenheit der Änderung im EuGVÜ, die Auffassung, daß die Beibehaltung der ursprünglichen Fassung in der LOPJ aus spanischer Sicht geboten sei, gerade, wenn man sich bewußt mache, daß die Anzahl der Ferienhausvermietungen in Zukunft

---

515 EuGH, Urteil vom 15. Januar 1985, Rösler/Rottwinkel, Rechtssache 241/83, Sammlung 1985, S. 99ff. (126f., RZ 22f.)

516 Amtsblatt der EG Nr. C 189 vom 28. Juli 1990, S. 35ff. (46) - Bericht Almeida Cruz/Desantes Real/Jenard; Borrás Rodríguez, Los Criterios de Competencia Judicial ..., S. 265ff. (273)

517 Amtsblatt der EG 1988 Nr. L 319, S. 9

518 Amtsblatt der EG Nr. C 189 vom 28. Juli 1990, S. 35ff. (46) - Bericht Almeida Cruz/Desantes Real/Jenard

519 Bericht Almeida Cruz/Desantes Real/Jenard aaO (46)

520 Kohler, EuZW 1991, S. 303ff.: Die zweite Revision des Europäischen Gerichtsstands- und Vollstreckungsübereinkommens (305)

noch steigen würde[521]. *Senés Motilla* hingegen kritisiert den Gerichtsstand in Mietsachen als exorbitant, denn die Rechtsverteidigung für nicht in Spanien Ansässige -im allgemeinen die Ausländer- werde erheblich erschwert, ohne daß für diesen Gerichtsstand eine Rechtfertigung bestehe[522].

Da Miet- und Pachtverhältnisse meist gesetzlichen Sonderregeln unterliegen, so daß es sich empfiehlt, mit der Anwendung dieser meist sehr komplizierten Bestimmungen ausschließlich die Gerichte des Landes zu betrauen, in dem sie gelten[523], streitet für die Ansicht von *Borrás Rodríguez* zunächst der damit erreichte Gleichlauf von *forum* und *ius*[524]. Für kurzfristige Gebrauchsüberlassungsverträge verlangt die *ratio legis* jedoch grundsätzlich eine ausschließliche Zuständigkeit am Belegenheitsort nicht[525], weil hier beispielsweise Schutzerwägungen zugunsten der Mieter zurücktreten können.

Im außereuropäischen Anwendungsbereich, wo die Mietgesetzgebung möglicherweise nicht europäischen Standards entspricht, erscheint, wie wohl auch *Borrás Rodríguez* meint[526], dennoch eine andere Beurteilung geboten[527]. Daher setzten im Lugano-Übereinkommen die südlichen Vertragsstaaten, welche befürchteten, daß ihre zwingende Mietgesetzgebung von den Gerichten anderer Vertragsstaaten nicht immer durchgesetzt werden würde, eine in Art. 1 lit.b des Protokolls Nr. 1 zum Lugano-Übereinkommen aufgenommene Vorbehaltsmöglichkeit mit dem Ziel durch, Urteile aus dem Wohnsitz- bzw. Sitzstaat des Beklagten im Belegenheitsstaat nicht anzuerkennen und vollstrecken zu müssen[528]. Die Übernahme dieser Vorbehaltsmöglichkeit in das EuGVÜ erfolgte aber nicht, da dies in einem auf Art. 220 des Vertrages von Rom gestützten Übereinkommen kaum denkbar schien[529].

---

521 Borrás Rodríguez, Los Criterios de Competencia Judicial ..., S. 265ff. (273)

522 Senés Motilla, Justicia 1986, S. 683ff.: Sistema de competencia judicial ... (691)

523 Amtsblatt der EG Nr. C 59 vom 5. März 1979, S. 1ff. (35) - Bericht Jenard

524 Espinar Vicente, DCPI, S. 47ff.: I. Los Foros de Competencia Exclusiva (49); Borrás Rodríguez, Los Criterios de Competencia Judicial ..., S. 265ff. (273)

525 Amtsblatt der EG Nr. C 59 vom 5. März 1979, S. 71ff. (S. 120, Randnummer 164) - Bericht Schlosser

526 Borrás Rodríguez, Los Criterios de Competencia Judicial ..., S. 265ff. (273)

527 Kohler, EuZW 1991, S. 303ff.: Die zweite Revision des Europäischen Gerichtsstands- und Vollstreckungsübereinkommens (305)

528 Kohler aaO (305)

529 Amtsblatt der EG Nr. C 189 vom 28. Juli 1990, S. 35ff. (46) - Bericht Almeida Cruz/Desantes Real/Jenard

Art. 22 Abs. 1, Alt.1 LOPJ führt dazu, daß eine Streitigkeit zweier Ausländer mit demselben außereuropäischen Wohnsitz über die Miete einer in Spanien belegenen Ferienwohnung aus spanischer Sicht nur in Spanien entschieden werden darf - ein Ergebnis, das auf den ersten Blick wenig befriedigt, weil den Parteien der tatsächliche Zugang zum Gericht erheblich erschwert wird[530]. Fraglich ist aber, ob die abweichende Regelung im spanischen autonomen Recht bei zutreffender Anwendung von Art. 16 EuGVÜ überhaupt zu anderen Ergebnissen führt.

Die Problematik ist in zweierlei Hinsicht zu beleuchten, zum einen in Hinblick auf eine in Spanien belegene Immobilie, wobei die Vertragsparteien des kurzfristigen Gebrauchsüberlassungsvertrages ihren Wohnsitz in einem Nichtvertragsstaat haben (Beispiel 1), zum anderen in Hinblick auf eine in einem Nichtvertragsstaat belegene Immobilie, wobei die Parteien des kurzfristigen Gebrauchsüberlassungsvertrages ihren Wohn sitz in Spanien haben (Beispiel 2).

aa) Beispiel 1: Immobilie in Spanien

Für den Rechtsstreit betreffend die in Spanien belegene Immobilie[531] von Vertragsparteien mit gemeinsamem Wohnsitz in einem Nichtvertragsstaat besteht

---

[530] EuGH, Urteil vom 15. Januar 1985, Rösler/Rottwinkel, Rechtssache 241/83, Sammlung 1985, S. 99 bis 129

[531] Art. 16 Nr. 1 lit.a, Alt. 2 EuGVÜ gilt nach bisheriger Rechtsprechung der nationalen Gerichte auch für dinglich ausgestaltete Time-Sharing-Verträge sowie für schuldrechtlich ausgestaltete Time-Sharing-Verträge ohne wesentliche Dienstleistungsanteile. So für das spanische Recht: Juzgado de Primera Instancia de Fuengirola, Sentencias de 20 de septiembre de 1995 (unveröffentlicht); de 26 de abril de 1996 (unveröffentlicht) unter Hinweis sowohl auf Art. 16 EuGVÜ als auch Art. 22 Abs. 1 LOPJ; Calvo Caravaca, Comentarios al Convenio de Bruselas ..., Art. 16, RZ 14; Übersicht über die spanische Rechtsprechung Schomerus, NJW 1995, S. 359ff.: Time-Sharing-Verträge in Spanien im Lichte der EG-Richtlinie über den Erwerb von Teilnutzungsrechten an Immobilien (360); ders. NJW 1996, S. 3229ff.: Gerichtliche Durchsetzung von Rückzahlungsansprüchen aus Time-Sharing-Verträgen in Spanien (3240f.); für das deutsche Recht: LG Darmstadt, Urteil vom 23. August 1995, EuZW 1996, S. 191f mit Anmerkung hierzu von Mankowski, EuZW 1996, S. 177ff.: Timesharing und internationale Zuständigkeit am Belegenheitsort. Jayme/Kohler, IPRax 1999, S. 401ff.: Europäisches Kollisionsrecht 1999 – Die Abendstunde der Staatsverträge (403): Nach der Entscheidung des EuGH vom 22.4.1999, Rs. C-423/97 – Travel Vac SA/Manuel José Antelm Sanchis, Tätigkeiten des Gerichtshofes und des Gerichts Erster Instanz der Europäischen Gemeinschaften, Woche vom 12. bis 16. April und vom 19. bis 23. April, Nr. 10/99, ist diese Einordnung in Frage gestellt, da der EuGH anders als der BGH die Dienstleistungen in den Vordergrund stellte, so daß der Time-Sharing-Vertrag nicht als „Vertrag über den Verkauf und die Miete von Immobilien" im Sinne des Art. 3 Abs. 2 lit.a) der RL 85/577/EWG anzusehen war. Diese Qualifikation soll nach Jayme/Kohler aaO (403) auch die Auslegung des Art. 16 Nr. 1 EuGVÜ beeinflussen; wegen der besonderen Bedeutung der Dienstleistungen sei bei Time-Sharing-Verträgen das Entgelt nicht als „Miete" zu qualifizieren.

eine alleinige ausschließliche internationale Zuständigkeit in Spanien sowohl bei Anwendung von Art. 16 Nr. 1 EuGVÜ als auch bei Anwendung von Art. 22 Abs. 1, Alt. 1 LOPJ.

Gemäß Art. 16 Nr. 1 lit.a EuGVÜ besteht die ausschließliche internationale Zuständigkeit der spanischen Gerichte. Eine weitere internationale Zuständigkeit in dem Nichtvertragsstaat aufgrund Art. 16 Nr. 1 lit.b EuGVÜ besteht nicht[532]. Art. 16 EuGVÜ begründet nur eine internationale Zuständigkeit in dem Vertragsstaat, in dem beide Vertragsparteien ihren gemeinsamen Wohnsitz haben. Art. 16 EuGVÜ hat keine „Reflexwirkung"[533] und dient daher nicht der Begründung ausschließlicher Zuständigkeiten in Nichtvertragsstaaten[534, 535].

Die ausschließliche internationale Zuständigkeit der spanischen Gerichte besteht auch bei Anwendung von Art. 22 Abs. 1, Alt. 1 LOPJ, wenn die Immobilie in Spanien belegen ist und die Vertragsparteien ihren gemeinsamen Wohnsitz in einem Nichtvertragsstaat haben.

Für den Fall, daß der Beklagte und sein Vertragspartner den gemeinsamen Wohnsitz in einem Nichtvertragsstaat haben, ist Art. 16 Nr. 1 lit.b EuGVÜ daher bedeutungslos. Ist die streitbefangene Immobilie somit in Spanien belegen, so sind *nur* die spanischen Gerichte unabhängig vom Wohnsitz des Beklagten international ausschließlich zuständig. Ein in dem Nichtvertragsstaat ergangenes Urteil

---

532 Kropholler, Europäisches Zivilprozeßrecht, Art. 16, RZ 32: Das Nebeneinander von zwei Zuständigkeiten gemäß Nr. 1 lit.a und b ändert nichts daran, daß es sich um ausschließliche Zuständigkeiten im Sinne des Übereinkommens handelt.

533 Geimer in Zöller, Art. 2 GVÜ, RZ 27; Kropholler, Europäisches Zivilprozeßrecht, Art. 16, RZ 8; Geimer/Schütze, Europäisches Zivilverfahrensrecht, Art 16, RZ 12ff.

534 Amtsblatt der EG Nr. C 189 vom 28. Juli 1990, S. 57ff. (76, RZ 54) - Bericht Jenard-Möller (Lugano), auf den Amtsblatt der EG Nr. C 189 vom 28. Juli 1990, S. 35ff. (47) - Bericht Almeida Cruz/Desantes Real/Jenard (EuGVÜ) Bezug nimmt: „Art. 16 Nr. 1 ist nur dann anzuwenden, wenn die unbewegliche Sache in dem Hoheitsgebiet eines Vertragsstaates belegen ist. Der Text ist in dieser Hinsicht von hinreichender Eindeutigkeit. Ist die unbewegliche Sache im Hoheitsgebiet eines Drittstaates belegen, so gelten die sonstigen Bestimmungen des Übereinkommens, beispielsweise Art. 2, wenn der Beklagte seinen Wohnsitz im Hoheitsgebiet eines Vertragsstaats hat, oder Artikel 4, wenn er im Hoheitsgebiet eines Drittstaates wohnhaft ist, usw."

535 aA: Kropholler in FS für Ferid, S. 239ff.: Problematische Schranken der europäischen Zuständigkeitsordnung gegenüber Drittstaaten (241f.): Man wird eine analoge Anwendung des Art. 16 befürworten können, jedenfalls sofern der Drittstaat eine dem Art. 16 entsprechende ausschließliche Zuständigkeit kennt. ders., Europäisches Zivilprozeßrecht, Art. 16, RZ 8 a.E..; diese Ansicht setzt sich in Widerspruch zur Pflicht der Vertragsstaaten zur Justizgewährung, so: Geimer/Schütze, Europäisches Zivilverfahrensrecht, Art. 16, RZ 13 und oben, S.75f., dort auch Fn. 438

wäre wegen Verstoßes gegen Art. 28 Abs. 1 in Verbindung mit Art. 16 Nr. 1 lit.a EuGVÜ[536], der auch auf die Anerkennung von Entscheidungen aus Nichtvertragsstaaten Anwendung findet[537], nicht anerkennungsfähig. Diese Lösung wie auch die im Lugano-Übereinkommen vorgesehene Vorbehaltsmöglichkeit begegnen der Gefahr, ein Urteil eines Nichtvertragsstaats anerkennen zu müssen, das entgegen europäischen Standards entsprechenden Mietrechtsvorschriften über ein im Inland belegenes Objekt ergangen ist.

bb) Beispiel 2: Gemeinsamer Wohnsitz in Spanien

Ist die Immobilie des kurzfristigen Gebrauchsüberlassungsvertrages in einem Nichtvertragsstaat belegen und haben die Parteien dieses Vertrages ihren gemeinsamen Wohnsitz in Spanien, so besteht unter den Voraussetzungen des Art. 16 Abs. 1 lit.b EuGVÜ eine ausschließliche internationale Zuständigkeit der spanischen Gerichte. Nach Art. 22 Abs. 1 LOPJ sind die spanischen Gerichte international unzuständig. Denn wie bereits oben[538] ausgeführt, dient Art. 22 Abs. 1 LOPJ auch der Begrenzung der spanischen Jurisdiktion in Zivilsachen, so daß die spanischen Gerichte international unzuständig sind, wenn die Immobilie im Ausland belegen ist.

Es erscheint zweifelhaft, ob die Lösung des spanischen autonomen Rechts im Beispiel 2 mit der Justizgewährleistungspflicht aus Art. 24 CE vereinbar ist, da sie den in Spanien wohnhaften Vertragsparteien eines kurzfristigen Gebrauchsüberlassungsvertrages den Zugang zu den spanischen Gerichten und die Rechtsverteidigung überhaupt über Gebühr erschwert[539]. In der Praxis dürfte der Fall, daß zwei Personen mit Wohnsitz in Spanien einen Mietvertrag über eine Ferienwohnung im Ausland abschließen, indes selten vorkommen, da Spanien Urlaubszielland ist[540].

---

536 Kropholler, Europäisches Zivilprozeßrecht, Art. 16, RZ 32: Auch nach Einführung einer zweiten ausschließlichen Zuständigkeit in Art. 16 Nr. 1 EuGVÜ bleibt die Zuständigkeit des Erstgerichts gemäß Art. 28 Abs. 1 EuGVÜ im Zweitstaat überprüfbar.

537 Coester-Waltjen in FS für Nakamura, S. 89ff.: Die Bedeutung des EuGVÜ und des Luganer Übereinkommens für Drittstaaten (98) und vgl. bereits oben, S. 90

538 vgl. oben, S. 12ff. und in diesem Kapitel S. 90f.

539 Senés Motilla, Justicia 1986, S. 683ff.: Sistema de competencia judicial ... (691); EuGH, Urteil vom 15. Januar 1985, Rösler/Rottwinkel, Rechtssache 241/83, Sammlung 1985, S. 99 bis 129 zur Begründung seiner Ferienhausrechtsprechung

540 Auch beim Lugano-Übereinkommen waren es die südlichen Vertragsstaaten, die für den Anerkennungsvorbehalt zu Art. 16 Nr. 1 lit.b eintraten, vgl. oben, S. 93

Das Problem ist -bei zutreffender Anwendung des EuGVÜ- in Spanien zudem obsolet geworden. Denn in einem solchen Fall begründet Art. 16 Nr. 1 lit.b EuGVÜ eine ausschließliche internationale Zuständigkeit in Spanien. Die umstrittene Frage, ob für die Eröffnung des Anwendungsbereichs des EuGVÜ Anknüpfungspunkte zu weiteren Vertragsstaaten bestehen müssen[541], ist nach Sinn und Zweck von Art. 16 EuGVÜ zu verneinen: Da die Anwendung von Art. 16 EuGVÜ allein vom Vorhandensein der in diesem Artikel selbst niedergelegten Anknüpfungspunkte abhängig sein soll, erscheint es inkonsequent, den Anwendungsbereich dieser Vorschrift durch ein ungeschriebenes Tatbestandsmerkmal zu verkleinern[542]. Dem Kläger steht insoweit ein Wahlrecht zwischen beiden Foren zur Verfügung -sofern der Nichtvertragsstaat ein internationales Forum zur Verfügung stellt-, in das er seine Vollstreckungsinteressen zur Verhinderung eines langwierigen Anerkennungsverfahrens bereits einbeziehen kann[543].

cc) Ergebnis

Die Übernahme des Wortlautes von Art. 16 Nr. 1 EuGVÜ aus dem 2. Beitrittsübereinkommen in Art. 22 LOPJ bleibt bei zutreffender Anwendung des EuGVÜ folgenlos.

d) Italienische Lösung

Interessant ist an dieser Stelle eine Betrachtung des italienischen Gesetzes zur Reform des internationalen Zuständigkeitsrechts[544] in zweierlei Hinsicht:

Zunächst fällt auf, daß der italienische Gesetzgeber lediglich eine Verweisung auf die Abschnitte 2, 3 und 4 des Titels II[545] des EuGVÜ vorgenommen hat; einen ei-

---

541 Kropholler, Europäisches Zivilprozeßrecht, Art. 16, RZ 7; Geimer/Schütze, Europäisches Zivilverfahrensrecht, Art. 16, RZ 9; Coester-Waltjen in FS für Nakamura, Die Bedeutung des EuGVÜ und des Luganer Übereinkommens für Drittstaaten, S. 89ff. (103); Piltz, NJW 1979, S. 1071ff.: Die Zuständigkeitsordnung nach dem EWG-Gerichtsstands- und Vollstreckungsübereinkommen (1072); so zuletzt: Hans OLG Hamburg, Urteil vom 6. Februar 1998, Az.: 12 U 16/96, IPRax 1999, S. 168ff. (169); Bülow/Böckstiegel/Geimer/Schütze, Art. 16, Anm. II; nach Kropholler aaO, Art. 16, RZ 9, Fn. 8 tragen dessen Belege diese Ansicht allerdings nicht

542 Amtsblatt der EG Nr. C 59 vom 5. März 1979, S. 1ff. (8) - Bericht Jenard, der den Anwendungsbereich des Übereinkommens in allen Fällen mit Auslandsbeziehungen als eröffnet ansieht; dies übernimmt Amtsblatt der EG Nr. C 59 vom 5. März 1979, S. 71ff. (81) - Bericht Schlosser ausdrücklich; Coester-Waltjen aaO (103f.); Kropholler aaO, Art. 16, RZ 7; Geimer/Schütze aaO, Art. 16, RZ 9; Piltz aaO, S. 1072

543 vgl. hierzu oben, S. 6ff.

544 Gesetz Nr. 218/1995; vgl. bereits oben, S. 16, Fn. 85, und unten, S. 170ff.

545 und damit gerade nicht auf Art. 16, der im 5. Abschnitt steht

genständigen Katalog ausschließlicher internationaler Zuständigkeiten enthält das Reformgesetz ebensowenig. Der italienische Gesetzgeber trägt dem zwingenden Charakter der Gerichtsstände des Art. 16 EuGVÜ Rechnung und verzichtete auf eine deklaratorische Regelung im nationalen Recht. Er nahm lediglich in Art. 5[546] eine die internationale Zuständigkeit der italienischen Gerichte begrenzende Vorschrift auf:

> 1. Die italienische internationale Zuständigkeit ist hinsichtlich dinglicher Klagen, die im Ausland belegene Immobilien betreffen, nicht gegeben.

Von Interesse ist weiterhin die Frage, welche Auswirkungen die Ratifizierung einer Neufassung von der Verweisung unterworfenen Vorschriften des EuGVÜ durch Italien auf das italienische internationale Zuständigkeitsrecht haben wird. Wie bereits ausgeführt[547], handelt es sich um eine dynamische Verweisung[548] auf die Abschnitte 2, 3 und 4 des Titels II des Übereinkommens über die gerichtliche Zuständigkeit und die Vollstreckung gerichtlicher Entscheidungen in Zivil- und Handelssachen - unterzeichnet in Brüssel am 27.9.1968 und in Kraft gesetzt durch das Gesetz vom 21. 6. 1971 Nr. 804 mit den späteren Änderungen, welche für Italien in Kraft getreten sind [...][549]. Mit dieser Regelung des autonomen italienischen Rechts findet jede Neufassung des EuGVÜ auch Eingang in das nationale italienische Recht der internationalen Zuständigkeit, sobald Italien die Neufassung in innerstaatlich geltendes Recht transformiert hat.

---

546 Art. 5. (Azioni reali relative ad immobili siti all'estero)
1. La giurisdizione italiana non sussiste rispetto ad azioni reali aventi ad oggetto beni immobili situati all'estero.

547 Vgl. oben, S. 16

548 Jayme/Kohler, IPRax 1995, 343ff.: Europäisches Kollisionsrecht-Der Dialog der Quellen (347); Ballarino, DIP, S. 108

549 Art. 3 Abs. 2 des Gesetzes vom 31. Mai 1995 Nr. 218; italienische Fassung: ... della sezioni 2, 3, e 4 del titulo II della Convenzione concernente la competenza giurisdizionale e l'esecuzione delle decisioni in materia civile e commerciale e protocolli, firmati a Bruxellas il 27 settembre 1968, resi esecutivi con la legge 21 giugno 1971, n. 804, e succesive modificazioni in vigore per l'Italia ...

2. Gerichtsstand der Gesellschaften und juristischen Personen

Trotz unterschiedlichem Wortlaut von Art. 16 Nr. 2 EuGVÜ[550], der ohne Rücksicht auf den Wohnsitz die ausschließliche Zuständigkeit

> *en materia de validez, nulidad o disolución de sociedades y personas jurídicas que* ***tuvieran*** *su domicilio en un Estado contratante, o de decisiones de sus órganos*

der Gerichte dieses Vertragsstaats begründet und von Art. 22 Abs. 1, Alt. 2 LOPJ[551], wonach die spanischen Gerichte ausschließlich zuständig sind,

> *en materia de* ***constitución****, validez, nulidad o disolución de sociedades o personas jurídicas que* ***tengan*** *su domicilio en territorio español.*

handelt es sich lediglich um redaktionelle Unterschiede ohne Auswirkung auf die geregelten Gerichtsstände:

Unerheblich ist zunächst die unterschiedliche grammatikalische Verwendung des Verbums *tener*[552] *(tuvieran, tengan)*. Die Aufnahme der *constitución*[553] von Gesellschaften und juristischen Personen dient lediglich der Klarstellung, da mit der Gültigkeit oder Nichtigkeit derselben die Wirksamkeit oder Unwirksamkeit der Gründung angesprochen sind[554].

---

550 Deutsche Fasssung: Art. 16. Ohne Rücksicht auf den Wohnsitz sind ausschließlich zuständig:
[...]
2. für Klagen, welche die Gültigkeit, die Nichtigkeit oder die Auflösung einer Gesellschaft oder juristischen Person oder der Beschlüsse ihrer Organe zum Gegenstand haben, die Gerichte des Vertragsstaats, in dessen Hoheitsgebiet die Gesellschaft oder juristische Person ihren Sitz hat;

551 Art. 22: In der Zivilgerichtsbarkeit sind die spanischen Gerichte zuständig:
1.° Ausschließlich [...];
- für Klagen, welche die **Gründung**, Gültigkeit, Nichtigkeit oder Auflösung von Gesellschaften oder juristischen Personen, die ihren Sitz in Spanien haben, zum Gegenstand haben, ebenso wie für die Beschlüsse ihrer Organe;

552 haben

553 Gründung

554 Kropholler, Europäisches Zivilprozeßrecht, Art. 16, RZ 35

3. Gerichtsstand der Zwangsvollstreckung

Bei Vergleich der unterschiedlichen Fassungen von Art. 16 Nr. 5 EuGVÜ und Art. 22 Abs. 1, Alt. 5 LOPJ meint der Leser zunächst, zwischen beiden Vorschriften bestünden erhebliche Unterschiede für den jeweiligen Anwendungsbereich:

Art. 16 Nr. 5 EuGVÜ[555] lautet in seiner spanischen Fassung:

> *Son exclusivamente competentes, sin consideración del domicilio:*
> [...]
> *5. en materia de ejecución de las resoluciones judiciales, los tribunales del Estado contratante del lugar de la ejecución.*

Demgegenüber lautet Art. 22 Abs. 1, Alt. 5 LOPJ[556]:

> *En el orden civil, los Juzgados y Tribunales españoles serán competentes:*
> *1.° Con carácter exclusivo,* [...];
> *en materia de* ***reconocimiento y*** *ejecución en territorio español de resoluciones judiciales* ***y decisiones arbitrales dictadas en el extranjero****.*

a) Anerkennung ausländischer Entscheidungen

Art. 22 Abs. 1, Alt. 5 LOPJ begründet einerseits die internationale Zuständigkeit der spanischen Gerichte für die Anerkennung ausländischer Entscheidungen. Diese selbstverständliche Zuständigkeit resultiert jedoch bereits aus der staatli-

---

555 Deutsche Fassung: Art. 16. Ohne Rücksicht auf den Wohnsitz sind ausschließlich zuständig:
[...]
5. für Verfahren, welche die Zwangsvollstreckung aus Entscheidungen zum Gegenstand haben, die Gerichte des Vertragsstaats, in dessen Hoheitsgebiet die Zwangsvollstreckung durchgeführt werden soll oder durchgeführt worden ist.

556 Art. 22: In der Zivilgerichtsbarkeit sind die spanischen Gerichte zuständig:
1.° Ausschließlich [...];
- für Verfahren, welche die **Anerkennung und** Vollstreckung in Spanien von gerichtlichen Entscheidungen und **Schiedssprüchen** zum Gegenstand haben, **die im Ausland ergangen sind**.

chen Souveränität[557]; sie ergibt sich im Anwendungsbereich des EuGVÜ aus Art. 31.

b) Anerkennung ausländischer Schiedssprüche

Die spanische Regelung bezieht im Gegensatz zu Art. 16 Nr. 5 EuGVÜ ausländische Schiedssprüche ein. Art. 22 Abs. 1, Alt. 5 LOPJ begründet die ausschließliche internationale Zuständigkeit der spanischen Gerichte für deren Anerkennung. Schiedssprüche sind im Anwendungsbereich des EuGVÜ ausdrücklich durch Art. 1 Abs. 2 Nr.4 EuGVÜ ausgenommen[558].

c) Rechtsbehelfe in der Zwangsvollstreckung

aa) EuGVÜ

Art. 16 Nr. 5 EuGVÜ betrifft Verfahren, die sich aus der Inanspruchnahme von Zwangsmitteln, insbesondere bei der Herausgabe oder Pfändung von beweglichen oder unbeweglichen Sachen im Hinblick auf die Vollstreckung von Entscheidungen oder Urkunden ergeben[559]. Die Zuständigkeitsordnung des Übereinkommens gilt nicht für die Anordnung und Durchführung von Zwangsvollstreckungsmaßnahmen, da Artt. 2ff. EuGVÜ voraussetzen, daß eine Person eine andere „verklagt“[560]. Die Zuständigkeitsordnung des Übereinkommens ist auf Klagen und sonstige kontradiktorisch angelegte Verfahren im Zusammenhang mit Zwangsvollstreckungsverfahren anwendbar, sowohl in Bezug auf ausländische als auch auf inländische Maßnahmen und Entscheidungen[561]. Im deutschen Recht zählt hierzu beispielsweise die Vollstreckungserinnerung (§ 766 ZPO), die Drittwiderspruchsklage (§ 771 ZPO) und auch die Vollstreckungsabwehrklage (§ 767 ZPO)[562].

---

557 Borrás Rodríguez, Los Criterios de Competencia Judicial ..., S. 265ff. (274); Senés Motilla, Justicia 1986, S. 683ff.: Sistema de competencia judicial ... (692)

558 Iglesias Buhígues/Desantes Real, Extensiones y límites de la jurisdicción española ..., S. 453ff. (459)

559 Amtsblatt der EG vom 5. März 1979 Nr. C 59, S. 1ff. (36) - Bericht Jenard

560 Geimer, IPRax 1986, 208ff.: EuGVÜ und Aufrechnung: Keine Erweiterung der internationalen Entscheidungszuständigkeit - Aufrechnungsverbot bei Abweisung der Klage wegen internationaler Unzuständigkeit (209)

561 Geimer, IPRax 1986, 208ff. aaO (209)

562 EuGH, Urteil vom 4. Juli 1985, Rechtssache 220/84, AS Autoteile/Malhé; Kropholler, Europäisches Zivilprozeßrecht, Art. 16 Nr.5, RZ 59: jedoch wegen Gefahr der Aushöhlung des Beklagtenschutzes nicht die Aufrechnung gegen den zu vollstreckenden Anspruch

bb) LOPJ

Auch Art. 22 Abs. 1, Alt. 5 LOPJ normiert einen internationalen Gerichtsstand der Zwangsvollstreckung. Fraglich ist nach dem Wortlaut der Vorschrift[563], ob ein ausschließlicher Gerichtsstand der Zwangsvollstreckung auch für Verfahren besteht, welche Zwangsvollstreckungsmaßnahmen aus spanischen Entscheidungen zum Gegenstand haben. Die Formulierung „Vollstreckung ... von Entscheidungen ..., die im Ausland ergangen sind" läßt hieran Zweifel aufkommen. Eine Ungleichbehandlung von inländischen und ausländischen Titeln ist indes, wie die historische Interpretation von Art. 22 Abs. 1, Alt. 5 LOPJ und die nachfolgenden Ausführungen zu Sinn und Zweck eines Gerichtsstandes am Ort der Zwangsvollstreckungsmaßnahme zeigen werden[564], nicht geboten.

aaa) Historische Interpretation

Die Interpretation der Vorschrift im Lichte der Vorarbeiten zur Gesetzesnovelle zeigt, daß nicht nur Rechtsbehelfe in der Zwangsvollstreckung aus ausländischen Entscheidungen erfaßt werden sollten, sondern auch die Zwangsvollstreckung aus spanischen Entscheidungen einbezogen werden sollte[565]. Für die internationale Zuständigkeit sollte es nur auf den Ort der Zwangsvollstreckung ankommen. Art. 22 Abs. 1, Alt. 5 LOPJ wurde erst im letzten Moment vor der Verabschiedung der LOPJ in den Katalog der ausschließlichen internationalen Zuständigkeiten inkorporiert[566]. Noch der Vorentwurf enthielt eine –allerdings konkurrierende- Zuständigkeit der spanischen Gerichte am Ort der Zwangsvollstreckung ohne Unterscheidung nach der Herkunft des Vollstreckungstitels[567].

---

563 Art. 22: In der Zivilgerichtsbarkeit sind die spanischen Gerichte zuständig:
1.° Ausschließlich ...;
- für Verfahren, welche die Anerkennung und Vollstreckung in Spanien von gerichtlichen Entscheidungen und Schiedssprüchen zum Gegenstand haben, die im Ausland ergangen sind.

564 vgl. nachstehend bbb)

565 Iglesias Buhígues/Desantes Real, Extensiones y límites de la jurisdicción española ..., S. 453ff. (459): Die Autoren führen weiter aus, daß auch nach der Entscheidung des EuGH in der Rechtssache AS Autoteile/Malhé unklar geblieben ist, ob Art. 16 Nr. 5 EuGVÜ auf rein interne Sachverhalte anwendbar sei.

566 Iglesias Buhígues/Desantes Real aaO (459)

567 Iglesias Buhígues/Desantes Real aaO (459, Fn. 25)

bbb) Teleologische Interpretation

Auch aus Sinn und Zweck eines internationalen Gerichtsstandes der Zwangsvollstreckung folgt, daß eine Gleichbehandlung von inländischen und ausländischen Titeln geboten ist.

Ein ausschließlicher internationaler Gerichtsstand der Zwangsvollstreckung ist in der Lage, zwangsvollstreckungsrechtliches *forum shopping* zu verhindern. Denn *forum shopping* ist auch im Vollstreckungsrecht denkbar[568]: Ein Vollstreckungsschuldner mag ausländische Gerichte gegen Zwangsvollstreckungsmaßnahmen auf dem Hoheitsgebiet eines anderen Vertragsstaats aus einem dort vollstreckbaren Urteil in Anspruch nehmen wollen, um die im Vollstreckungsstaat gültigen Zwangsvollstreckungsvorschriften als die anwendbare *lex fori* durch Anhängigmachen einer gegen die Zwangsvollstreckung gerichteten Klage im Ausland zu umgehen. Denn die Vorschriften über die Zwangsvollstreckung unterliegen als Verfahrensrecht[569] der jeweiligen *lex fori*.

Allerdings können die Überprüfung und eventuelle Aufhebung oder Abänderung von Vollstreckungsmaßnahmen als Hoheitsakten[570] mit Wirkung für den Vollstreckungsstaat bereits nach allgemeinem Völkergewohnheitsrecht nur von den Gerichten dieses Staates vorgenommen werden[571]. Unbenommen bleibt es den Staaten nach Völkergewohnheitsrecht jedoch, mit Wirkung für ihren eigenen Hoheitsbereich über die Wirkungen ausländischer Vollstreckungsmaßnahmen[572] zu befinden[573].

Für die Begründung eines ausschließlichen Gerichtsstandes der Zwangsvollstreckung spricht weiter die Erwägung, daß Klagen, die aus dem Zwangsvollstreckungsverfahren erwachsen, in dem Staat entschieden werden sollen, in dem das

---

568 vgl. für Spanien: Pfändungsfreigrenzen: Art. 1451 LEC; der Pfändung nicht unterworfene Gegenstände: Art. 1449 LEC etc. können in einem anderen Staat als dem Vollstreckungsstaat möglicherweise günstiger sein

569 Stöber in Zöller, ZPO, vor § 704, RZ 1; Geimer/Schütze, Europäisches Zivilverfahrensrecht, Art. 16, RZ 268; Calvo Caravaca, Comentarios al Convenio de Bruselas ..., Art. 16, RZ 31; Geimer, Anerkennung ausländischer Entscheidungen in Deutschland, S. 182f.

570 Beispiele: Zuschlag, Siegelung

571 Geimer/Schütze, Europäisches Zivilverfahrensrecht, Kommentar zum EuGVÜ und Lugano-Übereinkommen, Art. 16, RZ 267

572 Beispiel: Verstrickung

573 Geimer/Schütze aaO, Art. 16, RZ 4

Zwangsvollstreckungsverfahren läuft[574]. Entscheidungsdisharmonien und Spannungen wären vorprogrammiert angesichts der kollisionsrechtlichen und auch sonstigen strukturellen Unterschiede zwischen den betroffenen Rechtsordnungen[575].

Bei Berücksichtigung des Umstandes, daß die Vermeidung doppelter Prozesse im Ordnungsinteresse internationaler Prozeßökonomie liegt[576], ist die ausschließliche internationale Zuständigkeit im Vollstreckungsstaat ebenfalls zu befürworten: Ein im Ausland erstrittenes Urteil, das die Unzulässigkeit der Zwangsvollstreckung feststellt, müßte sonst erst im Vollstreckungsstaat anerkannt werden, damit die Unzulässigkeit der Zwangsvollstreckung auch im Vollstreckungsstaat rechtswirksam feststeht.

ccc) Stellungnahme

Die vorstehenden Erwägungen gelten für inländische und ausländische Titel gleichermaßen. Es kommt allein auf den Ort der Zwangsvollstreckung an. Damit muß Art. 22 Abs. 1, Alt. 5 LOPJ ohne Differenzierung nach der Herkunft des Vollstreckungstitels Anwendung finden.

Art. 22 Abs. 1, Alt. 5 LOPJ muß daher gelesen werden:

> Die spanischen Gerichte sind ausschließlich zuständig für Verfahren, welche die Vollstreckung von gerichtlichen Entscheidungen in Spanien zum Gegenstand haben, und welche die Anerkennung von Entscheidungen und Schiedssprüchen zum Gegenstand haben, die im Ausland ergangen sind.

---

574 Geimer, IPRax 1986, 208ff.: EuGVÜ und Aufrechnung: Keine Erweiterung der internationalen Entscheidungszuständigkeit - Aufrechnungsverbot bei Abweisung der Klage wegen internationaler Unzuständigkeit (209)

575 Geimer aaO (209)

576 von Hoffmann, IPRax 1982, 217 ff.: Gegenwartsprobleme internationaler Zuständigkeit (219)

d) Rechtsbehelfe in der Zwangsvollstreckung nach der LEC

Das Recht der Zwangsvollstreckung –Artt. 1429ff. LEC[577]- wurde im Zuge der Zivilprozeß-Reform[578] novelliert. Bis dahin kannte das spanische Prozeßrecht[579] Rechtsbehelfe in der Zwangsvollstreckung[580] in den Artt. 1463ff. und 1532ff. LEC[581].

aa) Rechtsbehelfe des Schuldners

Der Schuldner konnte gemäß Art. 1463ff. LEC Gegenklage[582] gegen die Fortsetzung der Zwangsvollstreckung erheben.

Das Zwangsvollstreckungsverfahren begann mit der *demanda ejecutiva*[583] des Gläubigers. Das angerufene Gericht entschied, ob der Titel vollstreckbar war. Bejahte es dies, wurde der Schuldner zur Zahlung aufgefordert. Zahlte er nicht oder nur einen Teil, wurde das Zwangsvollstreckungsverfahren eingeleitet -Artt. 1442 bis 1444 LEC. Die Vorschriften über die Durchführung der Zwangsvollstreckung waren in Artt. 1447 bis 1455 LEC enthalten.

Innerhalb drei Tagen nach der Pfändung erhielt der Schuldner die Benachrichtigung von der öffentlichen Versteigerung seiner Güter -Artt. 1459ff. LEC. Der Schuldner hatte die Möglichkeit, die Fortsetzung der Zwangsvollstreckung nach Maßgabe der Artt. 1463ff. LEC zu stoppen. Gemäß Art. 1464 Abs. 2 LEC[584] konnten nur die abschließend formulierten Einwendungen in diesem Zwangsvoll-

---

577 jetzt: Artt. 517–720 LEC n.F.; weiterführend: Frühbeck, Einführung in das spanische Recht, 2. Auflage 2001, § 14: Zwangsvollstreckung; Reichmann, RIW 2001, 685ff.: Das Immobilienzwangsversteigerungsverfahren aus einer Hypothek nach der spanischen Zivilprozessreform

578 vgl. oben, Fn. 70

579 Cremadas/Cabiedes, Litigating in Spain, S. 309ff. mit einer zusammenfassenden Darstelltung des sogenannten *juicio ejecutivo*, dem Zwangsvollstreckungsverfahren, neben dem gerichtlichen Eilverfahren eine besondere Spielart des Zivilverfahrens; systematische Darstellung bei Fenech, Derecho Procesal Civil, §§ 423ff., S. 422ff.

580 Prietro-Castro Ferrándiz II, RZ 423ff.

581 Arturo Majada, Práctica del Juicio Ejecutivo, S. 634ff.: Art. 1532ff. LEC*: De las tercerías;* Cremadas/Cabiedes, Litigating in Spain, S. 309ff.; Fenech, Derecho Procesal Civil, §§ 423ff., S. 422ff. und §§ 515ff., S. 507ff.

582 demanda de oposición; jetzt: Artt. 556ff.

583 Klage auf Vollstreckbarerklärung; jetzt: Artt. 549ff. LEC n.F.

584 Art 1464 Abs. 2 LEC: Jede andere Einwendung, die dem Schuldner zusteht, bleibt einem ordentlichen Zivilverfahren vorbehalten und kann nicht die Verkündung der Zuschlagsentscheidung verhindern.

streckungsverfahren erhoben werden[585]; alle anderen Einwendungen gegen die Zwangsvollstreckung mußten in einem gesonderten Verfahren mit den allgemeinen Rechtsbehelfen des spanischen Zivilprozeßrechts geltend gemacht werden[586].

Seit Inkrafttreten des Zivilprozeßreformgesetzes kann der Vollstreckungsschuldner innerhalb einer Frist von zehn Tagen seit Zustellung des die Vollstreckbarkeit bejahenden Beschlusses Gegenklage gegen die Zwangsvollstreckung erheben, Artt. 556 LEC n.F.; die möglichen Einwendungen sind wiederum gesetzlich definiert. Die Gegenklage hat aufschiebende Wirkung, wenn das Gesetz dies ausdrücklich anordnet oder die Parteien sich darauf verständigen, Art. 565 LEC n.F.

bb) Rechtsbehelfe Dritter

Die Rechtsbehelfe Dritter in der Zwangsvollstreckung[587] müssen sich entweder auf das Eigentum des Dritten an den gepfändeten Gegenständen oder auf ein besseres Recht des Dritten vor dem vollstreckenden Gläubiger stützen. Sie sind in Artt. 1532ff. LEC geregelt[588].

cc) Zuständigkeit für Zwangsvollstreckungsverfahren

Besondere Gerichtsstände in der Zwangsvollstreckung waren in Art. 63 LEC nicht enthalten. Nur für die Klage des Gläubigers auf Vollstreckbarerklärung bestimmte Art. 1439 LEC[589]:

---

585 Art. 1464 Abs. 1 nennt: Nr. 1-Unrichtigkeit des Vollsteckungstitels oder des Aktes, der ihm Vollsteckbarkeit verliehen hat; Nr. 2-Erfüllung; Nr. 3-Aufrechnunglage, die durch vollstreckbaren Titel festgestellt ist; Nr. 4-Verjährung; Nr. 5-Erlaß oder Stundung; Nr. 6-*pactum de non petendo*; Nr. 7-Fehlen der Rechtsfähigkeit des Vollstreckungsgläubigers oder seines Vertreters; Nr. 8-Schulderneuerung; Nr. 9-Vergleich; Nr. 10-Schiedsklausel; Nr. 11-Fehlen von Jurisdiktion; Art. 1465 LEC regelt Besonderheiten bei Zwangsvollstreckung aus einer Wechselverbindlichkeit: Es können nur die Art. 1464 Abs. 1 Nr. 1 bis 5 geltend gemacht werden und die Überschreitung des Verfalldatums; Art. 1466 LEC gestattet die Geltendmachung der Zuvielforderung oder der Überbewertung des Geschuldeten; Art. 1467 LEC gestattet weiter die nachstehenden Einwendungen: Nr. 1-Die Verbindlichkeit oder der Titel, die der Zwangsvollstreckung zugrundeliegen, sind nichtig; Nr. 2-Dem Titel fehlt die Vollstreckbarkeit; Nr. 3-Der Schuldner ist nicht gemäß den gesetzlichen Bestimmungen zur Versteigerung geladen worden; Nr.4-Der Vollstreckungsschuldner hat nicht die Rechtspersönlichkeit oder die Vertretung, mit der er verklagt wird.

586 So beispielsweise für Rechtsbehelfe, mit denen die mangelnde Pfändbarkeit der gepfändeten Sache geltend gemacht werden soll: Ramos Méndez, Enjuiciamiento Civil, Tomo II, S. 667

587 tercerías

588 Fenech aaO, §§ 515ff, S. 507ff.; jetzt: Artt. 595ff. und Artt. 614ff. LEC n.F.

589 Art. 1439 LEC ist durch Reformgesetz 10/1992 vom 30. April, BOE, núm. 108, de 5 de mayo de 1992, geändert worden.

Die Klage auf Vollstreckbarerklärung ist nach den Vorschriften über das ordentliche Verfahren gemäß Art. 524 LEC einzureichen vor dem Amtsgericht des Ortes der Erfüllung der Verbindlichkeit gemäß dem zugrundeliegenden Titel oder desjenigen des Wohnsitzes des Beklagten oder eines von ihnen oder desjenigen, an dem sich die unbeweglichen Güter, besonders auf denen sich eine Hypothek befindet, sofern vorhanden, ohne daß die Vorschriften über die ausdrückliche oder stillschweigende Unterwerfung aus dem Zweiten Abschnitt des Zweiten Titels des Ersten Buches anwendbar wären.

Eine ausschließliche Zuständigkeit am Ort der Zwangsvollstreckung war damit bei Verabschiedung der LOPJ den spanischen Vorschriften über die örtliche Zuständigkeit im Gegensatz zu anderen europäischen Prozeßrechten[590, 591] unbekannt[592].

Art. 1439 LEC: La demanda ejecutiva se formulará en los términos prevenidos para la ordinaria en el artículo 524 y se interpondrá ante el Juzgado de Primera Instancia del lugar del cumplimiento de la obligación, según el titulo, o ante el del domicilio del demandado o de algunos de ellos, o ante el del lugar en que se encuentren los bienes inmuebles especialmente hipotecados, si los hubiere, sin que sean aplicables las normas sobre sumisión expresa o tácita contenidas en la Sección segunda del Título II del Libro primero.

590 Amtsblatt der EG vom 5.3.1979 Nr. C 59, S. 1ff. (58) - Bericht Jenard, Fn. 2: vgl. LEREBOURS-PIGEONNIERE, Droit international privé, 7. Aufl., S. 9; LOUSSOUARN, Nr. 411: „Für Maßnahmen im Hinblick auf eine in Frankreich durchzuführende Vollstreckung (Sicherungsbeschlagnahme, Ausübung des Vermieterpfandrechts, Vorpfändung, Antrag auf Vollstreckbarerklärung eines ausländischen Urteils) und für die Vollstreckungsmaßnahmen, Immobiliarpfändungen, Fahrnispfändungen, Urteile über die Gültigkeit von Pfändungen usw. sind ausschließlich die französischen Gerichte zuständig."

591 Ein ausschließlicher Gerichtsstand in der Zwangsvollstreckung findet sich auch im deutschen Prozeßrecht in §§ 766 Abs. 1, 767 Abs. 1, 771 Abs. 1, 802 ZPO. Nach RGZ 13, 347 (349); 165, 374 (379ff.) ist Prozeßgericht im Sinne von § 767 ZPO das gemäß § 722 Abs. 2 ZPO für die Vollstreckbarerklärung zuständige (inländische) Gericht, nicht das ausländische, das die anzuerkennende Entscheidung getroffen hat, denn der Gesetzgeber hat „keinesfalls ein ausländisches Gericht um deswillen für zuständig erklären wollen und können, weil es über den sachlichrechtlichen Anspruch selbst befunden hat". Geimer, IPRax 1986, 208ff.: EuGVÜ und Aufrechnung: Keine Erweiterung der internationalen Entscheidungszuständigkeit - Aufrechnungsverbot bei Abweisung der Klage wegen internationaler Unzuständigkeit (209)

592 Rodríguez Benot, REDI 1992, S. 737ff.: Limitaciones parciales a la sumisión ... (740): Die Reform, die die Parteiautonomie in Zwangsvollstreckungsverfahren einschränken sollte, sei wegen der Möglichkeit der Parteien, eine Erfüllungortvereinbarung zu schließen, mißglückt. Vgl. zur Gerichtsstandsvereinbarung durch Erfüllungsortvereinbarung unten, S.122; Der Autor vertritt für den Handelsverkehr die Ansicht, ein Gerichtsstand am Ort der Zwangsvollstreckungsmaßnahmen sei zweckmäßig (739)

Nach Art. 545 Abs. 1 LEC n.F. ist nunmehr für die Klage des Gläubigers auf Vollstreckbarerklärung das Gericht zuständig, welches den Vollstreckungstitel geschaffen hat. Art. 599 LEC bestimmt für die Klage des Eigentümers des gepfändeten Gegenstandes, daß sie bei dem Gericht einzureichen ist, welches über die Vollstreckbarkeit des Titels entschieden hat. Eine ausschließliche Zuständigkeit[593] am Wohnsitz des Organs, das die Pfändung vorgenommen hat, bestimmt nunmehr Art. 52 Abs. 1 Nr. 15 LEC n.F. vorbehaltlich der Besonderheiten, die für die öffentliche Verwaltung gelten, in Verwaltungsvollstreckungsverfahren.

e) Stellungnahme

Zum Teil wird in der spanischen Lehre vertreten, daß die Aufnahme eines ausschließlichen Gerichtsstands der Zwangsvollstreckung in Art. 22 Abs. 1 LOPJ überflüssig war[594]. Zur Begründung wird angeführt, in einem Übereinkommen wie dem von Brüssel sei es logisch, daß für die Gewährung oder die Ablehnung des Exequatur die Gerichte des Vollstreckungsorts ausschließlich zuständig seien[595]. Niemandem würde es einfallen, in einem ausländischen Staat um eine Zwangsvollstreckung nachzusuchen, deren zwangsweise Durchsetzung erfolglos bleiben müsse[596]. Bei Beleuchtung des Umstandes, daß ein ausschließlicher Gerichtsstand der Zwangsvollstreckung wie in Art. 16 Nr. 5 EuGVÜ nicht der Ermöglichung der zwangsweisen Durchsetzung einer ausländischen Entscheidung durch Anerkennung derselben dient, sondern der Überprüfung von Zwangsvollstreckungsmaßnahmen mit vollstreckungsrechtlichen Rechtsbehelfen[597], scheint hier ein Mißverständnis der Funktion eines Gerichtsstandes der Zwangsvollstreckung vorzuliegen.

Soweit die Bedeutung dieses ausschließlichen Gerichtsstandes für die Rechtsbehelfe in der Zwangsvollstreckung erkannt wird, wird seine Einführung begrüßt[598]. In Hinblick auf obige Ausführungen zu Sinn und Zweck eines ausschließlichen internationalen Gerichtsstands der Zwangsvollstreckung und die internationale Zuständigkeitsharmonie ist letzterer Ansicht zuzustimmen.

---

593 vgl. oben, S. 77, Fn. 443

594 Miaja de la Muela, Jurídica 1980, S. 419ff.: La competencia territorial internacional de los Tribunale internos en las Comunidades Europeas (456); unter Berufung auf diese Borrás Rodríguez, Los criterios de Competencia Judicial ..., S. 265ff. (274, Fn. 18)

595 Borrás Rodríguez, Competencia Judicial y Reconocimiento y Ejecución de Decisiones Extranjeras en la CEE, S. 233ff. (249)

596 Miaja de la Muela aaO (456): „A nadie se le occuriría pedir en otro Estado una ejecución, que forzosamente resultaría ineficaz."

597 Amtsblatt der EG vom 5. März 1979 Nr. C 59, S. 1ff. (36) – Bericht Jenard

598 Iglesias Buhígues/Desantes Real aaO (459)

4. Gerichtsstand am Wohnsitz des Beklagten

a) Actor sequitur forum rei

Art. 22 Abs. 2 LOPJ bestimmt in Übereinstimmung mit Art. 2 Abs. 1 EuGVÜ die allgemeine internationale Zuständigkeit am Wohnsitz des Beklagten[599]. Der spanische Gesetzgeber hatte zunächst diesen Absatz mit dem Wortlaut verkündet, „... oder wenn der Kläger seinen Wohnsitz in Spanien hat“[600]. Diese Version wurde als gesetzgeberisches Versehen zugunsten der jetzt gültigen Version korrigiert[601].

b) Begriff des (Wohn-)sitzes

Im Gegensatz zum EuGVÜ, das in Art. 52 –jetzt Art. 59 VO (EG) 44/2001[602]- den Wohnsitz natürlicher Personen und in Art. 53 –jetzt Art. 60 VO (EG) 44/2001[603]- den Sitz juristischer Personen bestimmt, enthält die LOPJ solche Begriffsbestimmungen nicht.

---

599 Wie bereits oben, S. 5, ausgeführt beruht diese bereits im römischen Zivilprozeßrecht geltende Maxime *actor sequitur forum rei* auf grundlegenden Postulaten prozessualer Fairness gegenüber dem Beklagten: Der Kläger soll als Angreifer die Last des Weges zum Beklagten auf sich nehmen.

600 BOE, núm. 157, de 2 de julio de 1985

601 Fehlerkorrektur, BOE, núm. 264, de 4 de noviembre de 1985; Garau Sobrino, Ein internationales Zivilverfahrensrecht für Gesamteuropa ..., Das Beispiel Spanien, S. 341ff. (344, Fn. 31) kommentiert diesen Umstand: Bedauerlicherweise gibt es genügend Beispiele dafür, daß in Spanien die Gesetzgebung über Fehlerkorrekturen erfolgt.

602 Vgl. oben, Fn. 4

603 Nach Inkrafttreten der Verordnung (EG) Nr. 44/2001 des Rates über die gerichtliche Zuständigkeit und die Anerkennung und Vollstreckung von Entscheidungen in Zivil- und Handelssachen (vgl. Fn. 4) ergibt sich nunmehr aus der Verordnung selbst (Art. 60), wo Gesellschaften und juristische Personen ihren Sitz haben. Art. 60 lautet:
(1) Gesellschaften und juristische Personen haben für die Anwendung dieser Verordnung ihren Wohnsitz an dem Ort, an dem sich
a) ihr satzungsmäßiger Sitz,
b) ihre Hauptverwaltung oder
c) ihre Hauptniederlassung befindet.
(2) Betrifft das Vereinigte Königreich und Irland.
(3) Betrifft „trust“.

aa) Wohnsitz natürlicher Personen

Gemäß Art. 52 Abs. 1 EuGVÜ ist der Wohnsitz natürlicher Personen nach dem - materiellen und prozessualen[604]- nationalen Recht zu bestimmen. Der Wohnsitz natürlicher Personen ist im Anwendungsbereich von Art. 2 Abs. 1 EuGVÜ und 22 Abs. 2 LOPJ identisch, denn in Ermangelung einer besonderen Vorschrift kommen dieselben materiellen wie prozessualen Vorschriften zur Bestimmung des Wohnsitzes der natürlichen Personen auch im Anwendungsbereich der LOPJ zur Anwendung. Der Wohnsitz bestimmt sich ausgehend von Art. 40 Abs. 1 Cc[605]:

> Für die Ausübung der Rechte und die Erfüllung der bürgerlichen Verbindlichkeiten ist der Wohnsitz der natürlichen Personen der Ort ihres gewöhnlichen Aufenthaltes und, je nachdem, der Ort, den die Zivilprozeßordnung bestimmt.

Entgegen dem Wortlaut der Vorschrift unterscheidet das spanische Recht zwischen Wohnsitz und gewöhnlichem Aufenthalt: Für den Wohnsitz ist der reine gewöhnliche Aufenthalt nicht ausreichend, es muß ein *animus manendi*[606] hinzukommen, ein Verbleibewille von bestimmter Stabilität, dessen Bejahung von den Umständen des Einzelfalles abhängt[607].

Im Gegensatz zum realen Wohnsitz des Art. 40 Cc[608] begründeten Artt. 64 bis 67 LEC Formen des gesetzlich bestimmten Wohnsitzes[609], teilweise auch abhängige Wohnsitze (Art. 64 Absatz 1: Wohnsitz der Ehefrau; Abs. 2: der Minderjährigen; Abs. 3: der Mündel). Die Abschaffung von Art. 52 Abs. 3 EuGVÜ durch das dritte Beitrittsübereinkommen hat auf spanischem Boden für die Anwendbarkeit der abhängigen Domizile jedoch keine Änderung gebracht, da diese durch die

---

604 Calvo Caravaca, Comentarios al Convenio de Bruselas ..., Art. 52, RZ 7; Geimer/Schütze, Internationales Zivilverfahrensrecht, Art. 52, RZ 8; Kropholler, Europäisches Zivilprozeßrecht, Art. 52, RZ 1

605 Art. 40 Abs. 2 Cc definiert den Wohnsitz der Diplomaten, die sich aufgrund ihres Amtes im Ausland befinden

606 SAP Palma de Mallorca de 4 de noviembre de 1989, REDI 1991, S. 189 mN bei SSTS de 23 de abril de 1970; de 21 de abril de 1972

607 Calvo Caravaca, Comentarios al Convenio de Bruselas ..., Art. 52, RZ 7 mN bei SSTS 26 de mayo de 1944; de 28 de noviembre de 1940; Rueda Valdivia, Anmerkung zu SAP Granada de 14 de enero de 1991, REDI 1991, S. 480ff. (482)

608 Calvo Caravaca aaO, Art. 52, RZ 7; Weigand, Der deutsch-spanische Rechtsverkehr, S. 164

609 im einzelnen Weigand aaO, S. 163ff.

unmittelbare Verweisung des Art. 52 Abs. 1 EuGVÜ auf das anwendbare Recht[610] Geltung erlangen. Seit Inkrafttreten des Zivilprozeßreformgesetzes[611] enthalten Artt. 155, 156 LEC n.F. Bestimmungen über den Wohnsitz.

Der Gerichtsstand am Wohnsitz der beklagten natürlichen Person wird allerdings nach teilweise vertretener Ansicht seit Inkrafttreten des EuGVÜ in Spanien von diesem verdrängt. Hat der Beklagte seinen Wohnsitz in Spanien so soll Art. 2 Abs. 1 EuGVÜ im sachlichen Anwendungsbereich des Übereinkommens auch im Verhältnis zu Drittstaaten gelten[612]. Dem Wortlaut von Art. 2 Abs. 1 EuGVÜ sei eine Einschränkung seines Anwendungsbereichs nicht zu entnehmen[613]. Sie trüge auch erhebliche Unsicherheit in die Rechtsanwendung, weil sich nicht einheitlich sagen ließe, welcher Art die Berührungspunkte zu einem anderen Vertragsstaat sein müßten[614].

bb) Sitz juristischer Personen

Unterschiede konnten sich bis zur Neufassung des Art. 53 EuGVÜ in Art. 60 VO (EG) 44/2001[615], worin nunmehr der Wohnsitz von Gesellschaften und juristischen Personen autonom definert ist, im Anwendungsbereich von EuGVÜ und LOPJ bei Bestimmung des Sitzes juristischer Personen ergeben: Denkbar war nämlich, daß eine in Spanien agierende juristische Person nach dem gemäß Art. 53 EuGVÜ kollisionsrechtlich[616] berufenen Recht keinen Sitz in Spanien hatte, so daß das EuGVÜ keine Anwendung fand, daß aber nach den im Anwendungsbe-

---

610 Geimer/Schütze aaO, Art. 52, RZ 1

611 vgl. oben, Fn. 70

612 Calvo Caravaca aaO, Art. 2, RZ 4; Geimer, NJW 1986, S. 1438ff.: Anmerkung zu BGH, Urteil vom 20. Januar 1986 - II ZR 56/85, München (1439); Kropholler, Europäisches Zivilprozeßrecht, vor Art. 2, RZ 8; Geimer/Schütze aaO, Art. 2, RZ 73ff.; so auch für die Neueinführung des portugiesischen Gerichtsstandes am Beklagtenwohnsitz: Teixeira de Sousa, IPRax 1997, S. 352ff.: Die neue internationale Zuständigkeitsregelung im portugiesischen Zivilprozeßgesetzbuch ... (353)

613 Kropholler, Europäisches Zivilprozeßrecht, vor Art. 2, RZ 8; Geimer/Schütze, Europäisches Zivilverfahrensrecht, Einleitung, RZ 124f.; das diesbezüglich beim EuGH anhängige Vorabentscheidungsersuchen Rs. 314/92, Ladenimor/Intercomfinanz wurde am 21.02.1994 beim EuGH gelöscht; Vorlagebeschluß in Amtsblatt der EG 1992 Nr. C 219, 4; hierzu: Jayme, IPRax 1992, S. 357f.: Grundfragen zum Anwendungsbereich des EuGVÜ-Zwei Vorlagen an den EuGH

614 Kropholler aaO, vor Art. 2, RZ 8

615 vgl. oben, Fn. 4; Wortlaut der Vorschrift: vgl. oben, Fn. 603

616 die einschlägige spanische kollisionsrechtliche Vorschrift ist Art. 9 Abs. 11 Cc, wonach das Personalstatut der juristischen Person sich nach ihrer Nationalität richtet; näher zur kollisionsrechtlichen Problematik: Calvo Caravaca aaO, Art. 53, RZ 5; Weigand aaO, S. 168

reich von Art. 22 LOPJ anwendbaren Vorschriften -Art. 66 LEC[617], sowie subsidiär Art. 41 Cc[618],- diese ihren Sitz in Spanien hatte. Damit konnte Art. 22 Abs. 2 LOPJ für juristische Personen ein Anwendungsbereich verbleiben. So reichte es nach einer Entscheidung der *Audiencia Provincial de Bilbao*[619] im Anwendungsbereich von Art. 22 Abs. 2 LOPJ für die Sitzbestimmung in Spanien gemäß Art. 41, 2. Alt. Cc aus, daß der gesetzliche Vertreter der schweizerischen Gesellschaft seinen Sitz in Spanien hatte[620].

cc) Stellungnahme

Die Nichtübernahme von Art. 53 EuGVÜ kann wohl nicht als Schwachstelle des autonomen spanischen Rechts bezeichnet werden, denn Art. 53 EuGVÜ führte wegen der in den Vertragsstaaten erheblich divergierenden kollisionsrechtlichen Systeme[621] häufig zu (positiven) Kompetenzkonflikten[622]. Daß der Sitz für die Zwecke des Übereinkommens nicht autonom definiert wurde, wurde bedauert[623], dies um so mehr, als eine Vereinheitlichung der nationalen Rechte nicht in Sicht ist[624]. Art. 53 EuGVÜ ist deshalb der internationalen Zuständigkeitsharmonie genauso wenig zuträglich wie das spanische autonome Recht.

617 Art. 66 Abs. 1 LEC (nur Absatz eins bezog sich auf juristische Personen): Der Sitz juristischer Personen ist der Ort, der als solcher in der Gründungsurkunde oder in den sonstigen Statuten bezeichnet ist. Die Vorschrift findet in Artt. 155, 156 LEC n.F. (vgl. oben, Fn. 70) keine Entspechung.

618 Art. 41 Cc (Übersetzung nach Peuster): Wenn weder das Gesetz, das sie geschaffen oder anerkannt hat, noch die Statuten oder Gründungsregeln den Sitz der juristischen Personen festlegen, ist es so zu verstehen, daß sie ihn an dem Ort haben, an dem ihre gesetzliche Vertretung niedergelassen ist oder wo sie die Haupttätigkeit ihrer Gesellschaft ausüben.

619 SAP Bilbao de 24 de junio de 1993, REDI 1994, S. 293ff.

620 SAP Bilbao aaO (294): allerdings für die Bestimmung des Sitzes der Klägerin, auf den das Gericht seine internationale Zuständigkeit unter anderem stützt

621 Calvo Caravaca aaO, Art. 53, RZ 3; Geimer/Schütze aaO, Art. 53, RZ 2; Kropholler, Europäisches Zivilprozeßrecht, Art. 53, RZ 2

622 Geimer/Schütze aaO, Art. 53, RZ 2; Kropholler aaO, Art. 53, RZ 2

623 Geimer/Schütze aaO, Art. 53, RZ 2; Kropholler aaO, Art. 53, RZ 2; Nach Inkrafttreten der Verordnung (EG) Nr. 44/2001 des Rates über die gerichtliche Zuständigkeit und die Anerkennung und Vollstreckung von Entscheidungen in Zivil- und Handelssachen (vgl. Fn. 4) ergibt sich nunmehr aus der Verordnung selbst (Art. 60), wo Gesellschaften und juristische Personen ihren Sitz haben; vgl. oben, Fn. 603

624 für die Europäische Union: Kropholler aaO, Art. 53, RZ 2; Geimer/Schütze aaO, Art. 53, RZ 2: Das auf Art. 220 EWG-Vertrag fußende Übereinkommen zur Anerkennung juristischer Personen wird vermutlich nie in Kraft treten; der Beitritt der Niederlande steht noch aus.

5. Gerichtsstandsvereinbarungen

a) Anwendungsbereich von Art. 22 Abs. 2 LOPJ

Vor Inkrafttreten des EuGVÜ war Art. 22 Abs. 2 LOPJ die allein maßgebliche Norm für die Beurteilung internationaler Gerichtsstandsvereinbarungen. Die spanischen Gerichte sind danach allgemein zuständig, wenn die Parteien sich diesen ausdrücklich unterworfen haben.

Mit Inkrafttreten des EuGVÜ in Spanien am 1. Februar 1991 verringerte sich der Anwendungsbereich von Art. 22 Abs. 2 LOPJ erheblich, denn Art. 17 EuGVÜ[625] ist anwendbar, sobald eine der Parteien ihren Wohnsitz in einem Vertragsstaat hat[626]. Für die Anwendung der Vorschrift soll es nicht auf die jeweilige Rolle als Kläger oder Beklagter ankommen[627]. Weiterhin regelt Art. 17 Abs. 1 Satz 3 EuGVÜ innerhalb des Anwendungsbereichs des EuGVÜ die Derogationswirkung einheitlich.

Im übrigen ist Art. 17 EuGVÜ auf Gerichtsstandsvereinbarungen zwischen Parteien, die ihren Wohnsitz außerhalb des geographischen Anwendungsbereichs des EuGVÜ haben, nicht anwendbar[628]. Das nationale Prozeßrecht ist auch anwend-

---

625 Nach Inkrafttreten der Verordnung (EG) Nr. 44/2001 des Rates über die gerichtliche Zuständigkeit und die Anerkennung und Vollstreckung von Entscheidungen in Zivil- und Handelssachen (vgl. Fn. 4) jetzt Art. 23, der in Abs. 2 eine Ergänzung dahingehend enthält, daß elektronische Übermittlungen, die eine dauerhafte Aufzeichnung der Vereinbarung ermöglichen, der Schriftform gleichgestellt sind.

626 Kropholler, Europäisches Zivilprozeßrecht, Art. 17, RZ 1; Wortlaut Art. 17 Abs. 1 Satz 1 EuGVÜ: Haben die Parteien, von denen mindestens eine ihren Wohnsitz in dem Hoheitsgebiet eines Vertragsstaats hat, ...; nach zum Teil in der Literatur vertretener Ansicht soll für die Anwendbarkeit des EuGVÜ eine Angelegenheit mit internationaler Beziehung zu einem anderen Vertragsstaat erforderlich sein (Nachweise bei Kropholler aaO, Art. 17, RZ 6, Fn. 10). Aull, IPRax 1999, S. 226ff.: Zur isolierten Prorogation nach Art. 17 Abs. 1 LugÜ (227): Vetreter dieser Auffassung verneinen die Anwendbarkeit des Übereinkommens, wenn beide Vertragsparteien ihren Wohnsitz in demselben Vertragsstaat haben. So auch: OLG Hamm, Urt. vom 18.9.1997, 5 U 89/97, IPRax 1999, S. 244ff. zu Art. 17 LugÜ; aA. Aull aaO: Die hinreichende Internationalität ergibt sich aus der von der Privatautonomie getragenen Gerichtsstandsvereinbarung (228).

627 Kropholler aaO, Art. 17, RZ 1

628 Amtsblatt der EG Nr. C 59 vom 5. März 1979, S. 71ff. (124, RZ 177) - Bericht Schlosser: Umgekehrt kann auch ein Gericht innerhalb der Gemeinschaft durch Parteien angerufen werden, welche die Zuständigkeit dieses Gerichts vereinbart haben, obwohl sie beide Wohnsitz außerhalb der Gemeinschaft besaßen. Es besteht kein Anlaß, in das Übereinkommen Regeln darüber aufzunehmen, unter welchen Voraussetzungen das von solchen Parteien vorgesehene Gericht seine Zuständigkeit annehmen muß. Wohl aber besteht ein

bar, wenn Parteien vereinbaren, daß Streitigkeiten vor Gerichten eines Nichtvertragsstaates ausgetragen werden sollen[629]. Die Derogationswirkung der Prorogation des Gerichtes eines Drittstaates ist dann am Maßstab der nationalen Prozeßrechte zu messen[630].

Art. 22 Abs. 2 LOPJ verbleibt daher ein bedeutsamer Anwendungsbereich bei Derogation der spanischen Gerichte und Prorogation von Drittstaatengerichten[631] sowie bei der Prorogation eines spanischen Gerichtsstandes durch Parteien ohne Wohnsitz in einem Vertragsstaat. Eine Untersuchung der zu Art. 22 Abs. 2 LOPJ ergangenen Rechtsprechung ist vor allem deshalb notwendig, weil die spanische Judikatur nunmehr bei Anwendung von Art. 17 EuGVÜ die zu Art. 22 Abs. 2 LOPJ ergangene Rechtsprechung heranzieht[632] oder den Anwendungsbereich des

---

Gemeinschaftsinteresse daran, zu gewährleisten, daß unter näher festgelegten Bedingungen der Derogationseffekt einer solchen Vereinbarung im gesamten EWG-Gebiet anerkannt wird.

629 Amtsblatt der EG Nr. C 59 vom 5. März 1979, S. 71ff. (124, RZ 176) - Bericht Schlosser: Nichts im EuGVÜ kann diese Gerichte hindern, sich für zuständig zu erklären, wenn ihr Recht die Abmachung wirksam sein läßt. Fraglich ist nur, ob und gegebenenfalls in welcher Form solche Vereinbarungen eine Zuständigkeit von Gemeinschaftsgerichten abbedingen können, die nach dem EuGVÜ als ausschließliche oder konkurrierende begründet ist. Nichts im EuGVÜ läßt den Schluß zu, daß derartiges prinzipiell unzulässig sein soll. Das Übereinkommen enthält aber auch Regeln über die Wirksamkeit solcher Vereinbarungen. Wird ein Gericht innerhalb der Gemeinschaft einer solchen Vereinbarung zum Trotz angerufen, so muß es die Wirksamkeit der Abrede nach dem Recht beurteilen, das an seinem Sitz gilt. In dem Maße, in welchem das Kollisionsrecht dort ein ausländisches Recht für maßgebend hält, gilt dieses. Ist die Vereinbarung nach diesen Maßstäben unwirksam, so sind wieder die Zuständigkeitsbestimmungen des EuGVÜ anzuwenden.

630 Kropholler, Europäisches Zivilprozeßrecht, Art. 17, RZ 14 mN für die deutsche Rechtsprechung: BGH 20.1.1986, NJW 1986, 1438 Anm. Geimer; 24.11.1988, NJW 1989, 1431; Schack, IPRax 1990, S. 19f.: Derogation des Vermögensgerichtsstandes zwischen deutscher *lex fori* und ausländischem Prorogationsstatut (20): Der BGH hatte über die derogierende Wirkung einer Gerichtsstandsvereinbarung zweier Parteien zugunsten eines Nichtvertragsstaates zu entscheiden, wobei der Kläger einen inländischen Wohnsitz hatte; Zulässigkeit und Wirkungen der Derogation maß er an § 38 ZPO; zuletzt: BGH 18.3.1997, IPRax 1998, 470; hierzu: Anmerkung Gottwald/Baumann, IPRax 1998, 445ff.: Zur Derogation der deutschen internationalen Zuständigkeit

631 Der Gegenansicht (Nachweise bei Kropholler, Europäisches Zivilprozeßrecht, Art. 17, RZ 74ff., insbesondere Note 170), die Art. 17 Abs. 3 EuGVÜ auch dann anwenden will, wenn die Voraussetzungen des Abs. 1 nicht gegeben sind, wird hier unter Berufung auf den klaren Wortlaut von Art. 17 Abs. 1 („ein Gericht oder die Gerichte eines Vertragsstaats“) und die eindeutige Stellungnahme im Schlosser- Bericht, RZ 176, nicht gefolgt.

632 SAP Barcelona (Sección Decimotercera) de 12 de abril de 1994, RGD, núms. 601-602, 1994, S. 11447-11450 = REDI 1996-2, S. 251ff.

EuGVÜ schlicht verkennt[633], somit die Abweichungen vom europäischen Vorbild mittlerweile Auswirkungen auch in dessen Anwendungsbereich zeitigen[634]. Vom europarechtlichen Standpunkt her -einheitliche Auslegung des EuGVÜ durch den EuGH gemäß Auslegungsprotokoll vom 3. Juni 1971- ist diese Praxis kritikwürdig.

b) Anwendbares Recht

Zu untersuchen ist, wie sich das auf Gerichtsstandsvereinbarungen anwendbare Recht bestimmt.

Für die dem Prozeßrecht zuzuordnenden Normen regelt Art. 8 Abs. 2 Cc[635] -*lex fori regit processum*-, daß diese dem Recht des Forums zu entnehmen sind[636]. Die Qualifikation als prozessual oder materiell richtet sich nach dem Recht des Forumstaates[637]. Die Qualifikation ist unabhängig vom Standort der Norm in einem bestimmten Gesetz[638]. Jede einzelne Norm muß jeweils auf ihren Inhalt untersucht werden[639]: Materiell-rechtlich sind diejenigen Normen, die die Ausführung bestimmter Handlungen mit der Entstehung, Inhaltsänderung oder dem Erlöschen einer subjektiven Rechtslage verbinden[640]. Als prozessual sind diejenigen Vorschriften zu qualifizieren, die sich auf die gerichtliche Geltendmachung dieser Rechte oder auf die Wahrnehmung prozessualer Rechte und auf die Rechtsfolgen solcher Handlungen beziehen[641]. Nach diesen Definitionen können Form, Zulässigkeit und Wirkungen von Gerichtsstandsvereinbarungen dem Prozeßrecht,

---

633 SAP Barcelona (Sección 15.ª) de 15 de febrero 1994, REDI 1995-1, S. 211ff. mit Anmerkung von Rafael Arenas García (212f.); SAP Barcelona (Sección 14.ª) de 11 de marzo de 1997, REDI 1998-1, S. 326ff. mit Anmerkung von de Miguel Asensio (327ff.)

634 SAP Barcelona (Sección Decimotercera) de 12 de abril de 1994, RGD, núms. 601-602, 1994, S. 11447-11450 = REDI 1996-2, S. 251ff.

635 Dies ist seit Inkrafttreten des Zivilprozeßreformgesetzes (vgl. oben, Fn. 70) nunmehr auch in Art. 3 LEC n.F. bestimmt.

636 Art. 8 Abs. 2 Cc: Wortlaut und Übersetzung: vgl. Anhang

637 Amores Conradi aaO (124); Blanco-Morales Limones, El seguro español ..., S. 236; für das internationale Privatrecht bestimmt Art. 12 Abs. 1 Cc (Übersetzung nach Peuster, Das spanische Zivilgesetzbuch):
Art. 12 Abs. 1 Cc: Die Qualifikation zur Bestimmung der spanischen Kollisionsnormen geschieht immer nach spanischem Recht.

638 STS de 6 de noviembre de 1941, RAJ 1222

639 Adam Muñoz, El proceso civil con elemento extranjero y la cooperación judicial internacional, S. 108; Almagro Nosete/Tomé Paule, Instituciones de Derecho procesal, S. 49f.

640 Adam Muñoz aaO, S. 108f.

641 Adam Muñoz aaO, S. 109; Almagro Nosete/Tomé Paule aaO, S. 48

Zustandekommen und inhaltliche Wirksamkeit dem materiellen Recht zugeordnet werden[642].

Nach der Rechtsprechung des *Tribunal Supremo* kommen jedenfalls Artt. 56, 57 LEC[643] auch auf internationale Gerichtsstandsvereinbarungen zur Anwendung[644]. Nach Art. 56 LEC wird ein Gericht durch ausdrückliche Parteivereinbarung zuständig. Gemäß Art. 57 LEC mussten die Parteien der Gerichtsstandsvereinbarung klar und bestimmt auf ihr eigenes Forum verzichten und das Gericht, dem sie sich unterwarfen, eindeutig bezeichnen[645]. Die spanische Lehre stimmt der Anwendung von Art. 56f. LEC auf internationale Gerichtsstandsvereinbarungen zu[646].

---

642 Quiñones i Escàmez, Revista Jurídica de Catalunya, S. 657ff.: Evolución de la admisibilidad de la cláusula atributiva ... (666f.); so für das deutsche Recht zuerst das Reichsgericht (RGZ 159, 254 (256)); dem Reichsgericht folgend sodann der Bundesgerichtshof (BGHZ 59, 23 (26f.)); Jaeckel, Die Reichweite der lex fori im internationalen Zivilprozeßrecht, S. 100; Grube, EuZW 1992, S. 17ff.: Deutsch-spanische Gerichtsstandsvereinbarungen (18) mutmaßt, daß dies auch für das spanische Recht gelten müsse

643 Artt. 56, 57 LEC: Wortlaut und Übersetzung vgl. Anhang; nach Inkrafttreten des Zivilprozeßreformgesetzes (vgl. oben, Fn. 70) nunmehr Artt. 54, 55, 57 LEC n.F.: Art. 54 LEC n.F. enthält Regelungen, in welchen Fällen die Gerichtsstandsvereinbarung materiell-rechtlich unzulässig ist. Formelle Anforderungen bestehen gem. Art. 55 LEC n.F. (Wortlaut unten, Fn. 645) des Inhalts, daß die Gerichtsstandsvereinbarung präzise eingrenzen muß, welchen Gerichten die Parteien sich unterwerfen. Art. 57 LEC n.F. enthält eine Regelung, welche Verteilung vorzunehmen ist, wenn die Parteien sich mehreren Gerichten unterworfen haben.

644 SSTS de 18 de junio de 1990, RAJ 4764; de 19 de noviembre de 1990, REDI 1991, S. 194f.; de 30 de abril de 1991, RAJ 3118

645 Durch die Neufassung der LEC durch Gesetz 1/2000 (vgl. Fn. 70) erfolgte eine Neufassung dieser Bestimmungen in Art. 55 LEC n.F., worin nur noch bestimmt ist, daß als Gerichtsstandsvereinbarung eine Vereinbarung der Parteien zu sehen ist, in welcher präzise umschrieben ist, unter welche Gerichte die Parteien sich unterwerfen. Art. 55 LEC n.F. lautet:
Se entenderá por sumisión expresa la pactada por los interesados designando con precisión la circunscripción a cuyos tribunales se sometieren.
Für den Fall einer Gerichtsstandsvereinbarung, mit welcher die Parteien die Zuständigkeit einer Mehrzahl von Gerichten vereinbaren, wird Art. 55 LEC n.F. durch Art. 57 LEC n.F. ergänzt, der lautet:
La sumisión expresa de las partes determinará la circunscripción cuyos tribunales hayan de conocer del asunto. Cuando en dicha circunscripción existan varios tribunales de la misma clase, el reparto de los asuntos determinará a cuál de ellos corresponde conocer del asunto, sin que las partes puedan someterse a un determinado tribunal con exclusión de los otros.

646 Garau Sobrino, Ein internationales Zivilverfahrensrecht für Gesamteuropa..., S. 341ff. Das Beispiel Spanien... (347): Die Vereinbarung der Zuständigkeit ist zu beurteilen nach dem Prinzip *lex fori regit processum* (Art. 8.2 Cc; seit Inkrafttreten des Zivilprozeßreformgesetzes [vgl. oben, Fn. 70] nunmehr auch in Art. 3 LEC n.F. bestimmt) gemäß Art. 57 LEC

In Teilen der Literatur erfolgt eine vertiefte Auseinandersetzung mit dem auf Gerichtsstandsvereinbarungen anwendbaren materiellen und formellen Recht[647]: So unterscheidet *Quiñones i Escàmez* zwischen der auf die Einigung der Parteien anwendbaren *lex contractus* und der auf die Wirksamkeit der Gerichtsstandsvereinbarung anwendbaren *lex fori* des darin bestimmten Gerichts[648]. Dieses entscheide, wenn es zugleich das angerufene Gericht sei, nach seinem Prozeßrecht über die Wirksamkeit der Prorogation[649]. Werde ein anderes als das in der Gerichtsstandsvereinbarung bezeichnete Gericht angerufen, so entscheide das angerufene Gericht –wiederum nach seinem Prozeßrecht- über die Wirksamkeit der Derogation[650].

Auch *Blanco-Morales Limones* unterscheidet zwischen dem auf das Zustandekommen der Gerichtsstandsvereinbarung anwendbaren Recht[651], welches das nach dem Kollisionsrecht des Forums berufene Sachrecht sei, und der auf Form und Wirkungen anwendbaren *lex fori*[652].

(ausdrücklich) und Art. 58 LEC (stillschweigend); Senés Motilla, Justicia 1986, S. 683ff.: Sistema de competencia judicial ... (694), obwohl diese Autorin sich mangels Parallelität gegen eine analoge Anwendung der LEC-Vorschriften auf die Gerichtsstandsvereinbarung ausspricht und die konkret anwendbaren Vorschriften offenläßt; Díaz Ruíz, La Ley 1986-2, S. 1078ff.: Jurisdicción Española y contratos de financiación internacional (1085): Artt. 57, 58 LEC sind analog anwendbar (1086, Fn. 49); Rodríguez Benot, Los acuerdos atributivos ..., S. 93; de Miguel Asensio, Anmerkung zu STS de 30 de abril de 1991, REDI 1991, S. 498f.; Blanco- Morales Limones, El seguro español ..., S. 230ff.; González Granda, Extensiones y límites ..., S. 234ff.; Fernández Rozas/Sánchez Lorenzo, CDIP 1996, S. 268

647 Quiñones i Escàmez, Revista Jurídica de Catalunya, S. 657ff.: Evolución de la admisibilidad de la cláusula atributiva ... (660ff.); Díaz Ruíz, La Ley 1986-2, S. 1078ff.: Jurisdicción Española y contratos de financiación internacional (1086); Blanco-Morales Limones, El seguro español ..., S. 230

648 Quiñones i Escàmez, Revista Jurídica de Catalunya, S. 657ff.: Evolución de admisibilidad de la cláusula atributiva de competencia internacional en Derecho Español y comparado (660ff.)

649 Quiñones i Escàmez aaO (663)

650 Quiñones i Escàmez aaO (664)

651 Blanco-Morales Limones, El seguro español ..., S. 232

652 Blanco-Morales Limones aaO, S. 231

Díaz Ruíz bestimmt gemäß der kollisionsrechtlichen Vorschrift des Art. 9 Abs. 1 Cc[653] jedenfalls die Geschäftsfähigkeit der Parteien nach deren Personalstatut[654].

c) Wirksamkeitsvoraussetzungen

Art. 22 Abs. 2 LOPJ begründet -wie schon oben näher ausgeführt[655]- die internationale Zuständigkeit der spanischen Gerichte mit allgemeiner Wirkung, wenn die Parteien sich ausdrücklich diesen unterworfen haben. Die Gesetzesnovelle hat die einzelnen Erfordernisse, welchen eine wirksame Unterwerfung der Parteien in internationalen Rechtsstreitigkeiten genügen muß, nicht geregelt. Die Wirksamkeitsvoraussetzungen sollen nachfolgend dargestellt werden, zunächst -unter nachfolgend aa)- die formellen, sodann -unter bb)- die materiellen Voraussetzungen:

aa) Formelle Voraussetzungen

aaa) Wirksamkeitserfordernis oder Beweiserleichterung

Art. 17 Abs. 1 EuGVÜ regelt die Anforderungen an die Form der Gerichtsstandsvereinbarung detailliert. Die Frage der rechtlichen Bedeutung der Schriftform wurde bei den Beratungen zum EuGVÜ offengelassen. In einigen Ländern wird ein Schriftstück lediglich zu Beweiszwecken gefordert; in anderen hingegen ist es für die Gültigkeit der Vereinbarung unerläßlich[656]. Um ein unterschiedliches rechtliches Schicksal einer Zuständigkeitsvereinbarung in den Vertragsstaaten zu verhindern, ist eine einheitliche vertragsautonome Auslegung an Wortlaut und Zweck des Art. 17 EuGVÜ geboten[657]. Zuständigkeitsbegründend kann danach nur eine Vereinbarung wirken, die in allen Punkten der Vorschrift entspricht. Die Beachtung der richtigen Form ist also Wirksamkeitsvoraussetzung[658].

---

[653] Art. 9 Abs. 1 Cc (Übersetzung nach Peuster, Das spanische Zivilgesetzbuch):
Das Personalstatut der natürlichen Personen ist das Gesetz, welches durch ihre Staatsangehörigkeit bestimmt wird. Besagtes Gesetz regelt die Geschäftsfähigkeit und den Personenstand, die Rechte und Pflichten der Familie und die Erbfolge von Todes wegen.
Der Wechsel des Personalstatuts berührt nicht die Volljährigkeit, die nach dem früheren Heimatrecht erworben worden ist.

[654] Díaz Ruíz, La Ley 1986-2, S. 1078ff.: Jurisdicción Española y contratos de financiación internacional (1086)

[655] vgl. oben, S. 80ff.

[656] Amtsblatt der EG Nr. C 59 vom 5. März 1979, S. 35ff. (59) - Bericht Jenard

[657] Kropholler, Europäisches Zivilprozeßrecht, Art. 17, RZ 29

[658] EuGH 14.12.1976 - 24/76, Colzani/Rüwa, und 25/76, Segoura/Bonakdarian (jeweils *obiter dicta* im ersten Leitsatz); Bülow, RabelsZ 1965, S. 473ff.: Vereinheitlichtes internationales Zivilprozeßrecht in der Europäischen Wirtschaftsgemeinschaft (493)

Eine Gerichtsstandsvereinbarung ist nach spanischem Recht gemäß Artt. 56, 57 LEC grundsätzlich formlos wirksam, es sei denn für den Hauptvertrag besteht Formzwang[659]. Obwohl die Schriftform der Gerichtsstandsvereinbarung im spanischen Recht nicht Wirksamkeitsvoraussetzung ist[660], genügt nach spanischer Rechtsprechung zu Artt. 56, 57 LEC eine nicht unterschriebene oder nicht akzeptierte Unterwerfung nicht den Voraussetzungen des Art. 57 LEC -eindeutiger Verzicht auf das eigene Forum sowie präzise Bezeichnung des prorogierten Gerichts[661].

Deshalb fordert der *Tribunal Supremo* die Unterzeichnung der Klausel durch den Beklagten, der sein eigenes Forum aufgibt[662]. In einer früheren Entscheidung[663] wird eine ausdrückliche Unterwerfung in „klarer und präziser sowie bilateraler Weise, unterzeichnet durch den Teil, der auf sein eigenes Forum verzichtet" verlangt. In einer weiteren Entscheidung formuliert der *Tribunal Supremo* ähnlich: Die Zurückweisung des eigenen Forums und die Unterwerfung unter ein anderes Gericht erfolgen nur durch eine Klausel, die dies „in klarer und expliziter Weise bestimmen muß, und die nicht wirksam ist, wenn in ihr nicht die Unterschrift der Beteiligten oder eines von ihnen erscheint"[664]. In zwei späteren Entscheidungen faßt der *Tribunal Supremo* beide Entscheidungen in der Formel zusammen, die ausdrückliche Unterwerfung der Parteien müsse in klarer, präziser, expliziter Weise sowie beiderseitig erfolgen und durch denjenigen unterzeichnet sein, der auf sein eigenes Forum verzichte[665]. Das Erfordernis der Beiderseitigkeit folgt aus der Argumentation des *Tribunal Supremo*[666], die Gerichtsstandsvereinbarung habe den Charakter einer vertraglichen Verbindlichkeit, da sie für ihre Wirksamkeit die Willensübereinstimmung aller Streitbeteiligten[667] oder der von ihnen Bevollmächtigten[668] erfordere. Dem beiderseitigen Schriftformerfordernis ist grundsätzlich Genüge getan, wenn die von einer Partei schriftlich übermittelte Ge-

---

659 Ramos Méndez; Derecho Procesal Civil, I, 3.ª edición, S. 191

660 Moreno Catena en Cortés Domínguez et al., Derecho procesal - Proceso Civil, S. 49

661 STS de 17 de octubre de 1986, RAJ 5795; Moreno Catena en Cortés Domínguez et al. aaO, S. 49

662 SSTS de 4 de octubre de 1965, RAJ 4573; de 26 de junio de 1968, RAJ 4668

663 STS de 21 de mayo de 1982, RAJ 2589

664 STS de 31 de mayo de 1984, RAJ 2810; Moreno Catena en Cortés Domínguez et al. aaO, S. 49

665 SSTS de 18 de junio de 1990, RAJ 4764; de 30 de abril de 1991, RAJ 3118

666 STS de 30 de noviembre de 1984, RAJ 5696

667 STS de 21 de enero de 1986, RAJ 108

668 STS de 16 de febrero de 1981, RAJ 527

richtsstandsvereinbarung von der anderen Partei schriftlich angenommen wurde[669].

Der *Tribunal Supremo* läßt daher solche Dokumente für eine zuständigkeitsbegründende Gerichtsstandsvereinbarung nicht ausreichen, die die Unterschrift des anderen Teils nicht enthalten, so daß beispielsweise Gerichtsstandsklauseln in Lieferscheinen ohne Effekt bleiben[670]. Eine weitere Entscheidung negiert die Wirksamkeit einer Gerichtsstandsvereinbarung, weil sie weder vom Käufer unterzeichnet war noch klar und präzise erkennen ließ, daß sie von diesem akzeptiert worden war, sondern nur den vorgefertigten Text enthielt[671]. Auch eine Gerichtsstandsvereinbarung in vorgefertigten Vertragsbedingungen, die der Käufer lediglich an falscher Stelle unterschrieben hatte, blieb wirkungslos[672].

Die Neufassung von Art. 57 LEC in Art. 55 LEC n.F.[673], worin nur noch bestimmt ist, daß die Gerichtsstandsvereinbarung präzise eingrenzen muß, welchen Gerichten die Parteien sich unterwerfen, wird möglicherweise zu einer Änderung der oben angeführten Rechtsprechung führen.

Im Prozeß muß im Bestreitensfalle eine Gerichtsstandsvereinbarung von der Partei, die sich auf sie beruft, bewiesen werden[674]. Nach der Rechtsprechung des *Tribunal Supremo* reicht es aus, daß für die zuständigkeitsbegründenden Tatsachen ein Anfangsbeweis[675] erbracht wird[676]. Dies wird in der Regel durch die Präsentation von Dokumenten geschehen[677], kann aber auch durch Indizienbeweis, Geständnis, ausnahmsweise Zeugenbeweis erfolgen[678, 679].

---

669 STS de 5 de julio de 1969, RAJ 3838

670 STS de 24 de noviembre de 1982, RAJ 6928; Moreno Catena en Cortés Domínguez et al. aaO, S. 49

671 STS de 16 de julio de 1982, RAJ 4248

672 STS de 18 de enero de 1983, RAJ 249

673 vgl. oben, Fn. 643 und 645

674 de la Oliva/Angel Fernández, Derecho Procesal Civil I, S. 441f., RZ 32f.

675 principio de prueba

676 de la Oliva/Angel Fernández aaO, S. 442, RZ 33

677 de la Oliva/Angel Fernández aaO, S. 442, RZ 34

678 Díaz Ruíz, La Ley 1986-2, S. 1078ff., Jurisdicción Española y contratos de financiación internacional (1086) mN bei J. Guasp, Derecho Procesal Civil, 2.ª reimpresión de la 3.ª edición, Madrid 1977, S. 352ff.

679 de la Oliva/Angel Fernández aaO, S. 441f., RZ 32: Eine Beweisaufnahme kennt nur der Rechtsbehelf der *declinatoria*, nicht derjenige der *inhibitoria*. Die *inhibitoria* ist –für die Geltendmachung der örtlichen Unzuständigkeit, an der die Rechtsprechung zu audrücklichen Gerichtsstandsvereinbarungen gemäß Artt. 56, 57 LEC sich entwickelt hat- die in der Mehrzahl der Fälle gewählte Form. Auch aus diesem Grunde ist das Vorhandensein von

bbb) Allgemeine Geschäftsbedingungen

Nachstehend werden Gerichtsstandsvereinbarungen in allgemeinen Geschäftsbedingungen nur in Hinblick auf das Formerfordernis untersucht.

Dem Erfordernis der Schriftlichkeit nach Art. 17 Abs. 1 EuGVÜ ist bei einer Gerichtsstandsklausel, die in den auf der Rückseite der Vertragsurkunde abgedruckten allgemeinen Geschäftsbedingungen einer Partei enthalten ist, dann genügt, wenn der von beiden Parteien unterzeichnete Vertragstext ausdrücklich auf diese allgemeinen Geschäftsbedingungen Bezug nimmt[680].

Auch die spanische Rechtsprechung verlangt diese spezifische Willensübereinstimmung der Parteien[681]: Allgemeine Geschäftsbedingungen müssen von beiden Parteien unterzeichnet sein[682] bzw. in dem unterschriebenen Vertragstext muß auf die Rückseite verwiesen werden[683]. Gerichtsstandsklauseln in allgemeinen Geschäftsbedingungen können mithin dem Schriftformerfordernis grundsätzlich genügen.

Nach Art. 17 Abs. 1 EuGVÜ genügt auch die Bezugnahme auf frühere Dokumente, sofern der Hauptvertrag von beiden Parteien unterschrieben ist und der Hinweis auf die allgemeinen Geschäftsbedingungen ausdrücklich erfolgt ist[684].

Für das spanische Recht ist dies zweifelhaft[685], und zwar aus folgenden Erwägungen: Nicht ausreichend ist es nach spanischem Recht, wenn die Klausel sich nur in einem gesonderten, nicht unterzeichneten Dokument befindet, auf das der -unterzeichnete- Vertrag verweist[686]. Der *Tribunal Supremo* verlangt, daß auch der Anhang von den Parteien unterzeichnet ist[687]. Für den *Tribunal Supremo* ist somit

---

Dokumenten für die Erbringung des erforderlichen Anfangsbeweises von großer Bedeutung.

680 EuGH, 14. Dezember 1976, Rs 24/76, Colzani/Rüwa, Slg. 1976, S. 1831ff.

681 Alvarez González, Condiciones generales en la contratación internacional, I. Cláusula jurisdiccional en CGC, S. 148

682 STS de 18 de junio de 1990, RAJ 4764

683 SSTS de 4 de febrero de 1987, RAJ 679; de 21 de enero de 1987, RAJ 307; de 14 de noviembre de 1984, RAJ 5550

684 EuGH, 14. Dezember 1976, Rs 24/76, Colzani/Rüwa, Slg. 1976, S. 1831ff.

685 aA: Hauschild, Gerichtsstandsvereinbarungen in Spanien und Portugal, S. 39: Die Verweisung auf ein außerhalb der Vertragsurkunde liegendes Dokument soll ausreichen, allerdings ohne Quellennachweis.

686 STS de 18 de junio de 1990, REDI 1991, S. 190ff. (190) = RAJ 4764

687 SSTS de 21 de enero de 1986, RAJ 108; de 11 de mayo de 1985, RAJ 2269; STS de 18 de junio de 1990, RAJ 4764

entscheidend, daß die Unterschrift einen räumlichen Bezug zu der Gerichtsstandsklausel aufweist[688]. An einem räumlichen Bezug fehlt es aber bei dem Vertrag vorangehenden Dokumenten.

ccc) Erfüllungsortvereinbarung

Die Erfüllungsortvereinbarung ist grundsätzlich sowohl nach dem EuGVÜ[689] als auch nach der LOPJ[690] zur Begründung der internationalen Zuständigkeit am Erfüllungsort geeignet (Art. 5 Nr. 1 EuGVÜ, Art. 22 Abs. 3 LOPJ), ohne daß die jeweiligen Formvorschriften beachtet werden müßten. Grenze ist jedoch nach der klarstellenden Entscheidung des EuGH[691] die Umgehung der Formvorschriften des Art. 17 EuGVÜ. Die Umgehung sanktioniert im spanischen Recht Art. 6 Abs. 4 Cc[692] mit der Nichtigkeit.

ddd) Handelsbräuche am Beispiel Konnossement

Das dem Befrachter vom Verfrachter ausgestellte Konnossement kann als eine „schriftlich bestätigte Vereinbarung" zwischen den Parteien im Sinne von Art. 17 Abs. 1 EuGVÜ[693] und Art. 22 Abs. 2 LOPJ[694] angesehen werden.

Der EuGH hat in diesem Zusammenhang entschieden[695]: Die Gerichtsstandsklausel gilt, wenn beide Parteien das Konnossement unterzeichnet haben. Ist die Gerichtsstandsklausel in den allgemeinen Geschäftsbedingungen enthalten, so muß der Befrachter dieser ausdrücklich schriftlich zugestimmt haben. Der von beiden

---

688 Rodríguez Benot, REDI 1992, S. 737ff.: Limitaciones parciales a la sumisión ... (739)

689 EuGH, 17. Januar 1980, Rs 56/79, Zelger/Salinitri, Slg. 1980, S. 89ff.

690 SAP Bilbao de 24 de junio de 1993, REDI 1994, S. 293ff.; Virgós Soriano, Lugar de celebración y de ejecución en la contratación internacional, S. 68

691 EuGH, 20.2.1997, Rs. C-106/95, Mainschiffahrtsgesellschaft eG/Les Gravières Rhenanes SARL, Slg. 1997, S. 932ff. = IPRax 1998, S. 31: Durch eine Erfüllungsortvereinbarung, die nicht zum Zweck hat, den Erfüllungsort verbindlich festzulegen, sondern ausschließlich dem Zweck dient, einen bestimmten Gerichtsstand zu errichten, darf keine Umgehung der Formvorschriften des Art. 17 EuGVÜ erfolgen. Hier ist Art. 17, nicht Art. 5 Nr.1 EuGVÜ anzuwenden. Zustimmend: Rodríguez Benot, Anmerkung zu EuGH Rs. C 106/95, REDI 1997-1, S. 211ff.

692 Art. 6 Abs. 4 Cc: (Übersetzung nach Peuster)
Handlungen, die mit Unterstützung des Wortlautes einer Norm vorgenommen worden sind, und die ein Ergebnis verfolgen, das von der Rechtsordnung verboten ist oder ihr zuwiderläuft, gelten als in Gesetzesumgehung begangen und hindern nicht die gebotene Anwendung der Norm, die zu umgehen man versucht hat.

693 EuGH, 19. Juni 1984, Rs. 71/83, Russ/Nova - Goeminne, Slg. 1984, S. 2417ff.

694 SSTS de 30 de abril de 1990, RAJ 2807; de 31 de mayo de 1991, RAJ 3955; de 30 de junio de 1983, RAJ 3699; de 20 de julio de 1988, RAJ 5996

695 EuGH, 19. Juni 1984, Rs. 71/83, Russ/Nova - Goeminne, Slg. 1984, S. 2417ff.

Parteien unterzeichnete Wortlaut des Konnossements muß ausdrücklich auf diese allgemeinen Bedingungen verweisen[696]. Unterhalten jedoch der Verfrachter und der Befrachter laufende Geschäftsbeziehungen, die in ihrer Gesamtheit den allgemeinen Bedingungen unterliegen, so gilt die Gerichtsstandsklausel selbst dann, wenn keine schriftliche Zustimmung vorliegt[697].

Die spanische Rechtsprechung verlangt, daß das Konnossement stets von Be- und Verfrachter zu unterzeichnen ist. Sie läßt es nicht ausreichen, daß solche Dokumente nur durch den Kapitän unterzeichnet werden, der die Ware transportieren muß, selbst wenn dies üblich ist[698].

In der spanischen Literatur wird diese Haltung des *Tribunal Supremo* kritisiert, weil sie eine Absage an die Zuständigkeitsbegründung in der Form internationaler Handelsbräuche bedeute[699]. In der Kommentierung zu dieser Entscheidung heißt es[700]:

> Es ist jetzt nicht Zeit noch Gelegenheit, über diesen Fall hinaus klarzustellen, ob ein allein vom Kapitän unterzeichnetes Konnossement ausreicht für eine ausdrückliche Zustimmung zu der Gerichtsstandsvereinbarung durch denVerfrachter; jedenfalls ist es an der Zeit darzustellen, welche Voraussetzungen nach Art. 17 EuGVÜ in der Fassung von 1978 als übliche Form ausreichen für eine Gerichtsstandsvereinbarung „im internationalen Handel in einer Form, die einem Handelsbrauch entspricht, den die Parteien kannten oder kennen mußten und den Parteien von Verträgen dieser Art in dem betreffenden Geschäftszweig allgemein kennen und regelmäßig beachten" [...] Zwar müssen die Voraussetzungen für eine Gerichtsstandsvereinbarung nicht unmittelbar denjenigen des EuGVÜ entnommen werden, aber Art. 57 LEC im internationalen Anwendungsbereich so auszulegen wie im nationalen, ist nicht allein für den internationalen Rechtsverkehr unzufriedenstellend, sondern auch unrealistisch und gegen die Bräuche[701].

---

696 vgl. zu Gerichtsstandsvereinbarungen in Allgemeinen Geschäftsbedingungen oben, S. 121ff.

697 EuGH, 19. Juni 1984, Rs. 71/83, Russ/Nova - Goeminne, Slg. 1984, S. 2417ff.

698 STS de 30 de abril de 1990, RAJ 2807 unter Hinweis auf SSTS de 30 de junio de 1983 y de 20 de julio de 1988

699 Amores Conradi, Anmerkung zu STS de 30 de abril de 1990, REDI 1990, S. 607ff. (611)

700 Amores Conradi aaO (611)

701 Amores Conradi aaO (612)

eee) Rechtsnachfolge Dritter am Beispiel Konnossement

Fraglich ist in Hinblick auf das strenge Schriftformerfordernis einer wirksamen Gerichtsstandsvereinbarung, ob eine solche im Verhältnis zu einem Drittinhaber des Konnossements Rechtswirkungen entfalten kann:

Nach Art. 17 EuGVÜ gilt, daß das dem Befrachter vom Verfrachter ausgestellte Konnossement im Verhältnis zu einem Drittinhaber nur dann als eine „schriftlich bestätigte Vereinbarung" im Sinne von Art. 17 EuGVÜ angesehen werden kann, wenn der Drittinhaber nach dem anwendbaren nationalen Recht durch eine Vereinbarung mit dem Verfrachter verbunden ist und das Konnossement als „schriftliche Bestätigung dieser Vereinbarung" den Formerfordernissen des Artikels 17 EuGVÜ genügt[702].

Für das spanische Recht zeichnet sich möglicherweise eine Änderung der Rechtsprechung ab, mit der die spanische Judikatur die Rechtsprechung des EuGH übernehmen würde: Noch in zwei Entscheidungen aus dem Jahre 1990[703] erkannte der *Tribunal Supremo* die Rechtsnachfolge des Drittinhabers in die Gerichtsstandsvereinbarung mit der Begründung nicht an, daß der Rechtsnachfolger die Klausel nicht unterzeichnet habe. *González Campos* kritisiert dieses starre Festhalten des *Tribunal Supremo* an Formerfordernissen unter Berufung auf die soeben zitierte Rechtsprechung des EuGH, denn dem Drittinhaber sei eine solche Unterschrift schlicht unmöglich[704].

Demgegenüber heißt es in der Entscheidung des *Tribunal Supremo* vom 13. Oktober 1993[705]: Auf die Rechtsnachfolge des Versicherers in seeversicherungsrechtlichen Angelegenheiten finde Art. 780 Ccom[706] Anwendung, der eindeutig bestimme, daß der Versicherer nach Zahlung der Versicherungs-

---

702 EuGH, 19. Juni 1984, Rs 71/83, Russ/Nova - Goeminne, Slg. 1984, S. 2417ff.; Amtsblatt der EG Nr. C 397/1998, S. 22f.: Beim EuGH ist noch ein Verfahren nach dem Protokoll von 1971 vom *Hoge Raad* der Niederlande zu der Frage anhängig, welche Anforderungen gemäß Art. 17 EuGVÜ an die Wirksamkeit einer Gerichtsstandsvereinbarung in einem Konnossement, insbesondere auch in Ansehung des Drittinhabers, zu richten sind.

703 SSTS (Sala 1.ª) de 18 de junio de 1990, RAJ 4764 = REDI 1991, S. 190ff. (190f.) mit Anmerkung González Campos; de 30 de abril de 1990, RAJ 2807 = REDI 1990, S. 606ff. (606) mit Anmerkung Amores Conradi

704 Anmerkung González Campos zu STS (Sala 1.ª) de 18 de junio de 1990, RAJ 4764 = REDI 1991, S. 190ff. (193f.)

705 STS de 13 de octubre de 1993, RAJ 7514 = REDI 1994, S. 301ff. (302) mit Anmerkung Alvarez Rubio; ebenso: SAP Barcelona de 15 de febrero de 1994, REDI 1995-1, S. 211ff. mit Anmerkung von Rafael Arenas García

706 *Código de comercio* = Handelsgesetzbuch

summe mit allen Rechten und Pflichten in die Rechtsstellung des Versicherten eintrete[707], also auch in die Gerichtsstandsvereinbarung[708]. Daher könne der Versicherer nicht die fehlende eigenhändige Unterschrift einwenden.

fff) Schriftliche Bestätigung mit Gerichtsstandsklausel

Nach der ursprünglichen Fassung von Art. 17 Abs. 1 EuGVÜ war zur Einhaltung des Schriftformerfordernisses im Falle eines mündlich geschlossenen und später bestätigten Vertrages, wenn der schriftlichen Bestätigung der einen Seite deren allgemeine Geschäftsbedingungen nebst Gerichtsstandsklausel beigefügt waren, die erneute schriftliche Bestätigung der anderern Seite erforderlich[709]. Die widerspruchslose Hinnahme einer einseitigen Bestätigung war hinsichtlich der Gerichtsstandsklausel nur dann als Annahme anzusehen, wenn der mündlich geschlossene Vertrag sich in laufende Geschäftsbeziehungen einfügte, die zwischen den Parteien auf der Grundlage der eine Gerichtsstandsklausel enthaltenden allgemeinen Geschäftsbedingungen einer Partei bestanden[710]. Der EuGH erkennt in seiner heutigen Rechtsprechung demgegenüber an, daß Gerichtsstandsvereibarungen durch Schweigen auf ein kaufmännisches Bestätigungsschreiben oder sogar durch wiederholte und widerspruchslose Bezahlung von Rechnungen mit einer entsprechenden Klausel zustande kommen können[711].

Es ist in der spanischen Rechtsprechung nicht ersichtlich, daß vom Erfordernis der beiderseitigen Schriftlichkeit für eine schriftliche Bestätigung eines mündlich geschlossenen Vertrages mit Gerichtsstandsvereinbarung abgerückt würde[712]. Obwohl das spanische Recht materiell-rechtlich Schweigen als Willenserklärung

---

[707] Amores Conradi, Anmerkung zu STS de 30 de abril de 1990, REDI 1990, S. 606ff. (611): Dieselbe Bestimmung ist auch in Art 43 LCS -allgemein für versicherungsrechtliche Angelegehneiten- und in Art. 1212 Cc -für die Rechtsnachfolge in die Rechte des Gläubigers- enthalten (611)

[708] so schon zuvor für den Eintritt des Rechtsnachfolgers in eine Erfüllungsortvereibarung: SAP Bilbao de 24 de junio de 1993, REDI 1194, S. 293ff.

[709] EuGH, 14. Dezember 1976, Rs 25/76, Segoura/Bonakdarian, Slg. 1976, S. 1851ff.; Kubis, IPRax 1998, S. 10ff: Gerichtspflicht durch Schweigen? - Prorogation, Erfüllungsortvereinbarung und interntionale Handelsbräuche (11): Auf diese Rechtsprechung, die ersichtlich den „Gepflogenheiten und Bedürfnissen des internationalen Handels" widersprach, reagierten die Mitgliedstaaten bereits im 1. Beitrittsübereinkommen von 1978.

[710] EuGH, Segoura/Bonakdarian aaO, Slg. 1976, S. 1851ff.

[711] EuGH, 20.2.1997, Rs. C-106/95 - Mainschiffahrts-Genossenschaft eG/Les Gravières Rhenanes SARL, Slg. 1997, S. 932 (Nr. 20, 25) = IPRax 1998, S. 31

[712] STS de 18 de junio de 1990, RAJ 4764: Hier war die Gerichtsstandsvereinbarung in einem gesonderten Dokument enthalten, das die Parteien indes nicht unterzeichnet hatten.

anerkennt[713], zeichnet sich eine Aufweichung der Formerfordernisse für Gerichtsstandsvereinbarungen im Handelsverkehr nicht ab[714, 715]. Die Formel des *Tribunal Supremo* lautet, wie zu Beginn dieses Kapitels ausgeführt: Der Verzicht auf das eigene Forum und die Unterwerfung unter ein anderes Gericht ist eine Vereinbarung, die „in klarer und expliziter Weise feststehen muß, und die nicht gültig ist, wenn in ihr nicht die Unterschrift der Parteien oder einer von ihnen erscheint"[716]. Derjenige, der auf sein eigenes Forum verzichtet, muß die Gerichtsstandsvereinbarung in jedem Fall unterzeichnet haben[717]. Enthält eine Auftragsbestätigung somit eine Gerichtsstandsvereinbarung, so erlangt diese keine Gültigkeit, wenn der Empfänger durch diese seines eigenen Forums beraubt wird und die Bestätigung nicht unterzeichnet.

---

713 Das Gesetz kennt die Willenserklärung durch Schweigen beispielsweise in Art 1005 Cc (Übersetzung nach Peuster; Das spanische Zivilgesetzbuch): Geht ein Dritter gerichtlich vor, der ein Interesse daran hat, daß der Erbe annimmt oder ausschlägt, so muß der Richter diesem für die Abgabe seiner Erklärung eine Frist setzen, die dreißig Tage nicht überschreiten darf, und zwar nach Belehrung darüber, daß, wenn er sie nicht abgibt, die Erbschaft als angenommen gilt. García Amigo, Instituciones de Derecho Civil, Vol. I, Parte General, S. 696: Dem Schweigen kann auch nach Treu und Glauben die Bedeutung einer Willenserklärung zukommen.
Die Rechtsprechung des *Tribunal Supremo* erkennt Schweigen als Willenserklärung ebenfalls an: SSTS de 7 de diciembre de 1966, RAJ 5706; de 29 de enero de 1965, RAJ 262. In der Entscheidung vom 7.12.1966 heißt es: Die Willenserklärung kann durch verschiedene Medien ... bis zum reinen Schweigen erfolgen, wenn sie aus der besonderen Situation heraus als Willenserklärung verstanden werden darf.

714 Auch im spanischen Handelsverkehr kommt dem Schweigen materiell-rechtliche Bedeutung als Willenserklärung zu. So Martínez Val, Derecho Mercantil, S. 443: Wenn innerhalb einer Vertragsbeziehung oder durch Gesetz bestimmte Handlungen vorgesehen sind, deren Vornahme die Annahme eines Angebots bedeutet oder die den Beginn der Vertragserfüllung darstellen. Auch der *Tribunal Supremo* erkennt dem Schweigen im spanischen Handelsverkehr unter den nachstehend dargestellten Voraussetzungen die Bedeutung einer Willenserklärung zu: SSTS de 24 de noviembre de 1943, RAJ 1292; de 4 de enero de 1957, RAJ 124: Wenn, vorausgesetzt es besteht eine bestimmte Beziehung zwischen zwei Personen, der Verlauf der Verhandlungen ein Sprechen gebietet und wenn derjenige, der reden kann und muß, es nicht tut, dann muß er sich nach Treu und Glauben so behandeln lassen, als wenn er zugestimmt hätte.

715 Kubis, IPRax 1998, S. 10ff. (11): Gerichtspflicht durch Schweigen? Prorogation, Erfüllungsortvereinbarung und internationale Handelsbräuche gibt in einer kurzen Zusammenfassung einen Überblick über die Rechtswirkungen des Schweigens im Handelsverkehr für Deutschland, die Schweiz, Österreich, Frankreich und Italien.

716 STS de 31 de mayo de 1984, RAJ 2810

717 SSTS de 18 de junio de 1990, RAJ 4764; de 30 de abril de 1991, RAJ 3118

ggg) Schriftliche Bestätigung mündlicher Gerichtsstandsklausel

Hier ergibt sich ein weiterer Unterschied zwischen der Rechtslage nach Art. 17 EuGVÜ und nach Art. 22 Abs. 2 LOPJ:

Nach Art. 17 Abs. 1 EuGVÜ genügt die sogenannte „halbe Schriftlichkeit", die allerdings voraussetzt, daß sich die Parteien bei einem vorangegangenen mündlichen Vertragsschluß für beide Seiten erkennbar gerade auch über die Zuständigkeitsregelung geeinigt haben[718]. Der Unterschied zu der unter fff) besprochenen Fallkonstellation besteht darin, daß dort die Gerichtsstandsvereinbarung ohne vorherige Vereinbarung erstmals durch allgemeine Geschäftsbedingungen in die vertragliche Beziehung eingeführt wurde. Im Anwendungsbereich von Art. 17 EuGVÜ ist es ausreichend, wenn feststeht, daß die Bestimmung des Gerichtsstandes Gegenstand einer ausdrücklich auf sie bezogenen mündlichen Vereinbarung war, daß eine von einer, gleich welcher der Parteien, stammende schriftliche Bestätigung dieser Vereinbarung der anderen zugegangen ist und daß diese keine Einwendungen erhoben hat[719].

Nach spanischem autonomen Recht verbleibt es dabei, daß mindestens derjenige, der auf sein eigenes Forum verzichtet, zwingend die Gerichtsstandsvereinbarung unterzeichnet haben muß[720]. In einer anderen Entscheidung fordert der *Tribunal Supremo* sogar, wie schon in den vorigen Kapiteln ausgeführt, zwingend die Unterschrift beider Parteien[721].

hhh) Stellungnahme

Das spanische autonome Recht stellt damit strengere Anforderungen an die Form einer Gerichtsstandsvereinbarung als Art. 17 Abs. 1 EuGVÜ: Unterschiede bestehen insoweit, als im spanischen Recht eine Gerichtsstandsvereinbarung stets in engem räumlichen Zusammenhang mit der Unterschrift stehen muß, so daß Gerichtsstandsklauseln in vom Hauptvertrag getrennten Dokumenten unter engeren Voraussetzungen als nach Art. 17 EuGVÜ Vertragsbestandteil werden. Ferner muß die Gerichtsstandsklausel zumindest von demjenigen unterzeichnet sein, der auf sein eigenes Forum verzichtet. Selbst internationale Handelsbräuche läßt der *Tribunal Supremo* nicht genügen und fordert in einem solchen Fall sogar die Un-

---

718 Kropholler, Europäisches Zivilprozeßrecht, Art. 17, RZ 37

719 EuGH, 11. Juli 1985, 221/84, Berghoefer/ASA, Slg. 1985, S. 2699ff.

720 SSTS de 18 de junio de 1990, RAJ 4764; de 30 de abril de 1991, RAJ 3118

721 STS de 30 de abril de 1990, REDI 1990, S. 609ff.

terzeichnung der Gerichtsstandsklausel durch beide Vetragsparteien[722]. Dadurch wird die internationale Zuständigkeitsharmonie gestört[723]. Zugleich läuft dies dem internationalen Trend zu einer Flexibilisierung der Formerfordernisse im internationalen Rechtsverkehr zuwider[724], wie er im EuGVÜ zum Ausdruck kommt.

bb) Materielle Voraussetzungen

aaa) Genaue Bezeichnung des prorogierten Gerichts

Für eine wirksame ausdrückliche Unterwerfung fordert der *Tribunal Supremo*, daß eine klare, bestimmte, ausdrückliche, beiderseitige und örtlich genaue Bezeichnung des prorogierten Gerichts erfolgt ist[725]. Nach dem Wortlaut von Art. 57 LEC ist ein ausdrücklicher Verzicht auf das eigene Forum notwendig; die Rechtsprechung läßt es aber genügen, wenn dieser Verzicht konkludent durch die ausdrückliche Bezeichnung des prorogierten Gerichts erfolgt[726].

Nach Auffassung des *Tribunal Supremo* muß die örtlich genaue Bezeichnung des prorogierten Gerichts erfolgen[727]. Eine allgemeine Unterwerfung unter die spanischen Gerichte reicht hierfür nicht aus.

Die spanische Lehre stimmt mit dem *Tribunal Supremo* mit der Einschränkung überein, daß es sich bei Artt. 56f. LEC um dispositive Normen handele, so daß es im internationalen Rechtsverkehr ausreichen müsse, wenn die Parteien sich allgemein den spanischen Gerichten unterwerfen[728]. Die Ansicht des *Tribunal Supremo* verkenne die Besonderheiten des internationalen Rechtsverkehrs und die eigentliche Funktion von Art. 22 Abs. 2 LOPJ. Eine Stütze für diese Ansicht finde sich zudem im Wortlaut der Norm, wonach die internationale Zuständigkeit

---

722 STS de 30 de abril de 1990, REDI 1990, S. 609ff.; vgl. näher hierzu oben, S. 123, Fn. 698

723 Anmerkung González Campos zu STS (Sala 1.ª) de 18 de junio de 1990, RAJ 1990, núm. 4764 = REDI 1991, S. 190ff. (194)

724 González Campos aaO (194)

725 SSTS de 30 de abril de 1991, RAJ 3118; de 18 de junio de 1990, RAJ 4764

726 Amores Conradi, REDI 1989, S. 113ff.: La nueva estructura ... (136) mN bei STS de 21 de septiembre de 1979 mit Hinweis auf zahlreiche vorangegangene Rechtsprechung; unter Hinweis auf diese Rechtsprechung ebenso Díaz Ruíz, La Ley 1986-2, S. 1078ff., Jurisdicción Española y contratos de financiación internacional (1086)

727 STS de 30 de abril de 1991, REDI 1991, S. 498ff. mit Anmerkung von Pedro Alberto de Miguel Asensio (500)

728 Fernández Rozas/Sánchez Lorenzo, CDIP 1996, S. 268; Amores Conradi, REDI 1989, S. 113ff.: La nueva estructura ... (136); Díaz Ruíz, La Ley 1986-2, S. 1078ff., Jurisdicción Española y contratos de financiación internacional (1086)

durch ausdrückliche Unterwerfung unter die spanischen *Juzgados*[729] *o Tribunales*[730] begründet werden könne[731].

bbb) Stellungnahme

Unter Berücksichtigung des Wortlautarguments und des Bestrebens, den internationalen Rechtsverkehr zu erleichtern, ist eine Auslegung, die geringere Formerfordernisse aufstellt, begrüßenswert[732]. Der Auffassung der spanischen Lehre ist zudem im Lichte von Art. 17 EuGVÜ zuzustimmen, dessen gesetzliche Wertungen über eine historische Interpretation der Vorschrift und Art. 3.1 Cc in Art. 22 Abs. 2 LOPJ Eingang finden können[733]. Im Anwendungsbereich von Art. 17 EuGVÜ genügt es, wenn schlicht die internationale Zuständigkeit der Gerichte eines Vertragsstaats vorgesehen wird[734].

Negative Auswirkungen kommen auch dem Rechtsprechungserfordernis zu, wonach die Gerichtsstandsvereinbarung klar und bestimmt sein muß. Sie führte in einer jüngeren Entscheidung der *Audiencia Provincial de Barcelona*[735] zur Unwirksamkeit einer Gerichtsstandsvereinbarung, mit der die Parteien eines Kaufvertrages die Gerichte am Sitz des Verkäufers in Varese (Italien) vereinbart hatten, wobei dem Verkäufer auch das Recht eingeräumt blieb, die Gerichte am Sitz des Käufers anzurufen, den dieser unter anderen in Barcelona unterhielt. Das Gericht vertrat die Ansicht, daß eine solche Gerichtsstandsvereinbarung nicht hinreichend klar und bestimmt sei. Der Rechtsstreit fiel in den sachlichen, zeitlichen und räumlichen Anwendungsbereich des EuGVÜ. Damit führt die kritisierte Rechtsprechung nicht nur zu einer Störung des internationalen Entscheidungseinklangs, sondern auch zu einer europarechtlich unerwünschten uneinheitlichen Anwendung des EuGVÜ, denn eine Gerichtsstandsvereinbarung der vorliegenden Art ist nichts anderes als die vertragliche Umsetzung der in Art. 17 Abs. 4

729 Einzelrichter

730 Kollegialgerichte

731 Díaz Ruíz, La Ley 1986-2, S. 1078ff.: Jurisdicción Española y contratos de financiación internacional (1086): Der Autor vertritt ohne nähere Begründung die Ansicht, die Formulierung „oder" stelle einen Zweifelsfaktor dar.

732 Anmerkung González Campos zu STS (Sala 1.ª) de 18 de junio de 1990, RAJ 4764 = REDI 1991, S. 190ff. (194)

733 SAT Valencia de 16 de mayo de 1989, González Campos/Fernández Rozas, Derecho Internacional Privado Español - Textos y materiales, Vol. I, Derecho Judicial Internacional, S. 231; ausführlich hierzu oben, S. 52ff.

734 Schlosser, EuGVÜ, Art. 17, RZ 4

735 SAP Barcelona de 11 de marzo de 1997, REDI 1998-1, S. 326ff. (326)

EuGVÜ vorgesehenen Regelung für -wie hier- einseitig begünstigende Gerichtsstandsvereinbarungen[736].

ccc) Besondere Verbindung des Rechtsstreits zu Spanien

Uneinheitlich behandeln Rechtsprechung und ein Teil der Lehre die Frage, ob für eine wirksame Unterwerfung unter die spanischen Gerichte eine besondere Verbindung des Rechtsstreits zu Spanien bestehen muß. Der *Tribunal Supremo* fordert seit Inkrafttreten der LOPJ 1985 keine solche Verbindung mehr[737], allein in Teilen der spanischen Literatur wird sie verlangt[738]. Es müsse eine personale oder territoriale Bande des Rechtsstreits zur spanischen Rechtsordnung bestehen, denn anderenfalls werde unerwünschtes *forum shopping* begünstigt[739]. *Espinar Vicente* führt weiterhin ins Feld, diese Einschränkung sei zur Vermeidung exorbitanter Gerichtsstände sowie der Gesetzesumgehung eines ausländischen Staates durch die Parteien erforderlich[740].

ddd) Stellungnahme

Die Rechtsprechung des *Tribunal Supremo* ist unter Berücksichtigung der EuGH-Rechtsprechung zu Art. 17 EuGVÜ zu begrüßen, weil sie dem internationalen Entscheidungseinklang zuträglich ist. Nach der Rechtsprechung des EuGH verzichtet Art. 17 Abs. 1 EuGVÜ auf jeden Zusammenhang zwischen dem streitigen Rechtsverhältnis und dem vereinbarten Gericht[741]. Die Ansicht, die eine beson-

---

736 de Miguel Asensio, REDI 1998-1, S. 327ff.: Anmerkung zu SAP Barcelona de 11 de marzo de 1997 (328)

737 Rodríguez Benot, Los acuerdos atributivos ..., S. 87f.; anders zur Rechtslage vor Inkrafttreten der LOPJ: SAT Palma de Mallorca de 18 de enero de 1984, REDI 1986, S. 218ff. mit der Begründung, die internationale Zuständigkeit der spanischen Gerichte sei für solche Streitigkeiten nicht gesetzlich vorbestimmt, für die Artt. 70 LEC in Verbindung mit Artt. 27, 30, 32 RDE 1852 keine internationale Zuständigkeit bereitstellten und dies sei nicht der Fall für Streitigkeiten, die ausschließlich Auslandsbezug aufwiesen. Zu Artt. 70 LEC, 27, 30, 32 RDE 1852 vgl. oben, S. 19

738 Borrás Rodríguez, Los criterios de competencia judicial ..., S. 265ff. (276); González Granda, Extensión y límites ..., S. 259; Senés Motilla, Justicia 1986, S. 683ff.: Sistema de competencia judicial ... (695); Trinidad García, Anmerkung zu SAT Palma de Mallorca de 18 de enero de 1984, REDI 1986, S. 218ff. (220) meint, anderenfalls wären die Gerichtsstände der gerade in Kraft getretenen LOPJ (Art. 22) exorbitant; Fernández Rozas/Sánchez Lorenzo, CDIP 1996, S. 269 verweist auf diese Ansicht der Lehre, lehnt sie selbst jedoch ab; F. Esteban de la Rosa, REDI 1998-1, S. 285ff.: Anmerkung zu Auto AP de Madrid de 21 de febrero de 1997 (287)

739 Fernández Rozas/Sánchez Lorenzo, CDIP 1996, S. 269

740 Espinar Vicente, CDIP, S. 66

741 EuGH, 17. Januar 1980, Rs 56/79, Zelger/Salinitri, Slg. 1980, S. 89ff. (97); zuletzt: EuGH, Urt. vom 16.3.1999, Trasporti Castelletti Spedizioni Internazionali SpA/Hugo

dere Verbindung des Rechtsstreits zu Spanien fordert, berücksichtigt ferner nicht, daß der dokumentierte Wille der Parteien die ansonsten durch die gesetzlichen Gerichtsstände begründete Nähebeziehung ersetzt oder ihr zumindest gleichsteht[742]. Die Einführung dieses Erfordernisses wäre zudem systemfremd, denn ihm liegt die Doktrin des *forum nun conveniens* zugrunde[743], die dem spanischen Recht unbekannt und auch allgemein nicht Teil der *civil law*- Tradition ist[744]. Auch die frühere Rechtsprechung der spanischen Gerichte, die die internationale Zuständigkeit der spanischen Gerichte verneinte, wenn der Rechtsstreit überhaupt keine Verbindung zu spanischem Territorium aufwies, begründete diese Ansicht allein damit, daß es in solchen Fällen an einer gesetzlichen Bestimmung der internationalen Zuständigkeit durch die spanischen Gesetze fehle[745].

Da die internationale Zuständigkeit sich seit Inkrafttreten der LOPJ ausschließlich nach den eindeutig gesetzlich prädeterminierten Gerichtsständen bestimmt und dieses Reglulativ dort nicht normiert ist, ist nicht zu erwarten, daß die spanische Rechtsprechung neben dem ausdrücklichen Parteiwillen dieses weitere Erfordernis -besondere Beziehung zu Spanien- aufstellen wird[746]. Diese Prognose dürfte auch bei Berücksichtigung der Entscheidung des *Tribunal Supremo* vom 20. Juli 1992[747] zutreffend sein, da die dort geforderte besondere Verbindung des Rechtsstreits mit deutschem Territorium auf das spanische Kollisionsrecht (Art. 10.5 Cc[748]) zurückzuführen ist und diese Entscheidung sich mit der Zulässigkeit und Wirksamkeit *de*rogierender Gerichtsstandsvereinbarungen befaßt.

Trumpy SpA, Rs. C 159/97, Tätigkeiten des Gerichtshofes und des Gerichts Erster Instanz der Europäischen Gemeinschaften, Woche vom 15. bis 19. März 1999, Nr. 8/99, S. 4ff. (6)

742 Fernández Rozas/Sánchez Lorenzo, CDIP 1996, S. 269; F. Esteban de la Rosa, REDI 1998-1, S. 285ff.: Anmerkung zu Auto AP de Madrid de 21 de febrero de 1997 (287); für das EuGVÜ/LugÜ so Aull, IPRax 1999, S. 226ff.: Zur isolierten Prorogation nach Art. 17 Abs. 1 LugÜ (228)

743 Kropholler, Europäisches Zivilprozeßrecht, Art. 17, RZ 81: das nicht in Kraft getretene Haager Übereinkommen über Gerichtsstandsvereinbarungen bestimmt in Art. 15, daß einer Zuständigkeitsklausel die Anerkennung versagt werden kann, wenn keine Beziehung des Rechtsstreits zu dem gewählten Forum ersichtlich ist. Dies geht auf die Lehre vom *forum non conveniens* zurück.

744 Fawcett, Declining Jurisdiction in Private International Law, S. 300; ders. aaO, S. 10: bekannt ist sie dem britischen Recht und den Rechtsordnungen, die vom britischen Recht beeinflußt sind, den USA, Quebec, Japan und Schweden; Firsching/von Hoffmann, IPR, § 3, RZ 68: anglo-amerikanische Lehre

745 zuletzt: SAT Palma de Mallorca de 18 de enero de 1984, REDI 1986, S. 218ff.

746 Fernández Rozas/Sánchez Lorenzo, CDIP 1996, S. 269

747 STS de 20 de julio de 1992, REDI 1993, S. 445ff. mit Anmerkung von Santiago Alvarez González

748 Art. 10.5 Cc: vgl. Anhang

cc) Zulässigkeit der *derogatio fori*

aaa) Keine gesetzliche Regelung

Nach der unilateralen Formulierung von Art. 22 Abs. 2 LOPJ -wie auch der gesamten Vorschrift- läßt der Gesetzgeber ausdrücklich die *prorogatio fori* zu, also die Unterwerfung unter die spanische Gerichtsbarkeit durch ausdrückliche Vereinbarung der Parteien. Eine ausdrückliche Regelung betreffend die *derogatio fori* fehlt. Die Beurteilung ihrer Zulässigkeit war und ist damit Aufgabe der spanischen Rechtsprechung.

bbb) Derogatio fori während der Zeit des Justizimperialismus

Vor Erlaß der LOPJ lehnte die spanische Judikatur die Zulässigkeit der *derogatio fori* kategorisch ab, ein weiterer Beitrag zum *imperialismo jurisdiccional*. Ausgangspunkt dieser Rechtsprechung war auch hier Art. 51 LEC: Diese Vorschrift erlaube keine Unterwerfung unter ausländische Gerichte; da jeder Staat über sein Staatsgebiet die Souveränität ausübe, bestehe die unabdingbare Zuständigkeit der ordentlichen spanischen Gerichte für alle auf spanischem Boden eingeleiteten zivilrechtlichen Rechtsstreitigkeiten zwischen spanischen Parteien, zwischen ausländischen Parteien und zwischen ausländischen und spanischen Parteien[749]. Damit verstoße die Nichtbeachtung dieser der staatlichen Souveränität entspringenden Prozeßnorm gegen den innerstaatlichen *orden público* mit der Folge, daß entgegenstehende Gerichtsstandsvereinbarungen nichtig seien[750].

Dieser Rechtsprechung ist bereits vor Erlaß der LOPJ 1985 die spanische Lehre entgegengetreten[751]: Prüfe man das Urteil und die erwähnte ständige Rechtsprechung unter rechtspolitischen Gesichtspunkten, so müsse das Ergebnis befremden. Denn diese Auslegung spreche nicht für die Aufgeschlossenheit der spanischen Rechtsprechung für internationale Fragen, sie müsse sogar als rückschrittlich bezeichnet werden, da sie die eigene nationale Haltung zu sehr in den Vordergrund stelle. Sie verschließe sich der Entwicklung des internationalen Han-

---

[749] SAP Barcelona de 22 de octubre de 1980, Arroyo Martínez, Anuario de Derecho Marítimo, Vol. II, S. 559ff.; SSTS de 30 de mayo de 1961, RAJ 2343; de 31 de octubre de 1968, RAJ 4926

[750] SAP Barcelona aaO; SSTS aaO

[751] Recondo Porrua, Revista de Derecho Procesal, 1980 S. 2ff.: El sistema español de competencia judicial internacional; Pecourt García, REDI 1964, S. 60-80, 370-405, 528-560: La voluntad de las partes y su posible virtualidad en la determinación de la competencia judicial internacional; Arroyo Martinez, transpR 11/85, S. 383ff.: Gerichtsstandsklauseln in internationalen Verträgen nach der spanischen Rechtsprechung (383)

dels- und Wirtschaftsverkehrs und zeige auch zu wenig Respekt vor der Privatautonomie. Die Anerkennung der Privatautonomie auf dem Gebiet des Handelsrechts und die Überwindung einer überholten, zu sehr aus staatlicher Sicht geprägten Auslegung des Art. 51 LEC erschienen dringend erforderlich. Zudem sei diese Ansicht der Judikatur rechtsfehlerhaft, da Art. 51 LEC lediglich eine Kompetenzabgrenzung der ordentlichen Gerichtsbarkeit vornehme, insbesondere als Nachfolgevorschrift von Art. 267 LOPJ von 1868, der die zu dieser Zeit bestehenden Sondergerichtsbarkeiten für Ausländer beseitigen sollte[752].

Die spanische Rechtsprechung -vor der Zeit des Justizimperialismus- ließ eine Gerichtsstandsvereinbarung unter der Geltung von Art. 51 LEC zu[753]:

> Aus der Vorschrift des Art. 51, die besagt, daß die ordentlichen Gerichte für Zivilsachen zwischen Spaniern, zwischen Ausländern und zwischen Spaniern und Ausländern allein zuständig sind, geht unabweislich hervor -und dies bildet bereits ein unabstreitbares Grundprinzip- daß innerstaatliche Gerichte ihre Zuständigkeit nicht zugunsten ausländischer Gerichte abtreten können, es sei denn, es bestünde eine in einem internationalen Abkommen enthaltene gegenteilige Regelung oder eine gültige und ausdrückliche Vereinbarung der Parteien, da eine solche Befugnis nur dem souveränen Staat zusteht.

Der *Tribunal Supremo* ließ ausdrücklich die Parteiautonomie als Ausnahme von Art. 51 LEC zu, eine Argumentationslinie, die er allerdings in nachfolgenden Entscheidungen nicht mehr aufgreift und unter Zuhilfenahme des *orden público* in das Gegenteil verkehrt. Die Entscheidung zeigt aber, daß die später durch die Rechtsprechung vorgenommene restriktive Auslegung von Art. 51 LEC nicht zwingend ist, sondern vielmehr der Grundintention, die Allzuständigkeit der spanischen Gerichte zu begründen, folgte.

ccc) Inkrafttreten der LOPJ 1985

aaaa) SSTS vom 30. April und 18. Juni 1990

Nach Inkrafttreten der LOPJ änderte sich am Ergebnis -Unzulässigkeit der *derogatio fori*- in der Rechtsprechung des *Tribunal Supremo* zunächst nichts. Unter-

---

752 Arroyo Martinez aaO (384); und vgl. oben, S. 20f.

753 STS de 1 de junio de 1929, Col. Leg., Jur. Civ., Vol. III, núm. 84

gerichte wie die *Audiencia Provincial de Palma de Mallorca*[754] kamen hingegen schon früh zu der Auffassung, daß die *derogatio fori* nunmehr zulässig sei.

Mit Entscheidung vom 30. April 1990[755] hob der *Tribunal Supremo* eine untergerichtliche Entscheidung auf, die der Einrede nach Art. 533 Nr. 1 LEC *(falta de jurisdicción)* der beklagten Partei stattgegeben hatte. Die Geltendmachung der Einrede basierte auf einer Gerichtsstandsklausel zugunsten der Gerichte von *Bogotá*. Der *Tribunal Supremo* führt zur Begründung aus: Die *derogatio fori* sei unzulässig, weil Art. 22 Abs. 2 LOPJ nur besage, was er besage, nämlich daß die internationale Zuständigkeit der spanischen Gerichte durch Gerichtsstandsvereinbarung begründet werden könne; eine Auslegung *a sensu contrario*, wie sie die rekurrierte Entscheidung vornehme, sei hingegen unzulässig. Denn Art. 21 LOPJ, 1. Halbsatz reproduziere lediglich Art. 51 LEC, so daß sich keine Änderung zur vormaligen Rechtslage ergeben habe. Die gegenteilige Auffassung würde es den Parteien jedoch entgegen dieser Vorschrift ermöglichen, sich der allgemeinen Zuständigkeit der spanischen Gerichte zu entziehen. Damit würde die Entziehung von den zwingenden Befehlen einhergehen, die die Rechtsprechung von der staatlichen Souveränität erhält (vgl. Entscheidung TS 31.10.1988). Zu berücksichtigen sei weiterhin, daß die internationale Zuständigkeit der spanischen Gerichte nach Art. 22 Abs. 3 begründet sei.

Die Entscheidung des *Tribunal Supremo* vom 18. Juni 1990[756] bestätigt die eigene Entscheidung vom 30. April 1990 ausdrücklich[757].

bbbb) Stellungnahme

Amores Conradi[758] beginnt seine Anmerkung zu der zuerst zitierten Entscheidung des *Tribunal Supremo* mit den Worten: Es scheint nicht so, als ob Entscheidungen wie diejenige, die Gegenstand dieses Kommentars ist, den Bemühten animierten, seine Arbeit fortzusetzen .... Sein Bedauern ist verständlich, soweit die Haltung des *Tribunal Supremo* zur Unzulässigkeit der *derogatio fori* in Rede steht, deren Zulässigkeit der Autor nach der neuen Gesetzeslage zuvor in einem

---

754 SAP Palma de Mallorca de 13 de octubre de 1988, REDI 1989, 613ff. (613f.) mit Anmerkung von Alegría Borrás = RGD, núms. 532-533, S. 745-746

755 STS (sala 1.ª) de 30 de abril de 1990, REDI 1990, 607ff. = RAJ 2807

756 REDI 1991, S. 190ff. mit Anmerkung von González Campos

757 REDI 1991, S. 190ff. (191)

758 Anmerkung Amores Conradi zu STS (sala 1.ª) de 30 de abril de 1990, REDI 1990, 607ff. (608)

viel beachteten Aufsatz zu Art. 22 LOPJ[759] bejaht hatte. Die aus der staatlichen Souveränität hergeleitete Argumentation ist noch völlig der Rechtsprechung zum Justizimperialismus verhaftet, wie der ausdrückliche Hinweis auf Art. 51 LEC zeigt. Der *Tribunal Supremo* bleibt bei seiner traditionellen Haltung, daß die spanischen Gerichte als Ausfluß aus der staatlichen Souveränität zuständig seien und die internationale Zuständigkeit der spanischen Gerichte daher nicht zur Disposition der Parteien stehe.

cccc) STS vom 19. November 1990

Eine Wendung in der Rechtsprechung des *Tribunal Supremo* trat in der Entscheidung vom 19. November 1990[760] ein. Der *Tribunal Supremo* hielt darin erstmals eine Gerichtsstandsklausel in einem internationalen Kaufvertrag zugunsten englischer Gerichte für zulässig:

> Unter Berücksichtigung der Vertragsfreiheit in dieser Materie, der Art. 22 LOPJ nicht widerspricht, und der im Zeitpunkt des Vertragsschlusses wirksam war, eine Norm, die eher noch die Wirksamkeit einer solchen Klausel gewährleistet aufgrund ihres Inhalts und in Verbindung mit Art. 27 Cc, weiterhin unter Berücksichtigung von Art. 11 (sic: 10), Absätze fünf und zehn Cc, die als anwendbares Recht das durch die Parteiautonomie gewählte bestimmen, und in Verbindung mit dem Prinzip der Einheit der Rechtsordnung in Bezug auf die Parteiautonomie [sind Gerichtsstandsvereinbarungen zugunsten ausländischer Gerichte zulässig].

dddd) Stellungnahme

Diese Begründung des *Tribunal Supremo* pro Zulässigkeit der *derogatio fori* mit der Parteiautonomie und Vertragsfreiheit weist nach 61-jähriger gegenteiliger Rechtsprechung profunde Ähnlichkeit mit der bereits zitierten Entscheidung des *Tribunal Supremo* vom 1. Juni 1929[761] auf, die ebenfalls als eine Ausnahme vom Prinzip des Art. 51 LEC die Parteiautonomie gelten ließ. Zuvor hatte bereits eine erstinstanzliche Entscheidung der Gerichte in *Avilés* vom 26. September 1987[762]

---

759 Amores Conradi, REDI 1989, S. 113ff.: La nueva estructura del sistema español de Competencia Judicial Internacional en el orden civil: Art. 22 LOPJ

760 REDI 1991, S. 194f.

761 vgl. in diesem Kapitel, S. 145f.

762 im Ergebnis die Zulässigkeit derogierender Gerichtsstandsvereinbarungen unter Berufung auf die spätere Rechtsprechung des *Tribunal Supremo* ablehnend: Sentencia Juzgado de

sich dieser Entscheidung vom 1. Juni 1929 und zweier weiterer vom 28. Oktober 1921 und vom 3. Mai 1929 erinnert und die Zulässigkeit derogierender Gerichtsstandsvereinbarungen unter Berufung auf diese und den in Art. 1255 Cc[763] normierten Grundsatz der Vertragsfreiheit, der auch für Gerichtsstandsvereinbarungen gelte, diskutiert. Es erstaunt daher um so mehr, warum diese Entscheidungen des *Tribunal Supremo* aus den zwanziger Jahren so lange Zeit in Vergessenheit geraten sind.

eeee) Weitere Entwicklung der Rechtsprechung des *Tribunal Supremo*

Der *Tribunal Supremo* bejaht -unter Berufung auf die Bedürfnisse des internationalen Rechtsverkehrs- in allen Folgeentscheidungen die prinzipielle Zulässigkeit der *derogatio fori*[764]:

> Art. 22 Abs. 2 läßt die ausdrückliche Unterwerfung der Parteien zu, wenn sie unter die spanische Jurisdiktion erfolgt. Es wäre absurd und verwirrend für den externen Rechtsverkehr, wenn dies in Bezug auf ausländische Rechtsprechungsorgane nicht zulässig wäre.[765]

In keinem bisher entschiedenen Fall hat indes eine zulässige und formwirksame Gerichtsstandsklausel zugunsten der Gerichte eines anderen Staates zur Ablehnung der internationalen Zuständigkeit der spanischen Gerichte geführt. Die die internationale Unzuständigkeit der spanischen Gerichte annehmenden Entscheidungen der Instanzgerichte[766] hat der *Tribunal Supremo* regelmäßig aufgehoben:

In der Entscheidung vom 20. Juli 1992[767] verneint der *Tribunal Supremo* im Anschluß an seine Feststellung, daß die Prorogation ausländischer Gerichte grundsätzlich zulässig sei, die Wirksamkeit der Prorogation deutscher Gerichte,

---

Primera Instancia núm. 1 de Avilés de 26 de septiembre de 1987, REDI 1989, S. 285 mit Anmerkung von Amores Conradi

763 Art. 1255 Cc: vgl. Anhang

764 SSTS de 20 de julio de 1992, REDI 1993, S. 445ff. mit Anmerkung von Santiago Alvarez González; de 10 de noviembre de 1993, REDI 1994, S. 388ff. mit Anmerkung von Santiago Alvarez González; de 13 de octubre de 1993, REDI 1994, S. 301ff. mit Anmerkung von Juan José Alvarez Rubio

765 STS de 13 de octubre de 1993, REDI 1994, S. 301ff. mit Anmerkung von Juan José Alvarez Rubio

766 beispielsweise SAT Palma de Mallorca de 13 de octubre de 1988, REDI 1989, S. 613ff. mit Anmerkung von Alegría Borrás unter Berufung auf das Vorbild Art. 17 EuGVÜ

767 STS de 20 de julio de 1992, REDI 1993, S. 445ff. mit Anmerkung von Santiago Alvarez González; vgl. bereits in diesem Kapitel (besondere Verbindung des Rechtsstreits zu Spanien): oben, S. 130

da die Parteien diese von der Wirksamkeit der von ihnen getroffenen Rechtswahlvereinbarung abhängig gemacht hätten; denn die Anwendung fremden Rechts sei für ein Gericht eine Anomalie. Die Rechtswahl sei aber wegen nicht hinreichender Verbindung des Rechtsstreits zum deutschen Recht unwirksam. Der Beklagte könne sich auch deshalb nicht auf das Fehlen der internationalen Zuständigkeit berufen, weil die spanischen Gerichte seine Wohnsitzgerichte seien, mithin für den Beklagten ein Interessenverlust vorliege, da die Gerichtsstandsvereinbarung offensichtlich nur für den Kläger getroffen worden sei.

In der Entscheidung des *Tribunal Supremo* vom 10. November 1993[768] lehnt dieser die Rechtswirkungen der Prorogation mit dem Argument der Rechtsmißbräuchlichkeit ab:

> Die Klägerin zeigt durch die Anrufung der spanischen Gerichte, daß sie sich diesen stillschweigend unterworfen hat, was darüber hinaus mit der im Vertragsrecht anwendbaren allgemeinen Norm übereinstimmt, wonach der Richter des Ortes zuständig ist, an dem der Vertrag zu erfüllen ist, hier, in Barcelona. Und, weil man, selbst wenn man zuließe, daß eine Unterwerfung unter die Gerichtsbarkeit ausländischer Gerichte stattgefunden hat, behaupten könnte, daß die Beklagte zu 1), die man nämlich vor die Gerichte an ihrem Wohnsitz bringt, der man die Rechtsverteidigung erleichtert und der gegenüber man das ihr angenehmste Forum anwendet, die Unzuständigkeit nicht einwenden kann, ohne daß ihr Prozeßverhalten annähernd als mißbräuchliches Verhalten[769] zu qualifiziert werden verdiene, das den Prozeßabschluß verzögern solle.

Rechtsmißbrauch[770] und Prozeßökonomie führt weiterhin die Entscheidung der *Audiencia Provincial de Barcelona* vom 15. Februar 1994[771] gegen die prorogierende Wirkung einer Gerichtsstandsklausel an:

> Jedoch sind die Vorschriften über die Zuständigkeit im Lichte des Art. 24 der spanischen Verfassung auszulegen und daher unter Beachtung

768 STS de 10 de noviembre de 1993, REDI 1994, S. 388ff. mit Anmerkung von Santiago Alvarez González

769 fraude de ley

770 ebenso: SAP Málaga de 21 de mayo de 1994, REDI 1996-1, S. 287ff. mit Anmerkung von Fernando Esteban de la Rosa (Anmerkung der Verf.)

771 SAP Barcelona (Sección 15.ª) de 15 de febrero 1994, REDI 1995-1, S. 211ff. mit Anmerkung von Rafael Arenas García

eines effektiven Rechtsschutzes der Rechtssuchenden und unter ausdrücklicher Zurückweisung des Rechtsmißbrauchs und der Umgehung. Da aber vorliegend a) beide Parteien ihren Sitz in Barcelona haben, b) der Frachthafen Bangkok und c) der Zielhafen und Übergabeort für die Waren Barcelona gewesen ist, kann dem Schiffsmakler die Exterritiorialitätsklausel nicht nutzen, da auch weiterhin keinerlei Bezug zu Marseille besteht. Da sich nun ein Widerspruch zu dem anfänglichen Zweck zeigt und der beklagte (Schiffsmakler) keinerlei schützenswerte Interessen an der Geltendmachung der internationalen Unzuständigkeit hat, steht dies im Widerspruch zur Prozeßökonomie und ist mit Art. 7 Cc[772] unvereinbar.

ffff) Stellungnahme

Die Haltung des *Tribunal Supremo* ist abzulehnen, da er den nach seiner Ansicht prinzipiell zulässigen derogierenden Gerichtsstandsvereinbarungen jede Derogationswirkung abspricht.

Soweit er den Beklagten wegen Interessenverlustes -Gerichtsstandsvereinbarung nur zugunsten des Klägers- auf seinen Wohnsitzgerichtsstand verweist, ist diese Rechtsprechung auch unter dem Gesichtspunkt einer Parallele zu Art. 17 Abs. 4 EuGVÜ nicht zu begrüßen. Eine Gerichtsstandsvereinbarung ist nach der spanischen Rechtsprechung schon dann nur zugunsten einer Partei getroffen, wenn die Gerichte an ihrem Sitz vereinbart werden[773]. Gerade dies soll aber im Anwendungsbereich des EuGVÜ nicht ausreichen: „Die Benennung des Gerichts eines Vertragsstaates, in dem eine der Parteien ihren Wohnsitz hat, genügt in Anbetracht der Vielzahl von Beweggründen, die eine derartige Klausel veranlaßt haben können, für sich allein nicht, um den Schluß zuzulassen, es habe dem gemeinsamen Willen entsprochen, diese Partei zu begünstigen.“[774]

Abzulehnen ist die Haltung des *Tribunal Supremo* auch, soweit er der Berufung auf eine internationale Gerichtsstandsvereinbarung den Einwand der Rechtsmißbräuchlichkeit, Prozeßverschleppung oder die Prozeßökonomie entgegenhält. Für den internationalen Rechtsverkehr ist es nicht weniger verwirrend, wenn eine Gerichtsstandsklausel zwar zulässig, die Berufung auf sie jedoch erfolglos ist.

---

[772] Art. 7 Cc: vgl. Anhang

[773] STS de 1 de diciembre de 1987, RAJ 9172

[774] EuGH, Urteil vom 24. Juni 1986, Rs. 22/85, Anterist/Crédit Lyonnais, Amtsblatt der EG Nr. C 196 vom 5. August 1986 = Slg. 1986,. S. 1951ff.

Gerade in internationalen Prozessen ist die Geltendmachung der Unzuständigkeit gerechtfertigt, denn die Wahl des Gerichtsstandes kann auch Auswirkungen auf das materielle Recht zeitigen[775]; sie wirkt sich in jedem Falle auf das anwendbare Verfahrensrecht aus[776].

Nachteilig ist auch die Begründung eines allgemeinen Forums der durch Vereinbarung begründeten Zuständigkeit anstelle einer ausschließlichen, wie in Art. 17 EuGVÜ geschehen. Dadurch ist bei der Ausgestaltung der internationalen Zuständigkeit im Verhältnis zu ihrem Vorbild ein Qualitätsverlust eingetreten. Ist nämlich die durch Parteivereinbarung begründete Zuständigkeit ausschließlich, so ist die internationale Zuständigkeit am Wohnsitz des Beklagten ausgeschlossen[777], und die Berufung auf die vertragliche Vereinbarung kann dem Beklagten nicht als Rechtsmißbrauch und Prozeßverschleppung entgegengehalten werden. Dem Parteiwillen kann wirkungsvoll nur Rechnung getragen werden[778], wenn daneben die nach ihrer Rechtsnatur konkurrierenden Gerichtsstände wirksam abbedungen sind[779].

Auch in der spanischen Literatur wird dieser Umstand als nicht zufriedenstellend empfunden: *Amores Conradi*[780] vertritt -allerdings ohne nachvollziehbare Begründung- die Ansicht: „Allgemein" in Art. 22 Abs. 2 LOPJ begründe lediglich echte Alternativität zwischen den Gerichtsständen dieses Absatzes, beziehe sich jedoch nicht auf die Wirkung einer Gerichtsstandsvereinbarung, die ausschließlich sei.

---

775 SAP Málaga de 21 de mayo de 1994, REDI 1996-1, S. 287ff. mit Anmerkung von Fernando Esteban de la Rosa (293)

776 Art. 8 Abs. 2 Cc (Wortlaut vgl. Anhang) normiert den Grundatz: *lex fori regit processum*; seit Inkrafttreten des Zivilprozeßreformgesetzes (vgl. oben, Fn. 70) nunmehr auch in Art. 3 LEC n.F. bestimmt. Für das deutsche Recht: BGH, Urteil vom 28. Februar 1996 - XII ZR 181/93 (Hamburg), NJW 1996, S. 1411ff. (1413)

777 so auch González Granda, Extensión y límites..., S. 239, der daher den durch Parteivereinbarung begründeten Gerichtsstand als ausschließlichen qualifiziert

778 Díaz Ruíz, La Ley 1986-2, S. 1078ff.: Jurisdicción Española y contratos de financiación internacional (1087): die Parteien wollten regelmäßig mit ausschließlicher Wirkung die Zuständigkeit bestimmter Gerichte bestimmen

779 Ebert-Weidenfeller, RIW 1992, S. 139ff.: Anmerkung zu High Court of Justice (Chancery Division) vom 26.7.1991 (141); deutlich zu dieser Problematik: SAP Málaga de 21 de mayo de 1994, REDI 1996-1, S. 287ff. mit Anmerkung von Fernando Esteban de la Rosa: Die Gerichtsstandsvereinbarung zugunsten schweizerischer Gerichte sei zulässig; allerdings begründe Art. 22 Abs. 2 LOPJ insoweit einen allgemeinen internationalen Gerichtsstand, der mit der Wohnsitzzuständigkeit konkurriere.

780 Amores Conradi, REDI 1989, S. 113ff.: La nueva estructura ... (132)

Ebenso kommt *González Granda*[781] zu dem Ergebnis, eine Gerichtsstandsvereinbarung begründe die ausschließliche Zuständigkeit des prorogierten Gerichts. Er argumentiert, daß eine analoge Anwendung von Artt. 56, 57 LEC wegen der Strukturunterschiede der Normen über die örtliche und die internationale Zuständigkeit nicht in Betracht komme[782], dennoch sei es offensichtlich, daß die Wirkung einer Gerichtsstandsvereinbarung sich nach den Bestimmungen der *lex fori* des angerufenen Gerichts richten müsse[783], wenn der Vereinbarung der Prorogation oder der Derogation Effektivität zukommen solle.

Einen interessanten Lösungsansatz wählt *Senés Motilla*[784]: Die ausschließliche internationale Zuständigkeit werde durch Parteivereinbarung dann begründet, wenn die Parteien sich diesen (spanischen oder ausländischen) Gerichten mit ausschließlicher Wirkung unterworfen hätten. Der Gedanke basiert auf der Disponibilität der Absätze drei und vier des Art. 22 LOPJ, aber auch des Absatzes zwei, soweit der Gesetzgeber lediglich ein allgemeines Forum begründet hat; auch die Vorrangstellung der Parteiautonomie vor formalistischen Aspekten kann zur Begründung herangezogen werden[785]. Wenn die Parteien ausdrücklich die ausschließliche Zuständigkeit eines dritten Staates vereinbaren, können sie damit auch die internationale Zuständigkeit nach den Absätzen 3 und 4 abbedingen.

Daß auch die Wirkung einer Gerichtsstandsvereinbarung der Parteiautonomie unterworfen ist, vertritt auch der *High Court of Justice (Chancery Division)* in einem Urteil vom 26. Juli 1991 zu Art. 17 EuGVÜ[786]. Die Parteien des Rechtsstreits hatten zuvor eine nichtausschließliche Zuständigkeitsvereinbarung zugunsten der englischen Gerichte getroffen. Das erkennende Gericht hielt diese nichtausschließliche Zuständigkeitsvereinbarung mit der Begründung für zulässig[787]:

---

781 González Granda, Extensión y límites ..., S. 236; dieser Ansicht schließt sich an: Hauschild, Gerichtsstandsvereinbarungen in Spanien und Portugal, S. 95f.

782 vgl. hierzu ausführlich oben, S. 69ff.

783 Die *lex fori* führt zur ausschließlichen Zuständigkeit der durch Gerichtsstandsvereinbarung begründeten Zuständigkeit. Vgl. hierzu oben, S. 80

784 Senés Motilla, Justicia 1986, S. 683ff.: Sistema de competencia judicial ... (692, 694); ebenso: Blanco-Morales Limones, El seguro español ..., S. 233

785 Anmerkung Ebert-Weidenfeld zu High Court of Justice (Chancery Division), Kurz/Stella Musical Veranstaltungs GmbH, RIW 1992, S. 139ff. (141)

786 High Court of Justice (Chancery Division), Kurz/Stella Musical Veranstaltungs GmbH, RIW 1992, S. 139ff.; englische Fassung vollständig abgedruckt in: The Times, 14. Oktober 1991

787 High Court of Justice (Chancery Division), RIW aaO (140); Kropholler, Europäisches Zivilprozeßrecht, Art. 17, RZ 98; Geimer in Zöller, Anh. I, Art. 17, RZ 14; Schack, Internationales Zivilverfahrensrecht, RZ 476; zustimmend: Kubis, IPRax 1998, S. 10ff.: Ge-

> Die Zuständigkeit der Gerichte beruht daher ausschließlich auf dem Parteiwillen und wird nicht von dem geschriebenen Recht aufgedrängt, so daß sich die Gerichtsstandswahl im Rahmen von Art. 17 [EuGVÜ] hält.

gggg)Auswirkungen im Anwendungsbereich von Art. 17 EuGVÜ

Die ablehnende Haltung der spanischen Rechtsprechung gegenüber der Zulässigkeit der Derogation der spanischen Gerichtsbarkeit setzt sich sogar innerhalb des Anwendungsbereichs des EuGVÜ fort. Denn die Abweichung des Art. 22 Abs. 2 LOPJ vom europäischen Vorbild wirkt sich bei der Auslegung des Vorbildes durch die spanischen Gerichte aus, wie die nachfolgend dargestellte Entscheidung zeigt[788]:

Parteien eines Rechtsstreits, der sachlich, räumlich und zeitlich in den Anwendungsbereich des EuGVÜ fiel, waren eine in Deutschland ansässige Firma als Klägerin und eine in Spanien ansässige Firma als Beklagte. Die Parteien hatten die Zuständigkeit der Gerichte in Oberndorf vereinbart. Dennoch erhob die Klägerin Klage in Spanien. Die Beklagte rügte unter Hinweis auf die Gerichtsstandsvereinbarung in Oberndorf die internationale Unzuständigkeit der spanischen Gerichte. Die *Audiencia Provincial de Barcelona* erkannte[789]:

> Welche Meinung auch immer der EuGH (zur Frage des Verhältnisses zwischen Artt. 17 und 18 EuGVÜ) vertritt, muß herausgestellt werden, daß die Beklagte ihren Sitz in Barcelona hat, weswegen sie kein legitimes Interesse daran hat -sie wird weder belastet noch wird ihr geschadet- sich auf die Gerichtsstandsvereinbarung zu berufen; vielmehr ist das Gegenteil der Fall, wodurch die Geltendmachung der Unzuständigkeit allein unter dem Blickwinkel der Prozeßverschleppung gesehen werden muß, entgegen der Prozeßökonomie und als unvereinbar mit

---

richtspflicht durch Schweigen? - Prorogation, Erfüllungsortvereinbarung und internationale Handelsbräuche (10); ebenso für das deutsche Recht: Vollkommer in Zöller, § 38, ZPO, RZ 2, 14

788 SAP Barcelona (Sección Decimotercera) de 12 de abril de 1994, RGD, núms. 601-602, 1994, S. 11447-11450 = REDI 1996-2, S. 251ff.

789 SAP Barcelona aaO (252)

Art. 7 Cc[790]. Denn durch die Klageerhebung in Spanien wird der Beklagten die Rechtsverfolgung erleichtert.

Das Gericht bezichtigt die Beklagte des Mißbrauchs der ihr zustehenden prozessualen Rechte[791] und läßt gleichzeitig *forum shopping* durch die Klägerin zu: Im zu entscheidenden Fall hatte die Wahl des spanischen Forums durch die Klägerin wegen der anwendbaren *lex fori* auch Auswirkungen auf den Ausgang des Rechtsstreits. Denn die nach spanischer Auffassung dem Verfahrensrecht zuzuordnenden Verjährungsvorschriften[792] führten im spanischen Forum zur Anwendung der spanischen Verjährungsvorschriften, die sich für die Klägerin bei Klageerhebung in Spanien günstiger auswirkten, als dies bei Klageerhebung in Deutschland der Fall gewesen wäre[793]. Obwohl das Gericht dies erkennt, hält es allein das Verhalten der Beklagten für rechtsmißbräuchlich[794].

Morán García kritisiert die Entscheidung der *Audiencia Provincial* zu Recht: Die Ideale einer Vermehrung der Rechtssicherheit und einer Verminderung der Hindernisse für den freien Entscheidungsverkehr, wie sie in der Präambel des Übereinkommens verfochten werden, können im Bereich der EU nicht erreicht werden, wenn jedes nationale Gericht eine Interpretation des Textes vornehmen könnte, die strikt an nationalen Kategorien und Interessen ausgerichtet ist[795].

ddd) Dogmatische Begründung der Zulässigkeit der derogatio fori

Die spanische Lehre hat sich bereits unmittelbar nach Inkrafttreten der LOPJ für die Zulässigkeit der *derogatio fori* ausgesprochen. Da der *Tribunal Supremo* nach Inkrafttreten der LOPJ 1985 zunächst die Zulässigkeit der *derogatio fori* mit der Begründung verneinte, sie ergebe sich weder aus Art. 22 Abs. 2 LOPJ unmittelbar, noch könne sie *a sensu contrario* aus dieser Vorschrift hergeleitet wer-

---

790 Art. 7 Cc: Wortlaut und Übersetzung vgl. Anhang

791 Anmerkung Morán García zu SAP Barcelona (Sección Decimotercera) de 12 de abril de 1994, REDI 1996-2, S. 251ff. (256)

792 STS de 4 de mayo de 1995, RAJ 3893, Jurisprucencia seleccionada de la Sala de lo Civil des *Tribunal Supremo*, Primer semestre de 1995), Volumen II, Sentencia núm. 152, S. 924ff. (925): nach spanischem Recht werden die Vorschriften über die Verjährung als Verfahrensrecht qualifiziert, so daß auf diese nach Art. 8 Abs. 2 Cc spanisches Recht zur Anwendung kommt, wenn auch die *lex causae* ausländisches Recht ist

793 SAP Barcelona de 12 de abril de 1994, REDI 1996-2, S. 251ff. (252): das Gericht erkennt dies auch

794 SAP Barcelona aaO (252)

795 Anmerkung Morán García zu SAP Barcelona (Sección Decimotercera) de 12 de abril de 1994, REDI 1996-2, S. 251ff. (255)

den[796], seine in der Folgezeit gewandelte Auffassung nur mit den Bedürfnissen des internationalen Rechtsverkehrs begründete, wird im folgenden der Versuch unternommen, ihre Zulässigkeit nach Inkrafttreten der LOPJ 1985 dogmatisch zu begründen:

aaaa) Wortlaut von Art. 22 Abs. 2 LOPJ

Die spanischen Vorschriften über die internationale Zuständigkeit sind unilateral formuliert und enthalten lediglich die positive Bestimmung, wann die spanischen Gerichte international zuständig sind, ohne irgendeine negative Kompetenzabgrenzung vorzunehmen[797]. Darin liegt zwar nicht zwingend ein Hindernis für die Zulässigkeit der *derogatio fori*[798], aus dem Wortlaut von Art. 22 Abs. 2 LOPJ läßt sich diese jedoch auch nicht positiv herleiten.

bbbb) Hierarchischer Aufbau des Art. 22 LOPJ

Teilweise leitet die spanische Lehre die Zulässigkeit derogierender Gerichtsstandsvereinbarungen aus dem hierarchischen Aufbau der Vorschrift her, so daß diese lediglich unzulässig sind, sofern ein ausschließlicher Gerichtsstand nach Abs. 1 der Vorschrift gegeben ist[799]. Obwohl im Ergebnis begrüßenswert, steht und fällt dieses Argument mit der Annahme einer hierarchischen Struktur zwischen den einzelnen Absätzen der Vorschrift, die oben bereits abgelehnt wurde[800].

cccc) Art. 22 Abs. 2 LOPJ analog

Nach Ansicht *Amores Conradis*[801] und *González Campos*[802] führt die analoge Anwendung des in Art. 22 Abs. 2 LOPJ zum Ausdruck kommenden Prinzips der Parteiautonomie im Bereich der Bestimmung der internationalen Zuständigkeit zur Zulässigkeit der *derogatio fori*. Wegen der durch die unilaterale Formulierungstechnik zwingend bedingten gesetzlichen Regelungslücke betreffend diese Frage sei Raum für eine Analogie[803]. Wenn der Wille der Parteien dazu dienen

---

796 STS (sala 1.ª) de 30 de abril de 1990, REDI 1990, S. 607ff. = RAJ 2807

797 Fernández Rozas/Sánchez Lorenzo, CDIP 1996, S. 283

798 Anmerkung Alvarez Rubio zu STS de 13 de octubre de 1993, REDI 1994, S. 301ff. (303)

799 Fernández Rozas/Sánchez Lorenzo, CDIP 1996, S. 285

800 vgl. oben, S. 80ff.

801 Anmerkung von Amores Conradi zu STS de 30 de abril de 1990, REDI 1990, S. 606ff. (609)

802 Anmerkung von González Campos zu STS de 18 de junio de 1990, REDI 1991, 190ff. (192)

803 Amores Conradi aaO (609); González Campos aaO (192)

könne, die internationale Zuständigkeit der spanischen Gerichten zu begründen, so müsse dies gleichermaßen für die internationale Zuständigkeit ausländischer Gerichte gelten.

Fraglich ist aber, ob die Prämisse dieser Argumentation, die unilaterale Regelung bedinge zwingend eine gesetzliche Regelungslücke, richtig ist. Denn dem spanischen Gesetzgeber hätte vor Inkrafttreten des EuGVÜ in Spanien auch die Kompetenz für eine positive Regelung der *Un*zulässigkeit der *derogatio fori* zugestanden[804]. Eine weitere Regelungsmöglichkeit zeigt das Beispiel der Reform des italienischen Systems des Internationalen Privatrechts[805] auf. Art. 4 dieses Gesetzes bestimmt:

> Art. 4[806]
> (Vereinbarung und Derogation der internationalen Zuständigkeit)[807]
> 1. [...]
> 2. Die italienische Zuständigkeit kann durch Vereinbarung zugunsten eines ausländischen Gerichts oder eines ausländischen Schiedsgerichts ausgeschlossen werden, wenn die Derogation schriftlich nachgewiesen wird und die Rechtsstreitigkeit sich auf dispositive Rechte bezieht.
> 3. Die Derogation ist unwirksam, wenn das Gericht oder die bezeichneten Schiedsrichter ihre internationale Zuständigkeit ablehnen oder auch dann, wenn sie nicht über die Sache entscheiden können.

Abs. 2 der Vorschrift beseitigt das ehemals in Art. 2 Cpc bestehende Derogationsverbot ausdrücklich; nach früherem Recht konnte die Zuständigkeit italienischer Gerichte -abgesehen von ein paar Ausnahmefällen- nicht zugunsten eines ausländischen Gerichts oder Schiedsgerichts derogiert werden[808].

---

804 Fernández Rozas/Sánchez Lorenzo, CDIP 1996, S. 286

805 Gesetz vom 31. Mai 1995 Nr. 218, Gazzetta Ufficiale, suppl. n. 68 al n. 128 del 3 giugno 1995; deutsche Übersetzung in IPRax 1996, S. 356ff.

806 Art. 4. (Accettazione e deroga della giurisdizione)
1. [...]
2. La giurisdizione italiana può essere convenzionalmente derogata a favore di un giudice straniero o di un arbitrato estero se la deroga è provata per iscritto e la causa yerte su diritti diponibili.
3. La deroga è inefficace se il giudice o gli arbitri indicati declinano la giurisdizione o comunque non possono conoscere della causa.

807 Übersetzung von Jayme, IPRax 1996, S. 356ff.

808 Walter, ZZP 1996, S. 3ff.: Reform des internationalen Zivilprozeßrechts in Italien (14)

Für die analoge Anwendung von Art. 22 Abs. 2 LOPJ auf derogierende Gerichtsstandsvereinbarungen stellt sich mithin die Frage, ob eine durch Analogie schließbare Regelungslücke gemäß Art. 4 Abs. 1 Cc[809] oder ein bewußtes Schweigen des Gesetzgebers mit der Folge einer Negativregelung der Zulässigkeit der *derogatio fori* in der spanischen LOPJ vorliegt, denn keinesfalls ist die Regelungslücke nach obigen Darstellungen zwingend.

In Hinblick auf die vorherige eindeutig ablehnende Haltung der Rechtsprechung und die diesbezüglich heftige Kritik in der Literatur erscheint ein gesetzgeberisches Vergessen zumindest unwahrscheinlich[810]. Auch die Materialien zeigen, daß der Gesetzgeber sich des Problems bewußt war. Schon bei Behandlung der gesetzlichen Fixierung des Spiegelbildprinzips als Anerkennungsvoraussetzung ist auf einen Verbesserungsvorschlag einer Parlamentariergruppe hingewiesen worden[811]. An dieser Stelle ist der 2. Halbsatz noch einmal zu zitieren:

> [Die Anerkennung ist zu gewähren] ...; auch dann, wenn die Kriterien[812] [von denjenigen der Absätze zwei bis fünf] zwar abweichen, sie aber in Hinblick auf die Natur und die Umstände des Rechtsstreits keinen Jurisdiktionsexzeß begründen, und wenn die Parteien sich mittels schriftlicher Vereinbarung der Gerichtsbarkeit eines ausländischen Gerichts unterworfen haben.

Dieser Vorschlag wurde nicht Gesetz, wie in der Literatur vermutet wird[813], weil die Anerkennungszuständigkeiten über die direkten Zuständigkeiten hinausgingen, 2. Halbsatz, 1. Alternative; die Absage an diese die Anerkennung ausländischer Entscheidungen betreffende Vorschrift ist daher nicht zugleich eine Absage

---

809 Art. 4 Abs. 1 Cc (Übersetzung nach Peuster):
Eine entsprechende Anwendung der Normen ist statthaft, wenn sie zwar einen bestimmten Sachverhalt nicht berücksichtigen, jedoch einen anderen regeln, und zwischen diesen eine Gleichheit des Gesetzeszwecks angenommen werden muß.; García Valdecasas, Parte General del Derecho civil español, S. 115ff. (116)

810 so auch Rodríguez Benot, REDI 1994, 567ff.: España en el espacio judicial ... (600); ders., Los acuerdos atributivos ..., S. 91; Fernández Rozas/Sánchez Lorenzo, CDIP, 2.ª edición, S. 345f.

811 Congreso de los Diputados, Comisión de Justicia e Interior, Proyecto de Ley Orgánica del Poder Judicial, Enmiendas, n.° 818, S. 224f.

812 Anmerkung der Verf.: Gemeint sind die Kriterien der internationalen Zuständigkeit des Entscheidungsstaats

813 Calvo Caravaca, La sentencia extranjera y la competencia del juez de origen, S. 129; Santos Vijande, Declinatoria y „Declinatoria internacional", S. 325; vgl. hierzu bereits oben, S. 37, Fn. 236

an die Zulässigkeit der *derogatio fori*[814]. Daß einer solchen keine Absage erteilt werden sollte, zeigt ein weiteres Argument in der spanischen Lehre: Die Zulässigkeit der *derogatio fori* sei nämlich nicht alleine eine Frage des Anerkennungsrechts. Systematisch korrekt gehöre die Regelung der *derogatio fori* zur Frage der *Prüfung* der internationalen Zuständigkeit, so daß der Gesetzgeber einen neuen Grund der *declinatoria*, den einzigen relevanten Effekt dieses Parteiwillens, hätte schaffen müssen. Auch diesbezüglich bewahre der Gesetzgeber Stillschweigen mit der Folge, daß keinesfalls eine Aussage über die Unzulässigkeit der *derogatio fori* getroffen worden sei[815].

Somit kann eine Regelungslücke festgestellt werden. Hingegen kann nicht festgestellt werden, daß der Gesetzgeber die *derogatio fori* hierdurch für unzulässig erklären wollte. Für eine Analogie ist damit Raum.

dddd) Analogie zu Schiedsgerichtsklauseln

Weiterhin wird die Auffassung vertreten, die Zulässigkeit derogierender Gerichtsstandsvereinbarungen rechtfertige sich aus einer Analogie zu Schiedsgerichtsklauseln[816]. Wenn die Parteien sich durch eine solche der Entscheidungsgewalt spanischer (staatlicher) Gerichte entziehen könnten, erscheine es unbillig, wenn dieser Effekt nicht auch dann eintreten solle, wenn es sich um ein ausländisches Rechtsprechungsorgan handele, das zudem mehr Verfahrensgarantien gewährleiste als ein Schiedsgericht. Die *Ley 36/1988, de 5 de diciembre, de arbitraje*[817] lasse sogar die Unterwerfung unter ausländische Schiedsgerichte zu: Art. 56 Abs. 1 des Schiedsgerichtsgesetzes schreibt die Vollstreckung ausländischer Schiedssprüche in Übereinstimmung mit den internationalen Übereinkommen vor, denen Spanien beigetreten ist[818].

Gegen dieses Argument spricht der Umkehrschluß: Die Unterwerfung unter ausländische Schiedsgerichte ist außerhalb solcher Übereinkommen unzulässig und Art. 22 LOPJ kommt gerade außerhalb solcher Übereinkommen zur Anwendung. Ferner ergibt sich die Pflicht zur vorrangigen Anwendung der Übereinkommen aus Art. 96 Abs. 2 CE[819]. Gegen eine solche Analogie spricht weiterhin, daß eine

---

814 Santos Vijande aaO, S. 40

815 Amores Conradi, REDI 1989, S. 113ff.: La nueva estructura ... (145f.)

816 Fernández Rozas/Sánchez Lorenzo, CDIP 1996, S. 287 ohne weitere Nachweise; die Autoren selbst lehnen diese Konzeption ab

817 BOE 1988, núm. 293, de 7 de diciembre (Gesetz über die Schiedsgerichtsbarkeit)

818 Rodríguez Benot, REDI 1994, 567ff.: España en el espacio judicial ... (602, Fn. 44)

819 Wortlaut und Übersetzung: vgl. Anhang

Schiedsgerichtsklausel nicht zur Unzuständigkeit der spanischen Gerichte sondern lediglich zum vorübergehenden Ausschluß ihrer Jurisdiktion führt[820]. Auch unterliegt die spanische Schiedsgerichtsbarkeit größeren internen Kontrollen als die ausländische Rechtsprechungstätigkeit[821].

eeee) Historische und teleologische Auslegung von Art. 22 Abs. 2 LOPJ

Schließlich wird die Zulässigkeit derogierender Gerichtsstandsvereinbarungen mit der historischen[822] Vorbildfunktion des EuGVÜ[823] und der teleologischen Interpretation der Reform des internationalen Zuständigkeitsrechts, die nicht zuletzt den Bedürfnissen des internationalen Rechtsverkehrs entsprang, begründet[824]. Bedeutungsvoll sei das EuGVÜ, denn beiden Systemen sei die Bindung der Gerichtsstände an vernünftige Nähebeziehungen eigen und beide favorisierten die Zulässigkeit der *derogatio fori*[825]. Gerichtsstandsvereinbarungen seien zudem ein Kernstück des internationalen Rechtsverkehrs[826].

ffff) Stellungnahme

Die historische Interpretation übrzeugt auch hier, da die internationalen Gerichtsstände der LOPJ -wie oben ausgeführt[827]- nach einigen gescheiterten Reformbestrebungen wegen mangelnder Modernität nach dem Vorbild des EuGVÜ geschaffen wurden[828]. Weil das EuGVÜ als Regelwerk einer

---

[820] SAP Barcelona (Sección 15.ª) de 15 de febrero 1994, REDI 1995-1, S. 211ff. mit Anmerkung von Rafael Arenas García (214)

[821] Fernández Rozas/Sánchez Lorenzo, CDIP 1996, S. 287

[822] González Campos, Anmerkung zu STS de 18 de junio de 1990, REDI 1991, 190ff. (192)

[823] so auch Rodríguez Benot, REDI 1994, 567ff.: España en el espacio jucidical ... (601); so auch SAT Palma de Mallorca de 13 de octubre de 1988, REDI 1989, S. 613ff. mit Anmerkung von Alegría Borrás: Da die LOPJ auf das EuGVÜ zurückgehe, sei es bezüglich der vorliegenden Materie nützlich, Art. 17 EuGVÜ als Orientierungkriterium heranzuziehen, der eine ausschließliche Zuständigkeit des prorogierten Gerichts begründe.

[824] so auch Rodríguez Benot, REDI 1994, 567ff.: España en el espacio jucidical ... (602); González Campos, Anmerkung zu STS de 18 de junio de 1990, REDI 1991, 190ff. (192)

[825] Fernández Rozas/Sánchez Lorenzo, CDIP 1996, S. 287f.

[826] Fernández Rozas/Sánchez Lorenzo aaO, S. 288

[827] vgl. oben, S. 4 sowie S. 24ff.

[828] Senés Motilla, Justicia 1986, S. 683ff.: Sistema de competencia judicial ... (689); Andrés de la Oliva/M. Angel Fernández, DPC, Vol. I, S. 362; J. Montero Aroca/M. Ortells Ramos/J. L. Gómez Colomer/A. Montón Redondo, Derecho Jurisdiccional, Vol. II, Proceso Civil, S.12; Amores Conradi, REDI 1989, S. 113ff.: La nueva estructura ... (126, 131); Iglesias Buhígues/Desantes Real, Extensiones y límites de la jurisdicción española ..., S. 453ff. (454); Borrás Rodríguez, Competencia Judicial y Reconocimiento de Decisiones Extranjeras en la CEE, S. 233ff. (237); Quiñones y Escámez, El foro de pluralidad ... (83); Rodríguez Benot, REDI 1994, 567ff.: España en el espacio jucidical ... (601)

internationalen Wirtschaftsgemeinschaft ausschließlich die Interessen der am internationalen Rechtsverkehr Teilnehmenden im Auge hatte, und weil sich die in Spanien zuvor gültigen Vorschriften als für den internationalen Rechtsverkehr untauglich erwiesen hatten[829], fordert der internationale Rechtsverkehr in Hinblick auf die *derogatio fori* eine Abkehr von der zuvor von der Rechtsprechung vertretenen ablehnenden Haltung. Denn die Unterwerfung unter die Gerichte eines dritten Staates begründet für die Parteien ein Element des vertraglichen Gleichgewichts oder drückt ihr Vertrauen in ein bestimmtes Forum aus, z. B. wegen Spezialisierung auf ein bestimmtes Rechtsgebiet[830].

Auch Art. 24 CE gebietet, der Parteiautonomie im Rahmen der internationalen Zuständigkeit Rechnung zu tragen[831]. Durch die Verfassung von 1978 erfolgte der Schritt von der staatlichen Souveränität als dem für die internationale Zuständigkeit bestimmenden Faktor zum Determinationsrecht der Parteien[832]. Die Garantie effektiven Rechtsschutzes schließt auch das Recht der Parteien ein, ein ausländisches Forum zu wählen.

Ferner spricht die Überschrift vor dem Abschnitt über die internationale Zuständigkeit *De las extensiones y límites de la jurisdicción española*[833] für die Zulässigkeit derogierender Gerichtsstandsvereinbarungen[834]. Ist die internationale Zuständigkeit in den nachfolgenden Vorschriften nicht ausdrücklich bestimmt, so handelt es sich um die Grenzen der den spanischen Gerichten eingeräumten Rechtsprechungstätigkeit, so daß auch eine Begrenzung durch die Parteien als zulässig angesehen werden muß.

Für die Zulässigkeit der *derogatio fori* spricht letztlich das seit Inkrafttreten der LOPJ nun auch für die darin begründeten Gerichtsstände geltende Spiegelbildprinzip[835]. Wenn der *Tribunal Supremo* bei einer Entscheidung über die Anerkennung eines ausländischen Urteils, dessen internationale Zuständigkeit durch Parteiunterwerfung begründet war, die internationale Zuständigkeit des Erstgerichts

---

829 Senés Motilla, Justicia 1986, S. 683ff.: Sistema de competencia judicial ... (684)

830 González Campos, Anmerkung zu STS de 18 de junio de 1990, REDI 1991, 190ff. (192f.): für seerechtliche Streitigkeiten

831 Amores Conradi, REDI 1989, S. 113ff.: La nueva estructura ... (136)

832 Amores Conradi aaO (136)

833 Von der Ausdehnung und den Grenzen der spanischen Jurisdiktion

834 so auch Weigand, Der deutsch-spanische Rechtsverkehr, S. 181

835 Amores Conradi, REDI 1989, S. 113ff., La nueva estructura ... (148); Rodríguez Benot, Los acuerdos atributivos ..., S. 92; Quiñones y Escàmez, Revista Jurídica de Catalunya 1987, S. 657ff.: Evolución de la admisibilidad de la cláusula atributiva ... (690); Senés Motilla, Justicia 1986, S. 683ff.: Sistema de competencia judicial ... (695f.)

anhand Bilateralisierung von Art. 22 Abs. 2 LOPJ prüft, so müßte er bei konsequenter Anwendung zu dem Ergebnis kommen, daß diese gegeben ist[836]. Eine Berufung auf den innerstaatlichen *orden público* verbietet sich, wenn eine gleichlautende innerstaatliche Regelung einen identischen Gerichtsstand bereitstellt.

d) Alternative Gerichtsstandsvereinbarungen

Die Problematik alternativer Gerichtsstandsvereinbarungen kann im Anwendungsbereich von Art. 22 Abs. 2 LOPJ auftreten, wenn die Parteien, namentlich wenn beide keinen Wohnsitz in einem Vertragsstaat haben, neben den spanischen Gerichten alternativ die Zuständigkeit der Gerichte eines Nichtvertragsstaates des EuGVÜ vereinbart haben sowie in Materien, die dem sachlichen Anwendungsbereich des EuGVÜ entzogen sind.

aa) Art. 17 EuGVÜ

Im Anwendungsbereich von Art. 17 EuGVÜ hat der EuGH entschieden, daß solche alternativen Gerichtsstandsvereinbarungen jedenfalls dann zulässig sind, wenn von zwei in verschiedenen Staaten wohnenden Vertragsparteien jede nur vor den Gerichten ihres Heimatstaates zu verklagen sein soll[837]. Dem Parteiwillen soll Vorrang vor einer zu engen und im Ergebnis formalistischen Auslegung von Art. 17 Abs. 1 Satz 1 EuGVÜ zukommen[838].

Auch nach der bereits zitierten Rechtsprechung[839] zur Vereinbarung eines nichtausschließlichen Gerichtsstandes dürften im Anwendungsbereich von Art. 17 EuGVÜ alternative Gerichtsstandsvereinbarungen zulässig sein. Art. 17 EuGVÜ will den Gestaltungsspielraum der Parteien erweitern, ihnen aber nicht die Möglichkeit nehmen, einen weiteren -fakultativen- Gerichtsstand zu vereinbaren[840].

---

[836] Amores Conradi aaO (148); Rodríguez Benot aaO, S. 92; Quiñones y Escàmez aaO (690); Senés Motilla aaO (695f.)

[837] EuGH vom 9. November 1978, Rs 23/78, Meeth/Glacetal, Slg. 1978, S. 2141ff.

[838] Kropholler, Europäisches Zivilprozeßrecht, Art. 17, RZ 66; Ebert-Weidenfeller, RIW 1992, S. 139ff.: Anmerkung zu High Court of Justice (Chancery Division) vom 26.7.1991 (141)

[839] High Court of Justice (Chancery Division), Kurz/Stella Musical Veranstaltungs GmbH, RIW 1992, S. 139ff.; englische Fassung vollständig abgedruckt in: The Times, 14. Oktober 1991; vgl. oben, S. 140f.

[840] Kubis, IPRax 1998, S. 10ff.: Gerichtspflicht durch Schweigen? - Prorogation, Erfüllungsortvereinbarung und internationale Handelsbräuche (10); Kropholler, Europäisches Zivilprozeßrecht, Art. 17, RZ 98; Geimer in Zöller, Anh. I, Art. 17, RZ 14; Schack, Internationales Zivilverfahrensrecht, RZ 476

bb) Art. 22 Abs. 2 LOPJ

Der *Tribunal Supremo* läßt demgegenüber alternative Gerichtsstandsvereinbarungen im Bereich der örtlichen Zuständigkeit nicht zu[841]. Begründung dieser Rechtsauffassung ist Art. 1256 Cc, wonach die Gültigkeit und die Erfüllung eines Vertrages nicht der Willkür einer Partei überlassen bleiben dürfen[842].

Im Anwendungsbereich von Art. 22 Abs. 2 LOPJ hatte der *Tribunal Supremo* noch nicht über diese Frage zu entscheiden. Nach Auffassung von *Díaz Ruíz*[843] wird der *Tribunal Supremo* auch im Anwendungsbereich von Art. 22 Abs. 2 LOPJ alternative Gerichtsstandsvereinbarungen analog Art. 56ff. LEC für unwirksam erklären, unmittelbar nach diesen Vorschriften, sofern zugleich die örtliche Zuständigkeit bestimmt ist. Möglich sei allerdings auch, daß er sie in Anwendung von Art. 9.1 LOPJ[844] zugunsten des ausländischen Gerichts für unwirksam, zugunsten des spanischen Gerichts für wirksam erkläre, wenn auch diese Vorschrift an sich nur auf rein interne Sachverhalte Anwendung finde. Eine Entscheidung dieser Problematik durch die spanische Rechtsprechung für den Bereich der internationalen Zuständigkeit bleibt abzuwarten.

6. Rügelose Einlassung

a) Anwendungsbereich von Art. 22 Abs. 2 LOPJ

In Abgrenzung zum Anwendungsbereich des Art. 18 EuGVÜ[845] ist Art. 22 Abs. 2, 2. Alt. LOPJ anwendbar, wenn der Rechtsstreit eine Materie betrifft, die aus dem sachlichen Anwendungsbereich des EuGVÜ gemäß Art. 1 herausfällt. Inner-

---

841 SSTS de 10 de diciembre de 1918, Rev. Gen., Jur. Civ., tomo 144, núm. 196; 10 de junio de 1941, RAJ 744; 6 de febrero de 1943, RAJ 127; 21 de septiembre de 1951, RAJ 2151; 9 de marzo de 1971, RAJ 1228; aA SSTS de 22 de junio 1931, Rev. Gen., Jur. Civ., tomo 200, núm. 57 y de 15 de octubre de 1931, Rev. Gen., Jur. Civ., tomo 200, núm. 156, in denen die Unterwerfung unter zwei genau bezeichnete Gerichte für gültig gehalten wird, wobei eine der Parteien die endgültige Wahl treffen konnte; zuletzt: STS de 23 de julio de 1993, RAJ 6476: Ein Wahlrecht steht dem Kläger nur zwischen gesetzlich bestimmten Gerichtsständen zu, wenn sie gesetzlich miteinander konkurrieren.

842 STS de 23 de julio de 1993, RAJ 6476; Cortés Domínguez et al., Derecho Procesal - Proceso Civil, S. 49, allerdings ohne Bezeichnung der Vorschrift

843 Díaz Ruíz, La Ley 1986-2, S. 1078ff.: Jurisdicción Española y contratos de financiación internacional (1088)

844 Art. 9.1 LOPJ: vgl. Anhang

845 Nach Inkrafttreten der Verordnung (EG) 44/2001 über die gerichtliche Zuständigkeit und die Anerkennung und Vollstreckung von Entscheidungen in Zivil- und Handelssachen (vgl. Fn. 4) jetzt Art. 24.

halb seines sachlichen Anwendungsbereichs ist auch im Rahmen des Art. 18 EuGVÜ streitig, ob dieser unabhängig von einem Bezug des Rechtsstreits zu einem weiteren Vertragsstaat einschlägig ist. Nach der systematischen Stellung der Artt. 17 und 18 EuGVÜ im 6. Abschnitt wird teilweise die Ansicht vertreten, Art. 18 EuGVÜ sei -ebenso wie Art. 17 EuGVÜ- auch dann anzuwenden, wenn nur der Kläger in einem Vertragsstaat wohnt[846], andererseits, daß die Anwendung von Art. 18 EuGVÜ unabhängig vom Wohnsitz beider Parteien innerhalb der Gemeinschaft sei[847]. Eine dritte Ansicht meint, es sei über den Wortlaut von Art. 18 EuGVÜ hinausgehend als zusätzliche Anwendungsvoraussetzung zu fordern, daß eine aufgrund des Übereinkommens gegebene Zuständigkeit in einem anderen Vertragsstaat durch die Vereinbarung ausgeschlossen wird[848]. Mit Blick auf die bereits zitierte Entscheidung der *Audiencia Provincial de Barcelona*[849], die ausdrücklich auch im Anwendungsbereich des EuGVÜ die Ansicht des EuGH zu Artt. 17, 18 EuGVÜ mißachtet[850], ist eine Auseinandersetzung mit der spanischen Rechtsprechung ohnehin erforderlich:

---

846 Geimer/Schütze, Europäisches Zivilverfahrensrecht, Art. 18, RZ 22 mit einem Überblick über die zu diesem Problem vertretenen Ansichten; aA: BGH, wonach Art. 18 EuGVÜ jedenfalls dann nicht anzuwenden ist, wenn allein der Kläger in einem Vertragsstaat wohnt und ein Auslandsbezug nur zu Nichtvertragsstaaten besteht. Zuletzt: BGH, Urt. vom 21.11.1996, IPRax 1999, S. 367ff. (369) mwN; dagegen: Dörner/Staudinger, IPRax 1999, S. 338ff.: Internationale Zuständigkeit – Vertragsstaatenbezug, rügelose Einlassung und Gerichtsstandsklausel (339f.) unter Berufung auf den Wortlaut des Art. 17, der aufgrund der systematischen Stellung der Art. 17 und 18 EuGVÜ in einem Abschnitt der Zuständigkeitsvereinbarungen als *leges speciales* zu Artt. 2 Abs. 1 und 3 Abs. 1 EuGVÜ auch für Art. 18 EuGVÜ maßgebend sein soll sowie unter Berufung auf den Bericht zum Übereinkommen und die größere Praktikabilität

847 Iglesias Buhígues/Desantes Real: Tratado de Derecho Comunitario Europeo, S. 711ff.: La Quinta Libertad Comunitaria: Competencia Judicial, Reconocimiento y Ejecución de Resoluciones Judiciales en la Comunidad Europea (718); Fernández Rozas/Sánchez Lorenzo, CDIP, S. 268f. mit der (in Hinblick auf die sachlich aus dem Anwendungsbereich des EuGVÜ ausgenommenen Materien unrichtigen) Folgerung, daß jede rügelose Einlassung unter Art. 18 EuGVÜ falle

848 Kropholler, Europäisches Ziviprozeßrecht, vor Art. 2, RZ 8

849 vgl. oben, S. 141f.: SAP Barcelona de 12 de abril de 1994, REDI 1996-2, S. 251ff.; den Anwendungsbereich von Art. 18 EuGVÜ verkennt nach Arenas García, Anmerkung zu nachstehend zitierter Entscheidung (212f.) auch die Entscheidung der SAP Barcelona de 15 de febrero de 1994, REDI 1995-1, S. 211ff. - vgl. zu dieser Entscheidung näher unten, S. 155

850 Wortlaut SAP Barcelona de 12 de abril de 1994 aaO (252): Welche Meinung auch immer der EuGH (zur Frage des Verhältnisses zwischen Artt. 17 und 18 EuGVÜ) vertritt, [...]

b) Wirksamkeitsvoraussetzungen

Die *sumisión tácita*[851] kannten bei Erlaß der LOPJ sowohl das europäische Vorbild als auch die spanischen Vorschriften über die örtliche Zuständigkeit. Eine Beeinflussung durch Art. 18 EuGVÜ kann aber bei Betrachtung der Entwicklung der Rechtsprechung zu Art. 22 Abs. 2 LOPJ festgestellt werden. Da mit Inkrafttreten der LOPJ nicht zugleich Formalien der rügelosen Einlassung mitgeregelt wurden, ist auch hier die Auffassung herrschend[852], daß die Vorschriften der LEC[853], Art. 58 Abs. 1 (rügelose Einlassung durch den Kläger allein durch das Einreichen der Klage)[854] und Art. 58 Abs. 2 (rügelose Einlassung durch den Beklagten, wenn er es nach Erscheinen im Prozeß nicht dabei beläßt, lediglich die *declinatoria*[855] einzureichen)[856] anzuwenden sind.

aa) Widerklage, Verfahrenseinreden und säumiger Beklagter

Die Rechtslage nach spanischem autonomen Recht und nach Art. 18 EuGVÜ ist identisch in Hinblick auf die Bejahung der rügelosen Einlassung durch Erhebung einer Widerklage durch den Beklagten[857] sowie in Hinblick auf deren Vernei-

---

851 = rügelose Einlassung

852 SAT Cataluña (Sala 3.ª) de 24 de marzo de 1987, REDI 1988, S. 193f.; González Campos/Fernández Rozas, Derecho Internacional Privado Español - Textos y materiales, vol. I, Derecho Judicial Internacional, S. 192ff. (193); Díaz Ruíz, La Ley 1986-2, S. 1078ff.: Jurisdicción Española y contratos de financiación internacional (1087); Amores Conradi, REDI 1989, S. 113ff.: La nueva estructura ... (137); González Campos en Pérez Vera et al., DIP 1996, téma X, S. 310; Fernández Rozas/Sánchez Lorenzo, CDIP, S. 268

853 Art. 58 LEC: vgl. Anhang

854 Durch die Neufassung der LEC durch Ley 1/2000 (vgl. Fn. 70) redaktionell neu gefaßt in Art. 56 Abs. 1 LEC n.F., welcher lautet:
1.° El demandante, por el mero hecho de acudir a los tribunales de una determinada circunscripción interponiendo la demanda o formulando petición o solicitud que haya de presentarse ante el tribunal competente para conocer de la demanda.

855 Wie oben, S. 60f., dargestellt, diente unter Geltung der ZPO 1881 auch die *inhibitoria* dem Bestreiten der örtlichen Zuständigkeit. de la Oliva/Angel Fernández, DPC, § 13, S. 419, RZ 10: Da diese vor dem für zuständig erachteten Gericht einzureichen war, mußte der Beklagte in diesem Fall vor dem angerufenen Gericht nicht erscheinen.

856 Durch die Neufassung der LEC durch Ley 1/2000 (vgl. Fn. 70) redaktionell neu gefaßt in Art. 56 Abs. 2 LEC n.F, welcher lautet:
2.° El demandado, por el hecho de hacer, después de personado en el juicio tras la interposición de la demanda, cualquier gestión que no sea la de proponer en forma la declinatoria.

857 EuGH, 7. März 1985, Rs 48/84 - Spitzley/Sommer - Slg. 1985, S. 787ff. (799, RZ 25) = NJW 1985, 2893; für das spanische autonome Recht: SSTS de 19 de septiembre de 1981, RAJ 3248; 21 de diciembre de 1987, RAJ 9591; SAP de Zaragoza de 7 de diciembre de 1989, REDI 1990, S. 606; Sentencia Santa Cruz de Tenerife de 15 de mayo de 1989, REDI 1990, S. 599ff. mit Anmerkung Desantes Real

nung, wenn der Beklagte säumig ist[858]; der säumige Beklagte läßt sich nicht auf das Verfahren ein[859].

Für die rügelose Einlassung nach Art. 18 EuGVÜ sowie nach spanischem autonomen Recht genügen auch Einreden zum Verfahren, damit die internationale Zuständigkeit des vom Kläger angerufenen Gerichts begründet wird[860].

Sowohl im Anwendungsbereich von Art. 18 EuGVÜ als auch im autonomen spanischen Recht ist rügelose Einlassung auch im Falle einer ausdrücklichen Gerichtsstandsvereinbarung möglich, denn die gewillkürte ausschließliche Zuständigkeit kann durch Parteiverhalten -ebenso wie durch Parteivereinbarung- wieder geändert werden[861]. Für das spanische Recht folgt diese Möglichkeit bereits aus dem Verhältnis echter Alternativität zwischen den in Art. 22 Abs. 2 LOPJ begründeten Gerichtsständen[862]. Ferner gilt der Grundsatz der Privatautonomie, Art. 1255 Cc, auch im internationalen Zuständigkeitsrecht[863].

bb) Weitere zuständigkeitsbegründende Prozeßhandlungen

Der *Tribunal Supremo* läßt bei Auslegung von Art. 58 LEC, Absatz 1 wie Absatz 2, ein Minimum an Aktion von Kläger und Beklagtem genügen: Für eine rügelose Einlassung des Klägers ließ der *Tribunal Supremo* teils bereits Prozeßhandlungen

---

858 zu Art. 18 EuGVÜ: Kropholler, Europäisches Zivilprozeßrecht, zu Art. 20, RZ 1; für das spanische autonome Recht: Sentencia del Juzgado de Primera Instancia núm. 55 de Gijón de 15 de abril de 1986, REDI 1987, S. 179ff. = González Campos/Fernández Rozas, Derecho Internacional Privado Español - Textos y materiales, Vol. I, Derecho Judicial Internacional, S. 223ff. (227) mwN bei SSTS de 3 de noviembre de 1896; 12 de mayo de 1908; 6 de mayo de 1911; 24 de octubre de 1926

859 Kropholler, Europäisches Zivilprozeßrecht, zu Art. 20, RZ 1; Amores Conradi, REDI 1989, S. 113ff.: La nueva estructura ... (150; 152f.) und siehe bereits oben, S. 58, Fn. 343; Moreno Catena en Cortés Domínguez et al., Derecho Procesal Civil, S. 48

860 OLG Koblenz RIW 1991, S. 63f. (63): lediglich Rüge der doppelten Rechtshängigkeit, keine Rüge der internationalen Unzuständigkeit; SAP Baleares de 18 de julio de 1995, REDI 1996-2, S. 266ff. (266) mit Anmerkung Arenas García

861 Kropholler, Europäisches Zivilprozeßrecht, zu Art. 18, RZ 18; Leipold, IPRax 1982, S. 222ff. (222): Zuständigkeitsvereinbarung und rügelose Einlassung nach dem Europäischen Gerichtsstand- und Vollstreckungsübereinkommen, zu EuGH, 24.6.1981, RS 150/80 sowie EuGH, 22.10.1981, RS 27/81, abgedruckt in IPRax 1982, S. 234ff., 238ff.; für die stillschweigende Gerichtsstandsvereinbarung durch rügelose Einlassung auf Aufrechnungsforderung; EuGH, 7.3.1985, RS 48/84, NJW 1985, S. 2893ff.

862 Amores Conradi, REDI 1989, S. 113ff.: La nueva estructura ... (131) und zum Verhältnis der Gerichtsstände in Art. 22 LOPJ zueinander eingehend oben, S. 78ff.

863 STS de 19 de noviembre de 1990, REDI 1991, S. 194f. und vgl. das Zitat aus dieser Entscheidung bereits oben, S. 135

vor Klageerhebung wie einen Antrag auf Prozeßkostenhilfe[864] oder einen Arrestantrag[865] ausreichen. Die spanische Rechtsprechung bejaht die rügelose Einlassung durch den Beklagten, sofern der Beklagte ein Fristverlängerungsgesuch für die Klageerwiderung einreicht[866] oder einen Antrag auf Aussetzung des Verfahrens stellt[867].

cc) Insbesondere: Hilfsweise Einlassung zur Hauptsache

aaa) Rechtsprechung des EuGH

Nach der Rechtsprechung des EuGH liegt in der hilfsweisen Einlassung zur Hauptsache keine rügelose Einlassung[868].

bbb) Herkömmliche spanische Rechtsprechung

Demgegenüber bejaht die spanische Judikatur die rügelose Einlassung durch Geltendmachung der *declinatoria*, die sich in einem Klageerwiderungsschriftsatz befindet, in dem der Beklagte sich zugleich hilfsweise zur Hauptsache einläßt[869]. Diese Rechtsprechung zu Art. 58 Abs. 2 LEC wurde nach Inkrafttreten der LOPJ zunächst im Anwendungsbereich von Art. 22 Abs. 2 übernommen[870].

ccc) Entwicklung in spanischer Lehre und Rechtsprechung

In der spanischen Literatur wird zu diesem Problem die Ansicht vertreten, im internationalen Rechtsverkehr sei eine Auslegung von Art. 58 Abs. 2 LEC wünschenswert, die aus der nur hilfsweisen Einlassung zur Hauptsache keine rügelose Einlassung herleite[871]. Die Anforderungen, die an einen inländischen und an einen

---

864 STS de 9 de junio de 1941, RAJ 740

865 STS de 15 de marzo de 1978, RAJ 1499

866 SSTS de 5 de diciembre de 1984, RAJ 6033; 16 de julio de 1983, RAJ 4235; 11 de febrero de 1981, RAJ 561; Moreno Catena en Cortés Domínguez et al.; Derecho Procesal Civil, S. 48: diese Rechtsprechung fand mit der Reform der LEC von 1984 ihr Ende, da durch diese die Möglichkeit der Verlängerung der prozessualen Fristen abgeschafft wurde

867 SSTS de 21 de marzo de 1981, RAJ 1014; 3 de enero de 1963, RAJ 34

868 EuGH vom 24. Juni 1981, Rs 150/80 - Elefanten Schuh/Jacqmain - Slg. 1981, S. 1671ff.; 22. Oktober 1981, Rs 27/81 - Rohr/Ossberger - Slg. 1981, S. 2431ff.; diese Rechtsprechung bestätigend: EuGH vom 31. März 1982 - Rs 25/81 - IPRax 1983, S. 77ff. (79)

869 SSTS de 3 de julio de 1964, RAJ 3827

870 SAT Cataluña (Sala 3.ª) de 24 de marzo de 1987, REDI 1988, S. 193f.; González Campos/Fernández Rozas, Derecho Internacional Privado Español - Textos y materiales, vol. I, Derecho Judicial Internacional, S. 192ff. (193)

871 Desantes Real, Manuel, REDI 1990, S. 599ff.: Anmerkung zu Sentencia Santa Cruz de Tenerife de 15 de mayo de 1989 (601): man befinde sich vor einer Thematik, in der eine

ausländischen Beklagten gestellt werden könnten, differierten erheblich. Es soll nach dieser Ansicht einem ausländischen Beklagten nicht zum Nachteil gereichen, wenn er die Rechtsprechung des *Tribunal Supremo* zur rügelosen Einlassung nicht kennt. Allerdings mache das Schweigen der LOPJ eine andere Auslegung schwierig[872].

Auch die spanische Rechtsprechung hat die Diskrepanz zwischen der nationalen Rechtsprechung und derjenigen des EuGH bereits als Problem erkannt[873]. Die *Audiencia Provincial de Barcelona* beruft sich in einer Entscheidung ausdrücklich auf die Rechtsprechung des EuGH zu Art. 18 EuGVÜ[874] -obwohl es seine Entscheidungszuständigkeit im übrigen am Maßstab von Art. 22 LOPJ begründet[875]-, um darzulegen, daß die Beklagte sich durch ihre hilfsweise Einlassung zur Hauptsache nicht rügelos eingelassen hat:

> Auch Art. 18 EuGVÜ sieht vor, daß ursprünglich unzuständige Gerichte durch rügelose Einlassung zuständig werden können. Der EuGH hat insoweit entschieden, daß die Rechtsverteidigung kumulativ darauf gestützt werden kann, daß neben dem sachlichen Bestreiten auch das Bestreiten der internationalen Zuständigkeit erfolgen kann, solange dieses vor dem nach dem nationalen Recht für die Entscheidungsfindung maßgeblichen Zeitpunkt geschieht (EuGH 24.6.1981). Im vorliegenden Fall [...] gestattet die Eindeutigkeit des Klageabweisungsantrages, zunächst die Zuständigkeitsfrage zu klären. Die *declinatoria* ist also nicht, wie früher [...] durch die Rechtsprechung [...] geschehen, restriktiv zu handhaben; dies hatte seine Grundlage in Art. 51 LEC [...]. Wie der erkennende Senat schon bei früheren Gelegenheiten festgestellt hat, muß diese frühere Haltung geändert werden, spätestens seit Inkrafttreten des EuGVÜ am 1. Februar 1991.

---

automatische Erstreckung der Rechtsprechung zu rein innerstaatlichen Sachverhalten auf internationale Sachverhalte nicht erfolgen solle

872 Amores Conradi, REDI 1989, S. 113ff.: La nueva estructura ... (138)

873 SAP Barcelona (Sección 15.ª) de 15 de febrero de 1994, REDI 1995-1, S. 211ff. mit Anmerkung Arenas García

874 EuGH, Urteil vom 24. Juni 1981, Rs. Elefanten Schuh/Jacqmain, 150/80

875 Arenas García, Anmerkung zu SAP Barcelona (Sección 15.ª) de 15 de febrero de 1994, REDI 1995-1, S. 211ff. (212f.) kritisiert die Rechtsanwendung durch das Gericht, da der diesem zur Entscheidung vorliegende Sachverhalt sachlich, räumlich und wohl auch zeitlich in den Anwendungsbereich des EuGVÜ falle. Das EuGVÜ benutze es nur als Argument *ad abundantiam*.

ddd) Stellungnahme

Diese Entwicklung ist in Hinblick auf die internationale Zuständigkeitsharmonie begrüßenswert. Wie die vorstehend zitierte Entscheidung zeigt, sieht das erkennende Gericht offensichtlich kein Hindernis für die vorgenommene Auslegung im Lichte der Rechtsprechung des EuGH im Wortlaut von Art. 58 Abs. 2 LOPJ, weil die vormalige Rechtsprechung mehr auf Art. 51 LEC als auf den Wortlaut von Art. 58 Abs. 2 LEC zurückzuführen war.

c) Spanisches Prozeßrecht und Art. 18 EuGVÜ

aa) Richtiger nationaler Rechtsbehelf

Im Rahmen der Thematik, mit welchem prozessualen Rechtsbehelf der Beklagte die internationale Unzuständigkeit der spanischen Gerichte geltend machen muß, wurde bereits die innerhalb des Anwendungsbereichs von Art. 18 EuGVÜ äußerst problematische Frage diskutiert, ob die Bejahung der rügelosen Einlassung bei Inanspruchnahme eines anderen Rechtsbehelfs als der *declinatoria* europarechtskonform war[876]. Die Frage wurde verneint. Im Anwendungsbereich von Art. 18 EuGVÜ werden entgegenstehende nationale Bestimmungen wie diejenige des Art. 58 Abs. 2 LEC verdrängt[877], wie nun in einer neueren Entscheidung der *Juzgado de Primera Instancia de Tolosa (Guipúzcoa)*[878] erkannt hat. Damit besteht im Anwendungsbereich des EuGVÜ keine Pflicht des Beklagten, jede Prozeßhandlung außer der *declinatoria* zu unterlassen. Ob der Beklagte –bis zur Klärung durch die ZPO-Novelle[879]- die internationale Unzuständigkeit mit der *declinatoria* oder mit der *excepción dilatoria* gemäß Art. 533.1 LEC rügte, er brachte in eindeutiger Weise zum Ausdruck, daß er den Mangel der Zuständigkeit geltend machen und sich so gegen die Klage verteidigen will; darauf kommt es an[880].

---

876 vgl. oben, S. 65ff.

877 Geimer/Schütze, Europäisches Zivilverfahrensrecht, Art. 18, RZ 15; Gottwald in MüKO, Art. 18 GVÜ, RZ 5; Kropholler, Europäisches Zivilprozeßrecht, Art. 18, RZ 5

878 Sentencia de Juzgado de Primera Instancia de Tolosa (Guipúzcoa) de 13 de enero de 1997, REDI 1998-1, S. 277ff. (279); Jiménez Blanco in ihrer Anmerkung, REDI 1998-1, S. 279ff. (283) kommentiert diese Entscheidung als beispielhafte Bemühung des erstinstanzlichen Gerichts.

879 Quelle: oben, Fn. 70; nunmehr ist die *declinatoria* der einzige Rechtsbehelf zur Geltendmachung der Unzuständigkeit des angerufenen Gerichts und das Problem damit obsolet

880 Kropholler, Europäisches Zivilprozeßrecht, Art. 18, RZ 8

bb) Entgegenstehende nationale Vorschriften

Auch werden autonome Regelungen, die die Zulässigkeit von Gerichtsstandsvereinbarungen bzw. der rügelosen Einlassung in bestimmten Materien beschränken, im Anwendungsbereich von Art. 18 EuGVÜ überlagert[881]; dies gilt auch für *leges posteriores*[882] wie das Reformgesetz 10/1992 vom 30. April[883], das die folgenden Einschränkungen eingeführt hat: In den *juicios verbales*[884] gemäß Neufassung von Art. 717 LEC[885], in Zwangsvollstreckungsverfahren gemäß Änderung in Art. 1439 Abs. 1 LEC[886] und betreffend die *acciones hipotecarias*[887] durch Neufassung des Art. 131 Abs. 1 Ley Hipotecaria (LH) vom 8. Februar 1946[888] sind sowohl die *sumisión expresa* als auch *tácita* ausgeschlossen[889]. Den nationalen Verfahrensrechten bleiben im Anwendungsbereich von Art. 18 EuGVÜ lediglich die Fragen überlassen, welche allgemeinen Voraussetzungen[890] eine wirksame Einlassung erfüllen muß[891] und bis zu welchem Zeitpunkt der Beklagte die Einrede der Unzuständigkeit erheben kann[892].

---

[881] Geimer/Schütze, Europäisches Zivilverfahrensrecht, Art. 18, RZ 15; Gottwald in MüKO, Art. 18 GVÜ, RZ 5; Kropholler, Europäisches Zivilprozeßrecht, Art. 18, RZ 5; im Anwendungsbereich von Art. 17 EuGVÜ: OLG Stuttgart, Urteil vom 9.11. 1990 - 2 U 16/90, RIW 1991, S. 333ff. (334): Die Regelung der ausschließlichen -internationalen und örtlichen- Zuständigkeit gemäß Parteivereinbarung nach Art. 17 EuGVÜ geht einem Derogationsverbot nach dem nationalen deutschen Recht vor.

[882] Geimer/Schütze, Europäisches Zivilverfahrensrecht, Art. 18, RZ 15

[883] BOE, núm. 108, de 5 de mayo de 1992

[884] Adomeit/Frühbeck, Einführung in das spanische Recht, S. 77: *juicios verbal*es finden statt in Verfahren, über Objekte unter 80.000 Peseten; es wird in nur einer Instanz in einem mündlichen Verfahren entschieden; gemäß Art. 4 Abs. 1 Nr. 2 LEC sind die Parteien selbst postulationsfähig

[885] Nach Inkrafttreten des Zivilprozeßreformgesetzes (vgl. oben, Fn. 70) nunmehr Art. 54 Nr.1 Abs. 2 LEC n.F.

[886] Nach Inkrafttreten des Zivilprozeßreformgesetzes (vgl. oben, Fn. 70) nunmehr für bestimmte Titel Art. 545 Nr.3 LEC n.F.

[887] Klage auf Befriedigung aus einer Hypothek

[888] BOE, núm. 149, de 29 de mayo de 1946; nach Inkrafttreten des Zivilprozeßreformgesetzes (vgl. oben, Fn. 70) nunmehr Art. 684 Nr.1 LEC n.F.

[889] Montero Aroca/Ortells Ramos/Gómez Colomer/Monton Redondo; Derecho Jurisdiccional II, Proceso Civil, A) Fueros Convencionales, S. 25

[890] beispielsweise: Postulationsfähigkeit vor einem deutschen Landgericht (Anwaltszwang): § 78 ZPO

[891] Kropholler, Europäisches Zivilprozeßrecht, Art. 18, RZ 6

[892] EuGH 24. Juni 1981, Rs 150/80 - Elefanten Schuh/Jacqmain - Slg. 1981, S. 1671ff.; Heß, JZ 1998, S. 1021ff.: Der Binnenmarktprozeß (1023): verdrängt werden im deutschen Recht §§ 282 Abs. 3 und 296 Abs. 3 ZPO, EuGH, Rs. 228/82 (Fn. 40), S. 3678

7. Unterhaltsgerichtsstand

Art. 5 Nr. 2 EuGVÜ wie Art. 22 Abs. 3, Alt. 5 LOPJ stellen einen Gerichtsstand in Unterhaltssachen bereit, wobei die ehegüter- und erbrechtlichen Ansprüche durch Art. 1 Abs. 2 EuGVÜ vom Anwendugungsbereich des Unterhaltsgerichtsstandes nach dem EuGVÜ ausgeschlossen sind.

a) Unterhaltsberechtigter

Die Bestimmung des Unterhaltsberechtigten weist für Art. 5 Nr. 2 EuGVÜ und Art. 22 Abs. 3, Alt. 5 LOPJ keine Unterschiede auf:
Unterhaltsberechtigter nach Art. 22 Abs. 3, Alt. 5 LOPJ ist der Unterhaltsgläubiger, der gesetzliche Unterhaltsansprüche geltend macht; weitere Erfordernisse werden nicht aufgestellt[893]. Nach Art. 5 Nr. 2 EuGVÜ ist Unterhaltsgläubiger jeder, der auf Unterhalt klagt[894]. Eine etwas weitere Auslegung, die für den „Unterhaltsberechtigten" eine materielle Unterhaltsberechtigung, insbesondere aufgrund eines Verwandtschaftsverhältnisses zum Unterhaltsverpflichteten, fordert, ließe Unsicherheiten bei der Bestimmung der Zuständigkeit erwarten[895]. Ob der Kläger tatsächlich Anspruch auf Unterhalt hat, ist keine Frage der Zuständigkeit, sondern erst eine Frage der Begründetheit der Klage (sog. doppelrelevante Tatsachen)[896].

b) Abweichungen

Der spanische Gesetzgeber hat jedoch an anderer Stelle bei Formulierung des Gerichtsstandes in Unterhaltssachen Abweichungen vom europäischen Vorbild vorgenommen:

Die internationale Zuständigkeit der spanischen Gerichte ist nach Art. 22 Abs. 3, Alt. 5 LOPJ begründet, wenn der Unterhaltsgläubiger seinen gewöhnlichen Aufenthalt in Spanien hat. Demgegenüber bestimmt Art. 5 Nr. 2 EuGVÜ die internationale (und örtliche) Zuständigkeit vor dem Gericht des Ortes, an dem dieser seinen Wohnsitz *oder* gewöhnlichen Aufenthalt hat.

---

893 González Granda, Extensión y límites ..., S. 246

894 EuGH, 20.3.1997, Rs. C-295/95, Jackie Farrell/James Long, IPRax 1998, S. 354ff.; Anmerkung von Fuchs, IPRax 1998, S. 327ff.: Begriff „Unterhaltsberechtigter" in Art. 5 Nr. 2 EuGVÜ geklärt: Der EuGH hatte auf Vorlage eines irischen Gerichts über die Frage zu befinden, ob Unterhaltsberechtigter nur derjenige ist, der nach einer Gerichtsentscheidung Anspruch auf Unterhalt hat, oder aber jeder, der einen Unterhaltsanspruch geltend macht und hat dies in letzterem Sinne entschieden (327)

895 Fuchs aaO (329)

896 Fuchs aaO (330)

aa) Unterhaltsklage

aaa) Klägergerichtsstand am gewöhnlichen Aufenthaltsort

Ziel eines Klägergerichtsstandes am Ort des gewöhnlichen Aufenthalts des Unterhaltsgläubigers ist es, den Personen, die in Spanien ihren gewöhnlichen Aufenthalt haben, den Zugang zu den spanischen Gerichten zu erleichtern[897]. Der Unterhaltsberechtigte als in der Regel die wirtschaftlich schwächere Partei genießt hierdurch besonderen Schutz.[898] Ferner ist das nach dem Wohnsitz (oder gewöhnlichen Aufenthalt) bestimmte Gericht am besten in der Lage, die Unterhaltsbedürftigkeit festzustellen und den Unterhaltsbetrag festzulegen[899]. Der Gerichtsstand des gewöhnlichen Aufenthalts stimmt insbesondere mit dem Haager Übereinkommen vom 15. April 1958 über die Anerkennung und Vollstreckung von Entscheidungen auf dem Gebiet der Unterhaltspflicht gegenüber Kindern[900] überein, das eine solche indirekte Zuständigkeit normiert, so daß auf Grundlage von Art. 22 Abs. 3, Alt. 5 LOPJ ergangene Entscheidungen nach diesem Übereinkommen anerkannt und vollstreckt werden können. Die Anknüpfung an den gewöhnlichen Aufenthalt in Unterhaltssachen ist in Spanien gerechtfertigt, denn sie gewährte bis zum Inkrafttreten des Zivilprozeßreformgesetztes beispielsweise der Ehefrau, die von ihrem Ehemann verlassen ist, die Möglichkeit, ihren Ehemann auf Leistung eines Unterhalts unabhängig vom gesetzlichen Wohnort[901] am Ort ihres eigenen gewöhnlichen Aufenthaltes zu verklagen[902]. Nicht zutreffend ist die Auffassung von *Senés Motilla*, wonach dieser Gerichtsstand unpraktisch sei, sofern die Zwangsvollstreckung im Ausland zu erfolgen habe[903], denn es handelt sich um einen konkurrierenden Gerichtsstand, so daß der Unterhaltsberechtigte auch stets am Wohnsitz des Unterhaltsschuldners klagen kann[904]. Es handelt sich

---

897 Senés Motilla, Justicia 1986, S. 783ff.: Sistema de competencia judicial ... (701); Fuchs aaO (327f., 329f.)

898 Fuchs aaO (329)

899 Amtsblatt der EG Nr. C 59 vom 5. März 1979, S. 1ff. (25) - Bericht Jenard

900 Spanien ist Vertragsstaat des Übereinkommens: BOE, núm. 271, de 12 de noviembre de 1973

901 Der gesetzliche prozessuale Wohnort der Ehefrau bestimmte sich gemäß Art. 64 Abs. 1 LEC bei verheirateten Frauen, die nicht gesetzlich von ihnen getrennt leben, nach demjenigen ihres Ehemannes. Durch das Zivilprozeßreformgesetz (vgl. oben, Fn. 70) wurde diese Bestimmung aufgehoben, gesetzlich bestimmte Wohnsitze finden sich nunmehr noch in Artt. 155, 156 LEC n.F.

902 Amtsblatt der EG Nr. C 59 vom 5. März 1979, S. 1ff. (25) - Bericht Jenard

903 Senés Motilla, Justicia 1986, S. 783ff.: Sistema de competencia judicial ... (701)

904 sofern das ausländische Recht einen internationalen Gerichtsstand zur Verfügung stellt

daher allein um eine Privilegierung des Unterhaltsberechtigten durch Schaffung eines Klägergerichtsstandes.

bbb) Kein Klägergerichtsstand am Wohnsitz

Eine Abweichung besteht, sofern der Unterhaltsberechtigte zwar seinen Wohnsitz, nicht aber seinen gewöhnlichen Aufenthalt in Spanien hat[905]. Dem Unterhaltsberechtigten kommt dann nicht das Privileg eines Klägergerichtsstandes im Inland zugute. Die Aufnahme eines Klägergerichtsstandes am Wohnsitz des Klägers wäre nicht zuletzt in Hinblick auf die Pflicht des spanischen Staates zur Gewährung von Sozialhilfe sinnvoll gewesen, denn im spanischen Sozialrecht gilt -wie im deutschen[906]- das Territorialitätsprinzip[907, 908]. Dem Unterhaltsberechtigten sollte daher stets auch ein Gerichtsstand im Inland zur Verfügung stehen, um ihm die Geltendmachung gesetzlicher Unterhaltsansprüche zu erleichtern, was im Ergebnis auch dem sozialhilfeverpflichteten Staat zugute kommt.

ccc) Lösungsmöglichkeit

Espinar Vicente löst dieses Problem, indem er den gewöhnlichen Aufenthalt von Ausländern an der ihnen erteilten Aufenthaltserlaubnis festmacht, denjenigen von Spaniern nach der im spanischen Recht geltenden Annahme *iuris tantum*[909]. So kann auch ein Unterhaltsberechtigter, der seinen Wohnsitz in Spanien und seinen gewöhnlichen Aufenthalt im außereuropäischen Ausland hat[910], so angesehen werden, als habe er seinen gewöhnlichen Aufenthalt in Spanien. Die Notwendigkeit einer solchen, wenngleich interessanten, rechtlichen Konstruktion zeigt, daß die Übernahme des Gerichtsstandes nach Art. 5 Nr. 2, 1. Alternative EuGVÜ die vollständigere Variante gewesen wäre.

---

905 Zur Definition der beiden Begriffe bereits oben beim Gerichtsstand am Wohnsitz des Beklagten, S. 109ff.

906 Ruland in Badura et al., Besonderes Verwaltungsrecht, 7. Abschnitt -Sozialrecht-, S. 736, RZ 10, 120

907 *residencia* = Wohnsitz oder gewöhnlicher Aufenthalt in Spanien

908 Blasco Lahoz et al., Curso de Seguridad Social, S. 91, 93

909 Espinar Vicente, DPCI, S. 113

910 Ruland in Schmidt-Aßmann, Besonderes Verwaltungsrecht, 7. Abschnitt -Sozialrecht-, S. 736f., RZ 12: Das supranationale Sozialrecht ist vor allem EG-Recht, das eine „Konvergenz“ der Systeme -nicht deren Harmonisierung- anstrebt und in der „Europäischen Sozialunion“ die größtmögliche Freizügigkeit der Wanderarbeitnehmer herstellen und alle entgegenstehenden Auswirkungen der nationalen Sozialrechtsordnungen beseitigen will (Art. 51 EWGV). Zu nennen sind vor allem die unmittelbar geltenden (Art. 189 II EWGV) Verordnungen VO Nr. 1408/71 und 574/72 für die Sozialversicherung und Art. 7 II VO 1612/68 mit Wirkung auch für die Sozialhilfe.

bb) Nebenentscheidung aus Hauptprozeß über den Personenstand

Ferner besteht auf den ersten Blick ein Unterschied, da die spanische autonome Vorschrift keine Regelung der Unterhaltsklage auf Erlaß von Nebenentscheidungen kennt, die sich aus einem Hauptprozeß über den Personenstand herleitet[911]. Mit dem Beitrittsübereinkommen von 1978 ist diese besondere Zuständigkeitsregel auch auf Unterhaltssachen ausgedehnt worden, über die in Verbindung oder gleichzeitig mit einem -als solches nicht in den Anwendungsbereich des Übereinkommens fallenden- Verfahren in Bezug auf den Personenstand zu entscheiden ist[912]. Allerdings stellt Art. 22 Abs. 3, Alt. 3 LOPJ[913] einen solchen konkurrierenden internationalen Gerichtsstand bereit; die spanischen Gerichte sind international zuständig für die persönlichen *und vermögensrechtlichen* Beziehungen zwischen Ehegatten, für Ehenichtigkeits-, Ehetrennungs- und Scheidungsklagen, wenn beide Ehegatten ihren gewöhnlichen Aufenthalt im Zeitpunkt der Klageerhebung in Spanien haben oder der Kläger Spanier ist und seinen gewöhnlichen Aufenthalt in Spanien hat, oder wenn beide Ehegatten bei beliebigem Aufenthalt Spanier sind, vorausgesetzt, daß sie den Antrag gemeinsam stellen oder einer mit der Zustimmung des anderen. Eine ausdrückliche Einbeziehung vermögensrechtlicher Ansprüche in Kindschaftssachen ist in Art. 22 Abs. 3, Alt. 4 LOPJ[914] nicht erfolgt.

Der Gerichtsstand des Hauptprozesses über den Personenstand erlangt wiederum im Anwendungsbereich von Art. 5 Nr. 2 EuGVÜ Bedeutung, da das EuGVÜ die Entscheidung über die internationale Zuständigkeit hier ausnahmsweise weitgehend dem autonomen Recht des Forums überläßt[915]. Unanwendbar ist die Vorschrift im Anwendungsbereich des EuGVÜ allerdings, soweit ein spanisches Gericht seine Zuständigkeit aus der Nationalität des Klägers herleitet[916]. Einen solchen Gerichtsstand stellt Art. 22 Abs. 3, Alt. 3 LOPJ, wie im vorstehenden Absatz bereits ausgeführt, bereit „wenn der Kläger Spanier ist und seinen gewöhnlichen Aufenthalt in Spanien hat oder wenn beide Ehegatten bei beliebigem Aufenthalt Spanier sind, [...]“.

---

911 Garau Sobrino, Ein internationales Zivilverfahrensrecht für Gesamteuropa, S. 341ff.: Das Beispiel Spanien (349)

912 Amtsblatt der EG Nr. C 298 vom 24. November 1986, S. 1ff. (13)

913 Wortlaut und Übersetzung: vgl. Anhang

914 Wortlaut und Übersetzung: vgl. Anhang

915 Kropholler, Europäisches Zivilverfahrensrecht, Art. 5, RZ 43

916 Art. 5 Nr. 2, letzter Halbsatz EuGVÜ

Innerhalb des Anwendungsbereichs der LOPJ konkurriert der Gerichtsstand der Eheauflösung mit demjenigen in Unterhaltssachen[917]. Bis auf den durch die Staatsangehörigkeit begründeten Gerichtsstand ergeben sich mithin keine Unterschiede im Anwendungsbereich von EuGVÜ und LOPJ.

cc) Gerichtsstandsvereinbarungen in Unterhaltssachen

Nach der Systematik von Art. 22 LOPJ sind Gerichtsstandsvereinbarungen in Unterhaltssachen ausnahmslos zulässig und der so begründete Gerichtsstand steht konkurrierend neben demjenigen aus Art. 22 Abs. 3 LOPJ; weder Absatz zwei noch Absatz drei der Vorschrift sehen irgendwelche Einschränkungen hinsichtlich der Zulässigkeit von Gerichtsstandsvereinbarungen vor. Nach Ansicht von *Amores Conradi* soll zum Schutz der schwächeren Partei am gewöhnlichen Aufenthaltsort des Unterhaltsgläubigers das einzige internationale Forum existieren[918]. Allerdings ließe auch das Haager Übereinkommen über die Anerkennung und Vollstreckung von Unterhaltsentscheidungen vom 2. Oktober 1973[919] in Art. 7 Nr. 3 die ausdrückliche wie stillschweigende Unterwerfung des Beklagten zu, so daß dies auch für Art. 22 LOPJ gelten solle[920]. Die Gerichtsstandsvereinbarung solle zwar die Zuständigkeit des prorogierten Gerichts begründen können, daneben solle aber die internationale Zuständigkeit am gewöhnlichen Aufenthalt des Unterhaltsberechtigten bestehen bleiben[921].

c) Stellungnahme

Die Auffassung von *Amores Conradi* steht mit der Systematik von Art. 22 Abs. 2 und 3 LOPJ in Einklang, wonach die Gerichtsstände der Absätze zwei und drei konkurrierend nebeneinander stehen[922], stellt aber ebenfalls eine Abweichung von Art. 5 Nr. 2 EuGVÜ dar, wonach Gerichtsstandsvereinbarungen mit ausschließlicher Wirkung auch in Unterhaltssachen einschränkungslos zulässig sind.

Die Zulässigkeit von Gerichtsstandsvereinbarungen bedarf jedoch in Unterhaltssachen keiner restriktiven Handhabung, denn faktischer Hintergrund der im

---

917 Amores Conradi, REDI 1989, S. 113ff.: La nueva estructura ... (133)

918 Amores Conradi, REDI 1989, S. 113ff.: La nueva estructura ... (141)

919 Jayme/Hausmann, Internationales Privat- und Verfahrensrecht, Nr. 88

920 Amores Conradi aaO, S.142

921 Amores Conradi aaO, S. 148f.: Der Autor vertritt die Auffassung, der durch Gerichtsstandsvereinbarung begründete Gerichtsstand sei allgemein, so daß die zur Wirkung von Gerichtsstandsvereinbarungen im Verhältnis zum Unterhaltsgerichtsstand vertretene Auffassung konsequent ist. Zur Ansicht von Amores Conradi vgl. oben, S. 81

922 Ausführlich hierzu vgl. oben, S. 80ff.

EuGVÜ enthaltenen einschränkenden Regelung in Versicherungs- und Verbrauchersachen ist, daß die größte Zahl der zugrundeliegenden Verträge formularmäßig geschlossen ist und die schwächere Seite sich oftmals überraschenden Klauseln gegenübersieht[923]. Diese Situation ergibt sich in Unterhaltssachen nicht.

8. Vertragsgerichtsstand

a) Abweichungen

Auch bei Formulierung des Vertragsgerichtsstandes finden sich Abweichungen vom europäischen Vorbild: In Art. 5 Nr. 1 EuGVÜ[924] wird die Zuständigkeit vor dem Gericht des Ortes in einem vom Wohnsitz des Beklagten verschiedenen Vertragsstaat begründet, an dem die Verpflichtung erfüllt worden ist oder zu erfüllen wäre. Nach Art. 22 Abs. 3, Alt. 7 LOPJ sind die spanischen Gerichte für vertragliche Verbindlichkeiten zuständig, wenn diese in Spanien entstanden sind oder in Spanien erfüllt werden müssen[925]. Ein Unterschied besteht zudem in Hinblick auf Arbeitsverträge: Für diese galten nach der 2. Fassung des Beitrittsübereinkommens keine Besonderheiten[926]; eine zusätzliche Bestimmung wurde erst nach dem Urteil des Gerichtshofes vom 15. Februar 1989[927] in der Fassung des 3. Beitrittsübereinkommens in Art. 5 Nr. 1 EuGVÜ aufgenommen[928, 929], während

---

923 Kropholler, Europäisches Zivilprozeßrecht, Art. 12, RZ 1

924 Nach Inkrafttreten der Verordnung (EG) Nr. 44/2001 des Rates über die gerichtliche Zuständigkeit und die Anerkennung und Vollstreckung von Entscheidungen in Zivil- und Handelssachen (vgl. Fn. 4) neu gefaßt. Art. 5 Nr. 1 lautet nunmehr:
Art. 5 Eine Person, die ihren Wohnsitz im Hoheitsgebiet eines Mitgliedstaats hat, kann in einem anderen Mitgliedstaat verklagt werden:
1. a) wenn ein Vertrag oder Ansprüche aus einem Vertrag den Gegenstand des Verfahrens bilden, vor dem Gericht des Ortes, an dem die Verpflichtung erfüllt worden ist oder zu erüllen wäre;
b) im Sinne dieser Vorschrift – und sofern nichts anderes vereinbart worden ist – ist der Erfüllungsort der Verpflichtung
für den Verkauf beweglicher Sachen der Ort in einem Mitgliedstaat, an dem sie nach dem Vertrag geliefert worden sind oder hätten geliefert werden müssen;
für die Erbringung von Dienstleistungen der Ort in einem Mitgliedstaat, an dem sie nach dem Vertrag erbracht worden sind oder hätten erbracht werden müssen;
c) ist Buchstabe b) nicht anwendbar, so gilt Buchstabe a);

925 *lugar de ejecución* im EuGVÜ und *lugar de cumplimiento* in der LOPJ bedeuten jeweils Erfüllungsort; Espinar Vicente, DPCI, S. 106 hält es für wünschenswert, daß der spanische Gesetzgeber auch in der LOPJ die Begrifflichkeit *ejecución* gewählt hätte

926 Amtsblatt der EG Nr. C 59 vom 5. März 1979, S. 1ff. (24) - Bericht Jenard

927 Six Constructions/Humbert, Rs 32/88

928 Amtsblatt der EG Nr. C 189 vom 28. Juli 1990, S. 35ff. (44f.) - Bericht de Almeida Cruz/Desantes Real/Jenard

Art. 25 LOPJ die internationale Zuständigkeit in arbeitsrechtlichen Angelegenheiten gesondert regelt[930].

b) Gerichtsstand am Entstehungsort der Verbindlichkeit

Bei den Beratungen zum EuGVÜ ergab eine Prüfung der innerstaatlichen Rechte, daß der Gerichtsstand für Klagen aus Verträgen in den nationalen Rechtsordnungen und den verschiedenen Abkommen zwischen den EWG-Staaten sehr unterschiedlich geregelt war[931]: Bekannt waren der Gerichtsstand des Ortes, an dem die Verpflichtung entstanden, der Gerichtsstand des Ortes, an dem die Verbindlichkeit erfüllt worden ist, schließlich des Ortes, an dem sie zu erfüllen ist. Man entschied sich allein für das *forum solutionis*[932]. Der Ausschuß wollte es vermeiden, die Zahl der Gerichtsstände zu vermehren und so Anlaß zu weiteren Kom-

---

929 Nach Inkrafttreten der Verordnung (EG) Nr. 44/2001 des Rates über die gerichtliche Zuständigkeit und die Anerkennung und Vollstreckung von Entscheidungen in Zivil- und Handelssachen (vgl. Fn. 4) jetzt Artt. 18 – 21.

Art. 18 (1) Bilden ein individueller Arbeitsvertrag oder Ansprüche aus einem individuellen Arbeitsvertrag den Gegenstand des Verfahrens, so bestimmt sich die Zuständigkeit unbeschadet des Artikels 4 und des Artikels 5 Nr. 5 nach diesem Abschnitt.

(2) Hat der Arbeitgeber, mit dem der Arbeitnehmer einen individuellen Arbeitsvertrag geschlossen hat, im Hoheitsgebiet eines Mitgliedsstaats keinen Wohnsitz, besitzt er aber in einem Mitgliedstaat eine Zweigniederlassung, Agentur oder sonstige Niederlassung, so wird er für Streitigkeiten aus ihrem Betrieb so behandelt, wie wenn er seinen Wohnsitz im Hoheitsgebiet dieses Mitgliedstaats hätte.

Art. 19 Ein Arbeitgeber, der seinen Wohnsitz im Hoheitsgebiet eines Mitgliedstaats hat, kann verklagt werden:

vor den Gerichten des Mitgliedstaats, in dem er seinen Wohsitz hat, oder in einem anderen Mitgliedstaat vor dem Gericht des Ortes, an dem der Arbeitnehmer gewöhnlich seine Arbeit verrichtet oder zuletzt gewöhnlich verrichtet hat, oder wenn der Arbeitnehmer seine Arbeit gewöhnlich nicht in ein und demselben Staat verrichtet oder verrichtet hat, vor dem Gericht des Ortes, an dem sich die Niederlassung, die den Arbeitnehmer eingestellt hat, befindet bzw. befand.

Art. 20 (1) Die Klage des Arbeitgebers kann nur vor den Gerichten des Mitgliedstaats erhoben werden, in dessen Hoheitsgebiet der Arbeitnehmer seinen Wohnsitz hat.

(2) Die Vorschriften dieses Abschnitts lassen das Recht unberührt, eine Widerklage vor dem Gericht zu erheben, bei dem die Klage selbst gemäß den Bestimmungen dieses Abschnitts anhängig ist.

Art. 21 Von den Vorschriften dieses Abschnitts kann im Wege der Vereinbarung nur abgewichen werden, wenn die Vereinbarung nach der Entstehung der Streitigkeit getroffen wird oder wenn sie dem Arbeitnehmer die Befugnis einräumt, andere als die in diesem Abschnitt angeführten Gerichte anzurufen.

930 vgl. unten, S. 175ff.

931 Amtsblatt der EG Nr. C 59 vom 5. März 1979, S. 1ff. (22f.) - Bericht Jenard

932 den Gerichtsstand des Ortes, in welchem die klagebegründende Verpflichtung erfüllt wurde oder zu erfüllen ist

petenzkonflikten zu geben[933]. Für diejenigen Staaten, die den Gerichtsstand am Entstehungsort zuvor nicht kannten, hätte seine Einführung eine allzu große Änderung bedeutet[934]. Auch wurde die Befürchtung geäußert, daß die Zulassung dieses Gerichtsstandes dazu führen könnte, auf einem Umweg zu dem Gerichtsstand des Klägers zu gelangen, denn der potentere Vertragsgegner kann es erreichen, daß die Verpflichtungen stets an seinem Sitz eingegangen werden[935]. Die Übernahme dieses Gerichtsstandes hätte ferner sehr schwierige Qualifikationsprobleme, namentlich bei einem Vertragsschluß zwischen Abwesenden, aufgeworfen[936].

Bereits *von Savigny*[937] kritisierte den Entstehungsort als „zufällig, vorübergehend, dem Wesen der Obligation und ihrer ferneren Entwicklung und Wirksamkeit fremd". Kritik wird auch von Seiten der spanischen Literatur laut: Das spanische autonome Recht kannte bei Verabschiedung der LOPJ den Gerichtsstand am Entstehungsort der Verbindlichkeit zwar auch für die örtliche Zuständigkeit in Art. 62.1 LEC. Allerdings galt dieser nur subsidiär zu dem Ort, an dem die Verbindlichkeit zu erfüllen war, und unter der weiteren Voraussetzung, daß die Zustellung an den Beklagten dort, wenn auch zufällig, vorgenommen werden konnte[938]. Die Begründung einer örtlichen Zuständigkeit am Abschlußort erfolgte demnach nur, wenn der Vertragspartner wenigstens einen gelegentlichen Bezug zu diesem Abschlußort hatte. Den Gerichtsstand am Entstehungsort der Verbindlichkeit alternativ neben denjenigen am Erfüllungsort zu stellen, erscheint daher als zu weitgehend und kann auch nicht durch einen Gleichlauf von *forum* und *ius* gerechtfertigt werden, sofern sich das auf den Vertrag anwendbare Recht wie nach Art. 10.5 Cc[939] nach dem Ort des Vertragsschlusses richtet[940]. Der Verzicht auf diesen Gerichtsstand wäre wünschenswert gewesen, da er keine Vorteile

---

933 Amtsblatt der EG Nr. C 59 vom 5. März 1979, S. 1ff. (23) – Bericht Jenard

934 Amtsblatt der EG aaO (23)

935 Kropholler, Europäisches Zivilprizeßrecht, Art. 5, RZ 2

936 Amtsblatt der EG Nr. C 59 vom 5. März 1979, S. 1ff. (22f.) - Bericht Jenard; so auch Schack, IZVR, S. 101f., RZ 258f. sowie: das *forum contractus* sei tauglich gewesen, solange Verträge fast ausnahmslos unter Anwesenden geschlossen wurden. Im deutschen Recht sei ein Überbleibsel dieser Zeit der Gerichtsstand des Meß- und Marktortes in § 30 ZPO, der auch und gerade für die internationale Zuständigkeit gelte.

937 Kropholler, Europäisches Zivilprozeßrecht, Art. 5, RZ 2 mN bei von Savigny, System des heutigen Römischen Rechts VIII (1849, auch Nachdruck Darmstadt 1956), S. 207

938 vgl. zu Art. 62 LEC oben, S. 73, Fn. 424; mit Inkrafttreten des Zivilprozeßreformgesetzes (vgl. Fn. 70) ist dieser Gerichtsstand entfallen, zur Rechtslage seither vgl. oben, S. 76 und Fn. 441-444

939 Art. 10.5 Cc: vgl. Anhang

940 Iglesias Buhigues/Desantes Real, Extensiones y límites de la jurisdicción española ..., S. 453ff. (460)

bringt, lediglich Probleme aufwirft[941]. So ist der Gerichtsstand am Entstehungsort der Verbindlichkeit beispielsweise bei einer Vielzahl von Gläubigern in internationalen Finanzierungsverträgen wegen der sich häufig kreuzenden Schreiben schwierig zu bestimmen[942].

Allerdings findet das Problem des Vertragsschlusses unter Abwesenden im spanischen Recht eine interessante Lösung: Das spanische materielle Recht stellt in Art. 1262 Abs. 2, letzter Halbsatz Cc eine gesetzliche Vermutung zur Verfügung, wonach der Vertrag unter Abwesenden als am Ort des Angebotes abgeschlossen gilt[943]. *Virgós Soriano* qualifiziert die Vorschrift als Bestandteil des internationalen Privatrechts, die der Konkretisierung der in Art. 10.5 Cc und Art. 22 Abs. 3 LOPJ verwendeten Formulierung „Ort des Vertragsschlusses" dient, mangels materiellrechtlicher Auswirkungen auf den Vertrag keinen solchen Regelungsgehalt hat und mithin als anwendbare *lex fori* den *locus hypothetici contractus* bestimmt, von dem ausgehend das so angerufene Gericht erst das anwendbare Recht ermittelt[944]. *Virgós Soriano* spricht sich mithin ausdrücklich auch im Anwendungsbereich von Art. 22 Abs. 3 LOPJ für diese Lösung aus[945]. Da er Art. 1262 Abs. 2, letzter Halbsatz Cc als prozeßrechtliche Vorschrift qualifiziert[946], wendet er die Vorschrift gemäß Art. 8 Abs. 2 Cc -*lex fori regit processum*- auch auf Sachverhalte mit internationalen Elementen an.

c) Gerichtsstand am Erfüllungsort der Verbindlichkeit

aa) Bestimmung des Erfüllungsortes

Zu untersuchen ist zunächst, wie der Erfüllungsort durch den EuGH und durch die spanische Rechtsprechung bestimmt wird: Einerseits stellt sich die Frage, welche Verbindlichkeit für die Bestimmung des Erfüllungsortes maßgeblich ist, andererseits, nach welchem Sachrecht sich der Erfüllungsort bestimmt.

---

941 Espinar Vicente, DPCI, S. 106

942 Díaz Ruíz, La ley 1986-2, S. 1078ff.: Jurisdicción Española y contratos de financiación internacional (1088)

943 González Campos en Pérez Vera et al., DIP, Vol. I, S. 313 ohne auf die Problematik einzugehen, daß Voraussetzung ihrer Anwendbarkeit die Anwendung spanischen Rechts als *lex contractus* ist

944 Virgós Soriano, Lugar de celebración y de ejecución en la contratación internacional, S. 136f.

945 Virgós Soriano aaO, S. 136f.

946 STS de 6 de noviembre de 1941, RAJ 1222: Die Qualifikation einer Vorschrift als prozeßrechlich oder materiell-rechtlich ist unabhängig vom Standort der Norm in einem bestimmten Gesetz. Ausführlich zur Frage der Qualifikation als prozeßrechtlich oder materiell-rechtlich oben, S. 115ff.

aaa) Rechtsprechung des EuGH

Für die Bestimmung des Erfüllungsortes stellt der EuGH unabhängig vom konkreten Streitgegenstand auf den Erfüllungsort derjenigen Verpflichtung ab, die den Gegenstand der Klage bildet[947]. Auch Sekundäransprüche richten sich nach diesem, zu ihnen gehören auch Rückabwicklungsansprüche. Ebenso ist der Erfüllungsort für Nebenansprüche wie Zinsansprüche und Auskunftsansprüche akzessorisch zum Erfüllungsort für den Hauptanspruch[948], so daß für nicht allzu komplexe Verträge garantiert ist, daß es für jede Seite nur einen einzigen Erfüllungsort gibt[949].

Der EuGH bestimmt den Erfüllungsort nach dem Recht, das nach den Kollisionsnormen des mit dem Rechtsstreit befaßten Gerichts für die streitige Verpflichtung maßgebend ist[950, 951].

---

947 EuGH, 6. Oktober 1976, Rs 14/76, De Bloos/Bouyer, Slg. 1976, S. 1497ff. (1508, RZ 13); 15. Januar 1987, Rs 266/85, Shenavai/Kreischer, Slg. 1987, S. 239ff. (256, RZ 17)

948 für Nebenansprüche, auch wenn sie ohne die Hauptverpflichtung eingeklagt werden; EuGH, 15. Januar 1987, Rs 266/85, Shenavai/Kreischer, Slg. 1987, S. 239ff. (256, RZ 17); Schlosser, EuGVÜ, Art. 5, RZ 7; Geimer/Schütze, Europäisches Zivilverfahrensrecht, Art. 5, RZ 59ff.; Kropholler; Europäisches Zivilprozeßrecht, Art. 5, RZ 14ff.

949 Schlosser, EuGVÜ aaO, Art. 5, RZ 7

950 EuGH, 6. Oktober 1976 - Rs 12/76, Tessili/Dunlop: Eine auf rechtsvergleichender Grundlage gewonnene vertragsautonome Bestimmung des Erfüllungsortes hält der EuGH „angesichts der Unterschiede, die nach wie vor zwischen den einzelnen nationalen Rechten bei der Regelung von Verträgen bestehen, und in Ermangelung jeder Vereinheitlichung des anwendbaren materiellen Rechts“ für nicht möglich. Der EuGH hat diese Rechtsprechung in einer Entscheidung vom 28. September 1999 ausdrücklich bestätigt: EuGH Rs. C 440/97 – GIE Gruope Concorde u.a./Capitaine commandant le navire „Suhadiwarno Panjan“, Tätigkeiten des Gerichtshofes und des Gerichtes Erster Instanz der Europäischen Gemeinschaften, Woche vom 27. September bis 1. Oktober 1999, Nr. 24/99, S. 1ff. (2)

951 Wagner, IPRax 1998, S. 241ff.: Die geplante Reform des Brüsseler und Lugano-Übereinkommens: Im Rahmen der Zuständigkeitsregeln wird bei der beabsichtigten Revision des EuGVÜ (und Lugano-Übereinkommens) der allgemeine Vertragsgerichtsstand, für den nach wie vor ein Bedürfnis bestehe, einer Überprüfung unterzogen werden. Die allgemeine Anknüpfung an den Erfüllungsort, der anhand des anwendbaren Sachrechts zu bestimmen ist, habe sich als zu umständlich erwiesen. Im einzelnen könnte daran gedacht werden, den Erfüllungsort jedenfalls für wichtige Vertragstypen im Text des Übereinkommens konkret zu bestimmen (243). So mit Inkrafttreten der Verordnung (EG) 44/2001 mittlerweile in Art. 5 Nr. 1 b) für den Verkauf beweglicher Sachen und für die Erbringung von Dienstleistungen geschehen, vgl. oben, Fn. 924

bbb) Spanische Rechtsprechung

Auch die spanische Rechtsprechung[952] stellt im internationalen Rechtsverkehr auf den streitgegenständlichen Primäranspruch ab. Sie bestimmt das anwendbare Sachrecht ebenfalls nach dem gemäß Art. 10.5 Cc berufenen Recht.

Für die Zahlungsverpflichtung gilt: In dem der Entscheidung des *Tribunal Supremo* vom 10. März 1993[953] zu Grunde liegenden Fall klagten zwei in Spanien wohnhafte Türken den Restkaufpreis für aus einem mit einer englischen Gesellschaft geschlossenen Kaufvertrag über Teppiche ein. Die Übergabe der Ware war in Madrid erfolgt. Die Beklagte rügte die internationale Unzuständigkeit der spanischen Gerichte. Der *Tribunal Supremo* prüft Art. 10.5 Cc und wendet danach auf den Vertrag spanisches Recht an; den Erfüllungsort für die Zahlungsverpflichtung bestimmt er sodann unter Berufung auf Artt. 1171, 1500 Cc, 325 Ccom anhand des Erfüllungsortes für die Zahlungsverpflichtung[954], die sich beim Kaufvertrag nach Art. 1500 Cc bestimmt. Nach Art. 1500 Cc ist Erfüllungsort für die Kaufpreiszahlung derjenige, den die Parteien vereinbart haben, hilfsweise dort, wo die Übergabe der Kaufsache erfolgt ist[955].

Für die vertragscharakteristische Leistung bestimmt die spanische Rechtsprechung ihren Erfüllungsort nach den für sie geltenden Vorschriften, regelmäßig Art. 1171Cc[956]. Dieser Erfüllungort bleibt auch maßgeblich, wenn ein Dritter in den Hauptvertrag eintritt. Der Entscheidung der *Audiencia Provincial de Bilbao*

---

[952] SSTS de 20 de julio de 1992, REDI 1993, S. 445; de 10 de marzo de 1993, REDI 1993, S. 467ff.

[953] REDI 1993, S. 466ff. = RAJ 1834

[954] STS de 10 de marzo de 1993, REDI 1993, S. 466ff. (467): Zur Bestimmung der internationalen Zuständigeit zieht der Tribunal Supremo allerdings Art. 62 Nr. 1 LEC heran. Alvarez González in seiner Anmerkung zu dieser Entscheidung in REDI aaO (469) kritisiert den fehlenden Hinweis auf die Vorschriften über die internationale Zuständigkeit der LOPJ und die Nichtanwendung dieser Vorschriften.

[955] Art. 1500 Cc (Übersetzung nach Peutster:
1. Der Käufer ist verpflichtet, den Preis der verkauften Sache zu der Zeit und an dem Ort zu zahlen, der im Vertrag vereinbart worden ist.
2. Wenn nichts vereinbart worden ist, muß die Zahlung zu der Zeit und an dem Ort erfolgen, an dem die Übergabe der verkauften Sache erfolgt.

[956] Art. 1171 Cc (Übersetzung nach Peuster):
1. Die Leistung muß an dem Ort erfolgen, den die Verbindlichkeit bestimmt hat.
2. Ist ein Leistungsort nicht bestimmt und handelt es sich um die Übergabe einer bestimmten Sache, so muß die Leistung an dem Ort bewirkt werden, an dem sich die Sache zum Zeitpunkt der Begründung der Verbindlichkeit befand.
3. In jedem anderen Fall ist Leistungsort der Wohnsitz des Schuldners.

vom 24. Juni 1993[957] lag die Forderung einer Versicherung zugrunde, die Schadensersatz wegen Schlechterfüllung eines Transportvertrages geleistet hatte und diesen nun im Regreßwege einklagte. Die Übergabe der Ware war in Glostrap (Dänemark) erfolgt. Die Beklagte wandte daher mit der Begründung, Erfüllungsort sei Glostrap gewesen, die internationale Unzuständigkeit der spanischen Gerichte ein. Die Vorinstanz hatte die Klage mangels internationaler Zuständigkeit der spanischen Gerichte abgewiesen. Dagegen richtete sich das Rechtsmittel der Klägerin. Das erkennende Gericht bejahte die internationale Zuständigkeit[958] der spanischen Gerichte unter Berufung auf Ziffer 4 des Transportvertrages, worin als Erfüllungsort Spanien bestimmt war[959], Art. 1171 Abs. 1 Cc. Es stellt ausdrücklich klar, daß der Versicherer als Rechtsnachfolger Partei dieses Vertrages wird.

aaaa) Kritik in der Literatur

Virgós Soriano hält diese Lösung im Anwendungsbereich von Art. 22 Abs. 3 LOPJ für verfehlt, da dies -anders als bei einer multilateralen Regelungstechnik im Rahmen eines europäischen Übereinkommens oder bei einer rein innerstaatlichen Zuständigkeitsordnung- den Zugang zu den spanischen Gerichten erheblich erschwere[960]. Diese Auslegung könne dazu führen, daß der Kläger bei den gegebenenfalls weiten Wegen zu den Gerichten eines anderen Staates untätig bliebe. Er schlägt daher vor, es für die Begründung der internationalen Erfüllungsortzuständigkeit ausreichen zu lassen, wenn eine der vertraglichen Hauptpflichten in Spanien zu erfüllen ist.

bbbb) Stellungnahme

Diese Ansicht ist jedoch abzulehnen, da das Recht des Beklagten auf effektive Rechtsverteidigung in dem Maße beeinträchtigt wird, wie der Erfüllungsgerichtsstand zum *forum actoris* erstarkt. Das geschieht, wenn der Erfüllungsgerichtsstand dazu dienen soll, dem Kläger ein Forum im Wohnsitzstaat zu eröffnen, wie *Virgós Soriano* vorschlägt. Entscheidend gegen diese Ansicht spricht, daß die internationale Zuständigkeitsharmonie durch unterschiedliche Rechtsprechung im Anwendungsbereich des EuGVÜ und der LOPJ durch eine unterschiedliche Handhabung gestört würde.

---

957 REDI 1994, S. 293ff.

958 allerdings bemüht es zunächst Art. 51 LEC und den Sitz des Klägers in Spanien und bejaht bereits danach die internationale Zuständigkeit der spanischen Gerichte

959 wie ausgeführt ist der vereinbarte Erfüllungsort vorrangig vor dem gesetzlichen, oben, S. 168, zu Artt. 1171 Cc (Text: Fn. 956) und 1500 Cc (Text: Fn. 955)

960 Virgós Soriano aaO, S. 81ff.

cccc) Probleme der italienischen Reform

aaaaa) Bestimmung des Erfüllungsortes nach lex fori oder lex causae

Mit dem Problem des nationalen Entscheidungseinklangs wird sich nunmehr die italienische Rechtsprechung auseinandersetzen müssen. Denn durch die Verweisung in Art. 3 Abs. 2 des Gesetzes Nr. 218 vom 31. Mai 1995 gelangt in Italien auch außerhalb seines Anwendungsbereichs der Erfüllungsgerichtsstand des Art. 5 Nr. 1 EuGVÜ zur Anwendung.

Soweit die Artt. 5-15 EuGVÜ durch Verweisung zu Vorschriften des autonomen Rechts werden, sind die italienischen Gerichte in ihrer Auslegung grundsätzlich frei;[961]. Im Bereich des Erfüllungsgerichtsstandes ist diese Frage von besonderem Interesse, da die Zuständigkeit am Erfüllungsort vor der Reform in Art. 4 Abs. 2 Cpc geregelt war. Bei der Interpretation der Vorschrift erfolgte die Bestimmung des Erfüllungsortes bisher nach der *lex fori*. Nach italienischer *lex fori* sind Geldforderungen am Wohnsitz des Gläubigers zu erfüllen, nicht etwa an dem des Schuldners. Es besteht also ein Klägergerichtsstand[962]. Durch eine Bestimmung des Erfüllungsortes nach der anwendbaren *lex causae* in Übereinstimmung mit der EuGH-Rechtsprechung würden die italienischen Gerichte -für den Vertragsgerichtsstand- die oft kritikwürdige Zweispurigkeit des Zuständigkeitssystems der EuGVÜ-Staaten[963] eliminieren.

bbbbb) Auslegungszuständigkeit des EuGH

Zwar sind die italienischen Gerichte in ihrer Auslegung des autonomen Rechts frei; es stellt sich aber die Frage, ob der EuGH ein Vorabentscheidungsersuchen nach der Auslegung des italienischen Rechts als Frage nach der Auslegung von Gemeinschaftsrecht annehmen würde[964]. Der EuGH[965] erklärte sich auf ein Vora-

---

[961] Jayme/Kohler, IPRax 1995, S. 343ff.: Europäisches Kollisionsrecht 1995 ... (347): die Berücksichtigung der Rechtsprechung des EuGH sei nicht ausdrücklich vorgeschrieben mit Verweis auf Fn. 53: demgegenüber sei die Auslegungsvorschrift in Art. 1 Abs. 4 des italienischen Kartellgesetzes von 1990 zu betrachten

[962] Walter, ZZP 109 (1996), S. 3ff.: Reform des internationalen Zivilprozeßrechts in Italien (13)

[963] Jayme/Kohler, IPRax 1995, S. 343ff.: Europäisches Kollisionsrecht 1995 ... (347)

[964] Art. 1 des Luxemburger Protokolls betreffend die Auslegung des Übereinkommens vom 27. September 1968 über die gerichtliche Zuständigkeit und die Vollstreckung gerichtlicher Entscheidungen in Zivil- und Handelssachen durch den Gerichtshof idF des 3. Beitrittsübereinkommens vom 26. Mai 1989 (Amtsblatt der EG 1989 Nr. L 285, S. 1) zählt enumerativ die Auslegungszuständigkeiten des EuGH auf und erweitert die dem EuGH nach Art. 177 EGV (jetzt Art. 234 EG) zustehenden Befugnisse: Der EuGH ist danach le-

bentscheidungsersuchen eines englischen *Court of Appeal* zur Auslegung des *Civil Jurisdiction and Judgements Act 1982,* der das EuGVÜ in das Recht des Vereinigten Königreichs inkorporiert und zugleich das EuGVÜ -allerdings in modifizierter Form- dann für anwendbar erklärt, wenn die Beteiligten in verschiedenen Hoheitsgebieten innerhalb des Vereinigten Königreichs ansässig sind[966], für unzuständig. Maßgeblich war für den EuGH, daß das nationale Gesetz keine unmittelbare und unbedingte Verweisung auf das EuGVÜ enthält, sondern das EuGVÜ lediglich als Muster verwendet. So weichen bestimmte Vorschriften des nationalen Rechts vom EuGVÜ ab. Der EuGH hätte im Ergebnis -sollten seine Ausführungen nicht rein theoretischer Natur sein- nicht das EuGVÜ, sondern das nationale Recht auslegen müssen[967].

Anders als im *Civil Jurisdiction and Judgements Act 1982* soll nach dem Willen des italienischen Gesetzgebers das EuGVÜ mit dem Inhalt maßgeblich sein, den es durch die Auslegung durch den EuGH erfahren hat; es handelt sich um eine umfassende und dynamische Verweisung[968]. *Jayme/Kohler* meinen, die Verbindlichkeit der EuGH-Entscheidung für das vorlegende italienische Gericht dürfte sich aus der gewollten Parallelität ergeben[969]. Der EuGH begründete die seine Auslegungszuständigkeit für die Vorlagefrage ablehnende Entscheidung nämlich des weiteren damit, daß dem EuGH-Urteil die bindende Wirkung fehlen würde, da das nationale Gesetz die britischen Gerichte nicht verpflichtet, die Entscheidungen des EuGH absolut und unbedingt anzuwenden. Dies aber widerspricht dem Grundgedanken, daß die weitreichenden Auslegungsbefugnisse des EuGH widersprüchliche Auslegungen europaweit vermeiden sollen und einheitliche Auslegungen des EuGVÜ angestrebt werden müssen. Dieser Zweck wird nicht erreicht, wenn das vorlegende nationale Gericht an die Entscheidung des EuGH nicht gebunden ist[970].

---

diglich zur Auslegung von (primärem und sekundärem) Gemeinschaftsrecht befugt, niemals zur Auslegung nationalen Rechts, so auch: Costa/ENEL, Slg. 1964, S. 1251.

965 Urteil vom 28. März 1995, Rs. 346/93, Kleinwort Benson Ltd./City of Glasgow District Council, Slg. I 1995, S. 615

966 Dietze/Schnichels, EuZW 1996, S. 455ff.: Die aktuelle Rechtsprechung des EuGH zum EuGVÜ (456)

967 Dietze/Schnichels aaO (456)

968 Jayme/Kohler, IPRax 1996, S. 377ff.: Europäisches Kollisionsrecht 1996 - Anpassung und Transformation der nationalen Rechte (379)

969 Jayme/Kohler aaO (379)

970 Dietze/Schnichels aaO (456)

ccccc) Spanische Lösung

Für die spanische LOPJ wird die zitierte Entscheidung des EuGH in der Rechtssache *Kleinwort Benson Ltd./City of Glasgow District Council* jedenfalls anwendbar sein, denn wie für den *Civil Jurisdiction and Judgements Act 1982* diente das EuGVÜ dieser lediglich als Muster, von dem der nationale Gesetzgeber sogar noch Abweichungen vorgenommen hat. Es bleibt den spanischen Gerichten aber unbenommen, bei Auslegung der LOPJ die Rechtsprechung des EuGH heranzuziehen. So nimmt die Entscheidung der *Audiencia Provincial de Barcelona* vom 2. Juni 1994[971] die Qualifikation des Streitgegenstandes sowie die Auslegung des autonomen internationalen Gerichtsstandes anhand der EuGH-Rechtsprechung vor, was von *del Bosch Portoles* in der Anmerkung zu dieser Entscheidung jedoch wegen des unilateralen Charakters der nationalen Vorschriften kritisiert wird[972]. Diese dienten einerseits dazu, die internationale Zuständigkeit der spanischen Gerichte zu begrenzen, die internationale Zuständigkeit selbst sei andererseits Ausfluß der staatlichen Souveränität, so daß die Auslegung einer Vorschrift, die zur alternativen internationalen Zuständigkeit von Gerichten zweier Staaten führe, nicht zulässig sei.

Diese Kritik kann überwunden werden, wenn man ergänzt, daß die von dem Gericht vorgenommene Auslegung am Maßstab des EuGVÜ nicht in Hinblick auf Drittstaaten zuständigkeitsbegründend wirken muß, sondern lediglich innerhalb der unilateral formulierten Zuständigkeitsordnung zur Klärung der Frage dienen kann, ob das bereits angerufene Gericht in Einklang mit der Rechtsprechung des EuGH international zuständig ist.

Im Interesse des internationalen Rechtsanwendungseinklangs und der Einheitlichkeit der Auslegung von Staatsverträgen ist der Rechtsprechung des EuGH auch außerhalb des Anwendungsbereichs des EuGVÜ Rechnung zu tragen[973]: Insbesondere das Interesse der europäischen Staatengemeinschaft ziele gerade darauf ab, in Fällen mit Auslandsbezug zu möglichst einheitlichen Verfahrensgrundsätzen zu gelangen[974].

---

971 REDI 1995-2, S. 370ff.

972 del Bosch Portoles, Anmerkung zu Auto AP Barcelona de 2 de junio de 1994, REDI 1995-2, S. 370ff. (374)

973 so auch: BGH, Urteil vom 28. Februar 1996 - XII ZR, 181/93 (Hamburg), NJW 1996, S. 1411ff. (1413)

974 BGH aaO (1413)

bb) Abweichungen der Formulierungen

Zwischen dem Gerichtsstand am Erfüllungsort der Verbindlichkeit nach EuGVÜ und LOPJ bestehen Formulierungsunterschiede: Für den Erfüllungsort nach Art. 5 Nr. 1 EuGVÜ ist der Ort maßgeblich, an dem die Verbindlichkeit erfüllt worden ist oder zu erfüllen wäre. Nach Art. 22 Abs. 3, Alt. 7 LOPJ ist es nur der Ort, an dem die Verbindlichkeit zu erfüllen ist.

Die unterschiedlichen Formulierungen sind nach *Virgós Soriano* mehr als reine Philosophie[975]: Die vom spanischen Gesetzgeber gewählte Formulierung soll verhindern, daß der reine Erfüllungsakt einer Partei an einem beliebigen Ort zuständigkeitsbegründend wirkt[976]. Fraglich ist daher, ob die unterschiedlichen Formulierungen in Art. 5 Nr. 1 EuGVÜ und Art. 22 Abs. 3, Alt. 7 LOPJ zu unterschiedlichen Ergebnissen führen:

aaa) Art. 5 Nr. 1 EuGVÜ

Auch durch die in Art. 5 Nr. 1 EuGVÜ gewählte Formulierung wird dem Kläger kein Wahlrecht eingeräumt[977]. Vielmehr ist, solange noch nicht erfüllt worden ist, auf den Ort, an dem die Verpflichtung zu erfüllen wäre, abzustellen, während nach der Erfüllung der tatsächliche Erfüllungsort maßgeblich ist[978]. Wird die Leistung an einem anderen als dem vorgesehenen Erfüllungsort erbracht, kann dieser Ort gerichtsstandsbegründende Wirkungen nur auslösen, wenn der Gläubiger die Leistungen als Erfüllung akzeptiert[979]; andernfalls bleibt maßgeblich der Ort, an dem „zu erfüllen wäre“[980]. Die Berücksichtigung des tatsächlichen Erfüllungsortes bringt für die Anwendung des Art. 5 Nr. 1 EuGVÜ eine gewisse Flexibilität hinsichtlich des maßgebenden Zeitpunkts: Während der rechtliche Erfüllungsort

---

975 Virgós Soriano aaO, S. 67f.

976 Virgós Soriano aaO, S. 68

977 Schlosser, EuGVÜ, Art. 5, RZ 2; Kropholler, Europäisches Zivilprozeßrecht, Art. 5, RZ 23; Mezger, RIW 1976, S. 345ff.: Drei Jahre EG-Zuständigkeits- und Vollstreckungsübereinkommen in Frankreich (347) spricht sich dafür aus, das Verhältnis beider Gerichtsstände zueinander klarzustellen; Piltz, NJW 1981, S. 1876ff.: Der Gerichtsstand des Erfüllungsortes nach dem EuGVÜ (1877)

978 Mezger aaO (347); Piltz aaO (1877)

979 Gottwald in MüKO, Art. 5 GVÜ, RZ 14

980 Piltz aaO (1877); für ein Wahlrecht des Klägers unter Berufung auf die Rechtsprechung des EuGH zum „Ort, an dem das schädigende Ereignis eingetreten ist“; Spellenberg, ZZP 91 (1978), S. 38ff.: Der Gerichtsstand des Erfüllungsortes im europäischen Gerichtsstands- und Vollstreckungsübereinkommen (63): auch Art. 5 Nr. 1 ließe nach seinem Wortlaut diese Auslegung zu

unveränderlich festgelegt sein kann, kann der tatsächliche Erfüllungsort veränderten Verhältnissen stets Rechnung tragen[981].

bbb) Art. 22 Abs. 3, Alt. 7 LOPJ

Die Formulierung des spanischen autonomen Rechts -Ort, an dem die Verbindlichkeit zu erfüllen ist- soll verhindern, daß der reine Erfüllungsakt einer Partei an einem beliebigen Ort zuständigkeitsbegründend wirkt[982]. Der Erfüllungsort soll sich aus dem Gesetz ergeben oder sich auf den Willen der Parteien gründen[983, 984], wobei die Parteien den Erfüllungsort einvernehmlich auch nachträglich ändern können[985]. Damit kommt der Erfüllung an einem anderen Ort auch nach spanischen Recht gerichtsstandsbegründende Wirkung nur zu, wenn der Gläubiger sie akzeptiert.

ccc) Stellungnahme

Auch im Anwendungsbereich von Art. 5 Nr. 1 EuGVÜ wirkt die Erfüllung an einem durch die Willkür des Schuldners bestimmten Ort, wie soeben dargestellt, nicht zuständigkeitsbegründend. Dem Kläger soll durch diese Vorschrift kein Wahlrecht eingeräumt werden. Auf den Ort, an dem die Verpflichtung zu erfüllen wäre, ist solange abzustellen, wie noch nicht erfüllt worden ist. Dann aber besteht

---

981 Kropholler, Europäisches Zivilprozeßrecht, Art. 5, RZ 21

982 Virgós Soriano aaO, S. 68

983 Díaz Ruíz, Jurisdicción Española y contratos de financiación internacional (1088); Virgós Soriano, Lugar de celebración y de ejecución en la contratación internacional, S. 33ff.; Weigand, Der deutsch-spanische Rechtsverkehr, S. 196ff.

984 Art. 1171 Cc (Übersetzung nach Peuster, Das spanische Zivilgesetzbuch):
Die Leistung muß an dem Ort erfolgen, den die Verbindlichkeit bestimmt hat.
Ist ein Leistungsort nicht bestimmt und handelt es sich um die Übergabe einer bestimmten Sache, so muß die Leistung an dem Ort bewirkt werden, an dem sich die Sache zum Zeitpunkt der Begründung der Verbindlichkeit befand.
In jedem anderen Fall ist Leistungsort der Wohnsitz des Schuldners.
Art. 10.5 Cc bestimmt kollisionsrechtlich (Übersetzung nach Peuster aaO):
Auf vertragliche Verbindlichkeiten findet das Recht Anwendung, dem sich die Parteien ausdrücklich unterworfen haben, sofern es irgendeine Beziehung zu dem Geschäft hat, um das es sich handelt; bei seinem Fehlen das gemeinsame Heimatrecht der Parteien; bei dessen Fehlen das Recht des gemeinsamen gewöhnlichen Aufenthalts und in letzter Reihe das Recht am Ort des Vertragsschlusses.

985 STS de 28 de diciembre de 1994, RAJ 10388; STS de 7 de marzo de 1975, RAJ 1188; Manresa y Navarro, Código Civil Español, tómo VIII, Vol. I, Art. 1157, S. 594f.: Art. 1156 Cc bestimmt, daß eine Verbindlichkeit durch (Zahlung oder) Erfüllung erlischt. Sodann regeln Artt. 1157-1181 Cc die Modalitäten von Zahlung und Erfüllung; Virgós Soriano, Lugar de celebración y de ejecución en la contratación internacional, S. 68; de Castro García et al., Código Civil, Comentarios, zu Art. 1171, Abschnitt 3; Weigand, Der deutsch-spanische Rechtsverkehr, S. 196f.

die Gefahr, daß die internationale Zuständigkeit von der Willkür einer Partei abhängt, nämlich davon, an welchem Ort diese die Erfüllungshandlung vornimmt, weder im Anwendungsbereich der LOPJ noch im Anwedungsbereich des EuGVÜ. Praktische Auswirkungen kommt den unterschiedlichen Formulierungen damit nicht zu.

Auch materiell-rechtlich besteht Gleichlauf: Wie die Erfüllung an einem anderen Ort nur zuständigkeitsbegründend wirkt, wenn der Gläubiger dies akzeptiert, kommt ihr nach spanischem Recht auch befreiende Wirkung nur zu, wenn sie am gesetzlichen oder vertraglich bestimmten Ort vorgenommen worden ist oder wenn der Gläubiger nachträglich eine Änderung des Erfüllungsortes -sei es auch nur konkludent- akzeptiert hat[986].

9. Gerichtsstand arbeitsrechtlicher Streitigkeiten

Im Anschluß an den Gerichtsstand vertraglicher Verbindlichkeiten wird, ausnahmsweise der Systematik des EuGVÜ folgend, das in Art. 5 Nr. 1 ferner den Gerichtsstand für arbeitsvertragliche Streitigkeiten[987] bestimmt, die internationale Zuständigkeit der spanischen Gerichte für arbeitsrechtliche Streitigkeiten untersucht. Die Regelung des EuGVÜ bezieht sich nur auf individuelle Arbeitsverträge, so daß nur diese Gegenstand der vorliegenden Betrachtung sein werden[988].

a) Abweichungen

Die internationale Zuständigkeit der spanischen Gerichte in arbeitsrechtlichen Streitigkeiten ist in Art. 25 LOPJ geregelt. Im spanischen Recht sind arbeitsvertragliche Streitigkeiten, obwohl sie als zivilrechtliche Materie eingestuft wer-

986 STS de 28 de diciembre de 1994, RAJ 10388

987 Nach Inkrafttreten der Verordnung (EG) Nr. 44/2001 des Rates über die gerichtliche Zuständigkeit und die Anerkennung und Vollstreckung von Entscheidungen in Zivil- und Handelssachen (vgl. Fn. 4) jetzt Artt. 18- 21, Text vgl. Fn. 929.

988 Vgl. Wortlaut Art. 5 Nr. 1: [...], wenn ein individueller Arbeitsvertrag oder Ansprüche aus einem individuellen Arbeitsvertrag den Gegenstand des Verfahrens bilden, [...]; Kropholler, Europäisches Zivilprozeßrecht, Art. 5, RZ 27; Art. 25 LOPJ regelt in Abs. 2 den Bereich der kollektiven Arbeitsverhältnisse und in Abs. 3 Ansprüche im Bereich der sozialen Sicherheit, die nach Art. 1 Abs. 2 Nr. 3 EuGVÜ aus dessen Anwendungsbereich ausgenommen sind; Garau Sobrino, Ein internationales Zivilverfahrensrecht für Gesamteuropa, S. 341ff.: Das Beispiel Spanien ... (355): Dieser Gerichtsstand kommt zur Anwendung, wenn die geschäftsführenden Körperschaften der spanischen Sozialversicherung unter dem Schutze des Art. 44 *Ley General de la Seguridad Social* ihre Leistungen mit entsprechenden ausländischen Institutionen vereinbaren und an der Vollstreckung von internationalen Abkommen über soziale Sicherheit teilnehmen.

den[989], gemäß Art. 1 *Ley de Procedimiento Laboral* der Sozialgerichtsbarkeit zugewiesen[990]. Damit wird klar, warum der Gerichtsstand in arbeitsvertraglichen Streitigkeiten nicht innerhalb von Art. 22 LOPJ geregelt werden konnte, da Art. 22 LOPJ die internationale Zuständigkeit *en el orden civil*[991] normiert.

Für den hier vorzunehmenden Vergleich spielt dies keine Rolle: Auf die Art der Gerichtsbarkeit kommt es für den Anwendungsbereich des Übereinkommens nach Art. 1 Abs. 1 EuGVÜ nicht an[992].

Art. 25 Abs. 1 LOPJ bestimmt, daß die spanischen Gerichte für Rechte und Pflichten, die aus Arbeitsverträgen resultieren, international zuständig sind,

> wenn die Dienstleistung in Spanien erbracht oder der Vertrag in Spanien geschlossen wurde, wenn der Beklagte seinen Wohnsitz, eine Agentur, Zweigniederlassung bzw. Außenstelle oder andere Niederlassung in Spanien hat; ferner dann, wenn Arbeitnehmer und Arbeitgeber spanische Staatsangehörige sind, unabhängig vom Ort der Dienstleistung oder des Vertragsschlusses, außerdem im Falle des Heuervertrages, wenn dem Vertrag ein Angebot vorausgegangen ist, das ein spanischer Arbeitnehmer in Spanien erhalten hat.

Damit weicht Art. 25 Abs. 1 LOPJ erheblich von Art. 5 Nr. 1 EuGVÜ, in Hinblick auf den dritten und vierten Gerichtsstand auch von denjenigen des Art. 22 LOPJ ab, da dort überall auf das Anknüpfungskriterium der Staatsangehörigkeit der Parteien verzichtet worden ist[993].

---

989 STS (Sala 6.ª) de 6 de marzo de 1971, RAJ 2541: „... während der Arbeitsvertrag zwar der Sphäre des Zivilrechts zuzuordnen ist, ist er dennoch einer speziellen Gerichtsbarkeit unterworfen."

990 Garau Sobrino, Ein internationales Zivilverfahrensrecht für Gesamteuropa, S. 341ff.: Das Beispiel Spanien ... (353, Fn 49): Die Vorschrift besagt, daß „die Organe der Sozialgerichtsbarkeit über die Ansprüche entscheiden, die innerhalb des sozialen Zweigs der streitigen Gerichtsbarkeit geltend gemacht werden, sowohl über individuelle als auch kollektive".

991 Zivilgerichtsbarkeit

992 für das Arbeitsrecht: Grunsky, JZ 1973, S. 641ff.: Probleme des EWG-Übereinkommens über die gerichtliche Zuständigkeit und die Vollstreckung gerichtlicher Entscheidungen in Zivil- und Handelssachen (642)

993 Amores Conradi, REDI 1989, S. 113ff.: La nueva estructura ... (120); Senés Motilla, Justicia 1986, S. 683ff.: Sistema de competencia judicial ... (686)

b) Begründung

Die Erklärung für die Abweichungen ist schnell gefunden: Der Regelung des Arbeitsgerichtsstandes lag nicht das EuGVÜ als Vorlage zugrunde[994], sondern sie geht auf die *Ley de Bases Orgánica de Justicia de 28 de noviembre de 1974*[995] zurück, deren *Base 3.ª*, *núm. 13* bereits die Vorläufer dieser Zuständigkeitskriterien enthielt. Die spanischen Gerichte waren danach zuständig, wenn der Vertrag in Spanien geschlossen oder ausgeführt wurde, oder wenn der Arbeitnehmer Spanier war, unabhängig vom Vertragsort, wenn der Arbeitgeber Spanier war oder seinen Sitz, Agentur oder Niederlassung in Spanien hatte[996].

c) Stellungnahme

Soweit die internationale Zuständigkeit der spanischen Gerichte an die spanische Staatsangehörigkeit anknüpft, dürfte sie als exorbitant[997] zu betrachten sein[998]. Daran ändert auch der Umstand nichts, daß im Gegensatz zu Artt. 14 und 15 des französischen *Code civil*[999], die auch die reine französische Staatsangehörigkeit genügen lassen, nach Art. 25 Abs. 1 LOPJ die spanische Staatsangehörigkeit *beider* Parteien vorliegen bzw. der Zugang des Vertragsangebots an den spanischen Arbeitnehmer auf spanischem Territorium erfolgen muß[1000]. Denn auch bei

---

994 Zabalo Escudero, REDI 1986, S. 613ff.: La competencia judicial internacional de los Tribunales Españoles en materia de contrato de trabajo (617); unzutreffend sind daher die Art. 25 LOPJ betreffenden Ausführungen im Bericht von de Almeida Cruz/Desantes Real/Jenard, Amtsblatt der EG Nr. C 189 vom 28. Juli 1990, S. 35ff. (43), die auch für diesen Artikel von einer unmittelbaren Anlehnung an das Brüsseler Übereinkommen ausgehen

995 BOE, núm. 287, de 30 de noviembre de 1974

996 Zabalo Escudero aaO (617)

997 Espinar Vicente, DPCI, S. 18: Ein Gerichtsstand ist exorbitant, wenn bereits eine leichteste oder zufällige Verbindung zu dem bestimmten Forum zuständigkeitsbegründend wirkt.

998 Iglesias Buhígues/Desantes Real, Extensiones y límites de la jurisdicción española ..., S. 453ff. (462); Garau Sobrino, Ein internationales Zivilverfahrensrecht für Gesamteuropa, S. 341ff.: Das Beispiel Spanien ... (354)

999 Diese Vorschriften sind in Art. 3 Abs. 2 EuGVÜ aufgenommen:
Art. 14 Code civil (frz): L' étranger, même non résidant en France, pourra être cité avant les tribunaux français, pour l' exécution des obligations par lui contractées en France avec un Français; il pourra être traduit devant les tribunaux de France pour les obligations par lui contractées en pays étranger envers des Français.
Art. 15 Code civil (frz): Un Français pourra être traduit devant un tribunal de France, pour des obligations par lui contractées en pays étranger, même avec un étranger.

1000 Dieser Auffassung ist aber Zabalo Escudero, REDI 1986, S. 613ff.: La competencia judicial internacional de los Tribunales Españoles en materia de contrato de trabajo (626); ebenso weisen Iglesias Buhígues/Desantes Real, Extensiones y límites de la jurisdicción

Vorliegen dieser weiteren Voraussetzungen zusätzlich zur spanischen Staatsangehörigkeit fehlt es an einer hinreichenden Nähebeziehung[1001] zur spanischen Rechtsordnung. Der internationale Gerichtsstand in Heuerverträgen schützt lediglich die Spanier, die auf See arbeiten und häufig im Ausland eingestellt werden, nachdem ein Arbeitsangebot -regelmäßig- per Telegramm ergangen ist[1002]. Die Anknüpfung an den Ort, an dem das Angebot eingeht, widerspricht zudem der in Art. 1262 Abs. 2, letzter Halbsatz Cc niedergelegten Auffassung des spanischen Gesetzgebers vom Ort des Vertragsschlusses bei Distanzverträgen[1003], und erscheint auch von daher willkürlich. Den spanischen Staatsangehörigen soll mithin ein Jurisdiktionsprivileg eingeräumt werden[1004].

Für das portugiesische Recht ist die bei Ratifikation des 3. Beitrittsübereinkommens noch gültige, sehr ähnliche Bestimmung des Art. 11 Arbeitsgerichtsgesetz in den Katalog der exorbitanten Zuständigkeiten in Art. 3 Abs. 2 EuGVÜ aufgenommen worden; danach sind portugiesische Gerichte immer dann international zuständig, wenn der Arbeitnehmer Portugiese ist, und wenn der Arbeitsvertrag in Portugal abgeschlossen wurde[1005]. Auch diese Vorschrift knüpft nicht allein an die Staatsangehörigkeit des Arbeitnehmers an und wird –wie ihre Aufnahme in den Katalog des Art. 3 Abs. 2 EuGVÜ zeigt- dennoch als exorbitant empfunden.

d) Art. 3 Abs. 2 EuGVÜ

Eine Aufnahme der Gerichtsstände des Art. 25 Abs. 1, Alt. 3 und 4 LOPJ in den Katalog der exorbitanten Zuständigkeiten des Art. 3 Abs. 2 EuGVÜ ist unterblieben, da die Verantwortlichen von der Prämisse ausgingen, daß auch die individualarbeitsrechtlichen Gerichtsstände des Art. 25 LOPJ in unmittelbarer Anlehnung an das EuGVÜ geschaffen wurden, so daß in dem Bericht festgehalten wurde, in Spanien gebe es keine exorbitanten Zuständigkeitsregeln[1006]. Für die Anwendung

---

española ..., S. 453ff. (462) auf diese zusätzlichen Erfordernisse hin, es handele sich um die schriftliche Fixierung der Rechtsprechung des *Tribunal Supremo* der letzten Dekade

1001 vgl. bereits oben, S. 84f.; Espinar Vicente, CDIP, S. 18: Ein Gerichtsstand ist exorbitant, wenn bereits eine leichteste oder zufällige Verbindung zu dem bestimmten Forum zuständigkeitsbegründend wirkt.

1002 Garau Sobrino, Ein internationales Zivilverfahrensrecht für Gesamteuropa, S. 341ff.: Das Beispiel Spanien ... (353); ähnlich Espinar Vicente, DPCI, S. 112

1003 vgl. oben, S. 166

1004 Zabalo Escudero, REDI 1986, S. 613ff.: La competencia judicial internacional de los Tribunales Españoles en materia de contrato de trabajo (626)

1005 Ferreira Pinto, Die Reform des nationalen Zivilprozeßrechts als Angleichung: Das Beispiel Portugal, S. 369ff. (373f.)

1006 Amtsblatt der EG Nr. C 189 vom 28. Juli 1990, S. 35ff. (43) - Bericht de Almeida Cruz/Desantes Real/Jenard

des EuGVÜ ist dies unschädlich, da die in Artikel 3 des Übereinkommens einzufügenden Angaben keinen erschöpfenden Charakter haben, weil die Aufzählung in diesem Artikel ebenfalls nicht erschöpfend ist und nur Beispiele anführt[1007].

e) Zulässigkeit von Gerichtsstandsvereinbarungen

Art. 25 LOPJ läßt eine Regelung über die Zulässigkeit von Gerichtsstandsvereinbarungen in arbeitsrechtlichen Streitigkeiten vermissen[1008]. Das 3. Beitrittsübereinkommen brachte in dieser Frage für das EuGVÜ eine Änderung: Bei den Beratungen zum EuGVÜ (1968) hatte der Ausschuß bewußt davon Abstand genommen, den Gerichtsstand in arbeitsvertraglichen Streitigkeiten in den Katalog der ausschließlichen Zuständigkeiten des Art. 16 EuGVÜ aufzunehmen, da damit die Privatautonomie, der die meisten Vertragsstaaten auch auf diesem Gebiet einen weiten Spielraum ließen, erheblich eingeschränkt worden wäre[1009]. Vereinbarungen über die internationale Zuständigkeit nach Artt. 17, 18 EuGVÜ und die internationalen Gerichtsstände der Artt. 2, 5 Nr. 1[1010] sowie des Nr. 3 für unerlaubte Handlungen sollten daneben möglich sein[1011]. Bei den Verhandlungen über das Lugano-Übereinkommen (1988) schlugen die Vertreter der EFTA-Mitgliedstaaten vor, einen neuen Absatz in Artikel 17 aufzunehmen, wonach Gerichtsstandsvereinbarungen bei individuellen Arbeitsverträgen nur dann zulässig sind, wenn sie nach Entstehung der Streitigkeit getroffen werden. Dieser Zusatz wurde akzeptiert, da ihm die Konzeption zugrunde liegt, den Arbeitnehmer zu schützen, der in wirtschaftlicher und sozialer Hinsicht als der schwächere Teil in der vertraglichen Beziehung angesehen wird[1012].

Dieser Schutzkonzeption entspricht die Regelung in Art. 25 LOPJ: Es handelt sich nach Ansicht der spanischen Lehre[1013] um einen abschließend formulierten

---

[1007] Bericht de Almeida Cruz/Desantes Real/Jenard aaO (43)

[1008] Garau Sobrino, Ein internationales Zivilverfahrensrecht für Gesamteuropa, S. 341ff.: Das Beispiel Spanien ... (353)

[1009] Amtsblatt der EG Nr. C 59 vom 5. März 1979, S. 1ff. (24) - Bericht Jenard

[1010] wenn der Erfüllungsort von dem Wohnsitz des Beklagten verschieden ist

[1011] Amtsblatt der EG Nr. C 59 aaO (24)

[1012] Amtsblatt der EG Nr. C 189 vom 28. Juli 1990, S. 35ff. (43) - Bericht de Almeida Cruz/Desantes Real/Jenard; S. 57ff. (77, RZ 60) - Bericht Jenard/Möller

[1013] Rodríguez Benot, Los acurdos atributivos ..., S. 98f. (Fn. 119); Zabalo Escudero, REDI 1986, S. 613ff.: La competencia judicial internacional de los Tribunales Españoles en materia de contrato de trabajo (627); González Campos en Pérez Vera et al., DIP, vol. I, S. 316; Quiñones i Escàmez, Revista Jurídica de Catalunya, S. 657ff.: Evolución de la admisibilidad de la cláusula atributiva ... (689), Fn. 89: die Gerichtsstandsvereinbarung wird nicht als kompetenzbegründendes Kriterium aufgeführt

Katalog untereinander konkurrierender Zuständigkeiten[1014], in dem Gerichtsstandsvereinbarungen unzulässig sind, deren Zulässigkeit mithin auch nicht aus Art. 22 Abs. 2 LOPJ hergeleitet werden kann. Auch der *Tribunal Supremo*[1015] in einer Entscheidung aus dem Jahre 1988 zu Art. 25 Abs. 1 LOPJ bezieht sich auf den abschließend formulierten Zuständigkeitskataolg, allerdings vornehmlich unter Berufung auf Art. 51 LEC und den *orden público*:

> In Art. 25 Abs. 1 LOPJ konkurrieren verschiedene Anknüpfungskriterien in Verbindung mit Art. 51 LEC, die die internationale Zuständigkeit der spanischen Gerichte bestimmen, Elemente, die durch Unterwerfung der Parteien nicht geändert werden können, weil die Vorschriften über Geltung und Grenzen der nationalen Jurisdiktion Bestandteil des *orden público* sind.

Daß die Gerichtsstände des Art. 25 Abs. 1 LOPJ abschließend sein sollen, könnte daraus hergeleitet werden, daß im ersten Halbsatz der Vorschrift ausdrücklich erneut die Gerichtsstände am Erfüllungs- und Entstehungsort der arbeitsvertraglichen Verbindlichkeit, des Beklagtenwohnsitzes und der Zweigniederlassung niedergelegt sind. Sollte Art. 25 LOPJ mit Art. 22 LOPJ konkurrieren, so wäre die neuerliche Normierung dieser Gerichtsstände in Art. 25 LOPJ überflüssig gewesen.

Auch die Neuregelung des Arbeitsgerichtsgesetzes von 1990 rechtfertigt keine andere Beurteilung. Für die örtliche Zuständigkeit schließt Art. 2 Abs. 3 der *Ley de Procedimiento Laboral* Gerichtsstandsvereinbarungen aus. Damit bekräftigte der spanische Gesetzgeber seinen Willen, den Arbeitnehmer zu schützen, auch im Bereich der örtlichen Zuständigkeit[1016].

Die Unzulässigkeit von Gerichtsstandsvereinbarungen rechtfertigt sich auch im spanischen autonomen Recht unter Berücksichtigung des Umstandes, daß der Arbeitnehmer die sozial schwächere Partei ist und vor Gerichtsstandsvereinbarungen zu seinem Nachteil geschützt werden muß sowie mit Blick auf die Neuregelung im Beitrittsübereinkommen von Donostia/San Sebastian[1017].

1014 Zabalo Escudero, REDI 1986, S. 613ff.: La competencia judicial internacional de los Tribunales Españoles en materia de contrato de trabajo (628f.)

1015 STS de 14 de julio de 1988, núm. 5825

1016 González Campos en Pérez Vera et al., DIP, vol. I, S. 316

1017 González Campos aaO, S. 316

Auch wenn das EuGVÜ nicht Vorbild für Art. 25 Abs.1 LOPJ war, so ist vor allem in Hinblick auf das Ziel internationale Zuständigkeitsharmonie eine Handhabung der Zulässigkeit von Gerichtsstandsvereinbarungen in Anlehnung an die Neufassung von Art. 17 EuGVÜ begrüßenswert. Durch das generelle Verbot von Zuständigkeitsvereinbarungen im spanischen Recht wird diese internationale Zuständigkeitsharmonie allerdings für die in Art. 17 Abs. 5 EuGVÜ zugelassenen Gerichtsstandsvereinbarungen nicht erreicht. Dies sind Gerichtsstandsvereinbarungen, die nach Entstehung der Streitigkeit getroffen werden oder die der Arbeitnehmer geltend macht, um ein anderes Gericht als das am Wohnsitz des Beklagten oder das in Art. 5 Nr. 1 EuGVÜ bezeichnete anzurufen.

10. Gerichtsstand außervertraglicher Verbindlichkeiten

a) Qualifikation

Ob für einen Rechtsstreit ein internationaler Gerichtsstand in Spanien begründet ist, kann von der Qualifikation des streitgegenständlichen Anspruchs als vertraglich oder außervertraglich abhängen. Die Qualifikation eines Anspruchs ist nach der *lex fori* vorzunehmen[1018]. Dadurch wird nicht ausgeschlossen, die Vorbildfunktion des EuGVÜ für die spanische LOPJ in die Auslegung der *lex fori* einfließen zu lassen[1019], so daß auch die Qualifikation des Streitgegenstandes maßgeblich durch das EuGVÜ mitbestimmt werden kann[1020]. In der spanischen Rechtsprechung wird dieser Weg bereits beschritten[1021]:

> Letztlich und unter Berücksichtigung des Umstandes, daß Art. 22 LOPJ eindeutig durch das EuGVÜ von 1968 inspiriert ist, kann als reines Auslegungskriterium auf die durch den EuGH aufgezeigten Linien zu Art. 5 Nr. 1 und 3 zugegriffen werden. So bestätigte der EuGH in der Entscheidung vom 8. März 1988 (Rs 9/87, Arcado/Haviland) den vertraglichen Charakter einer Schadensersatzforderung wegen mißbräuchlicher Auflösung eines Handelsvertretervertrages. In Übereinstimmung

---

[1018] Amores Conradi aaO (124); Blanco-Morales Limones, El seguro español ..., S. 236; für das internationale Privatrecht bestimmt Art. 12 Abs. 1 Cc (Übersetzung nach Peuster, Das spanische Zivilgesetzbuch):
Art. 12 Abs. 1 Cc: Die Qualifikation zur Bestimmung der spanischen Kollisionsnormen geschieht immer nach spanischem Recht.

[1019] Espinar Vicente, DPCI, S. 46

[1020] Anmerkung Milans del Bosch Portoles zu Auto AP Barcelona (Sección 11.ª) de 2 de junio de 1994, REDI 1995-2, S. 370ff. (374)

[1021] Auto AP Barcelona (Sección 11.ª) de 2 de junio de 1994, REDI 1995-2, S. 370ff. mit Anmerkung del Bosch Portoles

> mit der Entscheidung vom 27. September 1988 (Rs 189/87, A.K./Banco S., M.H.T. und C) greift dann die Auslegung Platz, daß als außervertragliche Verbindlichkeiten, auf die sich Art. 22 Abs. 3 LOPJ bezieht, diejenigen Verbindlichkeiten verstanden werden können, die nicht unmittelbar aus einem Vertrag herrühren.

Das erkennende Gericht qualifiziert sodann den streitgegenständlichen Anspruch aus ungerechtfertigter Bereicherung als vertraglichen Anspruch[1022].

b) Abweichungen

Der Gerichtsstand für Deliktsklagen ist nach Art. 5 Nr. 3 EuGVÜ[1023] gegeben, wenn eine unerlaubte Handlung oder eine Handlung, die einer unerlaubten Handlung gleichgestellt ist, oder wenn Ansprüche aus einer solchen Handlung den Gegenstand des Verfahrens bilden, vor dem Gericht des Ortes, an dem das schädigende Ereignis eingetreten ist. Demgegenüber bestimmt Art. 22 Abs. 3, Alt. 8 LOPJ die internationale Zuständigkeit der spanischen Gerichte im Bereich außervertraglicher Verbindlichkeiten, wenn die Handlung, von der diese herrührt, in Spanien vorgenommen wurde oder der Schädiger und das Opfer ihren gemeinsamen gewöhnlichen Aufenthalt in Spanien haben. Damit sind beide Gerichtsstände schon nach ihrem Wortlaut auf Deliktsklagen zugeschnitten.

aa) Art. 22 Abs. 3: „Handlung, von der diese herrührt“

Nach ihrem Wortlaut ist die erste der im spanischen autonomen Recht gewählten Verbindungen nicht in Anlehnung an Art. 5 Nr. 3 EuGVÜ formuliert. Sie übernimmt vielmehr wörtlich die kollisionsrechtliche Vorschrift in Art. 10 Abs. 9 Cc, und entspricht so dem Wunsch, einen Gleichlauf von *forum* und *ius* herbeizuführen[1024].

[1022] so auch im EuGVÜ: Schlosser, Art. 5, RZ 5

[1023] Nach Inkrafttreten der Verordnung (EG) Nr. 44/2001 des Rates über die gerichtliche Zuständigkeit und die Anerkennung und Vollstreckung von Entscheidungen in Zivil- und Handelssachen (vgl. Fn. 4) neu gefaßt. Art. 5 Nr. 3 lautet nunmehr:
Art. 5 Eine Person, die ihren Wohnsitz im Hoheitsgebiet eines Mitgliedstaats hat, kann in einem anderen Mitgliedstaat verklagt werden:
3. wenn eine unerlaubte Handlung oder eine Handlung, die einer unerlaubten Handlung gleichgestellt ist, oder wenn Ansprüche aus einer solchen Handlung den Gegenstand des Verfahrens bilden, vor dem Gericht des Ortes, an dem das schädigende Ereignis eingetreten ist oder einzutreten droht;

[1024] Espinar Vicente, DPCI, S. 114; ders. aaO, S. 122: Der spanische Gesetzgeber hat eine Vorliebe für den Gleichlauf von *forum* und *ius*.

Der Einfluß der EuGH-Rechtsprechung und damit des EuGVÜ zeigt sich aber bei Auslegung des Begriffs „Handlung, von der diese herrührt", wie dies die Lehre zumindest teilweise erwartet hat[1025].
Die *Audiencia Provincial de Barcelona*[1026] erkannte:

> Daher und gemäß der Entscheidung *Mines de Potasse d'Alsasse* vom 30. November 1976 weisen, sofern Handlungs- und Erfolgsort des schädigenden Ereignisses geographisch auseinanderfallen, beide Foren einen hinreichend engen Bezug zu den jeweiligen Jurisdiktionssphären auf, so daß diese einander nicht ausschließen, sondern beide Gerichte zuständig sind.

bb) Stellungnahme

Damit bleiben die unterschiedlichen Formulierungen in Art. 5 Nr. 3 EuGVÜ und Art. 22 Abs. 3, Alt. 8 LOPJ bei zutreffender Auslegung durch die spanischen Gerichte folgenlos. Im Hinblick auf den internationalen Entscheidungseinklang ist dies zu begrüßen.

cc) Gemeinsamer gewöhnlicher Aufenthalt in Spanien

Das zweite der gewählten Kriterien, der gemeinsame gewöhnliche Aufenthalt von Schädiger und Geschädigtem in Spanien, entbehrt nach Auffassung von *Espinar Vicente* als Zuständigkeitskriterium jeder Rechtfertigung[1027], während andere Autoren sie zum Schutz der in Spanien Ansässigen[1028] als Sperre gegen eine

---

[1025] Iglesias Buhígues/Desantes Real, Extensiones y límites de la jurisdicción española ..., S. 453ff. (461) sowie dort Fn. 34: Die Bestimmung des örtlich zuständigen Gerichts dürfte keine Schwierigkeiten machen, da der *Tribunal Supremo* dort alternativ neben dem *forum delicti commissi* das *forum domicilii* des Beklagten zugelassen hat. Amores Conradi, REDI 1989, S. 113ff.: La nueva estructura ... (133); Borrás Rodríguez, Los criterios de competencia judicial internacional en materia civil ..., S. 265ff. (279); aA unter Berufung auf den Wortlaut, der diese Auslegung nicht zulasse: Espinar Vicente, DPCI, S. 115, obwohl der Autor selbst zuvor auf den bewußt geschaffenen Zusammenhang zwischen der Kollisionsnorm und der Kompetenznorm hingewiesen hat.

[1026] Auto AP Barcelona (Sección 11.ª) de 2 de junio de 1994, REDI 1995-2, S. 370ff. mit Anmerkung del Bosch Portoles

[1027] Espinar Vicente, DPCI, S. 114

[1028] Senés Motilla, Justicia 1986, S. 683ff.: Sistema de competencia judicial ... (702); González Campos en Pérez Vera et al., DIP, vol. I, S. 313

künstliche Internationalisierung des Rechtsstreits ansehen[1029]. Eine solche Sperre ist nach ersterer Ansicht aber nur im kollisionsrechtlichen Bereich sinnvoll, wenn die Parteien nur durch Zufall die Verbindung zu einer Rechtsordnung verlieren, kompetenzrechtlich jedoch sei dies nicht zu verstehen[1030].

aaa) Schutz vor künstlicher Internationalisierung

Fraglich ist, ob die Vorschrift tatsächlich den Schutz der in Spanien Ansässigen verstärkt, denn außer in Ausnahmefällen wird bereits das Forum am Wohnsitz des Beklagten eröffnet sein[1031]. Als Beispiel möge die Entscheidung der *Audiencia Provincial de Madrid*[1032] dienen: Das angerufene Gericht hatte über die Schadensersatzklagen diverser Reisender einer Pauschalreise gegen den Reiseveranstalter, den Fahrer des Busses und den Versicherer wegen eines Verkehrsunfalles in der Türkei zu entscheiden; die Beklagten hatten ihren Wohnsitz allesamt in Spanien. Das Gericht gründete seine Entscheidungszuständigkeit auf Art. 22 Abs. 3 LOPJ; sie wäre aber auch bereits nach Art. 22 Abs. 2 LOPJ begründet gewesen.

bbb) Stellungnahme

In einem Land, in dem eine Vielzahl von Menschen Eigentümer von Feriendomizilen ist, ist denkbar, daß diese zwar ihren Wohnsitz in einem anderen, gegebenenfalls sogar verschiedenen Staaten, ihren gemeinsamen gewöhnlichen Aufenthalt jedoch in Spanien haben. Diesen -Klägern wie Beklagten- wird die Rechtsverfolgung in Spanien erleichtert, wenn das schädigende Ereignis außerhalb spanischen Territoriums stattfindet. Jedenfalls kann der Gerichtsstand am gewöhnlichen Aufenthaltsort der Parteien nicht als exorbitant[1033] bezeichnet werden. Große praktische Relevanz dürfte diesem Gerichtsstand daher nicht zukommen.

[1029] Borrás Rodríguez, Los criterios de competencia judicial internacional en materia civil ... , S. 265ff. (280)

[1030] Espinar Vicente, DPCI, S. 114

[1031] Espinar Vicente aaO, S. 114f.

[1032] SAP Madrid (Sección 21.ª) de 4 de enero de 1994 mit Anmerkung von Cuartero Rubio, REDI 1995-1, S. 249ff.

[1033] Espniar Vicente, DPCI, S. 18: Ein Gerichtsstand ist exorbitant, wenn bereits eine leichteste und zufällige Verbindung zu dem bestimmten Forum zuständigkeitsbegründend wirkt.

11. Gerichtsstand der Mobilien

a) Abweichung: Kein Vorbild im EuGVÜ

Abweichend vom EuGVÜ, das eine internationale Zuständigkeit am Belegenheitsort der beweglichen Sache nicht kennt, hat der spanische Gesetzgeber für dingliche Ansprüche an beweglichen Sachen[1034] einen internationalen Gerichtsstand im *forum rei sitae*[1035] begründet. Das spanische Recht kannte bei Verabschiedung der LOPJ den Gerichtsstand der beweglichen Sache für die Geltendmachung dinglicher Rechte an diesen auch im Bereich der örtlichen Zuständigkeit in Art. 62 Abs. 2 LEC, konkurrierend mit demjenigen am Wohnsitz des Beklagten[1036].

b) Motivation des Gesetzgebers

Der spanische Gesetzgeber war auch hier von dem Bestreben geleitet, Gleichlauf zwischen *forum* und *ius* zu schaffen[1037]. Die kollisionsrechtliche Vorschrift, die die Anwendung der *lex rei sitae* auf bewegliche Sachen regelt, findet sich in Art. 10.1.2 Cc. Der Belegenheitsort für eine *res in transitu* ist nach Art. 10.1.3 Cc derjenige des Absendeortes, es sei denn, Absender und Empfänger hätten sich ausdrücklich oder konkludent geeinigt, daß sie als an ihrem Bestimmungsort belegen gelten soll. Diese Fiktion soll auch im Rahmen der Bestimmung der internationalen Zuständigkeit gelten; der Gleichlauf von *forum* und *ius* diene so der Ausweitung der spanischen internationalen Zuständigkeit auf die größtmögliche Anzahl von Verfahren mit Auslandsbezug[1038]. Die einmal begründete Zuständigkeit entfällt durch Verbringung der Streitsache nach Klageerhebung nicht, da Art. 22 Abs. 3, Alt. 9 LOPJ ausdrücklich auf den Zeitpunkt der Klageerhebung abstellt.

c) EuGVÜ und deutsche Regelung

Das EuGVÜ kennt diesen Gerichtsstand nicht. Das deutsche Recht kennt einen vergleichbaren Gerichtsstand in § 23 Abs. 1, 2. Alt. ZPO. Er gehört zu den nach

---

1034 Fernández Rozas/Sánchez Lorenzo, CDIP, S. 272

1035 Wengler, S. 43f.: Das nachklassische Kaiserrecht hat für dingliche Klagen ein *forum rei sitae* ausgebildet, das nach der Konstitution aber nicht wie in der späteren gemeinrechtlichen Entwicklung und bei uns auf Immobilien beschränkt war.

1036 Ein solcher örtlicher Gerichtsstand existiert seit Inkrafttreten der Neufassung der spanischen Zivilprozeßordnung durch Ley 1/2000 (vgl. Fn. 70) nicht mehr.

1037 Espinar Vicente, DPCI, S. 122

1038 Espinar Vicente aaO, S. 122

Art. 3 Abs. 2 EuGVÜ als exorbitant empfundenen Gerichtsständen[1039]. Die Aufnahme dieser Vorschrift in den Katalog der exorbitanten Zuständigkeiten ist aber nicht auf diesen, sondern auf den Vermögensgerichtsstand nach § 23 Abs. 1, 1. Alt. ZPO zurückzuführen, da die internationale Zuständigkeit der deutschen Gerichte ohne jeden Inlandsbezug begründet werden konnte[1040]. Auf inländische Staatsangehörigkeit, inländischen Wohnsitz, inländischen Aufenthalt, sei er ständig oder vorübergehend, kam es nicht an; genauso wenig darauf, daß der sachliche Gegenstand des Rechtsstreits in irgendeiner Relation zum Inland steht[1041]. Letzteres ist jedoch beim Streitgegenstand der belegenen Sache stets gegeben; der vom Kläger geltend gemachte Anspruch betrifft stets die Sache selbst oder ein Recht an ihr[1042]. Der Gerichtsstand des Streitobjektes greift ergänzend zu § 23 Abs. 1, 1. Alt. ZPO gerade in den Fällen ein, in welchen das Klageobjekt (der Klagegegenstand) nicht zum Vermögen des Beklagten gehört[1043], er ist also gerade kein Vermögensgerichtsstand.

Unter Berücksichtigung der vorstehenden Ausführungen spricht gegen die Exorbitanz der spanischen Regelung zudem, daß dort der internationale Gerichtsstand der Mobilie auf dingliche Ansprüche an diesen begrenzt ist.

d) Stellungnahme

Ein Gerichtsstand am Belegenheitsort der beweglichen Sache birgt unter der Voraussetzung, daß der Streitgegenstand zwischenzeitlich nicht ins Ausland verbracht wird, den Vorteil, daß der Kläger ohne weitere Anerkenntniserfordernisse die Vollstreckung in Bezug auf die Streitsache betreiben kann[1044]. Der entschei-

---

1039 so auch Schlosser, EuGVÜ, Art. 3, RZ 2

1040 Pfeiffer, Internationale Zuständigkeit und prozessuale Gerechtigkeit, S. 528

1041 Pfeiffer aaO, S. 528; von Hoffmann, IPRax 1982, S. 217ff.: Gegenwartsprobleme internationaler Zuständigkeit (219)

1042 Vollkommer in Zöller, § 23 , RZ 15: Der mit der Klage in Anspruch genommene Gegenstand kann eine Sache, ein dingliches Recht an einer fremden Sache, eine Forderung, eine Erbschaft, überhaupt ein Vermögensrecht jeder Art sein.

1043 Patzina in MüKO, § 23 ZPO, RZ 19; Vollkommer in Zöller, § 23, RZ 14

1044 von Hoffmann, IPRax 1982, S. 217ff.: Gegenwartsprobleme internationaler Zuständigkeit (219) führt aus, daß der französische Kläger den Gerichtsstand des Art. 14 *code civil* nur in Anspruch nehmen wird, wenn er weiß, daß im Inland eine Befriedigung seines Anspruchs möglich ist, ferner, daß der Vermögensgerichtsstand dem Kläger die Durchsetzung seines Anspruchs erleichtert. „Hat er im Erkenntnisverfahren obsiegt, so ist ein weiterer Prozeß im Ausland, um die Vollstreckung aus dem Urteil zu erreichen, überflüssig geworden." S. 220: „Im strategischen Gesamtkonzept internationaler Rechtsdurchsetzung muß damit die Durchsetzbarkeit gleichrangig neben prozessualer Fairness und Sachnähe stehen."

dende Bezug zwischen Sachbelegenheit und Gerichtsstand ist die Vollstreckbarkeit[1045].

Abzulehnen ist indes die durch Art. 10.1.3 Cc geschaffene Fiktion der Sachbelegenheit im Inland für eine *res in transitu*. Solche Sachen begründen schon nach Art. 22 Abs. 3, Alt. 9 LOPJ eine inländische Zuständigkeit, wenn sie sich bei Klageerhebung noch in Spanien befinden, da es für die Bestimmung der Zuständigkeit auf diesen Zeitpunkt ankommt. Die Fiktion des Art. 10.1.3 Cc erweitert die internationale Zuständigkeit der spanischen Gerichte auf Fälle, in denen die Streitsache bereits bei Klageerhebung von Spanien abgesandt war und noch nicht am Bestimmungsort angekommen ist. Hier besteht keinerlei Vollstreckungsvorteil für den Kläger. Abzulehnen ist diese Fiktion ferner deshalb, weil sie einer Zuständigkeitserweiterung dient, die Art. 22 LOPJ gerade zu überwinden versucht.

In einem auf die Erleichterung der Anerkennung und Vollstreckung ausländischer Titel[1046] abzielenden multilateralen Staatsvertrag verliert das Argument des Vollstreckungszusammenhangs an Bedeutung, für eine autonome internationale Zuständigkeitsordnung ist es aber bedeutsam. Daher ist der Gerichtsstand am Belegenheitsort nach Art. 22 Abs. 3, Alt. 9 LOPJ weder als exorbitant noch als qualitative Abweichung vom europäischen Vorbild zu kritisieren; er erscheint vielmehr bei restriktiver Handhabung in seinem Anwendungsbereich sachgerecht.

1045 Schröder, Internationale Zuständigkeit, S. 352; González Granda, Extensión y límites ..., S. 227

1046 vgl. oben, S. 8f.: Auftrag aus Art. 220 EWG-Vertrag an die Vertragsstaaten

12. Gerichtsstand des einstweiligen Rechtsschutzes

Der Zusammenhang zwischen internationaler Zuständigkeit und Vollstreckbarkeit des erstrittenen Titels erlangt auch im Gerichtsstand für Maßnahmen des einstweiligen Rechtsschutzes Bedeutung. Denn Ziel der Eilmaßnahmen ist die Sicherstellung der zukünftigen Zwangsvollstreckung[1047, 1048]. Das EuGVÜ regelt die internationale Zuständigkeit für Maßnahmen des einstweiligen Rechtsschutzes in Art. 24, die LOPJ in Art. 22 Abs. 5.

a) EuGVÜ

Nach Art. 24 EuGVÜ können die in einem Vertragsstaat vorgesehenen einstweiligen Maßnahmen bzw. Sicherungsmaßnahmen bei den Gerichten dieses Staates auch dann beantragt werden, wenn für die Entscheidung in der Hauptsache das Gericht eines anderen Vertragsstaats aufgrund des EuGVÜ zuständig ist. Die in dieser Vorschrift enthaltene Bezugnahme auf das Recht der Vertragsstaaten wird ganz überwiegend so aufgefaßt, daß sie auch eine Verweisung auf die Zuständigkeitsregeln des autonomen Rechts enthält[1049]. Zugleich gewährt Art. 24 EuGVÜ aber einen Minimumstandard der Gerichtspflichtigkeit des Beklagten bzw. des Antragsgegners[1050]. Der Gläubiger kann sich mit seinem Antrag auf Erlaß einer einstweiligen Maßnahme also wahlweise entweder an ein nach dem EuGVÜ oder

---

[1047] Amtsblatt der EG Nr. C 33 vom 31.1.1998, S. 3ff. - Mitteilung der Kommission an den Rat und an das Europäische Parlament: „Wege zu einer effizienteren Erwirkung und Vollstreckung von gerichtlichen Entscheidungen in der Europäischen Union (10, RZ 23); Heß/Vollkommer, IPRax 1999, S. 220ff.: Die begrenzte Freizügigkeit einstweiliger Maßnahmen nach Art. 24 EuGVÜ (222)

[1048] Art. 1397 Abs. 1 LEC: Die Gerichte erster Instanz sind zuständig für die Verhängung eines Arrestes *zur Sicherung der Zahlung einer Schuld*, ...; Art. 1428 Abs. 1 LEC: Handelt es sich um einen Anpruch auf ein Tun oder Unterlassen oder um die Herausgabe einer bestimmten Sache, ..., kann das Gericht die Maßnahmen anordnen, die es nach den Umständen für notwendig hält, um die Effektivität der Hauptsacheentscheidung sicherzustellen; Meyer, RIW 1993, S. 815ff.: Das System des vorläufigen Rechtsschutzes im spanischen Zivilprozeß (815); für das deutsche Recht: § 916 Abs. 1 ZPO: Der Arrest findet *zur Sicherung der Zwangsvollstreckung* ...; Schellhammer, Zivilprozeß, RZ 1919 für Arrest und einstweilige Verfügung in der deutschen ZPO

[1049] Kropholler, Europäisches Zivilprozeßrecht, Art. 24, RZ 6; Heß/Vollkommer, IPRax 1999, S. 220ff.: Die begrenzte Freizügigkeit einstweiliger Maßnahmen nach Art. 24 EuGVÜ (221)

[1050] Geimer/Schütze, Internationales Zivilverfahrensrecht, Art. 24, RZ 2: Auch wenn nach dem nationalen Zuständigkeitsrecht eine Zuständigkeit nicht besteht, ist das angegangene Gericht zur Gewährung des einstweiligen Rechtsschutzes verpflichtet und der Beklagte (Antragsgegner) insoweit gerichtspflichtig, als nach Art. 2ff. EuGVÜ eine internationale Zuständigkeit zu bejahen ist.

ein nach dem nationalen Verfahrensrecht zuständiges Gericht wenden[1051]. Der EuGH hat mit seiner Entscheidung vom 17. November 1998 für die konventionsgerechte Inanspruchnahme der nationalen Gerichtsstände das ungeschriebene Tatbestandsmerkmal[1052] der „realen Verknüpfung der Maßnahme mit dem Erlaßstaat“ eingeführt[1053]. Richtig gelesen verlangt dieses Erfordernis die Vollziehung der Anordnung im Erlaßstaat[1054]. Dahinter steht die Abneigung des Gerichtshofs, daß sich eine Partei in einem der über Art. 24 EuGVÜ eröffneten exorbitanten Gerichtsstände einen Titel nur zu dem Zweck verschafft, diesen in einem anderen Mitgliedstaat zu vollstrecken[1055].

Mit seiner Entscheidung vom 27. April 1999 hat der EuGH dies für die nur auf Grund von Art. 24 EuGVÜ ergangenen Entscheidungen noch einmal bestätigt[1056]. Offen ist derzeit noch die Frage, ob dieselben Grenzen auch dann gelten, wenn das angegangene Gericht seine Zuständigkeit unmittelbar auf die Artt. 2ff. EuGVÜ stützen kann[1057].

b) LOPJ

Art. 22 Abs. 5 LOPJ bestimmt einen besonderen Gerichtsstand in Bezug auf einstweilige Maßnahmen einschließlich Sicherungsmaßnahmen, wenn sie Personen oder Güter betreffen, die sich auf spanischem Hoheitsgebiet befinden, und die in Spanien zu erfüllen sind[1058]. Art. 22 Abs. 5 LOPJ begründet daher ein *forum praesentiae*[1059]. Die Begründung eines *forum praesentiae* schafft beispielsweise für das *embargo preventivo*[1060] einen Gerichtsstand am Belegenheitsort des Vollstreckungsgutes. Auf diese Weise wird einerseits der Dringlichkeit dieser Maß-

---

[1051] Kropholler, Europäisches Zivilprozeßrecht, Art. 24, RZ 6

[1052] Heß/Vollkommer aaO (220): ungeschriebene Zuständigkeitsgrenze

[1053] EuGH, Urt. vom 17.11.1998 – Rs. C-391/95 – van Uden Maritime BV/Deco-Line KG, IPRax 1999, S. 240ff.

[1054] Heß/Vollkommer aaO (223)

[1055] Heß/Vollkommer aaO (223)

[1056] EuGH, Rs. C-99/96, Hans Hermann Mietz/Intership Yachting Sneek BV, Urteil vom 27. April 1999, Tätigkeiten des Gerichtshofes und des Gerichtes Erster Instanz der Europäischen Gemeinschaften, Woche v. 26.-30. April 1999, Nr. 11/99, S. 1ff.

[1057] Heß/Vollkommer aaO (224)

[1058] Garau Sobrino, Ein internationales Zivilverfahrensrecht für Gesamteuropa: Das Beispiel Spanien, S. 342ff. (352)

[1059] Espinar Vicente, DPCI, S. 115; Garau Sobrino, Ein internationales Zivilverfahrensrecht für Gesamteuropa, S. 341ff.: Das Beispiel Spanien (352)

[1060] vorläufige Pfändung = Arrestverfahren; geregelt in Artt. 1397-1418 LEC; seit Inkrafttreten des Zivilprozeßreformgesetzes (vgl. Fn. 70) nunmehr: Artt. 727-747 LEC n.F.

nahmen Rechnung getragen, andererseits garantiert das Erfordernis, daß diese Maßnahmen in Spanien erfüllt werden müssen, die Effizienz derselben[1061].

c) Vollstreckung der Hauptsacheentscheidung

Im System der automatischen Anerkennung[1062] von Entscheidungen (Art. 26 Abs. 1 EuGVÜ) und des beschleunigten Verfahrens zum Erhalt der Vollstreckbarerklärung (Artt. 31ff. EuGVÜ) bieten abweichende Zuständigkeiten für Eilmaßnahme und Hauptsache dem Rechtsschutzsuchenden effektiven Rechtsschutz[1063], wenn die Anerkennung der einstweiligen Maßnahme gewährleistet ist[1064]. Eilmaßnahmen, wie ein Arrestbefehl oder ein Beweissicherungsverfahren, sind auf den Vollzug vor Ort angelegt[1065]. Ist der Arrestbefehl im Ausland ergangen, bedarf er daher der vorherigen Anerkennung und Vollstreckbarerklärung im Vollzugsstaat.

aa) EuGVÜ

Der EuGH hält daran fest, ohne dies ausdrücklich zu betonen, daß Entscheidungen gemäß Art. 24 EuGVÜ nach Art. 25 EuGVÜ anerkannt und vollstreckt werden können, sofern sie nach Gewährung rechtlichen Gehörs erlassen worden sind[1066]. Der EuGH hat dem allerdings in seiner Entscheidung vom 27. April 1999 Grenzen gezogen[1067]: Entscheidungen nationaler Gerichte, die nicht auf Grund der Zuständigkeiten des Übereinkommens ergangen sind[1068], können danach nicht

---

1061 Espinar Vicente, DPCI, S. 115

1062 Garau Sobrino, Los efectos de las resoluciones extranjeras en España, S. 94: automatische Anerkennung bedeutet, daß die Wirkungen eines ausländischen Urteils -soweit die Anerkennungsvoraussetzungen vorliegen und keine Versagungsgründe entgegenstehen- *ipso iure* auf das Inland erstreckt werden, ohne daß es eines besonderen Anerkennungsaktes bedarf; so auch Karl, Die Anerkennung von Entscheidungen in Spanien, S. 181

1063 Garau Sobrino, Ein internationales Zivilverfahrensrecht für Gesamteuropa, S. 341ff.: Das Beispiel Spanien (352)

1064 Geimer/Schütze, Internationales Zivilverfahrensrecht, Art. 24, RZ 55: Es ist in Bezug auf das spätere Hauptsacheverfahren unschädlich, wenn die Entscheidung im einstweiligen Rechtsschutzverfahren nicht von den Gerichten desselben Staates erlassen wurde, denn die Entscheidung nach Art. 24 wird nach Artt. 25ff. EuGVÜ anerkannt.

1065 Heß/Vollkommer, IPRax 1999, S. 220ff.: Die begrenzte Freizügigkeit einstweiliger Maßnahmen nach Art. 24 EuGVÜ (223)

1066 EuGH, Rs. 125/79 – Denilauler/Couchet Frères, Slg. 1980, S. 1553ff. (1570); Heß/Vollkommer aaO (223)

1067 EuGH, Rs. C-99/96, Hans Hermann Mietz/Intership Yachting Sneek BV, Urteil vom 27. April 1999 aaO (3)

1068 Das nationale Gericht hatte zur Grundlage seiner Entscheidung nichts gesagt. Das Interesse daran, daß die Vorschriften des Übereinkommens nicht umgangen werden, gebietet es nach Ansicht des EuGH, die Entscheidung des Ursprungsgerichts so zu verstehen, daß dieses seine internationale Zuständigkeit auf seine nationalen Vorschriften gestützt habe.

nach Titel III des Übereinkommens für vollstreckbar erklärt werden, wenn die angeordnete Maßnahme keine einstweilige Maßnahme im Sinne des Übereinkommens ist[1069].

bb) Spanische Rechtsordnung

Die spanische Rechtsordnung kennt -wie die meisten europäischen Rechtsordnungen[1070]- die Anerkennung von Maßnahmen des einstweiligen Rechtsschutzes nicht: Gemäß Artt. 951ff. LEC sind der Anerkennung nur endgültige[1071] und für vollstreckbar erklärte[1072] Entscheidungen zugänglich[1073]. Eine im Nicht-EU-Ausland ergangene Eilmaßnahme in Bezug auf einen in Spanien belegenen Vermö-

---

1069 EuGH aaO, S. 3f. (zur dritten Vorlagefrage). Der EuGH führt aus, welche Merkmale die Ursprungsentscheidung in Bezug auf die angeordnete Maßnahme, die er nicht als einstweilige Maßnahme im Sinne des Art. 24 EuGVÜ ansieht, aufweist:
-sie ist in einem Verfahren ergangen, das seiner Art nach kein Hauptsacheverfahren, sondern ein Eilverfahren zum Erlaß einstweiliger Maßnahmen ist,
-der Antragsgegner hatte seinen Wohnsitz nicht im Hoheitsgebiet des Vertragsstaats, zu dem das Ursprungsgericht gehört, und dem niederländischen Urteil ist nicht zu entnehmen, daß dieses Gericht aus anderen Gründen nach dem Übereinkommen für die Entscheidung in der Hauptsache zuständig war,
-sie enthält keine Gründe, mit denen die Zuständigkeit des Ursprungsgerichts für die Entscheidung in der Hauptsache dargetan werden soll,
-sie beschränkt sich darauf, die Erbringung einer vertraglichen Gegenleistung anzuordnen, ohne daß die Rückzahlung des zugesprochenen Betrages an den Antragsgegner für den Fall, daß der Antragsteller nicht in der Hauptsache obsiegt, gewährleistet ist und ohne daß die angeordnete Maßnahme nur bestimmte Vermögensgegenstände des Antragsgegners betrifft, die sich im örtlichen Zuständigkeitsbereich des angerufenen Gerichts befinden oder befinden müßten.

1070 Eilers, Maßnahmen des einstweiligen Rechtsschutzes im europäischen Zivilrechtsverkehr, S. 233ff., 245

1071 *sentencia firme* (Legaldefinition in Art. 369 LEC): Die Entscheidungen der Gerichte in Gerichtsverfahren werden bezeichnet: [...]
Abs. 4: Als „endgültige Entscheidungen", wenn gegen sie kein gewöhnlicher oder außergewöhnlicher Rechtsbehelf mehr möglich ist, sei es wegen ihres Charakters, sei es wegen der Übereinkunft der Parteien.
Mit Inkrafttreten des Zivilprozeßreformgesetzes (vgl. Fn. 70) neu gefaßt in Art. 207 Abs. 2 LEC n.F.

1072 *ejecutoria* (Legaldefinition in Art. 369 LEC): Die Entscheidungen der Gerichte in Gerichtsverfahren werden bezeichnet: [...]
Abs. 5: Als „Vollstreckungstitel" das öffentliche Dokument, in dem eine endgültige Entscheidung verbrieft ist.
Mit Inkrafttreten des Zivilprozeßreformgesetzes (vgl. vorherige Fn.) neu gefaßt in Art. 517 LEC n.F.

1073 Auto TS (Sala Primera) de 24 de septiembre de 1996, REDI 1997-2, S. 236f.: Das Erfordernis der Endgültigkeit gilt unabhängig davon, welches Anerkennungssystem zur Anwendung kommt; Prietro Castro y Ferrándiz, Vol. II, RZ 972; Fernández Rozas/Sánchez Lorenzo, CDIP (1.ª edición), S. 612f.

gensgegestand kann dann gerade nicht ihren Zweck erreichen, dem Schuldner Vermögensdispositionen zu untersagen, die die Vollstreckung des in Kürze ergehenden Urteils ins Leere laufen lassen würden[1074].

d) Stellungnahme

Die durch Art. 22 Abs. 5 LOPJ begründete internationale Zuständigkeit im *forum praesentiae* wird den Anforderungen des internationalen Rechtsverkehrs gerecht. Sie deckt sich mit dem Vorschlag der Kommission[1075], für die einstweiligen Maßnahmen einschließlich solcher, die auf eine Sicherung gerichtet sind, eindeutig eine Zuständigkeitsvorschrift zugunsten des Mitgliedstaats festzulegen, auf dessen Hoheitsgebiet diese Maßnahmen tatsächlich betrieben werden können, selbst wenn die Gerichte eines anderen Staates für die Entscheidung in der Hauptsache zuständig sind. Die neue Zuständigkeitsvorschrift beruht darauf, daß die für einstweilige Maßnahmen und Sicherungsmaßnahmen typische Dringlichkeit mit einer Einrichtung eines Verfahrens auf Vollstreckbarerklärung unvereinbar ist[1076]. Sowohl im Anwendungsbereich des EuGVÜ als auch im Anwendungsbereich der LOPJ bleibt daneben die natürliche Zuständigkeit des in der Hauptsache erkennenden Richters, auch über einstweilige Maßnahmen zu entscheiden, bestehen[1077]. Angesichts dieser Ausführungen der Kommission an den Rat und an das Europäische Parlament erstaunt Art. 31 des am 14. Juli 1999 verabschiedeten Verordnungsvorschlages der Kommission sehr[1078]. Art. 31 des Entwurfs enthielt nämlich ebenso wenig wie Art. 31 in seiner seit 01. März 2002 in Kraft getretenen Fassung gemäß Verordnung (EG) 44/2001 keine inhaltliche Änderung gegenüber der Fassung des Art. 24 EuGVÜ[1079].

[1074] Meyer, RIW 1993, S. 815ff.: Das System des vorläufigen Rechtsschutzes im spanischen Zivilprozeß (815)

[1075] Amtsblatt der EG Nr. C 33 vom 31.1.1998, S. 3ff.: Mitteilung der Kommission an den Rat und an das Europäische Parlament: „Wege zu einer effizienteren Erwirkung und Vollstreckung von gerichtlichen Entscheidungen in der Europäischen Union“ (11, RZ 28)

[1076] Amtsblatt der EG aaO (11, RZ 28)

[1077] Amtsblatt der EG aaO (11, RZ 28); Garau Sobrino, Ein internationales Zivilverfahrensrecht für Gesamteuropa, S. 341ff.: Das Beispiel Spanien (352)

[1078] IPRax 2000, S. 41ff. (Materialien);

[1079] Nach Inkrafttreten der Verordnung (EG) Nr. 44/2001 des Rates über die gerichtliche Zuständigkeit und die Anerkennung und Vollstreckung von Entscheidungen in Zivil- und Handelssachen (vgl. Fn. 4) lautet Art.31:
Die im Recht eines Mitgliedsstaats vorgesehenen einstweiligen Maßnahmen einschließlich solcher, die auf eine Sicherung gerichtet sind, können bei den Gerichten dieses Staates auch dann beantragt werden, wenn für die Entscheidung in der Hauptsache das Gericht eines anderen Mitgliedsstaats aufgrund dieser Verordnung zuständig ist.

Im Anwendungsbereich des Art. 24 EuGVÜ kommt den internationalen Gerichtsständen des Art. 22 LOPJ durch dessen Verweisung auf die Zuständigkeitsregeln des autonomen Rechts Bedeutung zu. Dem vom EuGH aufgestellten Erfordernis einer realen Verknüpfung der Maßnahme mit dem Erlaßstaat wird die in Art. 22 Abs. 5 LOPJ begründete besondere internationale Zuständigkeit gerecht.

e) Einstweiliger Rechtsschutz nach spanischem Recht

aa) Artt. 1397ff. LEC

Auch das Recht des einstweiligen Rechtsschutzes wurde im Zuge der Zivilprozeßreform[1080] novelliert[1081]. Maßnahmen des einstweiligen Rechtsschutzes waren bislang in Artt. 1397 bis 1428 LEC geregelt[1082]: In Artt. 1397 bis 1418 war das *embargo preventivo*[1083] zur Sicherung der Zwangsvollstreckung von Geldschulden geregelt[1084]. In Artt. 1419 bis 1427 LEC waren einstweilige Maßnahmen zur

---

1080 Vgl. oben, Fn. 70

1081 Weiterführend: Frühbeck, Einführung in das spanische Recht, 2. Auflage 2001, § 13; Jene/Martín, RIW 2001,, S. 37ff.: Spanien: Auswirkungen des neuen Zivilprozessrechts auf die internationale Schiedsgerichtsbarkeit

1082 Nach Inkrafttreten des Zivilprozeßreformgesetzes nunmehr Artt. 721-747 LEC n.F.

1083 Arrestverfahren; seit Inkrafttreten des Zivilprozeßreformgesetzes (vgl. oben, Fn. 70) nunmehr Art. 727 Nr.1 LEC n.F.

1084 SAT Alicante de 15 de enero de 1996, REDI 1997-2, S. 227f. zu Art. 1400 Abs. 2 LEC (228 oben, 229 unten):

Art. 1400 LEC: Zum Erlaß des Arrestes ist notwendig:

1.° Daß mit dem Antrag eine Urkunde vorgelegt wird, aus der sich die Existenz der Schuld ergibt.

2.° Der Schuldner, gegen den der Arrest beantragt wird, muß sich in einer der nachstehenden Situationen befinden:

Daß er nicht in Spanien eingebürgerter Ausländer ist.

Daß er auch wenn er Spanier oder in Spanien eingebürgerter Ausländer ist, keinen bekannten Wohnsitz hat, keine Liegenschaften, keine landwirtschaftliche, industielle oder kaufmännische Niederlassung an dem Ort, an dem er rechtmäßigerweise wegen der Schuld verklagt werden muß.

Daß er, auch wenn diese Umstände vorliegen, von seinem Wohnsitz oder seiner Niederlassung verschwunden ist, ohne einen Vertreter zurückzulassen, und, wenn er einen solchen zurückgelassen hat, dieser seinen Aufenthalt nicht kennt oder sich versteckt oder wenn Anhaltspunkte für die Vermutung bestehen, daß der Schuldner die Vollstreckungsgegenstände versteckt oder zum Schaden seiner Gläubiger verschleudert.

Das Gericht erkannte für die spanische Zweigniederlassung einer deutschen Firma, die in Spanien im Handelsregister eingetragen war unter Aufhebung der Entscheidung erster Instanz, die den Arrest erlassen hatte: Die Voraussetzungen von Art. 1400 Abs. 2 LEC (Text: vgl. oben in dieser Fn.) lägen nicht alleine deshalb vor, weil die Firma die Zweigniederlassung einer ausländischen Firma sei. Sinn und Zweck der Vorschrift sei die Sicherung der Vollstreckung der Hauptsacheentscheidung. Da die Vollstreckungsschuldnerin in Spa-

Sicherung der Zwangsvollstreckung in den Streitgegenstand geregelt[1085]. Art. 1428 LEC regelte die sogenannten unbenannten Sicherungsmaßnahmen[1086] zur Sicherung der Ansprüche auf ein Tun oder Unterlassen oder der Herausgabe einer bestimmten Sache; die mögliche Sicherungsmaßnahme ist nach alter wie neuer Rechtslage in das Ermessen des erkennenden Gerichts gestellt, gestattet nämlich den Erlaß derjenigen Maßnahme, die erforderlich ist, um die Vollstreckung der künftigen Gerichtsentscheidung weitestmöglich sicherzustellen.

bb) Principio de instrumentalidad

Das *principio de instrumentalidad*[1087] bedeutet, daß die Eilmaßnahmen grundsätzlich[1088] nur zusammen mit oder nach Klageerhebung beantragt werden können[1089].

---

nien in das Handelsregister eingetragen sei und auch Steuern zahle für ihre wirtschaftlichen Aktivitäten und ihren Grundbesitz, bei dem sich 68 Appartements befänden, erscheine es logisch, daß die einfache Tatsache, daß es sich um eine ausländische Firma handele nicht ohne weiteres zum Erlaß einer derart drastischen Maßnahme wie der angewandten führen könne, wenn die sonstigen Umstände des Falles eine Anwendung von Art. 1400 Abs. 2 LEC nicht gestatteten. *Fernando Esteban de la Rosa*, Anmerkung zu dieser Entscheidung, REDI 1997-2, S. 228ff., begrüßt zwar die grundsätzlich in dieser Entscheidung zum Ausdruck kommende Öffnung der Rechtsprechung, weist aber darauf hin, daß Art. 6 EGV (jetzt Art. 12 EG) gemäß der Rechtsprechung des EuGH einen besseren Weg zur Lösung dieses Problems zur Verfügung stellt unter Hinweis auf EuGH, 26.9.1996, Rs. C-43/95, Data Delecta Aktiebolag u. Ronny Forsberg/MSL Dynamics Ltd; Rs. 20.3.1997, Rs. C-323/95, David Charles Hayes und Jeanette Karen Hayes/Kronenberger GmbH. Die Vorschrift enthält eine offene Ausländerdiskriminierung, die im Anwendungsbereich des EuGVÜ nicht gerechtfertigt werden kann. Sie muß daher europarechtskonform ausgelegt werden.

1085 Nach Inkrafttreten des Zivilprozeßreformgesetzes (vgl. oben, Fn. 70) nunmehr Art. 727 Nr.2-10 LEC n.F.

1086 medidas cautelares inominadas; seit Inkrafttreten des Zivilprozeßreformgesetzes (vgl. oben, Fn. 70) nunmehr Art. 727 Nr.11 LEC n.F.

1087 Abhängigkeit vom Hauptsacheverfahren; umfassend: Calderon Cuadrado, Las Medidas Cautelares Indeterminadas en el Proceso Civil, S. 33ff.

1088 Meyer, RIW 1993, S. 815ff.: Das System des vorläufigen Rechtsschutzes im spanischen Zivilprozeß (815): Lediglich beim *embargo preventivo* sowie bei den unbestimmten Eilmaßnahmen nach Art. 1428 LEC wird ein Antrag ausnahmsweise bereits vor Klageerhebung zugelassen. Der Gesetzgeber verpflichtet jedoch in diesen beiden Fällen die die Eilmaßnahme beantragende Partei, innerhalb von 20 Tagen bzw. acht Tagen die Klage im Hauptsacheverfahren anhängig zu machen. Sollte dies nicht geschehen, ist die Eilmaßnahme nichtig. Art. 730 LEC n.F. (vgl. oben, Fn. 70) regelt dies nunmehr einheitlich für alle möglichen Maßnahmen des einstweiligen Rechtsschutzes.

1089 Meyer, RIW 1993, S. 815ff.: Das System des vorläufigen Rechtsschutzes im spanischen Zivilprozeß (815)

Es erscheint möglich, daß diese Verfahrensvorschrift des spanischen Rechts im Anwendungsbereich des EuGVÜ überlagert wird[1090], weil sie die Effektivität einer Eilmaßnahme wegen ihrer Nichtigerklärung im Fall der Fristversäumung beeinträchtigt. Aus Gründen der Rechtssicherheit verlangt der EuGH, wie bereits oben dargestellt[1091], daß die Gleichheit und Einheitlichkeit der sich aus dem Übereinkommen ergebenden Rechte und Pflichten für die Rechtssuchenden sichergestellt sein muß, so daß das Übereinkommen den mit ihm unvereinbaren Vorschriften vorgehen muß. Das *principio de instrumentalidad* erscheint auch deshalb als mit dem EuGVÜ unvereinbar, weil das spanische Verfahrensrecht, das die internationale Zuständigkeit der Gerichte der übrigen Vertragsstaaten nicht ausschließen kann, über seinen räumlichen Geltungsbereich hinaus den Antragsteller verpflichten könnte, vor den Gerichten eines anderen Vertragsstaats das Hauptsacheverfahren einzuleiten.

13. Gerichtsstand in Verbrauchersachen

a) Abweichungen

Die Ausgestaltung des Verbrauchergerichtsstandes in Art. 22 Abs. 4, Alt. 1 LOPJ weicht in verschiedenen Punkten von der Regelung der Artt. 13 - 15 EuGVÜ[1092] ab. Die Väter des EuGVÜ verfolgten das Ziel, den Verbraucher mit den Mitteln des Zuständigkeitsrechts zu schützen[1093], indem sie dem Verbraucher

---

[1090] EuGH, Slg. 1983, 3663 (Duijnstee/Goderbauer) = RIW 1984, 483 = IPRax 1985, 92 m.Anm. Stauder, 76; zuletzt EuGH, Slg. 1995, 2269 (SISRO/Ampersand) = RIW 1995, 940 = EWS 1995, 345 = IPRax 1996, 336 m.Anm. Hau, 322ff.

[1091] vgl. oben, S. 66

[1092] Nach Inkrafttreten der Verordnung (EG) Nr. 44/2001 des Rates über die gerichtliche Zuständigkeit und die Anerkennung und Vollstreckung von Entscheidungen in Zivil- und Handelssachen (vgl. Fn. 4) jetzt Artt. 15 – 17. Inhaltliche Änderungen enthält Art. 15 Abs. 1 c) und Abs. 3 gegenüber Art. 13 Abs. 1 c) und Abs. 3.
Art. 15 Abs. 1 c) bestimmt nunmehr, daß sich die Zuständigkeit in allen anderen Fällen nach diesem Abschnitt bestimmt, wenn der andere Vertragspartner in dem Mitgliedstaat, in dessen Hoheitsgebiet der Verbraucher seinen Wohnsitz hat, eine berufliche oder gewerbliche Tätigkeit ausübt oder eine solche auf irgend einem Wege auf diesen Mitgliedstaat oder auf mehrere Staaten, einschließlich dieses Mitgliedstaats, ausrichtet und der Vertrag in den Bereich dieser Tätigkeit fällt.
Art. 15 Abs. 3 bestimmt nunmehr, daß dieser Abschnitt nicht auf Beförderungsverträge mit Ausnahme von Reiseverträgen, die für einen Pauschalpreis kombinierte Beförderungs- und Unterbringungsleistungen vorsehen, anzuwenden ist.

[1093] Geimer, EuZW 1993, S. 564ff.: Kompetenzrechtlicher Verbraucherschutz (565); de Bra, Verbraucherschutz durch Gerichtsstandsregelungen im deutschen und europäischen Zivilprozeßrecht, S. 132; Zabalo Escudero, REDI 1985, S. 109ff.: Aspectos jurídicos de la protección al consumidor contratante en el Derecho internacional privado (128): Vor der

(1) ein *forum actoris* im Wohnsitzstaat bereitstellten [1094],

(2) dem Verbraucher daneben weitere Gerichtsstände zur Wahl stellten - Verbraucherschutz durch *forum shopping*-[1095],

(3) dem Vertragspartner des Verbrauchers ausschließlich den Gerichtsstand am Wohnsitz des Verbrauchers zur Verfügung stellten -Asymmetrie als Gleichgewichtselement-[1096],

(4) die Zulässigkeit von Gerichtsstandsvereinbarungen erheblichen Einschränkungen unterwarfen[1097] und

(5) die Nichtbeachtung der Vorschriften des Abschnittes über Verbrauchersachen als Versagungsgrund für die Anerkennung und Vollstreckung normierten[1098].

Auffällig sind bereits auf den ersten Blick Unterschiede zum europäischen Vorbild:

- Eine Einschränkung der Zulässigkeit von Gerichtsstandsvereinbarungen erfolgt in Art. 22 LOPJ nicht[1099].

- Ausdrückliche Regelungen betreffend das Konkurrenzverhältnis zu den übrigen Gerichtsstände von Art. 22 Abs. 2 bis 4 LOPJ bestehen im Gegensatz zum EuGVÜ nicht.

Gefahr, daß der Vertragspartner des Verbrauchers diesen durch eine Gerichtsstandsklausel vor weit entfernte Gerichte bringe, könne der Verbraucher mit den Mitteln des anwendbaren Rechts alleine nicht geschützt werden. Deshalb müsse auch ein kompetenzrechtlicher Schutz eingreifen.

1094 Iglesias Buhigues/ Desantes Real, Extensiones y límites de la jurisdicción española ..., S. 453ff. (461); Geimer, EuZW 1993, S. 564ff. aaO (565)

1095 Calvo Caravaca, Comentarios al Convenio de Bruselas ..., Art. 14, RZ 9

1096 Calvo Caravaca aaO, Art. 14, RZ 18

1097 Calvo Caravaca aaO, Art. 15, RZ 1

1098 de Bra, Verbraucherschutz durch Gerichtsstandsregelungen im deutschen und europäischen Zivilprozeßrecht, S. 131; Amtsblatt der EG Nr. C 59 vom 5. März 1979, S. 1ff. (29) - Bericht Jenard

1099 so auch Espinar Vicente; CDIP, S. 108: Die Leitidee sei es gewesen, dem Verbraucher, der seinen Wohnsitz in Spanien hat, zu erlauben, vor spanischen Gerichten zu klagen; andere Aspekte seien vernachlässigt worden.

- Eine Definition des Verbraucherbegriffs, der im Anwendungsbereich des EuGVÜ bewußt EG-einheitlich in Übereinstimmung mit Art. 5 des EG-Schuldvertragsübereinkommens[1100, 1101] erfolgt, existiert nicht.

- Unterschiedlich ist ferner die Verwendung der Konjunktion **oder** in Art. 13 Abs. 1 Nr. 2 EuGVÜ a.E, während Art. 22 Abs. 4 hier die Konjunktion **und** verwendet. Augenfällig ist zudem der Unterschied zu Art. 13 Abs. 1 Nr. 3 a) **und** b) EuGVÜ, wohingegen die in Spanien erforderlichen Anknüpfungskriterien lediglich alternativ, nicht kumulativ vorliegen müssen.

Art. 22 Abs. 4, Alt. 1 LOPJ bestimmt[1102]:

> In der Zivilgerichtsbarkeit sind die spanischen Gerichte zuständig:
> [...]
> 4.º Ebenso für Verbraucherverträge, wenn der Käufer seinen Wohnsitz in Spanien hat, wenn es sich um den Kauf beweglicher Sachen auf Teilzahlung handelt oder um ein Darlehen, das zum Kauf derartiger Sachen bestimmt ist **und** für jeden anderen Vertrag zur Erbringung einer Dienstleistung oder im Zusammenhang mit beweglichen Sachen, sofern dem Vertragsschluß ein ausdrückliches Angebot oder Werbung in Spanien vorausgegangen ist **oder** der Verbraucher in Spanien die zum Abschluß des Vertrages notwendigen Rechtshandlungen vorgenommen hat; [...]

b) Bezug zum Wohnsitzstaat des Verbrauchers

aa) Art. 22 Abs. 4, Alt. 1, 1. und 2. Alt. LOPJ

Die spanische Lehre versteht den Aufbau des Verbrauchergerichtsstandes so, daß die internationale Zuständigkeit spanischer Gerichte zunächst für die Verbraucherverträge begründet ist, die den Kauf beweglicher Sachen auf Teilzahlung

---

[1100] Römisches Übereinkommen über das auf vertragliche Schuldverhältnisse anzuwendende Recht vom 19. Juni 1980; Amtsblatt der EG Nr. C 288/1980, S. 1ff.; die Vorschrift ist mittlerweile in Art. 29 EGBGB inkorporiert, BGBl. 1986 II, S. 810

[1101] Amtsblatt der EG Nr. C 59 vom 5. März 1979, S. 71ff. (117f., RZ 155) - Bericht Schlosser; de Bra, Verbraucherschutz durch Gerichtsstandsregelungen im deutschen und europäischen Zivilprozeßrecht, S. 132

[1102] die vorgenommene Aufgliederung der gesetzlichen Voraussetzungen wird in Anlehnung an Art. 13 EuGVÜ zum besseren Vergleich beider Vorschriften vorgenommen

(Alternative 1) oder ein Darlehen, das zum Kauf derartiger Sachen bestimmt ist (Alternative 2), zum Gegenstand haben[1103].

bb) Art. 22 Abs. 4, Alt. 1, 3. Alt. LOPJ

aaa) Spanische Lehre

Für einen Vertrag zur Erbringung einer Dienstleistung oder im Zusammenhang mit beweglichen Sachen (Alternative 3) soll nach Auffassung der spanischen Lehre -unabhängig vom Wohnsitz des Verbrauchers in Spanien- ein internationaler Gerichtsstand in Spanien begründet sein[1104]. Ausreichend soll ein Angebot oder eine Werbung sein, wenn diese in Spanien vorangegangen sind, oder die Vornahme der notwendigen Rechtshandlung in Spanien durch den Verbraucher[1105]. Diese Ansicht wird von Gegnern in der spanischen Literatur kritisiert, denn diese Gerichtsstände seien wegen der nur geringen Verbindung, die der Rechtsstreit dann zu Spanien aufweisen müsse, exorbitant[1106].

bbb) Stellungnahme

Trotz der redaktionellen Unterschiede in Art. 22 Abs. 4, 1. Alt. LOPJ zu Art. 13 EuGVÜ sollten die dortigen kumulativen Voraussetzungen Angebot/Werbung und Vornahme der notwendigen Rechtshandlungen im Wohnsitzstaat des Verbrauchers daher auch im Anwedungsbereich von Art. 22 LOPJ für alle Verbraucherverträge Geltung behalten. Zunächst ist die Abweichung des spanischen Gesetzgebers vom europäischen Vorbild im Hinblick auf die internationale Zuständigkeitsharmonie zu kritisieren. Sie ist zudem für den internationalen Verbraucherschutz nicht notwendig: Im Gegensatz zum EuGVÜ reicht es nach spanischem Recht aus, wenn im Wohnsitzstaat des Verbrauchers entweder das Angebot bzw. die Werbung erfolgt ist oder der Verbraucher dort die zum Vertragsschluß notwendigen Rechtshandlungen vorgenommen hat. Ein Verbrauchergerichtsstand ist damit schon dann begründet, wenn der ausländische Urlauber in

---

[1103] Fernández Rozas/Sánchez Lorenzo, CDIP, S. 272; Senés Motilla, Justicia 1986, S. 683ff.: Sistema de competencia judicial ... (703); González Granda, Extensión y límites ..., S. 229

[1104] Fernández Rozas/Sánchez Lorenzo aaO, S. 272; Senés Motilla aaO (703); González Granda, aaO, S. 229

[1105] Fernández Rozas/Sánchez Lorenzo aaO, S. 272; Senés Motilla aaO (703); González Granda, aaO, S. 229

[1106] Senés Motilla aaO (703); González Granda aaO, S. 229, Fn. 9: für den Gerichtsstand des in Spanien vorausgegangenen Angebots unter Hinweis auf Amores Conradi; Cortés Domínguez, Justicia 1985, S. 775ff.: La nueva regulación ... (789); Blanco-Morales Limones, El seguro español ..., S. 243

Spanien den Vertragsschluß tätigt. Es ist nicht erforderlich, daß der Verbraucher seinen Wohnsitz in Spanien hat.

Nach Art. 13 EuGVÜ ist ein weitergehender Inlandsbezug zum Wohnsitzstaat des Verbrauchers erforderlich. Das EuGVÜ schützt den passiven Verbraucher[1107]. Die Kriterien vorangegangenes Angebot oder Werbung und Vornahme der zum Vertragsschluß erforderlichen Rechtshandlungen müssen kumulativ im Wohnsitzstaat des Verbrauchers vorliegen. Ein Verbraucher, der außerhalb seines Wohnsitzstaates Waren einkauft oder Dienstleistungen in Anspruch nimmt, bedarf keines kompetenzrechtlichen Schutzes[1108]. Die Bevorzugung des Verbrauchers ist nur gerechtfertigt, wenn gewissermaßen der Anbieter zum Verbraucher kommt und der Vertragsabschluß ganz oder teilweise im Wohnsitzstaat des Verbrauchers erfolgt[1109]. Ein in Spanien ansässiger Verbraucher, der auf eine Werbung in Spanien hin den Anbieter im Ausland aufsucht und dort die zum Vertragsschluß notwendigen Handlungen vornimmt oder umgekehrt, der auf eine im Ausland erfolgende Werbung hin zunächst nach Hause zurückkehrt und erst dort die notwendigen Rechtshandlungen vornimmt, ist nicht schutzwürdig, da er nicht die typisch schwächere Partei ist, die der Verbraucherschutzgedanke vor Augen hat[1110]. Denn der Entscheidung zum Vertragsschluß geht eine eigene Initiative des Verbrauchers voraus. Auf die Passivität, die unterbliebene Eigeninitiative des Verbrauchers, stellt der EuGH auch in einer Entscheidung zu außerhalb von Geschäftsräumen geschlossenen Geschäften ab, um die Schutzwürdigkeit des Verbrauchers zu begründen[1111].

1107 Jayme/Kohler, IPRax 1999, S. 401ff.: Europäisches Kollisionsrecht – Die Abendstunde der Staatsverträge (405); Kropholler, Europäisches Zivilprozeßrecht, Art. 13, RZ 22 zitiert aus dem Bericht zum Schuldvertragsübereinkommen. Jayme/Kohler aaO (405f.): Der im Rahmen der Revision des EuGVÜ (Anm. der Verf.: s. jetzt oben, Fn. 4) neugefaßte Art. 13 Abs. 1 lit.c) bezieht auch den „aktiven" Verbraucher in den Schutzbereich des 4. Abschnitts ein mit der Folge, daß Anbieter im Binnenmarkt in erheblich größerem Maße als bisher im Verbraucherwohnsitzstaat gerichtspflichtig werden. Die Kontroverse innerhalb der Kommission zwischen den Vertretern des Herkunftslandprinzips, dem Geschäfte im Binnenmarkt unterstellt werden sollen, und des Verbraucherschutzprinzips ist noch nicht endgültig gelöst, so daß die Neufassung des Art. 13 bei der Behandlung des Verordnungsvorschlags der Kommission in Frage gestellt wird. Verordnungsvorschlag der Kommission abgedruckt in IPRax 2000, S. 41ff.

1108 Geimer/Schütze, Internationales Zivilverfahrensrecht, Art. 13, RZ 32

1109 Geimer/Schütze aaO, Art. 13, RZ 32 mit Nachweis bei Bericht Schlosser, RZ 158, der auf Bericht zum Schudvertragsübereinkommen verweist

1110 González Campos et al., DIP, RZ 200, S. 173

1111 EuGH, Urt. vom 17. März 1998, Bayerische Hypotheken- u. Wechselbank AG/Edgar Dietzinger, Rs. C-45/96, Tätigkeiten des Europäischen Gerichtshofes und des Gerichts Erster Instanz der Europäischen Gemeinschaften, Woche 16.-20. März 1998, Nr. 09/98, S. 1f. (2)

c) Verbraucherbegriff

Art. 22 Abs. 4, Alt. 1 LOPJ definiert den Begriff des Verbrauchers nicht.

aa) EuGVÜ

Art. 13 Abs. 1 EuGVÜ hingegen enthält die Legaldefinition des Verbrauchers als eine Person, die einen Vertrag zu einem Zweck abgeschlossen hat, der nicht der beruflichen oder gewerblichen Tätigkeit dieser Person zugerechnet werden kann. Die verwendeten Tatbestandsmerkmale sind autonom auszulegen[1112]; die kompetenzrechtliche Privilegierung soll dem privaten Endverbraucher zugute kommen[1113]. Der Verbraucherbegriff wurde im Beitrittsübereinkommen von 1978 neu gefaßt. Der Neufassung war die Entscheidung des EuGH vom 21. Juni 1978[1114] vorangegangen: Der EuGH hatte zu dem auf „Abzahlungsgeschäfte" beschränkten 4. Abschnitt des EuGVÜ von 1968 entschieden, daß er sich wegen seiner sozialen Zielsetzung nicht auf Geschäfte bezieht, die Kaufleute als Abzahlungskäufer abgeschlossen haben. Die Präjudizialität dieser Entscheidung für die Neufassung war offensichtlich, da diese während der Beratungen zum EuGVÜ 1978 erging[1115].

bb) Spanisches autonomes Recht

Der Verbraucherschutz ist in Spanien gemäß Art. 51 CE[1116] Verfassungsaufgabe[1117]. Einfachgesetzlich hatte der Verbraucherschutz bereits vor Umsetzung der Richtlinie 93/13/EWG vom 5. April durch Gesetz 7/1998 über allgemeine Geschäftsbedingungen in Verträgen[1118] seine Regelung in der *Ley General para*

1112 Geimer/Schütze, Internationales Zivilverfahrensrecht, Art. 13, RZ 13; Schlosser, EuGVÜ, Art. 13, RZ 3; ausführlich zum Begriff des Verbrauchers nach dem EuGVÜ: de Bra, Verbraucherschutz durch Gerichtsstandsregelungen im deutschen und europäischen Zivilprozeßrecht, S. 145ff.

1113 Geimer/Schütze, Internationales Zivilverfahrensrecht, Art. 13, RZ 14; Schlosser, EuGVÜ, Art. 13, RZ 3; Kropholler, Europäisches Zivilprozeßrecht, Art. 13, RZ 7

1114 EuGH, Urt. vom 21.6.1978, Bertrand/Ott, Rs 150/77, Slg. 1978, 1446

1115 Amtsblatt der EG Nr. C 59 vom 5. März 1979, S. 71ff. (117, RZ 153) - Bericht Schlosser; Arenas García, REDI 1996-1, S. 39ff.: Tratamiento jurisprudencial del ámbito de aplicación de los foros de protección en materia de contratos de consumidores del Convenio de Bruselas de 1968 (43); in RZ 21 der Entscheidung des EuGH vom 21. Juni 1978 (s. vorherige Fn.) heißt es: Der Anwendungsbereich des 4. Abschnittes ist eröffnet, wenn der Erwerber als im Verhältnis zum Verkäufer wirtschaftlich schwächere Partei den Schutz benötigt, weil er Endverbraucher ist und das Produkt nicht im Rahmen seiner beruflichen oder gewerblichen Tätigkeit erworben hat.

1116 Art. 51 CE: vgl. Anhang

1117 Fröhlingsdorf, RIW 1985, S. 99ff.: Das neue spanische Verbraucherschutzgesetz (99)

1118 BOE, núm. 89, de 14 de abril de 1998

la Defensa de los Consumidores y Usarios de 19 de julio de 1984 (*Ley* 26/1984 = LGDCU)[1119] erfahren. Sowohl Art. 51 CE als auch die LGDCU sind Ergebnis eines gesteigerten Bewußtseins der spanischen Rechtsordnung in Bezug auf den Verbraucherschutz[1120]. Art. 51 CE selbst definiert den Begriff des Verbrauchers nicht.

Im spanischen autonomen Recht findet sich eine Definition des Verbrauchers in Art. 1 Abs. 2 LGDCU: Als Verbraucher oder Benutzer im Sinne dieses Gesetzes gelten alle natürlichen und juristischen Personen, die als Endabnehmer bewegliche oder unbewegliche Sachen, Produkte, Dienstleistungen, Tätigkeiten oder Funktionen erwerben, benutzen oder genießen, unabhängig vom öffentlich- oder privatrechtlichen, individuellen oder kollektiven Charakter derjenigen, die diese produzieren, beschaffen, liefern oder versenden. Art. 1 Abs. 3 LGDCU enthält demgegenüber eine Einschränkung des vorstehenden Absatzes. Er lautet: Nicht als Verbraucher oder Benutzer im Sinne dieses Gesetzes sind diejenigen anzusehen, die, ohne Endabnehmer zu sein, Güter oder Dienstleistungen mit dem Ziel erwerben, lagern, nutzen oder verbrauchen, diese in den Prozeß der Produktion, Verarbeitung, Vermarktung oder Leistung an Dritte einzugliedern.

Der spanische Gesetzgeber kam bei Verabschiedung des Gesetzes 7/1998 über allgemeine Geschäftsbedingungen in Verträgen einer Empfehlung des *Consejo de Estado*[1121] nach, im Rahmen der Darstellung der Motive des Gesetzgebers das Verbraucherkonzept klarzustellen, da alle durch die Richtlinie geschützten Verbraucher wegen der durch Gesetz 7/1998 dem spanischen Verbraucherschutzgesetz angefügten Liste der mißbräuchlichen Klauseln[1122] in den Schutzbereich der LGDCU einbezogen werden müßten[1123]. An zwei Stellen bei Darstellung der Motive[1124] hebt der Gesetzgeber daher hervor: Im Sinne einer Erweiterung des Schutzes und in Bezug auf das Minimum, das die Richtlinie vorgibt, erhält das Gesetz das weite Verbraucherschutzkonzept, das bis heute existiert, aufrecht. Einbezogen werden natürliche wie auch juristische Personen, wenn diese

---

1119 BOE, núm. 176, de 24 de julio de 1984

1120 Senés Motilla, Justicia 1986, S. 683ff.: Sistema de competencia judicial ... (702)

1121 Dictamen 3194/97 del Consejo del Estado

1122 Der Gesetzgeber hat mit dem Gesetz 7/1998 über allgemeine Geschäftsbedingungen in Verträgen auch die LGDCU geändert: Art. 10 LGDCU wurde geändert, es wurde ein Art. 10 bis angefügt, der eine nicht abschließende Aufzählung mißbräuchlicher Klauseln enthält. Zu den mit dieser Regelungstechnik verfolgten Zielen des Gesetzgebers vgl. unten, S. 217, Fn. 1221

1123 Cabello de los Cobos y Mancha, La Ley de condiciones generales de contratación, S. 133

1124 Abs. 9 der Präambel; Ziff. VIII der Motive, dort: Abs. 2

Endverbraucher der Güter oder Dienstleistungen sind, ebenso wie –gemäß dem Kriterium der Richtlinie- alle diejenigen Personen, die außerhalb ihrer beruflichen Aktivität tätig werden, selbst wenn diese nicht Endverbraucher der Güter oder Dienstleistungen sind, die Gegenstand des Vertrages sind.

Nach bislang in der spanischen Lehre vertretener Ansicht war der Verbraucherbegriff weit auszulegen[1125]: Dies sollte auch unter Berücksichtigung der Formulierung des Gesetzes -Schutz des Endabnehmers- gelten[1126], da auch ein Ungleichgewicht auf dem Markt zu berücksichtigen sei: Von dem Verbraucherbegriff erfaßt werden sollten danach auch Freiberufler und Produzenten, Handwerker und kleine Unternehmer, wenn die Situation der Unterlegenheit, in der diese sich befanden, mit derjenigen eines Verbrauchers vergleichbar war[1127].

cc) Gegenüberstellung

Damit war der Verbraucherbegriff des spanischen Rechts auch normativ anhand der wirtschaftlichen Unterlegenheit gegenüber dem potenteren Vertragspartner zu bestimmen, wohingegen der europarechtliche Verbraucherbegriff deskriptiv anhand des Kriteriums „außerhalb der beruflichen oder gewerblichen Tätigkeit“ des Erwerbers bestimmt wurde. Eine Erweiterung des Anwedungsbereichs der Artt. 13ff. EuGVÜ kann nach der Rechtsprechung des EuGH nicht erfolgen, da der EuGH wegen der Abweichung von der generellen Zuständigkeitsregel des Art. 2 EuGVÜ eine restriktive Auslegung der Artt. 13 - 15 EuGVÜ postuliert[1128].

Da der europarechtliche Verbraucherbegriff nach dem Willen des spanischen Gesetzgebers nun auch in das spanische Verbraucherschutzgesetz Eingang gefunden

---

[1125] de Vega Ruíz, La Ley de 24 de noviembre de 1987, S. 1ff.: La protección jurídica del consumidor y la administración de Justicia Procedimientos Judiciales (2); Bercovitz Rodríguez-Cano/ Bercovitz Rodríguez-Cano, Estudios jurídicos sobre protección de los consumidores, S. 29; García Amigo, Revista de Derecho Privado 1985, S. 395ff.: La defensa de los consumidores desde el Derecho privado (407); Embid Irujo, El consumidor ante el derecho de seguros, S. 242ff. (246); aA: Cavanillas Múgica, Responsibilidad Civil y protección de los consumidores, S. 172f.

[1126] aA: Timpanaro Roncero, Las condiciones generales de la contratación y cláusulas abusivas, S. 289ff., weil ein Unternehmer kein Endabnehmer sein könne, denn er bringe das erworbene Gut in den Verarbeitungsprozeß ein (305).

[1127] de Vega Ruíz, La Ley de 24 de noviembre de 1987, S. 1ff.: La protección jurídica del consumidor y la administración de Justicia Procedimientos Judiciales (2); für eine Bestimmung des Verbraucherbegriffs anhand der tatsächlichen Verhältnisse auch: Diez-Picazo y Ponce de Leon, Las condiciones generales de la contratación y cláusulas abusivas, S. 29ff. (37)

[1128] EuGH vom 21. Juni 1978, Rs 150/77, Bertrand/Ott, Slg. 1978, 1446, RZ 17

hat, erfüllt der spanische Verbraucherbegriff die Minimumstandards[1129] der Richtlinie 93/13/EWG. Er erweitert ihn aber gegenüber dem europarechtlichen Verbraucherbegriff auf juristische Personen[1130], so daß nach wie vor auch Personen vom Verbraucherbegriff erfaßt werden können, die sich in einer Position wirtschaftlicher Unterlegenheit gegenüber ihrem Vertragspartner befinden. Eine vollständige Harmonisierung des Verbraucherbegriffs wäre wünschenswert[1131].

d) Kompetenzrechtlicher Verbraucherschutz

Die vom spanischen Gesetzgeber geschaffene Regelung ist nicht in allen Punkten in der Lage, dem erfaßten Personenkreis denselben kompetenzrechtlichen Schutz zu gewähren wie Artt. 13 - 15 EuGVÜ:

aa) Forum actoris

Ein *forum actoris*, ein Gerichtsstand im Wohnsitzstaat des Verbrauchers ist stets von Vorteil[1132], weil dieser für ihn als Kläger am leichtesten zu erreichen ist[1133]. Die Rechtsverfolgung im Ausland ist mühevoll[1134]. Auch rein ökonomische Aspekte in Hinblick auf die Prozeßkosten stellen einen Vorteil für den Verbraucher dar[1135]. Das anwendbare Verfahrensrecht ist dasjenige des Wohnsitzstaates des Verbrauchers[1136]. Bei sozial schwächeren Parteien führt eine Regelung, nach der Ansprüche in einem ausländischen Gerichtsstand verfolgt werden müssen, häufig dazu, daß sie auf die Geltendmachung ihrer Rechte verzichten[1137].

[1129] Timpanaro Roncero, Las condiciones generales de la contratación y cláusulas abusivas, S. 289ff. (305)

[1130] Timpanaro Roncero aaO (305)

[1131] Timpanaro Roncero aaO (306)

[1132] Bülow, RabelsZ 1965, S. 473ff.: Vereinheitlichtes internationales Zivilprozeßrecht in der Europäischen Wirtschaftsgemeinschaft (489)

[1133] Calvo Caravaca, Comentarios al Convenio de Bruselas ..., Art. 14, RZ 9; von Hoffmann, AWD/RIW 1973, S. 57ff.: Das EWG-Übereinkommen über die gerichtliche Zuständigkeit und die Vollstreckung gerichtlicher Entscheidungen in Zivil- und Handelssachen (61); Amores Conradi, REDI 1989, S. 113ff.: La nueva estructura ... (132); Zabalo Escudero, REDI 1985, S. 109ff.: Aspectos jurídicos de la protección al consumidor contratante en el Derecho internacional privado (129)

[1134] Lüderitz, „Verbraucherschutz“ im internationalen Vertragsrecht - ein Zuständigkeitsproblem, S. 147ff. (150)

[1135] Zabalo Escudero aaO (129)

[1136] Art. 8 Abs. 2 Cc (Wortlaut vgl. Anhang): *lex fori regit processum*; seit Inkrafttreten des Zivilprozeßreformgesetzes (vgl. oben, Fn. 70) nunmehr auch in Art. 3 LEC n.F. bestimmt. BGH, Urteil vom 28. Februar 1996 - XII ZR 181/93 (Hamburg), NJW 1996, S. 1411ff. (1413) für den Vorteil des Beklagten, an seinem Wohnsitz verklagt zu werden

[1137] von Hoffmann aaO (61); Schöfberger/Hauser, BT-Drucksache 7/1384 vom 7. Dezember 1973, S. 1ff.: Bericht und Antrag des Rechtsausschusses ... (3); Zabalo Escudero aaO

aaa) Deutsche autonome Regelung

Um so erstaunlicher ist nach den vorstehenden Ausführungen ein kurzer Blick auf die Entwicklungen im deutschen Recht. Der deutsche Gesetzgeber hat den ehedem in § 6a AbzG eröffneten Gerichtsstand für Klagen des Käufers an dessen Wohnsitz bzw. gewöhnlichen Aufenthalt durch Art. 10 des am 1. Januar 1991 in Kraft getretenen Gesetzes über Verbraucherkredite[1138] ersatzlos gestrichen. Die lapidare[1139] amtliche Begründung lautet[1140]: Ein von den allgemeinen Vorschriften abweichender ausschließlicher Gerichtsstand für Klagen des Verbrauchers gegen den Kreditgeber erscheint nicht erforderlich. Verbrauchergerichtsstände bestehen im deutschen autonomen Prozeßrecht allerdings in anderen Spezialgesetzen, so beispielsweise in § 7 HaustürWG und § 26 FernUG.

bbb) Spanische Regelung

Art. 22 Abs. 4, Alt. 1 LOPJ eröffnet dem Verbraucher ein *forum actoris* in seinem Wohnsitzstaat, denn der „Käufer", der „seinen Wohnsitz in Spanien hat", kann seinen Vertragspartner in Spanien verklagen. Insoweit hält das spanische Gesetz sich an die Regelung im EuGVÜ, die Inspirierung durch dieses ist deutlich sichtbar[1141].

bb) Verbraucherschutz durch *forum shopping*

aaa) Multilaterale Regelungstechnik des EuGVÜ

Art. 14 Abs. 1 EuGVÜ räumt dem Verbraucher ein Wahlrecht zwischen dem *forum actoris* und dem Gerichtsstand am Wohnsitz des beklagten Vertragspartners ein. Zuständigkeitsbegründend ist auch eine Agentur oder Niederlassung des Beklagten in einem der Vertragsstaaten (Art. 13 Abs. 2 EuGVÜ). Der Verbraucher kann abwägen zwischen der Rechtsverfolgung vor seinen Wohnsitzgerichten mit den oben beschriebenen Vorteilen einerseits und gegebenenfalls einfacheren Vollstreckungsmöglichkeiten im Ausland, wenn die Vollstreckung in Spanien voraus-

---

(128): durch einen weit entfernten Gerichtsstand würde dem Verbraucher die Rechtsverfolgung praktisch unmöglich gemacht; ähnlich: Guzmán Zapater, REDI 1987, S. 447ff.: La prorrogación de competencia en los contratos de venta internacional concluidos por consumidores (455)

1138 BGBl. 1990 I, S. 2840

1139 Geimer, IZPR, RZ 1535

1140 BT-Drucksache 11/5462, S. 1ff. (16)

1141 Senés Motilla, Justicia 1986, S. 683ff.: Sistema de competencia judicial ... (702)

sichtlich scheitern wird[1142]. Nach Art. 13 Abs. 1 EuGVÜ finden außer diesem Gerichtsstand (Art. 5 Nr. 5 EuGVÜ) die sonstigen besonderen Gerichtsstände des Übereinkommens keine Anwendung[1143].

bbb) Unilaterale Regelungstechnik der LOPJ

Da Art. 22 LOPJ unilateral formuliert ist, kann diese Vorschrift selbstverständlich keine Zuständigkeit im Ausland begründen und damit dem Verbraucher auch kein Wahlrecht zwischen verschiedenen internationalen Gerichtsständen einräumen. Verklagt der Verbraucher seinen Vertragspartner aber an seinem Wohnsitz im Nicht-EU-Ausland, so steht der Anerkennung[1144] einer solchen Entscheidung in Spanien jedenfalls die fehlende internationale Zuständigkeit des Entscheidungsstaates nicht entgegen, da die Anerkennungszuständigkeit durch die spiegelbildliche Anwendung von Art. 22 Abs. 2 (Wohnsitz des Beklagten) bzw. Abs. 4, Alt. 3 LOPJ (Gerichtsstand der Zweigniederlassung) begründet wird[1145]. Da zwischen den Absätzen zwei bis vier der Vorschrift bezüglich aller Gerichtsstände ein echtes Verhältnis von Konkurrenz besteht[1146], steht dem Verbraucher daneben noch der Vertragsgerichtsstand, gegebenenfalls derjenige der beweglichen Sache zur Verfügung.

ccc) Stellungnahme

Nicht nachvollziehbar ist die Argumentation von *Senés Motilla*[1147], auch wenn das *forum domicilii* die Verbraucherinteressen der in Spanien ansässigen Verbraucher schützen solle, so sei dies nicht völlig zufriedenstellend, denn wenn der Verkäufer im Ausland sitze, sei die Zwangsvollstreckung durch die vorherige Anerkennungsnotwendigkeit durch einen anderen Staat erschwert. Die Autorin vertritt zum Verhältnis der einzelnen Gerichtsstände die Ansicht, diese seien subsidiär zu den Gerichtsständen des Absatzes zwei, diejenigen der Absätze drei und vier stünden allerdings konkurrierend nebeneinander und schlössen die Zuständigkeit der Gerichte ausländischer Staaten nicht aus[1148]. Sie hätte daher zu der hier vertretenen Ansicht gelangen müssen, wonach der Verbraucher seinen Ver-

---

[1142] Calvo Caravaca, Comentarios al Convenio de Bruselas ..., Art. 14, RZ 9. a) - c); Zabalo Escudero, REDI 1985, S. 109ff.: Aspectos jurídicos de la protección al consumidor contratante en el Derecho internacional privado (129)

[1143] Geimer/Schütze, Internationales Zivilverfahrensrecht, Art. 14, RZ 1

[1144] zur Anerkennung ausländischer Entscheidungen: vgl. oben, S. 28ff.

[1145] Zur Prüfung der Anerkennungszuständigkeit in Bezug auf eine ausländische Entscheidung vgl. oben, S. 34ff.

[1146] Vgl. hierzu ausführlich oben, S. 84ff.

[1147] Senés Motilla, Justicia 1986, S. 683ff.: Sistema de competencia judicial ... (703)

[1148] Senés Motilla aaO (697f.)

tragspartner wahlweise an seinem Sitz im Ausland verklagen kann[1149]. Dann aber ist eine vorherige Urteilsanerkennung im Vollstreckungsstaat nicht erforderlich. Die vom spanischen Gesetzgeber gewählte Lösung ist mithin in der Lage, Verbraucherschutz durch Bereitstellen verschiedener, dem Verbraucher günstiger, Gerichtsstände zu gewähren.

cc) Asymmetrie als Gleichgewichtselement

aaa) EuGVÜ

Bis auf die wohl eher selten vorkommenden Fälle, in denen der Verbraucher gemäß Art. 5 Nr. 5 EuGVÜ gerichtspflichtig ist und dennoch als Verbraucher gehandelt hat, besteht die Gerichtspflichtigkeit des Verbrauchers gemäß Art. 14 Abs. 2 EuGVÜ lediglich an dessen Wohnsitzgerichtsstand. Der Verbraucher ist mithin anders als sein Vertragspartner davor geschützt, im -möglicherweise weit entfernten Ausland- mit einer Klage seines Vertragspartners überzogen zu werden und genießt zugleich die Vorteile seines Heimatgerichtsstandes[1150]. Art. 13 EuGVÜ unterstreicht den eigenständigen Charakter von Abschnitt 4[1151]; wie Art. 7 stellt er klar, daß die Zuständigkeit auf diesem Gebiet selbständig und erschöpfend geregelt ist[1152], indem für Verbraucher- bzw. Versicherungsverträge jeweils klargestellt wird, daß sich „die Zuständigkeit, unbeschadet“[1153] bzw. „vorbehaltlich[1154] des Artikels 4 und des Artikels 5 Nummer 5 nach diesem Abschnitt“ bestimmt.

bbb) Spanische Regelung

Art. 22 LOPJ enthält keine solche klarstellenden Formulierungen, aus denen sich unmittelbar ergäbe, daß der Verbraucher-/Versicherungsgerichtsstand abschließend wäre. Nach der Systematik von Art. 22 LOPJ stehen dem Kläger neben dem Gerichtsstand des Art. 22 Abs. 4 LOPJ[1155] auch die weiteren Gerichtsstände der Absätze zwei und drei zur Verfügung, so daß dieser auch einen Verbraucher, der in Spanien keinen Wohnsitz hat, dort verklagen kann, wo Art. 22 LOPJ eine ent-

---

1149 Hier ist selbstverständlich Voraussetzung, daß die ausländische Zuständigkeitsordnung einen Wohnsitzgerichtsstand kennt.

1150 Vgl. hierzu oben, S. 203f.

1151 Amtsblatt der EG Nr. C 59 vom 5. März 1979, S. 1ff. (33) - Bericht Jenard

1152 Amtsblatt der EG Nr. C 59 vom 5. März 1979 aaO (30)

1153 Art. 13 Abs. 1 EuGVÜ

1154 Art. 7 EuGVÜ

1155 Hat der beklagte Verbraucher seinen Wohnsitz in Spanien, gilt in seinem Anwendungsbereich allerdings ohnehin das EuGVÜ.

sprechende internationale Zuständigkeit bereitstellt. Dem Vertragspartner des Verbrauchers stehen damit auch der Gerichtsstand am Abschlußort sowie am Erfüllungsort der Verbindlichkeit, gegebenenfalls derjenige der belegenen Sache, und –wie im Falle des EuGVÜ durch den Verweis auf Art. 5 Nr. 5 EuGVÜ ebenso- der Gerichtsstand der Zweigniederlassung zur Verfügung.

Auch anerkennungsrechtlich behalten diese Gerichtsstände über die Bilateralisierung der Normen über die internationale Zuständigkeit[1156] zum Nachteil der in Spanien ansässigen Verbraucher Bedeutung. Wie die spanische Judikatur diese Frage lösen wird, bleibt abzuwarten. Wie oben dargestellt[1157], tendiert sie jedenfalls dahin, die internationalen Gerichtsstände der Absätze zwei bis vier als konkurrierende zu betrachten und die internationale Zuständigkeit bzw. die Anekennungszuständigkeit der spanischen Gerichte zu bejahen, wenn einer dieser Gerichtsstände begründet ist.

aaaa) Teleologische Auslegung

Die spanische Lehre[1158] vertritt ebenfalls die hier dargestellte Auffassung, daß ein uneingeschränktes Verhältnis von Alternativität zwischen den besonderen Gerichtsständen nicht den Anforderungen eines effektiven Verbraucherschutzes genügt. Dieser könne nur erreicht werden, wenn neben der Schaffung eines *forum actoris* zugleich die Vielzahl der möglichen Gerichtsstände vermieden werde[1159]. *Amores Conradi*[1160] versucht, den Schutz der schwächeren Partei durch eine teleologische Auslegung des jeweiligen[1161] -grundsätzlich konkurrierenden-Gerichtsstandes, ausgerichtet am jeweils geschützten Interesse, zu erreichen[1162]: Je nach der Schutzbedürftigkeit der schwächeren Partei -bejahend für Verbraucher- und Versicherungssachen- sollen daneben alle weiteren Gerichtsstände ausgeschlossen sein.

[1156] Vgl. zur Thematik der Bilateralisierung der Normen über die internationale Zuständigkeit im spanischen Anerkennungsrecht oben, S. 34ff., 41ff.

[1157] vgl. oben, S. 85ff.

[1158] Espinar Vicente, CDIP, S. 108; Amores Conradi, REDI 1989, S. 113ff.: La nueva estructura ... (133); Fernández Rozas/Sánchez Lorenzo, CDIP, S. 264

[1159] Espinar Vicente, CDIP, S. 108

[1160] Amores Conradi, REDI 1989, S. 113ff.: La nueva estructura ... (133)

[1161] Der Autor behandelt Verbraucher-, Versicherungs- und Unterhaltsgerichtsstand.

[1162] dieser Auffassung folgen unter Klarstellung, daß die teleologische Interpretation sich an den Werten der spanischen Verfassung auszurichten habe: Fernández Rozas/Sánchez Lorenzo, CDIP, S. 264

bbbb) Verbrauchergerichtsstand als *forum specialis*

Weiterhin besteht die Möglichkeit, Art. 22 Abs. 4, Alt. 1 LOPJ für alle aus Verbraucherverträgen herrührenden Streitigkeiten als *forum specialis* vor den übrigen besonderen Gerichtsständen zu betrachten[1163], so daß mit diesem lediglich der Gerichtsstand am Wohnsitz des Beklagten und derjenige der Zweigniederlassung konkurriert[1164]. Der Rückgriff auf die sonstigen Gerichtsstände wäre gesperrt. Dieses Ergebnis korrespondiert mit der Lösung des EuGVÜ, das zugunsten des Verbrauchers ausdrücklich die Anwendbarkeit von Art. 5 Nr. 5 erklärt, so daß dem Verbraucher gegenüber eine Zweigniederlassung mit dem Sitz des Vertragspartners rechtlich gleichgestellt wird[1165], die übrigen besonderen Gerichtsstände jedoch ausschließt.

Anderer Ansicht ist *Blanco-Morales Limones*[1166] bei Beleuchtung des internationalen Versicherungsgerichtsstandes in Art. 22 Abs. 4, Alt. 2 LOPJ: Zwischen den besonderen Gerichtsständen der Absätze drei und vier besteht nach ihrer Auffassung ein Konkurrenzverhältnis dergestalt, daß neben dem Versicherungsgerichtsstand weiterhin der besondere Verbrauchergerichtsstand, der Vertragsgerichtsstand, der Deliktsgerichtsstand und der Gerichtsstand der Zweigniederlassung eröffnet sind. *Amores Conradi* hält diese Auffassung für zweifelhaft[1167]: Der erste Schritt zur Bestimmung der internationalen Zuständigkeit sei die nach der *lex fori* vorzunehmende[1168] Qualifikation der Streitsache. Sei in versicherungsrechtlichen Streitigkeiten nicht der Gerichtsstand des Versicherungsvertrages begründet, so existiere keine Zuweisung zu den spanischen Gerichten[1169].

cccc) Stellungnahme

Die *forum-specialis*-Theorie, die, wie *Amores Conradi* zutreffend ausführt[1170], ihre Begründung in der Qualifikation der Streitsache als Verbraucher- oder Versicherungssache findet, erscheint für das Verhältnis von Abs. 4 zu Abs. 3 im Lichte

---

[1163] Amores Conradi, REDI 1989, S. 113ff.: La nueva estructura ... (141, Fn. 85)
[1164] González Granda, Extensión y límites ..., S. 229
[1165] Eine Differenzierung nach Zweigniederlassungen in Vertragsstaaten (Artt. 7, 13 Abs. 1 EuGVÜ) und Nichtvertragsstaaten (Artt. 8 Abs. 2, 13 Abs. 2 EuGVÜ) erübrigt sich im Anwendungsbereich des Systems von Art. 22 LOPJ wegen dessen unilateraler Ausgestaltung.
[1166] Blanco-Morales Limones, El Seguro español en el Derecho internacional privado, S. 224
[1167] Amores Conradi, REDI 1989, S. 113ff.: La nueva estructura ... (141, Fn. 85)
[1168] Amores Conradi aaO (124); Blanco-Morales Limones, El seguro español ..., S. 236
[1169] Amores Conradi aaO (124)
[1170] Amores Conradi aaO (124)

des EuGVÜ[1171] als zutreffend: Aus dem Jenard-Bericht ergibt sich für Artt. 7 und 13 EuGVÜ der „klarstellende"[1172] bzw. „unterstreichende"[1173] Charakter der Vorschriften in Bezug auf den erschöpfenden und selbständigen Regelungsgehalt der beiden Abschnitte. Diese Formulierungen lassen darauf schließen, daß der abschließende Charakter der Regelungen in diesen Abschnitten sich bereits aus der Systematik der Gerichtsstände ergibt, mithin die Vorschriften nur deklaratorischen Charakter haben. Damit läßt sich argumentieren, daß eine konstitutive Regelung auch in der LOPJ überflüssig ist, zumal da auch hier aus der Regelung der drei internationalen Gerichtsstände in Verbraucher- und Versicherungssachen sowie der Zweigniederlassung in einem eigenständigen Absatz vier ein Anhaltspunkt dafür vorhanden ist, daß die Gerichtsstände des Absatzes vier gegenüber den Gerichtsständen des Absatzes drei eine Sonderstellung einnehmen.

Hierin liegt kein Widerspruch zu dem oben gefundenen Ergebnis, wonach zwischen den Gerichtsständen der Absätze drei und vier ein Verhältnis echter Konkurrenz besteht: Die Gerichtsstände des Absatzes vier konkurrieren mit denjenigen des Absatzes drei, sperren aber den Rückgriff auf diese, sofern ihre Tatbestandsvoraussetzungen erfüllt sind, sie mithin spezielle Gerichtsstände darstellen.

Nicht *lex specialis* zu Absatz drei ist nach seinem Regelungsgehalt der Gerichtsstand der Zweigniederlassung. Denn Grundlage der *forum specialis*-Theorie[1174] ist die Qualifikation der Streitsache als Verbraucher- oder Versicherungssache. Der Gegenstand eines Rechtsstreits, der am Gerichtsstand der Zweigniederlassung geführt wird, kann indes vielfältig sein.

dd) Gerichtsstandsvereinbarungen in Verbraucherverträgen

In allen sechs Vertragsstaaten des Ursprungsübereinkommens sind die örtlichen Zuständigkeitsregeln grundsätzlich nicht Bestandteil des *ordre public*; es steht daher den Parteien frei, eine abweichende Zuständigkeit zu vereinbaren[1175]. Durch die Abkehr vom Souveränitätsgedanken als Leitprinzip der internationalen Zuständigkeit in Spanien hin zur Parteiautonomie[1176] gilt dies heute so auch in Spanien. Von diesem Grundsatz gibt es jedoch Ausnahmen: Bestimmte Zuständigkeitsregeln sind zwingend vorgeschrieben oder sind Bestandteil des *ordre*

[1171] Zu der Auslegung des Art. 22 LOPJ im Lichte des EuGVÜ: Vgl. oben, S. 52ff.
[1172] Amtsblatt der EG Nr. C 59 vom 5. März 1979, S. 1ff. (30) - Bericht Jenard
[1173] Amtsblatt der EG Nr. C 59 vom 5. März 1979 aaO (33)
[1174] vgl. oben, S. 208f.
[1175] Amtsblatt der EG Nr. C 59 vom 5. März 1979 aaO (28)
[1176] Amores Conradi, REDI 1989, S. 113ff.: La nueva estructura ... (136)

public, und zwar entweder im Interesse einer geordneten Rechtspflege, die eine Verringerung der Zuständigkeiten und die Konzentration bestimmter Streitsachen bei einem Gericht gebietet, oder aber aus sozialen Erwägungen zum Schutz bestimmter Personenkreise (Versicherte, Käufer bei Abzahlungsgeschäften usw.)[1177].

aaa) Abweichung

Das EuGVÜ regelt in Art. 17 Abs. 3 ausdrücklich das Verhältnis von internationalen Gerichtsstandsvereinbarungen und den besonderen Gerichtsständen in Verbraucher- und Versicherungssachen: Rechtliche Wirkungen kommen ihnen danach nicht zu, wenn sie den Vorschriften der Artt. 12 oder 15 zuwiderlaufen. Art. 22 LOPJ enthält demgegenüber keine solche Vorschrift[1178]. Allein nach Wortlaut und Systematik der Vorschrift sind die allgemeine internationale Zuständigkeit begründende Gerichtsstandsvereinbarungen ohne zeitliche Limitierung, also sowohl vor als auch nach Entstehung des Rechtsstreits, und ohne Einschränkungen hinsichtlich der Materie zulässig[1179]. Vernehmlich sind daher die kritischen Stimmen in der Literatur, die sich für eine Reform von Art. 22 Abs. 4, Alt. 1 LOPJ am Vorbild des EuGVÜ aussprechen[1180].

bbb) Unzulässigkeit von Gerichtsstandsvereinbarungen

aaaa) Prozessuale und spezialgesetzliche Regelungen

Weder Art. 22 Abs. 2 LOPJ noch die Absätze drei und vier der Vorschrift noch Artt. 56, 57 LEC machen eine Aussage hinsichtlich der Zulässigkeit von Gerichtsstandsvereinbarungen in bestimmten Materien, sei es im internationalen, sei es im rein nationalen Bereich. Regelungen im Bereich der örtlichen Zuständigkeit,

---

1177 Amtsblatt der EG Nr. C 59 vom 5. März 1979 aaO (28)

1178 Amores Conradi, REDI 1989, S. 113ff.: La nueva estructura ... (142): Es erweckt die Aufmerksamkeit, daß sich keine Regelung findet, ob und unter welchen Voraussetzungen Gerichtsstandsvereinbarungen zulässig sind, anders als im Vorbild EuGVÜ; Garau Sobrino, Ein internationales Zivilverfahrensrecht für Gesamteuropa, S. 341ff.: Das Beispiel Spanien (350)

1179 Gúzman Zapater, REDI 1987, S. 447ff.: La prorrogación de competencia en los contratos de venta internacional concluidos por consumidores (470): Hätte der Gesetzgeber eine ausschließliche Zuständigkeit in Verbrauchersachen begründen wollen, so hätte er diese in den Katalog des Absatzes eins aufgenommen.

1180 Rodríguez Benot, Anmerkung zu SAP Madrid (Sección 11.ª) de 21 de enero de 1992, REDI 1992, S. 640ff. (642); Calvo Caravaca, Comentarios al Convenio de Bruselas ..., Art. 14, RZ 7; Gúzman Zapater, REDI 1987, S. 447ff.: La prorrogación de competencia en los contratos de venta internacional concluidos por consumidores (475)

die nach der in der spanischen Rechtsprechung und Lehre vertretenen Ansicht auf die internationale Zuständigkeit keinesfalls übertragen werden können[1181], finden sich nur in einigen spanischen Spezialgesetzen, von denen die folgenden hier von Interesse sind: Art. 14 des Gesetzes über den Abzahlungskauf betreffend bewegliche Sachen[1182] bestimmt für einen Teilbereich der Verbraucherverträge, daß die Zuständigkeit zur Entscheidung über Verträge nach diesem Gesetz am Wohnsitz des Käufers begründet ist, wobei eine abweichende Vereinbarung nichtig ist. Auch nach Art. 24 des Versicherungsvertragsgesetzes (LCS)[1183] sind die Gerichte am Wohnsitz des Versicherten zuständig; eine abweichende Vereinbarung ist nichtig. Das 1998 in Kraft getretene spanische Gesetz zur Regelung der Allgemeinen Geschäftsbedingungen[1184] modifiziert auch das spanische Verbraucherschutzgesetz[1185] (LGDCU). Es wird eine Erste Zusatzbestimmung angefügt, die einen Katalog mißbräuchlicher Klauseln enthält. Art. 27 der Ersten Zusatzbestimmung verbietet Gerichtsstandsvereinbarungen in Allgemeinen Geschäftsbedingungen, die die Zuständigkeit eines Gerichts begründen, das vom Wohnsitz des Verbrauchers, dem Erfüllungsort der Verbindlichkeit oder demjenigen, an dem sich die unbewegliche Sache befindet, verschieden ist[1186, 1187]. Das spanische Verbraucherschutzgesetz enthält keine explizite Regelung betreffend die Zulässigkeit von Gerichtsstandsvereinbarungen. Art. 10 LGDCU[1188] a.F. verbot Bestimmungen in Verbraucherverträgen, die in unverhältnismäßiger oder unbilliger Weise den Verbraucher schädigten oder die im Vertrag eine ungleichge-

---

1181 Vgl. die ausführliche Darstellung hierzu oben, S. 69ff.

1182 Ley 17 de julio 1965, núm. 50.365, BOE 21, RLA 1.313 respecto a las ventas a plazos de bienes muebles

1183 Ley 8 octubre 1980 núm. 50/80, BOE 17, RLA 2.295 de regulación de contrato de seguro

1184 Ley 7/1998, 13 de abril, sobre condiciones generales de la contratación BOE, núm. 89, de 14 de abril de 1998

1185 Ley General para la defensa de los Consumidores y Usarios de 19 de julio de 1984, BOE, núm. 176, de 24 de julio de 1984, S. 21686

1186 Art. 22 des Entwurfes eines spanischen Gesetzes zur Regelung der Allgemeinen Geschäftsbedingungen aus dem Jahre 1988 sah bereits ein Klauselverbot für vom Wohnort des Vertragspartners abweichende Gerichtsstandsvereinbarungen vor: Boletín de Información del Ministerio de Justicia de 15 de enero de 1988; Meyer/Sande, Aktuelles spanisches Handels- und Wirtschaftsrecht, S. 189ff.: Allgemeine Geschäftsbedingungen im spanischen Recht (196)

1187 Art. 27 verbietet weiterhin die Zurückweisung oder die Übertragung in Bezug auf das Recht des Verbrauchers zur Wahl des zuständigen Urkundsbeamten gemäß dem Gesetz über die Errichtung öffentlicher Dokumente, in denen sich anfänglich oder später der Vertrag befinden muß.

1188 Die Vorschrift wurde durch die Erste Zusatzbestimmung des Gesetzes 7/1998 (vgl. vorstehende Fußnote) geändert. Beide Fassungen sind im Gesetzesanhang abgedruckt und übersetzt.

wichtige Stellung zwischen den Rechten und Pflichten der Parteien zum Nachteil der Verbraucher oder Benutzer schafften.

Die Neufassung der LEC sieht für Streitigkeiten aus Verbraucher- und Versicherungsverträgen einen ausschließlichen[1189] örtlichen Klägergerichtsstand in Art. 52 Abs. 2 LEC n.F. vor, entweder am Wonsitz des Versicherten oder Verbrauchers oder am Wohnsitz desjenigen, der das Angebot angenommen hat[1190]. Nach Art. 54 Abs. 2 LEC n.F. sind Gerichtsstandsvereinbarungen in allgemeinen Geschäftsbedingungen, die von einer Partei der anderen auferlegt worden sind, sowie in Formularverträgen und Verbraucherverträgen ausgeschlossen[1191].

bbbb) Rechtslage vor Inkrafttreten des Gesetzes 7/1998

aaaaa) Prozeßrechtliche Betrachtung

In der spanischen Literatur vor Inkrafttreten des Gesetzes über Allgemeine Geschäftsbedingungen wurde daher versucht, durch eine am Verbraucherschutzgedanken ausgerichtete Auslegung zur Unzulässigkeit von Gerichtsstandsvereinbarungen in internationalen Verträgen zu gelangen: *Cortés Domínguez* hielt alle besonderen Gerichtsstände der Absätze drei und vier mit der Folge eines Verbots von Gerichtsstandsvereinbarungen für ausschließlich[1192]. *González Granda* kommt nach wertender Betrachtung zur Ausschließlichkeit des Versicherungs- und Verbrauchergerichtsstandes[1193]. Nach *Amores Conradi*[1194] ergab sich ihre

---

[1189] Vgl. hierzu oben, S. 77 und Fn. 443

[1190] Art. 52 Abs. 2 LEC n.F. (vgl. Fn. 70) lautet:
[...]
(2) Cuando las normas del apartado anterior de este artículo no fueren de aplicación a los litigios en materia de seguros, ventas a plazos de bienes muebles corporales y contratos destinados a su financiación, así como en materia de contratos de prestación de servicios o relativos a bienes muebles cuya celebración hubiera sido precedida de oferta pública, será competente el tribunal del domicilio del asegurado, comprador o prestatario o el del domicilio de quien hubiere aceptado la oferta, respectivamente.

[1191] Art. 54 Abs. 2 LEC n.F. (vgl. vorherige Fn.) lautet:
[...]
(2) No será valida la sumisión expresa contenida en contratos de adhesión, o que contengan condiciones generales impuestas por una de las partes, o que se hayan celebrado con consumidores o usarios.
[...]

[1192] Cortés Domínguez, Justicia 1985, S. 775ff.: La nueva regulación ... (779f.)

[1193] González Granda, Extensión y límites ..., S. 244ff.

[1194] Amores Conradi, REDI 1989, S. 113ff.: La nueva estructura ... (142f.)

Unzulässigkeit aus der nachfolgenden Argumentation: In Ermangelung einer Regelung greife zunächst die Generalregel des Absatzes zwei. Dafür spreche auch, daß die Prorogation der spanischen Gerichte wegen des in Spanien erreichten Verbraucherschutzniveaus unproblematisch sei. Darum aber gehe es nicht alleine, vielmehr solle dem Verbraucher die Rechtsverteidigung an seinem Wohnort ermöglicht werden. Gerichtsstandsvereinbarungen in Verbraucherverträgen verpflichteten den Verbraucher unter Berufung auf Art. 10 Abs. 1 lit.c LGDCU die Wirksamkeit der Klausel anzugreifen, wofür er allerdings erst einmal vor spanischen Gerichten erscheinen müsse. Daher führten Gerichtsstandsvereinbarungen in der Regel dazu, daß der im Ausland wohnende Verbraucher vor spanischen Gerichten durch Versäumnisurteil verurteilt werde, das dann zwar an seinem Wohnsitzstaat nicht vollstreckt werde; vielleicht erstritte der Verbraucher aber auch ein widersprüchliches Urteil an seinem Wohnsitz, dem aus diesem Grunde in Spanien die Anerkennung versagt würde. In diesen Materien könne der Willensautonomie daher entgegen der Systematik der Vorschrift keine hervorragende Bedeutung eingeräumt werden[1195].

Diese wertende Betrachtung mag zwar zum richtigen Ergebnis gelangen, findet aber im Gesetz keine Stütze.

bbbbb) Materiellrechtliche Betrachtung

In der spanischen Lehre ist vor Inkrafttreten des Gesetzes 7/1998 über Allgemeine Geschäftsbedingungen in Verträgen weiterhin die Ansicht vertreten worden, Gerichtsstandsklauseln in internationalen Verbraucherverträgen seien gemäß der dem materiellen Recht zuzuordnenden[1196] Vorschrift des Art. 10 Abs. 1, lit.c Nr. 3[1197] bzw. Nr. 10[1198] LGDCU[1199] unwirksam. Wenn die Gerichtsstandsklausel

---

[1195] Amores Conradi, REDI 1989, S. 113ff.: La nueva estructura ... aaO (142f.)

[1196] Torres Lana, Prorroga de fuero y protección de los consumidores en la reciente jurisprudencia del *Tribunal Supremo*, S. 43ff. (55); Amores Conradi, REDI 1989, S. 113ff.: La nueva estructura ... (143); STS de 31 de mayo de 1991, RAJ 1991, núm. 3955

[1197] Quiñones y Escàmez, Revista Jurídia de Catalunya 1987, S. 657ff.: Evolución de la admisibilidad de la cláusula atributiva ... (667), sieht in einer Gerichtsstandsklausel in Verbraucherverträgen eine typische Ungleichgewichtslage; Gúzman Zapater, REDI 1987, S. 447ff.: La prorrogación de competencia ... (471f.)

[1198] Diese Ansicht vertritt Fuchs, Der Verbraucherschutz in Spanien, S. 130 unter Bezugnahme auf *Diario de Sesiones del Senado, Pleno*, 1984, S. 3581: Die LGDCU treffe zwar keine Regelung betreffend das Recht des Gerichtsstandes, und in (10) sei nur von den „in diesem Gesetz anerkannten Rechten des Verbrauchers" die Rede, der Gesetzgeber sei jedoch davon ausgegangen, daß diese Vorschrift auch den Verzicht auf den eigenen Gerichtsstand regele und habe deshalb eine spezielle Regelung abgelehnt.

[1199] Art. 10 Abs. 1 lit.c Nr. 3 und 10 LGDCU: vgl. Anhang

sich in einem Formularvertrag finde, wie es in der Mehrheit der Fälle sein dürfte, so müsse Art. 10 LGDCU Beachtung finden, der auch eine Regelung des Rechts der Allgemeinen Geschäftsbedingungen enthalte[1200]. Es müsse besonders der imperative Charakter dieser Bestimmung[1201, 1202] wie auch der Umstand herausgestellt werden, daß die LGDCU selbst keine Kollisionsnormen für Rechtsverhältnisse des internationalen Rechtsverkehrs bereitstelle[1203].

Gerichtsstandsvereinbarungen sind nach der Rechtsprechung des *Tribunal Supremo* der inhaltlichen Kontrolle durch die LGDCU unterworfen[1204]: Obwohl die LGDCU seit 1984 in Kraft ist, beginnt sie erst mittlerweile, Auswirkungen in der spanischen Rechtsprechung zu zeitigen[1205]. Der *Tribunal Supremo* befand - auch für in allgemeinen Geschäftsbedingungen enthaltene Gerichtsstandsklauseln- zunächst, daß diese mit Art. 10 LGDCU vereinbar und daher wirksam seien[1206], da er den Formerfordernissen der Artt. 56f. LEC den Vorrang vor dem materiellen Gehalt der Vereinbarung zukommen ließ und bei Einhaltung derselben stets - nach dem Grundsatz *pacta sunt servanda*[1207]- von ihrer Wirksamkeit ausging. Eine Änderung der höchstrichterlichen Rechtsprechung trat mit der Entscheidung

---

1200 Quiñones y Escàmez aaO (667, 677); Gúzman Zapater aaO (471)

1201 Fernández Rozas/Sánchez Lorenzo, CDIP, Primera edición, 1991, S. 410; Quiñones y Escàmez aaO (667, 677); Gúzman Zapater aaO (470, 471, Fn. 47): in Art. 2.3 LGDCU sei die Schutzrichtung des Gesetzes formuliert, wonach der vorherige Verzicht auf die Rechte dieses Gesetzes nichtig ist

1202 Für eine Sonderanknüpfung von Schutzvorschriften bereits STS de 19 de diciembre de 1930, Puente Egido, Derecho internacional privado español: Doctrina legal del *Tribunal Supremo*, S. 1022ff.; zu dieser Entscheidung: Jayme/Sacher, RIW 1981, S. 597ff.: Neuere Entwicklungen des Recht der Allgemeinen Geschäftsbedingungen in Spanien (600). Ferner zu zwingenden Normen des spanischen Rechts, die einer Sonderanknüpfung unterliegen, sog. *leyes de policia*: Pérez Beviá, REDI 1982, S. 99ff.: Disposiciones imperativas y leyes de policía en el convenio de Roma, de 19 de junio de 1980, sobre la ley aplicable a las obligaciones contractuales (102). Auch im deutschen Recht werden Verbraucherschutzvorschriften als dem Ausgleich typischer Ungleichgewichtslagen dienend als international zwingend angesehen: von Hoffmann, IPRax 1989, S. 265ff.: Inländische Sachnormen mit zwingendem internationalem Anwendungsbereich (266); Bülow, EuZW 1993, S. 435ff.: Zum internationalen Anwendungsbereich des deutschen Verbraucherkreditgesetzes (436)

1203 Gúzman Zapater aaO (471)

1204 SSTS de 31 de mayo de 1991, RAJ 3955; de 22 de julio de 1993, RAJ 6449; de 23 de julio de 1993, RAJ 6476; STS de 20 de julio de 1994, RAJ 6518; SAP Madrid (Sección 11.ª) de 21 de enero de 1992, REDI 1992, S. 640ff. mit Anmerkung Rodríguez Benot

1205 Torres Lana, Prorroga de fuero y protección de los consumidores en la reciente jurisprudencia del *Tribunal Supremo*, S. 43ff. (45)

1206 STS de 31 de mayo de 1991, RAJ 3955; de 22 de julio de 1993, RAJ 6449

1207 Torres Lana, Prorroga de fuero y protección de los consumidores en la reciente jurisprudencia del *Tribunal Supremo*, S. 43ff. (54)

vom 23. Juli 1993[1208] ein. Die Gerichtsstandsklausel befand sich auf der Rückseite des Vertrages in abweichender Schrift und kleinerer Größe zwischen einer Vielzahl von schwer verständlichen Klauseln. Der *Tribunal Supremo* gelangte über Art. 3.1 Cc[1209] und Art. 10 LGDCU, der, da Spanien Rechtsstaat und Mitglied der Europäischen Gemeinschaft sei, gemäß diesen Geboten interpretiert werden müsse, zur Unwirksamkeit der Gerichtsstandsklausel. Besonders sei die Richtlinie 93/13 vom 5. April 1993 über mißbräuchliche Klauseln in Verbraucherverträgen[1210] bei dieser Auslegung zu berücksichtigen: Nach Art. 3 der Richtlinie seien dies gerade diejenigen, die nicht individuell ausgehandelt wurden, die vorformuliert wurden und auf die der Verbraucher keinen Einfluß nehmen konnte[1211]. Die Gerichtsstandsklausel war danach nichtig. Diese Entscheidung wurde durch eine weitere Entscheidung vom 20. Juli 1994[1212] bestätigt; der *Tribunal Supremo* verdeutlichte seine Auffassung, daß die Richtlinie 93/13/EWG zur Auslegung heranzuziehen sei, und daß die äußeren Umstände des Vertrages (Schriftgröße, Gerichtsstandsklausel auf der Rückseite, zudem in einem Formularvertrag) Einfluß auf die Gültigkeit derselben nähmen.

ccccc) Europarechtliche Bewertung dieser Rechtsprechung

Die Richtlinie 93/13/EWG über mißbräuchliche Klauseln in Verbraucherverträgen ist in Spanien erst im April 1998 in innerstaatliches Recht transformiert worden. Die Umsetzungsfrist war allerdings gemäß Art. 10 der Richtlinie bereits am 31. Dezember 1994 abgelaufen. Nach der Rechtsprechung des EuGH[1213] sind die mitgliedstaatlichen Gerichte auf der Grundlage von Artt. 5, 189 Abs. 3 EGV verpflichtet, gleich ob eine bestimmte Richtlinie umgesetzt wurde oder nicht, das nationale Recht „im Licht der Richtlinie“ bzw. „richtlinienkonform“ auszulegen,

---

1208 STS de 23 de julio de 1993, RAJ 6476

1209 Art. 3.1 Cc: vgl. Anhang

1210 Amtsblatt der EG Nr. L 95 vom 21. April 1993, S. 29ff.; in Spanien umgesetzt durch Gesetz 7/1998, de 13 de abril, sobre condiciones generales de la contratacíon, BOE, núm. 89, de 14 de abril de 1998

1211 Art. 3 Abs. 1: Solche Vertragsklauseln sind als mißbräuchlich anzusehen, wenn sie entgegen dem Gebot von Treu und Glauben zum Nachteil des Verbrauchers ein erhebliches und ungerechtfertigtes Mißverhältnis der vertraglichen Rechte und Pflichten der Vertragspartner verursachten. Solche Klauseln sind nach Art. 6 Abs. 1 der Richtlinie für den Verbraucher unverbindlich, wobei der Vertrag wirksam bleibt, wenn er ohne die mißbräuchliche Klausel existieren kann.

1212 STS de 20 de julio de 1994, RAJ 6518

1213 grundlegend: EuGH, Urteil vom 10. August 1984, Rs 14/83, von Colson und Kamann/Land Nordrhein-Westfalen, Slg. 1983, S. 1891ff,; ausgeführt vor allem in EuGH, Urteil vom 13. November 1990, Rs C-106/89, Marleasing/Comercial Internacional de Alimentación; Urteil vom 14. Juli 1994, Rs C-91/92, Faccini Dori/Recreb S.r.l., Slg. 1994-I, S. 3325; Urteil vom 7. März 1996, Rs C-192/94, El Corte Inglés, Slg. 1996-I, S. 1281

sog. Marleasing-Rechtsprechung[1214]. Bei nicht umgesetzten Richtlinien ist dies vor allem für das horizontale Verhältnis zwischen Privaten von Bedeutung: Eine unmittelbare Wirkung der Richtlinie ist zwar nicht zugelassen[1215], die Auslegung wie der EuGH sie begreift, kommt aber einer horizontalen Wirkung sehr nahe[1216]. Daher führte die europarechtlich gebotene Auslegung des nationalen spanischen Rechts im Lichte der Richtlinie 93/13/EWG spätestens seit Ablauf der Umsetzungsfrist zur Unzulässigkeit von Gerichtsstandsvereinbarungen in Verbraucherverträgen. Daß die Richtlinie auch im Verhältnis zu Nicht-EU-Staaten anzuwenden ist, folgt aus ihrer Präambel sowie explizit aus Art. 6 Abs. 2 der Richtlinie[1217].

cccc) Rechtslage seit Inkrafttreten des Gesetzes 7/1998

Mittlerweile ist die Richtlinie 93/13/EWG des Rates vom 5. April 1993 über mißbräuchliche Klauseln in Verbraucherverträgen[1218] in Spanien im April 1998 durch Gesetz 7/1998 über Allgemeine Geschäftsbedingungen in Verträgen[1219] in innerstaatliches Recht umgesetzt worden. Gemäß Art. 10 *bis* Abs. 3 LGDCU, der den soeben zitierten Art. 6 Abs. 2 der Richtlinie 93/13/EWG umsetzt, finden die Vorschriften über den Schutz der Verbraucher in Bezug auf mißbräuchliche Klauseln Anwendung, unabhängig davon, welches Recht die Parteien auf den Vertrag für anwendbar erklärt haben, gemäß den Bestimmungen des Art. 5 des römischen

---

1214 EuGH, Urteil vom 13. November 1990, Rs C-106/89, Marleasing/Comercial Internacional de Alimentación, Slg.1990-I, S. 4135

1215 so aber Timpanaro Roncero, Las condiciones generales de la contratación y cláusulas abusivas, S. 289ff. (304f.), der die Auffassung vertritt, die Richtlinie 93/13/EWG sei mit Beginn des 1. Januar 1995 auf alle mit Verbrauchern abgeschlossenen Veträge anzuwenden

1216 Heinrichs, NJW 1995, S. 153ff.: Umsetzung der EG-Richtlinie über mißbräuchliche Klauseln in Verbraucherverträgen durch Auslegung (154f.); Hakenberg, AnwBl. 1997, S. 56ff.: Der europäische zivilrechtliche Verbraucherschutz (57f.); Tätigkeiten des Gerichtshofes und des Gerichts Erster Instanz der Europäischen Gemeinschaften, Woche vom 14. Bis 18. September 1998, Nr. 20/98, S. 48: Der *Juzgado de Primera Instancia de Barcelona* hat eine Frage nach der Auslegung der Richtlinie 93/13/EWG des Rates vom 5. April 1993 über mißbräuchliche Klauseln in Verbraucherverträgen zur Vorabentscheidung nach Art. 177 EGV (jetzt Art. 234 EG) vorgelegt: Hat das aufgrund einer eventuell mißbräuchlichen Gerichtsstandsvereinbarung angerufene Gericht die Befugnis, von Amts wegen die Gültigkeit im Rahmen seiner Zuständigkeitsprüfung zu beurteilen - Wirkungen einer nicht fristgerecht umgesetzten Richtline?

1217 Amtsblatt der EG Nr. L 95 vom 21. April 1993, S. 29ff.

1218 Amtsblatt der EG Nr. L 95 vom 21. April 1993, S. 29ff.

1219 BOE, núm. 89, de 14 de abril de 1998

EWG-Übereinkommens über das auf vertragliche Schuldverhältnisse anzuwendende Recht von 1980[1220].

Durch Gesetz 7/1998 fügte der spanische Gesetzgeber einen Katalog mißbräuchlicher Klauseln als Erste Zusatzbestimmung zur LGDCU an[1221]. Eine solche Klausel ist gemäß Artt. 10 *bis* Abs. 2 LGDCU nichtig. Art. 27 des Kataloges erklärt zur mißbräuchlichen Klausel eine Gerichtsstandsvereinbarung in Allgemeinen Geschäftsbedingungen, die die Zuständigkeit eines Gerichts begründet, das vom Wohnsitz des Verbrauchers, dem Erfüllungsort der Verbindlichkeit oder demjenigen, an dem sich die unbewegliche Sache befindet, verschieden ist. Der Forderung aus der spanischen Lehre nach einer Regelung, die dem Vorbild des EuGVÜ entsprechen möge[1222], ist der spanische Gesetzgeber damit nicht nachgekommen: Da eine Verbrauchersache sich auf Dienstleistungen und den Kauf oder die Lieferung *beweglicher* Sachen bezieht, besteht allerdings in Bezug auf *unbewegliche* Sachen kein Unterschied zum EuGVÜ. Der Erwerb von Immobilien wird nach dem EuGVÜ ohnehin nicht vom Verbrauchergerichtsstand erfaßt. Nach Art. 17 Abs. 3 EuGVÜ ist eine Gerichtsstandsvereinbarung rechtlich wirkungslos, wenn sie gegen Art. 16 Nr. 1 EuGVÜ verstößt.

1220 Spanien ist auch Vertragsstaat des römischen EWG-Übereinkommens über das auf vertragliche Schuldverhältnisse anzuwendende Recht vom 19. Juni 1980 (EVÜ), BOE, núm. 171, de 19 de julio de 1993, S. 21953. Für das Verhältnis zwischen der Richtlinie 93/13/EWG und dem EVÜ: Jayme/Kohler, IPRax 1993, S. 357ff.: Das Internationale Privat- und Verfahrensrecht der EG 1993 - Spannungen zwischen Staatsverträgen und Richtlinien (358f.)

1221 Gil Conde, Revista de Derecho Mercantil 1998, núm. 229, julio-septiembre 1998, S. 1303ff.: Legislación-Reseña de Legislación mercantil (abril a junio de 1998): Das Gesetz 7/1998 verfolgt einen zweifachen Zweck, einmal die Regelung allgemeiner Geschäftsbedingungen, zum zweiten die korrekte Charakterisierung der sogenannten „mißbräuchlichen Klausel", weshalb die Erste Zusatzbestimmung des Gesetzes eine Inkorporierung derselben in das Verbraucherschutzgesetz vornimmt. Diese zweifache Zielsetzung findet ihre Rechtfertigung im Interesse des Gesetzgebers an der Gleichheit der Vertragsschließenden. Ein Ungleichgewicht kann sich unabhängig davon einstellen, wer die Vertragsschließenden sind, auch dann, wenn die eine Vertragspartei nicht als Verbraucher qualifiziert werden kann. Deshalb schützt das zitierte Gesetz die legitimen Interessen der Verbraucher und Benutzer, aber auch die Interessen derjenigen, die mit einer Partei einen Vertrag schließen, die allgemeine Geschäftsbedingungen verwendet. (1312). Diese Motivation des Gesetzgebers findet sich ausdrücklich in den Absätzen 3ff. der Präambel zum Gesetz 7/1998.

1222 Rodríguez Benot, Anmerkung zu SAP Madrid (Sección 11.ª) de 21 de enero de 1992, REDI 1992, S. 640ff. (642); Calvo Caravaca, Comentarios al Convenio de Bruselas ..., Art. 14, RZ 7; Gúzman Zapater, REDI 1987, S. 447ff.: La prorrogación de competencia en los contratos de venta internacional concluidos por consumidores (475)

Im Zusammenhang mit Time-Sharing-Verträgen[1223] erscheint die ausschließliche internationale Zuständigkeit am Belegenheitsort allerdings für den Verbraucher als zweischneidig: In der Sache wäre dem Verbraucher mit einem Wohnsitzgerichtsstand auch hier aus den oben dargestellten Gründen mehr geholfen[1224]. Das Ergebnis deckt sich nach derzeitiger Rechtsprechung mit demjenigen im Anwendungsbereich des EuGVÜ: Dinglich ausgestaltete Time-Sharing-Verträge fallen als dingliche Rechte an unbeweglichen Sachen unmittelbar unter Art. 16 Nr. 1 lit.a EuGVÜ[1225].

Im Gegensatz zum EuGVÜ gestattet Art. 27 Erste Zusatzbestimmung zum LGDCU Gerichtsstandsvereinbarungen am Erfüllungsort der Verbindlichkeit, und solche einschränkungslos, also nicht nur als Erweiterung möglicher internationaler Zuständigkeiten für den Verbraucher, sondern für beide Vertragspartner. Durch eine Gerichtsstandsvereinbarung am Erfüllungsort der Verbindlichkeit

---

1223 Dies gilt nach bisheriger Rechtsprechung der nationalen Gerichte (vgl. aber unten Fn. 1225 zur neueren Rechtsprechung des EuGH) für den Erwerb von Teilzeitnutzungsrechten, wenn das Time-Sharing dinglich oder schuldrechtlich ohne wesentliche Dienstleistungselemente ausgestaltet ist. Hier wird eine ausschließliche internationale Zuständigekit am Belegenheitsort bejaht. Juzgado de Primera Instancia de Fuengirola, Sentencias de 20 de septiembre de 1995 (unveröffentlicht); de 26 de abril de 1996 (unveröffentlicht) unter Hinweis sowohl auf Art. 16 EuGVÜ als auch Art. 22 Abs. 1 LOPJ; Calvo Caravaca, Comentarios al Convenio de Bruselas ..., Art. 16, RZ 14; Übersicht über die spanische Rechtsprechung Schomerus, NJW 1995, S. 359ff.: Time-Sharing-Verträge in Spanien im Lichte der EG-Richtlinie über den Erwerb von Teilnutzungsrechten an Immobilien (360); ders. NJW 1996, S. 3229ff.: Gerichtliche Durchsetzung von Rückzahlungsansprüchen aus Time-Sharing-Verträgen in Spanien (3240f.). Bei schuldrechtlicher Ausgestaltung mit wesentlichen Dienstleistungselementen ist nach spanischer Rechtsprechung der Vertragsgerichtsstand des Art. 22 Abs. 3 LOPJ einschlägig: Schomerus, NJW 1995, S. 359ff.: Time-Sharing-Verträge in Spanien im Lichte der EG-Richtlinie über den Erwerb von Teilnutzungsrechten an Immobilien (360)

1224 Mankowski, EuZW 1996, S. 177ff.: Timesharing und internationale Zuständigkeit am Belegenheitsort (180)

1225 LG Darmstadt zu Art. 16 Nr. 1 lit.a, Alt. 2 EUGVÜ: Urteil vom 23. August 1995, EuZW 1996, S. 191f. (191); Mankowski aaO (178). Set der Entscheidung des EuGH vom 22.4.1999, Rs. C-423/97 – Travel Vac SA/Manuel José Antelm Sanchis, Tätigkeiten des Gerichtshofes und des Gerichts Erster Instanz der Europäischen Gemeinschaften, Woche vom 12. bis 16. April und vom 19. bis 23. April, Nr. 10/99, ist diese Einordnung jedoch in Frage gestellt, da der EuGH anders als der BGH die Dienstleistungen in den Vordergrund stellte, so daß der Time-Sharing-Vertrag nicht als „Vertrag über den Verkauf und die Miete von Immobilien“ im Sinne des Art. 3 Abs. 2 der RL 85/577/EWG anzusehen war. Nach Jayme/Kohler, IPRax 1999, S. 401ff.: Europäisches Kollisionsrecht 1999 – Die Abendstunde der Staatsverträge (403) sollte diese Qualifikation auch die Auslegung des Art. 16 Nr. 1 EuGVÜ beeinflussen; wegen der besonderen Bedeutung der Dienstleistungen sei bei Time-Sharing-Verträgen das Entgelt nicht als „Miete“ zu qualifizieren, vgl. bereits oben, S. 94, Fn. 531.

kann der Verbraucher benachteiligt werden. Denn durch eine ausschließliche Gerichtsstandsvereinbarung könnte der Gerichtsstand am Wohnsitz des Verbrauchers wirksam abbedungen werden, dem in Spanien wohnhaften Verbraucher könnte damit der ihn schützende Wohnsitzgerichtsstand genommen werden. Der Erfüllungsort der Verbindlichkeit kann im Anwendungsbereich von Art. 22 Abs. 4, Alt 1 LOPJ auch bei Verbraucherverträgen über Art. 5 EVÜ gemäß Art. 1171 Abs. 2 Cc im Ausland belegen sein.

Da Art. 27 Erste Zusatzbestimmung zum LGDCU das Feld möglicher mit dem Wohnsitz des Verbrauchers konkurrierender Zuständigkeiten[1226] auf den Gerichtsstand am Erfüllungsort der Verbindlichkeit reduziert, ist die Einführung dieser Bestimmung zum Schutze des Verbrauchers im Ergebnis zu begrüßen.

ee) Eingeschränkt zulässige Zuständigkeitsvereinbarungen

Rügelose Einlassung ist im Anwendungsbereich des EuGVÜ auch in Verbraucher- und Versicherungssachen möglich[1227], einerseits, da der Vorbehalt nach Art. 18 S. 2 EuGVÜ abschließend ist[1228], andererseits nach der *ratio legis*, da auch in diesen Materien -Artt. 12 Nr.1 und 15 Nr. 1 EuGVÜ- die Gerichtsstandsvereinbarung *nach* Entstehung des Rechtsstreits zulässig ist. Auch diesbezügliche Regelungen fehlen in der LOPJ. Am Maßstab der LGDCU dürften sie jedoch zulässig sein[1229]; nach Art. 2 Abs. 3 LGDCU ist lediglich der vorherige Verzicht auf Rechte, die dieses Gesetz den Verbrauchern und Benutzern beim Erwerb und Gebrauch von Sachen oder Dienstleistungen zuerkennt, nichtig.

Das EuGVÜ läßt weiterhin Vereinbarungen zur zusätzlichen Zuständigkeitsbegründung oder Fortschreibung eines ursprünglich gemeinsamen Gerichtsstandes zu[1230]. Diese Möglichkeit eröffnet Art. 22 LOPJ *de lege lata* nicht. Auch die Frage nach der Zulässigkeit solcher Vereinbarungen ist am Maßstab von Art. 10 LGDCU zu bejahen, da eine solche Gerichtsstandsvereinbarung den Verbraucher nicht benachteiligt und kein Ungleichgewicht zwischen den Parteien begründet.

[1226] vgl. hierzu oben, S. 205: Gerichtsstand am Erfüllungsort und am Entstehungsort der Verbindlichkeit, Gerichtsstand der beweglichen Sache

[1227] von Hoffmann, AWD 1973, S. 59ff.: Das EWG-Übereinkommen über die gerichtliche Zuständigkeit und die Vollstreckung gerichtlicher Entscheidungen in Zivil- und Handelssachen (63); Kropholler, Europäisches Zivilprozeßrecht, zu Art. 18, RZ 17

[1228] Kropholler aaO, Art. 18, RZ 17

[1229] so auch Amores Conradi, REDI 1989, S. 113ff.: La nueva estructura ... (147)

[1230] Lüderitz, „Verbraucherschutz“ im internationalen Vertragsrecht - ein Zuständigkeitsproblem, S. 147ff. (153)

Art. 15 Nr. 3 verweist ohnehin auf das Recht der Vertragsstaaten[1231]. So ließ die *Audiencia Provincial de Madrid* [1232] -allerdings vor der Änderung der Rechtsprechung des *Tribunal Supremo* zur Zulässigkeit von Gerichtsstandsvereinbarungen in vorformulierten Verträgen[1233]- eine Gerichtsstandsvereinbarung im Anwendungsbereich von Art. 15 Nr. 3 EuGVÜ zu.

ff) Verbraucherschutz durch Anerkennungsverweigerung

aaa) Art. 28 Abs.1 EuGVÜ

Nach Art. 28 Abs. 1 EuGVÜ wird eine Entscheidung nicht anerkannt, wenn die Vorschriften über die Zuständigkeit in Verbraucher- oder Versicherungssachen verletzt sind. Mit dieser Vorschrift macht das EuGVÜ von dem in Abs. 3 der Vorschrift enthaltenen Grundsatz, daß das um Anerkennung ersuchte Gericht die Zuständigkeit des Erstrichters nicht nachprüfen darf, eine Ausnahme.

bbb) Art. 954 Nr. 3 LEC

Da Art. 22 Abs. 4, Alt. 1 LOPJ nicht zum Kreis der ausschließlichen Zuständigkeiten gehört, bei deren Verletzung die Anerkennung der ausländischen Entscheidung zu verweigern ist[1234], kann Verbraucherschutz durch Anerkennungsverweigerung jedenfalls nicht auf demselben Wege erfolgen wie innerhalb des EuGVÜ. In der spanischen Lehre wird hierzu daher vertreten, daß der Anerkennung vielmehr Art. 954 Nr. 3 LEC -Verstoß gegen den *orden público* wegen Mißachtung der zwingenden Vorschrift Art. 10 LGDCU- entgegengehalten werden kann[1235]. Die Verbraucherschutzvorschriften werden in Spanien als Bestandteil des *orden público* angesehen, da Art. 51 CE dem Verbraucherschutzanliegen Verfassungsrang verleiht[1236].

e) Stellungnahme

Der kompetenzrechtliche Verbraucherschutz durch Art 22 Abs. 4, Alt. 1 LOPJ erreicht nicht dieselbe Qualität, wie sie im EuGVÜ gewährt wird. Denn im Ge-

---

[1231] Kropholler, Europäisches Zivilprozeßrecht, Art. 15, RZ 2

[1232] SAP Madrid de 21 de enero de 1992, REDI 1992-2, S. 639ff. (639f.) mit Anmerkung Rodríguez Benot

[1233] zur Darstellung dieser Rechtsprechung des *Tribunal Supremo* vgl. oben, S. 214f.

[1234] hierzu vgl. oben, S. 31f. und S. 33

[1235] Guzmán Zapater, REDI 1987, S. 447ff.: La prorrogación de competencia en los contratos de venta internacional concluidos por consumidores (472)

[1236] Quiñones i Escàmez, Revista Jurídica de Catalunya, S. 657ff.: Evolución de la admisibilidad de la cláusula atributiva ... (687)

gensatz zu dem geschlossenen System der Artt. 13 bis 15, 17 Abs. 3, 28 Abs. 1 EuGVÜ muß im spanischen Recht auf Vorschriften außerhalb der Regelung der internationalen Zuständigkeit zurückgegriffen werden, um den Verbraucher zu schützen. Auch wird das Verbraucherschutzniveau des EuGVÜ im spanischen Recht für Fälle außerhalb des Anwendungsbereichs des EuGVÜ nicht vollständig erreicht, weil auch vom Wohnsitz des Verbrauchers abweichende Gerichtsstandsvereinbarungen zulässig sind.

14. Gerichtsstand in Versicherungssachen

a) Abweichungen

Bei Ausgestaltung des internationalen Gerichtsstandes in Versicherungssachen diente dem spanischen Gesetzgeber das EuGVÜ offensichtlich nicht als Vorlage. Die internationale Zuständigkeit der spanischen Gerichte in Versicherungssachen ist nach autonomem spanischen Recht begründet, wenn Versicherer und Versicherter ihren Wohnsitz in Spanien haben. Diese Vorschrift wurde erst im letzten Moment in Art. 22 LOPJ aufgenommen[1237]. Ihr Sinn, vor allem für den Schutz der schwächeren Vertragspartei, ist fraglich[1238]. Wie bereits für den Verbrauchergerichtsstand ausgeführt, steht hinter der Regelung im EuGVÜ der soziale Schutzgedanke[1239]. Das hierzu verwandte Instrumentarium soll der Überprüfung der internationalen Zuständigkeit in Versicherungssachen noch einmal vorangestellt werden:

(1) Ein *forum actoris* des Schutzbedürftigen im Wohnsitzstaat[1240],
(2) Gerichtsstände zur Wahl des Schutzbedürftigen -Verbraucherschutz durch *forum shopping*-[1241],
(3) Gerichtsstand für Klagen gegen den Schutzbedürftigen ausschließlich an dessen Wohnsitz -Asymmetrie als Gleichgewichtselement-[1242],
(4) erheblich eingeschränkte Zulässigkeit von Gerichtsstandsvereinbarungen[1243] und

---

1237 Borrás Rodríguez, Los criterios de competencia judicial ..., S. 265ff. (283)
1238 verneinend: Blanco-Morales Limones, El seguro español ..., S. 237
1239 Amtsblatt der EG Nr. C 59 vom 5. März 1979, S. 71ff. (114, RZ 140) - Bericht Schlosser
1240 Iglesias Buhígues/ Desantes Real, Extensiones y límites de la jurisdicción española ..., S. 453ff. (461); Geimer, EuZW 1993, S. 564ff. (565)
1241 Calvo Caravaca, Comentarios al Convenio de Bruselas ..., Art. 14, RZ 9
1242 Calvo Caravaca aaO, Art. 14, RZ 18
1243 Calvo Caravaca aaO, Art. 15, RZ 1

(5) die Nichtbeachtung der Vorschriften des Abschnittes über Verbrauchersachen als Versagungsgrund für die Anerkennung und Vollstreckung[1244].

Im EuGVÜ erfolgte in Versicherungssachen auf Wunsch des Vereinigten Königreichs eine Wiederherstellung des Gleichgewichts, sofern gewerbliche Versicherungen regelmäßig Versicherer potenter Unternehmungen sind (Artt. 12 Nr. 5, 12 a EuGVÜ)[1245]. Ferner eröffnet Art. 9 EuGVÜ dem Versicherten für bestimmte Versicherungsverträge nach seiner Wahl ein *forum delicti commissi*. Im Anwendungsbereich von Art. 10 EuGVÜ bestehen Unterschiede zu Art. 22 Abs. 4 LOPJ nicht, da Art. 10 EuGVÜ auf die nationalen Prozeßrechte verweist.

b) Schutz des Versicherten

Einen Klägergerichtsstand für den Versicherten stellt Art. 22 Abs. 4, Alt. 2 LOPJ nur bereit, wenn dieser zugleich der allgemeine Gerichtsstand des Versicherers ist; darin liegt kein über Art. 22 Abs. 2 LOPJ hinausgehender Schutz[1246]. Da mithin ein *forum actoris* nicht existiert, hat der Versicherte konsequenterweise auch kein Wahlrecht zwischen diesem und dem Beklagtenwohnsitz. Der Versicherte kann nach der oben hergeleiteten[1247] *forum-specialis*-Theorie allerdings nur an seinem Wohnsitz -entweder nach Art. 22 Abs. 2 oder 4 LOPJ- oder an seiner Zweigniederlassung in Spanien verklagt werden. Der Rückgriff auf die besonderen Gerichtsstände des Abs. 3 ist danach gesperrt.

Das Verhältnis zwischen Gerichtsstandsvereinbarungen und dem Gerichtsstand in Versicherungssachen ist nicht geregelt[1248].

Im Bereich der Anerkennung und Vollstreckung ist die Bilateralisierung der Normen über die internationale Zuständigkeit, die mittlerweile vom *Tribunal Supremo* zur Prüfung der Anerkennungszuständigkeit vorgenommen wird[1249], zwar grundsätzlich in der Lage, den Schutzgedanken der internationalen Zustän-

---

1244 de Bra, Verbraucherschutz durch Gerichtsstandsregelungen im deutschen und europäischen Zivilprozeßrecht, S. 131; Amtsblatt der EG Nr. C 59 vom 5. März 1979, S. 1ff. (29) - Bericht Jenard

1245 Amtsblatt der EG Nr. C 59 vom 5. März 1979, S. 71ff. (114, RZ 140) - Bericht Schlosser

1246 Borrás Rodríguez, Los criterios de competencia judicial ..., S. 265ff. (283)

1247 vgl. oben, S. 208f.

1248 Garau Sobrino, Ein internationales Zivilverfahrensrecht für Gesamteuropa, S. 341ff.: Das Beispiel Spanien (351)

1249 hierzu (oben, S. 34ff.; 41ff.) und zur Zuständigkeit des ersten Zivilsenats des Tribunal Supremo für die Anerkennung ausländischer Entscheidungen (oben, S. 29)

digkeiten durchzusetzen; ein solcher Schutz wird jedoch durch Art. 22 Abs. 4, Alt. 2 LOPJ selbst nicht erreicht.

Der Versicherungsgerichtsstand nach Art. 22 Abs. 4 LOPJ ist demnach nicht verbraucherschützend.

aa) Gleichlauf von *forum*, *ius* und Versicherungsaufsicht

Im Anwendungsbereich der LOPJ muß berücksichtigt werden, daß diese nur im Verhältnis zu Staaten Anwendung findet, die keinen freien Dienstleistungsverkehr nach Artt. 59ff. EG-Vertrag kennen. Außerhalb des Anwendungsbereichs dieser Vorschriften kann eine Versicherung in Spanien wirksam nur mit einer in Spanien niedergelassenen Gesellschaft bzw. einer spanischen Zweigniederlassung einer Gesellschaft abgeschlossen werden[1250]. Versicherungsverträge unterliegen der spanischen Versicherungsaufsicht, wenn sich der gemeinsame Sitz von Versicherer und Versichertem in Spanien befindet[1251]. Auf diese Verträge findet gemäß Artt. 107ff. LCS[1252] spanisches Recht Anwendung.

Die internationale Zuständigkeit der spanischen Gerichte ist daher durch Art. 22 Abs. 4, Alt. 2 LOPJ immer eröffnet, wenn der Versicherungsvertrag auch der spanischen Versicherungsaufsicht unterliegt[1253] und wenn dieser Gleichlauf auch im Bereich des materiellen Rechts vorliegt[1254]. Jedoch gereicht dies dem Versicherten nicht zu seinem oben definierten[1255] Schutz Ziffern (2) bis (5), so daß die Vorschrift offensichtlich nicht den Schutz des Versicherten bezweckt.

[1250] Garau Sobrino aaO (351)

[1251] Blanco-Morales Limones, El seguro español ..., S. 236

[1252] González Campos et al., DIP, RZ 145, S. 146: in Artt. 107ff. LCS ist Art. 7 Abs. 1 lit.a) S. 2 und lit. d) Zweite Schadensversicherungsrichtlinie-EWG in das nationale Recht umgesetzt worden = Zweite Richtlinie des Rates vom 22. Juni 1988 (88/357/EWG) für Koordinierung der Rechts- und Verwaltungsvorschriften für die Direktversicherung (mit Ausnahme der Lebensversicherung) und zur Erleichterung der tatsächlichen Ausübung des freien Dienstleistungsverkehrs sowie zur Änderung der Richtlinie 73/239/EWG, Amtsblatt der EG 1988 Nr. L 172/1

[1253] Blanco-Morales Limones, El seguro español ..., S. 205 zum Verhältnis von Versicherungsaufsicht, internationaler Zuständigkeit und anwendbarem Recht: Es könne nicht mit allgemeiner Gültigkeit gesagt werden, daß ein Gleichlauf erforderlich sei; die Rechtsinstitute verfolgten unterschiedliche Ziele, allerdings nicht notwendig inkompatibele, die auch verschiedener Regelungstechniken bedürften.

[1254] Mankowski, VersR 1993, S. 154ff.: Nationale Erweiterungen der Rechtswahl im neuen Internationalen Versicherungsvertragsrecht (155)

[1255] vgl. oben, S. 196

bb) Versichertenschutz durch Art. 22 Abs. 4, 1. Alt. LOPJ

Dennoch ist Art. 22 Abs. 4 LOPJ in der Lage, den Versicherten als schwächere Vertragspartei zu schützen: Ein Versicherungsvertrag kann nämlich zugleich ein Verbrauchervertrag sein[1256]. Dies ergibt die anhand dem Recht der *lex fori* vorzunehmende[1257] Qualifikation der Streitsache:

Amores Conradi[1258] vertritt hierzu die Ansicht, ein Versicherungsvertrag müsse stets als solcher behandelt werden, könne nicht gleichzeitig ein Verbrauchervertrag sein. Dieser Ansicht widerspricht jedoch *Embid Irujo* unter Hinweis auf die Definition des Verbrauchers in Art. 1 Abs. 1 LGDCU als Endverbraucher, so daß eine Differenzierung anhand des Begriffs des Endverbrauchers als sogenannte „Verbraucher-Versicherte[1259]" und „Nicht-Verbraucher-Versicherte[1260]" vorzunehmen sei[1261]. Nach Ansicht von *Caballero Sánchez* fällt der Versicherte auch als Verbraucher im Sinne der Richtlinie 93/13/EWG vom 5. April über mißbräuchliche Klauseln in Verbraucherverträgen in den Schutzbereich der Richtlinie[1262]. Für die Möglichkeit, auch einen Versicherten als Verbraucher zu qualifizieren, spricht auch der weite Begriff der Verbrauchersachen nach spanischem Recht[1263] sowie die Einbeziehung der *usarios*[1264] in den Schutzbereich der LGDCU[1265]. Die Einbeziehung der Nutzer einer Dienstleistung spricht nicht nur dafür, den Versicherungsnehmer als Verbraucher anzusehen, sondern auch für die

---

1256 Blanco-Morales Limones, El seguro español ..., S. 242; Embid Irujo, El consumidor ante el derecho de seguros, S. 242ff. (244f.); Caballero Sánchez, El consumidor de seguros: protección y defensa, S. 129ff.; aA: Amores Conradi, REDI 1989, S. 113ff.: La nueva estructura ... (141, Fn. 85)

1257 Amores Conradi aaO (124); Blanco-Morales Limones, El seguro español ..., S. 236; für das internationale Privatrecht bestimmt Art. 12 Abs. 1 Cc (Übersetzung nach Peuster, Das spanische Zivilgesetzbuch):
Art. 12 Abs. 1 Cc: Die Qualifikation zur Bestimmung der spanischen Kollisionsnormen geschieht immer nach spanischem Recht.

1258 Amores Conradi, REDI 1989, S. 113ff.: La nueva estructura ... (124)

1259 asegurado-consumidor

1260 asegurado-no consumidor

1261 Embid Irujo, El consumidor ante el derecho de seguros, S. 242ff. (244)

1262 Caballero Sánchez, El consumidor de seguros: protección y defensa, S. 130ff.

1263 de Vega Ruíz, La Ley de 24 de noviembre de 1987, S. 1ff.: La protección jurídica del consumidor y la administración de Justicia Procedimientos Judiciales (2); Bercovitz Rodríguez-Cano/ Bercovitz Rodríguez-Cano, Estudios jurídicos sobre protección de los consumidores, S. 29; García Amigo, Revista de Derecho Privado 1985, S. 395ff.: La defensa de los consumidores desde el Derecho privado (407); Embid Irujo, El consumidor ante el derecho de seguros, S. 242ff. (246); aA: Cavanillas Múgica, Responsibilidad Civil y protección de los consumidores, S. 172f.

1264 (Be-)Nutzer

1265 Blanco-Morales Limones, El seguro español ..., S. 242

Einbeziehung des Versicherten oder des Begünstigen in den Kreis der geschützten Verbraucher im Sinne der LGDCU und der LOPJ[1266].

Ein Versicherungsvertrag ist ein Vertrag, der die Erbringung einer Dienstleistung zum Gegenstand hat, und deshalb auch dem Verbrauchervertrag subsumierbar. „Ein Versicherungsvertrag ist" lediglich „im Sinne des EuGVÜ kein Vertrag, der die Erbringung einer ‚Dienstleistung' zum Gegenstand hätte."[1267] Der 3. Abschnitt ist im Anwendungsbereich des EuGVÜ gegenüber dem 4. eine speziellere und damit vorrangige Regelung[1268], wie sich bereits im Aufbau zeigt. Umgekehrt ist der Aufbau von Art. 22 Abs. 4 LOPJ, wo der Verbrauchergerichtsstand vor dem Versicherungsgerichtsstand normiert ist, so daß in der LOPJ die speziellere und damit vorrangige Regelung der Verbrauchergerichtsstand darstellt.

Qualiziert man so den Versicherungsvertrag als Verbrauchervertrag, so wird Schutzbedürftigen in Versicherungsangelegenheiten der durch den Verbrauchergerichtsstand vermittelte Schutz zuteil[1269], auch soweit dieser sich aus Art. 10 LGDCU ergibt. Denn nach Art. 7 LGDCU finden die Vorschriften der LGDCU vorrangig vor den sonstigen Gesetzen in Zivil- und Handelssachen Anwendung, die auf den Sachverhalt ansonsten Anwendung fänden[1270].

Der Versicherungsgerichtsstand des Art. 22 Abs. 4, Alt. 2 LOPJ kommt somit nur zur Anwendung, wenn der Versicherte nicht als Verbraucher im Sinne des spanischen Verbraucherbegriffs anzusehen ist.

[1266] Blanco-Morales Limones, S. 242

[1267] Amtsblatt der EG Nr. C 59 vom 5. März 1979, S. 71ff. (118, RZ 156) - Bericht Schlosser

[1268] Amtsblatt der EG Nr. C 59 aaO (118, RZ 156)

[1269] vgl. zu der Untersuchung, inwieweit dem Verbraucher durch Art. 22 Abs. 4, Alt. 1 LOPJ bzw. Art. 10 LGDCU Schutz zuteil wird, oben, S. 203ff.

[1270] Embid Irujo, El consumidor ante el derecho de seguros, S. 242ff. (250f.)

15. Gerichtsstand der Zweigniederlassung

Zwischen den Regelungen in Art. 5 Nr. 5 EuGVÜ und Art. 22 Abs. 4, Alt. 3 LOPJ bestehen keine Abweichungen, so daß eine Untersuchung des Gerichtsstands der Zweigniederlassung im Rahmen der vorliegenden Arbeit, mit der die Unterschiede zwischen den Gerichtsständen der LOPJ und des EuGVÜ vorgenommen wird, nicht erfolgt.

Der Gerichtsstand der Zweigniederlassung wird als in der spanischen Literatur als adäquat erachtet[1271].

16. Gerichtsstände des Art. 5 Nr. 4, 6 und 7 EuGVÜ

a) Art. 5 Nr. 6 und 7 EuGVÜ

Der spanische Gesetzgeber hat die Gerichtsstände des EuGVÜ nur zum Teil übernommen. Aus Art. 5 EuGVÜ hat er den Gerichtsstand für Adhäsionsverfahren sowie die Gerichtsstände für *trust*-Klagen und für Berge- und Hilfslohn nicht übernommen. Da diese Gerichtsstände in Hinblick auf die Rechtsordnungen des Vereinigten Königreichs und Irlands[1272] bzw. wegen der Befürchtung der britischen Delegation, der seegerichtliche Jurisdiktionsbereich des Vereinigten Königreichs werde unangemessen eingeschränkt[1273], in das EuGVÜ aufgenommen wurden, kann eine Untersuchung dieser beiden Gerichtsstände unterbleiben. Der spanische Gesetzgeber war offensichtlich nicht an einer Erweiterung seines seerechtlichen Jurisdiktionsbereichs interessiert; die Rechtsfigur des *trust* existiert in Spanien nicht.

b) Art. 5 Nr. 4 EuGVÜ

Das spanische Strafverfahrensrecht hingegen kennt das Adhäsionsverfahren in Artt. 100, 111 bis 117 LECrim[1274]. Dennoch unterblieb die Errichtung eines mit dem Gerichtsstand am Wohnsitz des Beklagten und der unerlaubten Handlung

---

1271 Senés Motilla, Justicia 1986, S. 683ff.: Sistema de competencia judicial ... (704)

1272 Amtsblatt der EG Nr. C 59 vom 5. März 1979, S. 71ff. (S. 105, RZ 109 für *trust*); Geimer/Schütze, Internationales Zivilverfahrensrecht, Art.5, RZ 257

1273 Geimer/Schütze, Internationales Zivilverfahrensrecht, Art. 5, RZ 270 für Berge- und Hilfslohn

1274 vgl. hierzu bereits oben, S. 74, Fn. 429

konkurrierenden Gerichtsstandes am Ort der öffentlichen Klage[1275] sowohl in Art. 22 als auch in Art. 23 LOPJ[1276].

Art. 5 Nr. 4 EuGVÜ erlangt dann selbständige Bedeutung, wenn der Strafprozeß als solcher die einzige Anknüpfung für die internationale Zuständigkeit ist, z.B., wenn er am Ort der Ergreifung des Angeklagten stattfindet[1277].

Nach Artt. 14f. LECrim besteht vorrangig das *forum delicti commissi*, hilfsweise die Zuständigkeit der Gerichte des Ortes, an dem das Beweismittel aufgefunden wurde, an dem Ort, an dem der Beschuldigte ergriffen wurde oder an seinem Wohnsitz[1278]. Da Artt. 14f. LECrim die Regelung der örtlichen Zuständigkeit vornimmt, kommt nach obigen Ausführungen[1279] eine analoge Anwendung auf internationale Sachverhalte nicht in Betracht. Für eine Auslegung im Lichte des EuGVÜ gibt der Wortlaut von Art. 22 LOPJ keine Anhaltspunkte. Dem Geschädigten steht allerdings neben dem Gerichtsstand der unerlaubten Handlung, der ja auch eine internationale Zuständigkeit am gewöhnlichen Aufenthalt der Parteien bereitstellt, der Gerichtsstand der belegenen Sache zur Verfügung, also gegebenenfalls des inkriminierten Gegenstandes.

17. Gerichtsstände des Sachzusammenhangs

Im Gegensatz zu Art. 6 EuGVÜ trägt keiner der in der LOPJ formulierten Gerichtsstände dem Gedanken Rechnung, Klagen, zwischen denen ein Zusammenhang besteht, vor demselben Gericht zu ermöglichen[1280]. Ein Gerichtsstand des Sachzusammenhangs war bei Ausarbeitung der LOPJ allerdings beabsichtigt[1281]. Im Entwurf von 1980 stellte Art. 30 Abs. 5 die internationale Zuständigkeit spanischer Gerichte bereit, wenn die Klage mit einem anderen bei einem spanischen Gerichte rechtshängigen Verfahren Konnexität aufwies[1282]. Es wird vermutet, daß die beabsichtigte Reform der spanischen Zivilprozeßordnung dazu beigetragen

---

1275 Geimer/Schütze, Internationales Zivilverfahrensrecht, Art. 5, RZ 208; Kropholler, Europäisches Zivilprozeßrecht, Art. 5, RZ 74

1276 Art. 23 LOPJ regelt die internationale Zuständigkeit der spanischen Gericht in der Strafgerichtsbarkeit und enthält ebenfalls keinen Gerichtsstand des Adhäsionsverfahrens.

1277 Geimer/Schütze aaO, Art. 5, RZ 212

1278 Weigand, Der deutsch-spanische Rechtsverkehr, S. 213

1279 vgl. oben, S. 69ff.

1280 Kropholler, Europäisches Zivilverfahrensrecht, Art. 6, RZ 1

1281 Espinar Vicente, CDIP, S. 146

1282 Congreso de los Diputados I, Legislatura I, Serie A, núm. 129-I, 16-4-80

hat, daß ein *forum connexitatis* im Rahmen der Verabschiedung der LOPJ nicht Gesetz geworden ist[1283].

Das spanische Zivilprozeßrecht kennt örtliche Gerichtsstände des Sachzusammenhangs in Art. 62 Abs. 2[1284] und Art. 63 Nr. 3 LEC[1285] sowie den Gerichtsstand der Widerklage in Art. 63 Nr. 4 LEC[1286].

a) Gerichtsstand der Widerklage

Nach dem Gesetzeswortlaut ist die örtliche Zuständigkeit am Gerichtsstand der Widerklage nicht davon abhängig, daß zwischen beiden Rechtsstreitigkeiten ein bestimmter Sachzusammenhang besteht[1287]. In der spanischen Lehre werden insoweit Bemühungen unternommen, die Widerklagemöglichkeiten bei inkonnexen Sachverhalten einzugrenzen[1288]. Anders stellt das EuGVÜ eine internationale Widerklagezuständigkeit nur für konnexe Widerklagen bereit[1289].

1283 Quiñones y Escámez, El foro de pluralidad ..., S. 84

1284 Art. 62 Abs. 2., 2. Fall LEC: Dem Kläger stehen nach seiner Wahl die Gerichtsstände eines jeden der als Gesamtschuldner verklagten Beklagten zur Verfügung. Der Tribunal Supremo hat in einigen Entscheidungen, die nach Erlaß der LOPJ 1985 ergangen sind, die internationale Zuständigkeit der spanischen Gerichte auf diese Vorschrift gestützt: SSTS de 20 de julio de 1988, RAJ 5996; de 12 de julio de 1986, RAJ 4506; Quiñones y Escámez, El foro de pluralidad ..., 88ff.: Dies erfolgte, obwohl die internationale Zuständigkeit der spanischen Gerichte auch nach Art. 22 LOPJ begründet gewesen wäre-. Nach Neufassung der spanischen Zivilprozeßordnung durch Gesetz 1/2000 (vgl. Fn. 70) nunmehr Art. 53 Abs. 2 LEC n.F.

1285 Art. 63 Nr. 3 LEC: Für Klagen betreffend Gewährleistungsverpflichtungen oder andere Verpflichtungen, die vorangegangene ergänzen, ist das Gericht zuständig, das für die Hauptverpflichtung zuständig wäre oder es bereits ist, auf das diese sich stützen. Nach Neufassung der spanischen Zivilprozeßordnung durch Gesetz 1/2000 (vgl. Fn. 70) nunmehr Art. 52 Abs. 1 Nr. 3 LEC n.F.

1286 Art. 63 Nr. 4 LEC: Für Widerklagen ist das Gericht zuständig, das bereits über die Klage entscheidet. Nach Neufassung der spanischen Zivilprozeßordnung durch Gesetz 1/2000 (vgl. Fn. 70) nunmehr Art. 53 Abs. 1 LEC n.F.; gem. Art. 406 Abs. 1 LEC n.F. und Art. 438 Abs. 1 LEC n.F. muß zwischen Klage und Widerklage Konnexität bestehen.

1287 Michinel Álvarez, REDI 1997-2, S. 47ff.: Sobre la interpretación del articulo 6.3° del Convenio de Bruselas de 27 de septiembre de 1968 (50); anders jetzt gem. Artt. 406 und 438 LEC n.F. seit Inkrafttreten des Zivilprozeßreformgesetzes (vgl. Fn. 70)

1288 de la Oliva/Fernández, Derecho Procesal Civil, S. 105

1289 Art. 6 EuGVÜ: Eine Person, die ihren Wohnsitz in dem Hoheitsgebiet eines Vertragsstaats hat, kann auch verklagt werden:
3. wenn es sich um eine Widerklage handelt, die auf denselben Vertrag oder Sachverhalt wie die Klage selbst gestützt wird, vor dem Gericht, bei dem die Klage selbst anhängig ist; Geimer/Schütze, Internationales Zivilverfahrensrecht, Art. 6, RZ 53

Eine Widerwiderklagemöglichkeit gibt es -wie im EuGVÜ[1290]- nicht[1291].

Die Drittwiderklage ist im spanischen nationalen Prozeßrecht unzulässig, weil die Widerklage sich allein als Rollentausch zwischen den Parteien des Ausgangsrechtsstreits versteht[1292]. Für Art. 6 Nr. 3 EuGVÜ wird ebenfalls die Ansicht vertreten, daß er die parteierweiternde Widerklage nicht betrifft, weil Parteiidentität vorausgesetzt wird[1293].

Eine prozessuale Besonderheit besteht nach Art. 543 LEC[1294]: Die Widerklage kann nur mit der Klageerwiderung vorgelegt werden. Diese Vorschrift dürfte im Anwendungsbereich des EuGVÜ, soweit sie der Begründung einer internationalen Zuständigkeit am Ort der Widerklage entgegensteht, nach der Rechtsprechung des EuGH[1295] überlagert werden.

b) Stellungnahme

Wie bereits ausgeführt, war im Entwurf zur LOPJ 1980 ein *forum connexitatis* vorgesehen. Für den Gerichtsstand der Widerklage besteht nach Auffassung der spanischen Literatur zudem ein Bedürfnis[1296]. Nach der Gesetzeslage sind die spanischen Gerichte jedoch nur international zuständig für die Widerklage, wenn sich die Zuständigkeit nach rügeloser Einlassung des Widerbeklagten ergibt[1297] oder wenn die internationale Zuständigkeit für die Widerklage aus Art. 22 LOPJ

[1290] Gottwald in MüKO, Art. 6, RZ 13

[1291] SSTS de 5 de octubre de 1993, RAJ 7461; de 31 de octubre de 1988, RAJ 7783; de 11 de enero de 1949, RAJ 84; de la Oliva/Fernández aaO, S. 109

[1292] SSTS de 19 de diciembre de 1988, RAJ 9479; de 7 de junio de 1934, RAJ 1100; de 15 de enero de 1953, RAJ 565

[1293] Geimer/Schütze, Internationales Zivilverfahrensrecht, Art. 6, RZ 61; Kropholler, Europäisches Zivilprozeßrecht, Art. 6, RZ 37; Michinel Álvarez, REDI 1997-2, S. 47ff.: Sobre la interpretación del articulo 6.3° del Convenio de Bruselas de 27 de septiembre de 1968, S. 53

[1294] Nach Neufassung der spanischen Zivilprozeßordnung durch Gesetz 1/2000 (vgl. Fn. 70) für das *juicio ordinario* Art. 406 Abs. 1 und 3 LEC n.F.; für das *juicio verbal* bestimmt Art. 438 Abs. 1 LEC n.F., daß die Widerklage bis spätestens fünf Tage vor dem Verhandlungstermin dem Widerbeklagten zugestellt sein muß.

[1295] EuGH, Slg. 1983, 3663 (Duijnstee/Goderbauer)

[1296] Senés Motilla, Justicia 1986, S. 683ff.: Sistema de competencia judicial ... (704); Díaz Ruíz, La Ley 1986-2, S. 1078ff.: Jurisdicción española y contratos de financiación internacional (1089); Espinar Vicente, CDIP, S. 146

[1297] Díaz Ruíz aaO (1089); Espinar Vicente aaO, S. 146

folgt[1298]. Die Einführung des Widerklagegerichtsstandes wäre nicht nur im Interesse des internationalen Rechtsverkehrs an der Vermeidung widersprechender Entscheidungen wünschenswert gewesen[1299], sondern hätte auch dem Ordnungsinteresse internationaler Prozeßökonomie entsprochen[1300].

c) Sonstige Gerichtsstände des Sachzusammenhangs

Dasselbe gilt für den Gerichtsstand des Sachzusammenhangs in Hinblick auf Parteienmehrheit auf Beklagtenseite und den bei Ausarbeitung der LOPJ noch nicht in das EuGVÜ eingeführten dinglichen Gerichtsstand des Sachzusammenhangs. Diese Gerichtsstände dienen zudem einer Verbesserung der Rechtsschutzmöglichkeiten des Klägers[1301].

In der Kommentierung zu einer Entscheidung der *Audiencia Territorial de Málaga*[1302], in der diese im Anwendungsbereich der LOPJ Art. 6 Abs. 4 EuGVÜ analog anwendet, heißt es allerdings: Der spanische Gesetzgeber habe bei Formulierung der autonomen internationalen Gerichtsstände bewußt davon abgesehen, eine Art. 6 Nr. 4 EuGVÜ entsprechende Regelung aufzunehmen. Diese Regelung sei zwar im Sinne der internationalen Entscheidungsharmonie und der Prozeßökonomie sinnvoll, beschneide jedoch den Beklagtenschutz. Eine Analogie komme daher nicht in Betracht[1303].

d) Stellungnahme

Quiñones y Escámez[1304] vertritt die Ansicht, der Gerichtsstand nur eines der Beklagten sei innerhalb eines unilateral formulierten internationalen Zuständigkeitssystems nicht opportun: Er diene nicht der Prozeßökonomie, weil die Anerken-

---

[1298] Geimer/Schütze, Internationales Zivilverfahrensrecht, Art. 6, RZ 54: Dasselbe gilt im Anwendungsbereich von Art. 6 Nr. 3 EuGVÜ, wenn es sich um eine inkonnexe Widerklage handelt.

[1299] so Kropholler, Europäisches Zivilprozeßrecht, Art. 6, RZ 1; für Art. 6 Nr.1 EuGVÜ zuletzt: EuGH, Urt. vom 27.10.1998, Réunion Européenne SA u.a./Spliethoff's Bevrachtingskantoor BV und Capitaine commandant de navire „Alblasgracht V002“, Tätigkeiten des Gerichtshofes und des Gerichts Erster Instanz der Europäischen Gemeinschaften, Woche vom 26. bis 30. Oktober 1998, Nr. 26/98, S. 8ff. (11)

[1300] von Hoffmann, IPRax 1982, 217ff.: Gegenwartsprobleme internationaler Zuständigkeit (220)

[1301] Weigand, RIW 1991, S. 717ff.: Der Beitritt Spaniens und Portugals zum EuGVÜ (719): Art. 6 Nr. 4 EuGVÜ sei als solche Verbesserung begrüßenswert

[1302] REDI 1996-1, S. 294ff. (294)

[1303] Anmerkung Carrillo Pozo zu SAT Málaga de 31 de diciembre de 1994 (298f.)

[1304] Quiñones y Escámez, El foro de pluralidad ..., S. 277ff.

nung nicht gewährleistet sei, anders als im EuGVÜ[1305]. Die Verbindung nur des Wohnsitzes eines Beklagten als Anknüpfungskriterium der internationalen Zuständigkeit stelle ein schwaches Verbindungsmoment dar, das die dort begründete internationale Zuständigkeit faktisch als exorbitant erscheinen lasse[1306]. Auch werde *forum shopping* begünstigt, weil der Kläger sich das -materiell wie prozessual- günstigste Forum aussuchen könne[1307].

Unter Berücksichtigung der Forderung nach effektivem Rechtsschutz für den Kläger[1308] und Schutz für den Beklagten[1309] wird man differenzieren müssen zwischen Zwei- und Dreipersonenprozessen: Wenn eine Partei bereits in einen Auslandsprozeß verwickelt ist, so fällt es leichter, sie auch für zusammenhängende Streitigkeiten an dem dortigen Forum festzuhalten; schwerer rechtfertigt es sich, einem bisher prozeßunbeteiligten Dritten den Gang vor ausländische Gerichte zuzumuten, denn dem Nachteil, sich vor ausländischen Gerichten einlassen zu müssen, steht für ihn kein spürbarer Gewinn an Prozeßökonomie gegenüber[1310].

Für den internationalen Gerichtsstand der Widerklage gilt deshalb, wenn der Widerbeklagte zugleich der Kläger ist[1311], der den Widerkläger am Ort der Widerklage angegriffen hat, daß eine internationale Widerklagezuständigkeit bei den Gerichten der Klage den Beklagtenschutz nicht unzumutbar verkürzt.

e) Gerichtsstand der Gewährleistungs- und Interventionsklage

Das Absehen von der Zuständigkeitsregel des Gerichtsstandes der Gewährleistungs- und Interventionsklage erklärt sich aus den spanischen nationalen Prozeßvorschriften. Denn in Spanien ist die Intervention Dritter in das Verfahren nicht ausdrücklich geregelt[1312]. Dies bedeutet zwar nicht, daß diese Institution nicht bereits in bestimmten Bereichen von der Rechtsprechung oder in zivilrechtlichen Vorschriften für bestimmte Fälle zugelassen würde. Es ist beispielsweise der Fall

---

1305 Quiñones y Escámez aaO, S. 279

1306 Quiñones y Escámez aaO, S. 277; auch der EuGH verlangt im *Kalfelis*-Urteil (EuGHE 1988, 5565, 5583f.), für den Gerichtsstand des Art. 6 Nr. 1 EuGVÜ, daß zwischen den geltend gemachten Ansprüchen ein Zusammenhang bestehen müsse; dieser Zusammenhang müsse für jeden einzelnen Beklagten gesondert festgestellt werden,

1307 Quiñones y Escámez aaO, S. 278

1308 vgl. oben, S. 4f.

1309 vgl. oben, S. 5

1310 von Hoffmann aaO (220)

1311 so auch von Hoffmann aaO (220): Im Zweipersonenverhältnis rechtfertigt ein Sachzusammenhang auch eine Verschiebung der internationalen Zuständigkeit.

1312 Amtsblatt der EG Nr. C 189 vom 28. Juli 1990, S. 35ff. (44, RZ 22) - Bericht Almeida Cruz/Desantes Real/Jenard

bei Art. 124 Abs. 3 des Gesetzes Nr. 11 vom 20. März 1986 über die Patente oder bei Art. 1482 Cc[1313] über die Eviktion. Die letztgenannte Vorschrift scheint sich generell in den Fällen erzwungener oder provozierter Intervention zu eignen[1314].

Die Gewährleistungs- und Interventionsklage ist auch dem deutschen Recht fremd; statt dessen arbeitet es mit der Figur der Streitverkündung[1315]. Deshalb wurde in Art. V des Protokolls ein Vorbehalt des Inhalts vereinbart, daß die Zuständigkeit des Art. 6 Nr. 2 EuGVÜ nicht vor deutschen Gerichten in Anspruch genommen werden darf. Entsprechendes gilt nach Art. V des Protokolls Nr. 1 zum Lugano-Übereinkommen auch für Spanien[1316]. Eine Anpassung von Art. V des Protokolls zum EuGVÜ an das 3. Beitrittsübereinkommen unterblieb, weil das spanische Prozeßrecht die aufgezeigte Problemlösung zur Verfügung stellt. Eine inhaltliche Abweichung vom Lugano-Übereinkommen ist damit indes nicht beabsichtigt[1317]. Die in Art. V des Protokolls Nr. 1 zum Lugano -Übereinkommen enthaltene Vorschrift will man daher künftig auf Spanien analog anwenden[1318].

In der spanischen autonomen internationalen Zuständigkeitsordnung wäre die Einführung eines entsprechenden Gerichtsstandes systemfremd gewesen.

1313 Art. 1482 Abs. 1 Cc (Übersetzung nach Peuster, Das spanische Zivilgesetzbuch):
Der verklagte Käufer beantragt innerhalb einer Frist, die die Zivilprozeßordnung für die Erwiderung auf die Klage vorschreibt, daß diese dem oder den Käufern in kürzestmöglicher Frist mitgeteilt wird.

1314 Bericht Almeida Cruz/Desantes Real/Jenard aaO (44, RZ 22)

1315 Kropholler, Europäisches Zivilprozeßrecht, Art. 6, RZ 16

1316 Kropholler aaO; Bericht Almeida Cruz/Desantes Real/Jenard aaO (44, RZ 22)

1317 Trunk, Die Erweiterung des EuGVÜ-Systems am Vorabend des Europäischen Binnenmarktes, S. 103

1318 Geimer/Schütze, Art. 6, RZ 36

C) Portugiesische Novelle

Da sowohl die spanische Neuregelung der internationalen Zuständigkeit in der LOPJ 1985 als auch die englische Novelle im *Civil Jurisdiction and Judgements Act 1982* wie auch die italienische Reform im Gesetz Nr. 218 aus 1995 deutlich durch die Regelungen des Brüsseler Übereinkommens über die internationale Zuständigkeit und die Anerkennung und Vollstreckung von Entscheidungen in Zivil- und Handelssachen beeinflußt worden sind, soll im Anschluß an die Untersuchung der spanischen Novelle eine kurze Betrachtung der Neuregelung der internationalen Zuständigkeit im portugiesischen Recht durch Gesetz vom Dezember 1995 erfolgen:

1. Harmonisierungsbemühungen

Im Gegensatz zu den vorgenannten Novellen ist die portugiesische Neuregelung des autonomen internationalen Zuständigkeitsrechts durch Dekret-Gesetz Nr. 329-A/95 vom 12. Dezember 1995 außer im Bereich der ausschließlichen Zuständigkeiten[1319] nicht am Vorbild EuGVÜ ausgerichtet und verfolgt insoweit keine Harmonisierungsbemühungen[1320].

a) Die Regelungen über die internationale Zuständigkeit

Die internationale Zuständigkeit der portugiesischen Gerichte bestimmt sich nach Art. 65 Abs. 1 ZPGB[1321]:

> Die internationale Zuständigkeit der portugiesischen Gerichte hängt vom Vorliegen eines der folgenden Umstände ab:
>
> a) der Beklagte, oder einer der Beklagten, hat den Wohnsitz in portugiesischem Gebiet, es sei denn, es handelt sich um Klagen betreffend dingliche oder persönliche Rechte an unbeweglichen Sachen, die im Ausland belegen sind;
> b) die Klage soll in Portugal nach den vom portugiesischen Gesetz aufgestellten Regeln über die örtliche Zuständigkeit erhoben werden;
> c) die Tatsache, die als Klagegrund dient, oder eine der Tatsachen, die zu diesem gehören, hat sich auf portugiesischem Gebiet ereignet;

[1319] Teixeira de Sousa, IPRax 1997, S. 352ff.: Die neue internationale Zuständigkeitsregelung im portugiesischen Zivilprozeßgesetzbuch ... (356f.)

[1320] Teixeira de Sousa aaO (352)

[1321] Übersetzung nach Teixeira de Sousa aaO (353)

d) das behauptete Recht kann sich außer durch eine in portugiesischem Gebiet erhobene Klage nicht verwirklichen, oder die Erhebung der Klage im Ausland ist dem Kläger nicht zumutbar, sofern zwischen dem Streitgegenstand und der nationalen Rechtsordnung ein persönliches oder dingliches schwerwiegendes Anknüpfungsmoment vorliegt.

Art. 65-A ZPBG regelt die ausschließliche internationale Zuständigkeit der portugiesischen Gerichte[1322]:

Die Zuständigkeit der portugiesischen Gerichte ist ausschließlich:

a) im Falle von Klagen, die dingliche oder persönliche Rechte an in portugiesischem Gebiet belegenen unbeweglichen Sachen betreffen;
b) für die besonderen Vergleichs- und Konkursverfahren bezüglich in Portugal ansässiger Personen oder juristischer Personen oder Gesellschaften, deren Sitz in portugiesischem Gebiet liegt;
c) für Klagen bezüglich der Beurteilung der Gültigkeit eines Gesellschaftsvertrages oder der Auflösung von juristischen Personen oder Gesellschaften, die ihren Sitz in portugiesischem Gebiet haben, sowie für solche Klagen, die die Beurteilung der Gültigkeit der Beschlüsse der entsprechenden Organe betreffen;
d) für die Klagen, deren Hauptgegenstand die Gültigkeit von Eintragungen in öffentlichen Registern über irgendwelche Rechte betrifft, die in Portugal einzutragen sind.

b) Wichtigste Änderungen zur vormaligen Rechtslage

Die Reform des portugiesischen Zuständigkeitsrechts fiel zeitlich etwa mit der unmittelbar zuvor erfolgten Ratifizierung des EuGVÜ zusammen[1323]. Die wichtigsten Änderungen sind die folgenden[1324]:

- Aus dem Katalog der zuständigkeitsbegründenden Anknüpfungsbezüge wurde das Gegenseitigkeitsmerkmal beseitigt, nach dem der ausländische Beklagte in Portugal verklagt werden konnte, wenn im umgekehrten Fall die Gerichte des

1322 Übersetzung nach Teixeira de Sousa aaO (356); auch hier gilt wie bereits für Art. 22 Abs. 1 LOPJ (vgl. oben, S. 89f.), daß die ausschließliche Zuständigkeit des Art. 16 EuGVÜ der inländischen Regelung vorgeht, ders. aaO (357)

1323 Ferreira Pinto, Die Reform des nationalen Zivilprozeßrechts als Angleichung: Das Beispiel Portugal, S. 369ff. (369)

1324 Teixeira de Sousa aaO (353)

ausländischen Klägers für eine Klage gegen den portugiesischen Beklagten zuständig wären[1325] (Art. 65 Abs. 1 lit.c ZPGB a.F.).

- In jenem Katalog wurde das Beklagtenwohnsitzmerkmal als neues Zuständigkeitsmerkmal eingeführt (Art 65 Abs. 1 lit.a ZPGB[1326]. Der allgemeine Wohnsitzgerichtsstand des Beklagten hatte zuvor im internationalen portugiesischen Zuständigkeitsrecht keine Bedeutung[1327].
- Die Aufenthaltszuständigkeit des portugiesischen Klägers, die sich in Art. 65 Abs. 2 ZPGB a.F. befand, wurde aufgehoben.

Die Neuregelung hat daher sicherlich nicht zufällig[1328] zu einer Beseitigung der vormals in Art. 3 Abs. 2 EuGVÜ aufgenommenen exorbitanten Gerichtsstände geführt[1329]. Des weiteren erfährt der Gerichtsstand der Streitgenossenschaft eine gewisse Öffnung, indem die internationale Zuständigkeit der portugiesischen Gerichte begründet wird, wenn auch nur einer der Beklagten seinen Wohnsitz in Portugal hat[1330]. Art. 65 Abs. 1 lit.c ZPGB läßt die Beziehung des Klagegrundes zu portugiesischem Territorium als Erscheinungsform des Sachnäheprinzips[1331] genügen. Art. 65 Abs. 1 lit.d ZPGB begründet eine dem EuGVÜ unbekannte Notzuständigkeit der portugiesischen Gerichte. Prorogierende wie derogierende Gerichtsstandsvereinbarungen sind nach Art. 99 ZPGB zulässig, es gilt Schriftformerfordernis[1332]. Die rügelose Einlassung ist unzulässig, weil die internationale Zuständigkeit von Amts wegen zu prüfen ist und ihr Fehlen gemäß Art. 102 Abs. 2 ZPGB nicht durch rügelose Einlassung überwunden werden kann[1333].

c) Doppelfunktionalität der örtlichen Gerichtsstände

Die gesetzliche Neuregelung wird durch die örtlichen Gerichtsstände ergänzt: Nach dem Grundsatz der Doppelfunktionalität der örtlichen Zuständigkeitsnor-

---

[1325] bei Teixeira de Sousa aaO (353) heißt es allerdings: ... wenn im umgekehrten Fall die Gerichte des ausländischen Beklagten für eine Klage gegen den portugiesischen Kläger zuständig wären ..., ein offensichtliches Versehen

[1326] dies besonders hervorhebend auch: Ferreira Pinto aaO (377)

[1327] Ferreira Pinto aaO (373)

[1328] Teixeira de Sousa aaO (353)

[1329] Art. 3 Abs. 2, 10. Spiegelstrich EuGVÜ: in Portugal: Artt. 65 Abs. 1 lit.c, 65 Abs. 2 und 65a lit.c sowie Art. 11 der Arbeitsprozeßordnung; Ferreira Pinto aaO (374): Art. 65-A lit.c a.F. begründete die ausschließliche Zuständigkeit für Klagen, die Arbeitsverhältnisse betrafen

[1330] Ferreira Pinto aaO (377)

[1331] Teixeira de Sousa aaO (353)

[1332] Ferreira Pinto aaO (378)

[1333] Teixeira de Sousa aaO (353)

men indiziert die örtliche die internationale Zuständigkeit[1334]. Artt. 65 und 65-A ZPGB sind mithin nicht abschließend[1335]. Die Verweisung in Art. 65 lit.b ZPGB bedeutet daher nur eine Verweisung auf die Ausschließlichkeit der Gerichtsstände des Art. 65-A ZPGB. Dies ergibt sich einerseits aus dem Wortlaut der Vorschrift: Die Klage soll nach den -durch die Reform nicht geänderten[1336]- Vorschriften über die örtliche Zuständigkeit (Artt. 73 - 89 ZPGB) in Portugal erhoben werden, andererseits, weil die Vorschrift ansonsten wegen des ohnehin geltenden Grundsatzes der Doppelfunktionalität überflüssig wäre[1337].

2. Stellungnahme

Diese offensichtliche Teilreform bestätigt die eingangs aus der portugiesischen Literatur übernommene These, daß die Reform keinerlei Harmonisierungsbemühungen verfolgte. Die in der portugiesischen Literatur erhobene Forderung, die Reform des internationalen Zivilprozeßrechts in Portugal möge eine Angleichung an internationale Regelungsstandards bringen, spiegelt -anders als durch die spanische, italienische und englische Neuregelung geschehen- eher einen Wunsch als die gegenwärtige portugiesische Rechtswirklichkeit wider[1338].

1334 Teixeira de Sousa aaO (352)
1335 Teixeira de Sousa aaO (353)
1336 Teixeira de Sousa aaO (352): neu eingeführt wurden lediglich Artt. 65 und 65-A
1337 Teixeira de Sousa aaO (354)
1338 Ferreira Pinto aaO (369)

Schlußbetrachtung

Die Novellierung der internationalen Zuständigkeit der spanischen Gerichte in Zivilsachen erfolgte durch das spanische Gerichtsverfassungsgesetz vom 1. Juli 1985, die *Ley Orgánica del Poder Judicial* (LOPJ). Sie bedeutete das Ende des Justizimperialismus in Spanien. Die Neuregelung orientierte sich wegen ihrer Modernität und Liberalität an den Gerichtsständen des Europäischen Übereinkommens über die internationale Zuständigkeit und die Anerkennung und Vollstreckung gerichtlicher Entscheidungen in Zivil- und Handelssachen -in der Fassung des 2. Beitrittsübereinkommens- (EuGVÜ).

Der spanische Gesetzgeber hat jedoch keine „perfekte Kopie" des EuGVÜ geschaffen, sondern ist mehrfach von diesem Vorbild abgewichen. So sieht beispielsweise Art. 22 Abs. 3, Alt. 7 LOPJ neben dem Gerichtsstand am Erfüllungsort der vertraglichen Verbindlichkeit auch die internationale Zuständigkeit der spanischen Gerichte am Ort des Vertragsschlusses vor. Über das EuGVÜ hinausgehend bestimmt Art. 22 Abs. 3, Alt. 9 LOPJ einen internationalen Gerichtsstand am Belegenheitsort der beweglichen Sache. Hinter dem EuGVÜ zurückbleibend regelt die LOPJ keine Gerichtsstände des Sachzusammenhangs.

Zur Erleichterung des freien Entscheidungsverkehrs sind die in der LOPJ normierten Gerichtsstände dennoch geeignet, denn sie erreichen das zunächst wichtigste Ziel, den Jurisdiktionsbereich der spanischen Gerichte zu begrenzen. Sie werden auch den eingangs dargestellten Anforderungen an Regelungen der internationalen Zuständigkeit gerecht, namentlich Beklagtenschutz und Sachnähe, der internationalen Durchsetzbarkeit der im Erkenntnisverfahren erstrittenen Entscheidung, der Einhaltung verfassungsrechtlicher Vorgaben und der internationalen Zuständigkeitsharmonie. Nach Analyse der Rechtsprechung des *Tribunal Supremo* zeigt sich jedoch, daß das oberste spanische Zivilgericht die vom Gesetzgeber geschaffenen Möglichkeiten zur Förderung eines freien Entscheidungsverkehrs in Kernbereichen derzeit noch unnötig restriktiv auslegt, so etwa bei der *derogatio fori*. Die Rechtsprechung der Untergerichte belegt jedoch schon heute, daß eine den Bedürfnissen des internationalen Rechtsverkehrs entsprechende Interpretation der Gerichtsstände der LOPJ *de lege lata* möglich ist. Öffnungsbestrebungen können vor allem in der spanischen Lehre festgestellt werden.

Restriktiv handhabt das oberste spanische Zivilgericht allerdings nicht nur die Auslegung der Vorschriften über die internationale Zuständigkeit, sondern auch die Interpretation der nationalen Normen innerhalb des Anwendungsbereiches des

EuGVÜ. So erschwerte die obergerichtliche Spruchpraxis einer ausländischen Partei die Geltendmachung der internationalen Unzuständigkeit spanischer Gerichte, indem sie die Wirksamkeit der Rüge der internationalen Unzuständigkeit unnötig von formalen Voraussetzungen abhängig machte. Auch zu dieser Thematik zeugen die neuere Rechtsprechung der Untergerichte und die Veröffentlichungen der spanischen Lehre von der zunehmenden Akzeptanz der Rechtsprechung des Europäischen Gerichtshofes. Hier hat der spanische Gesetzgeber durch Schaffung von Rechtsklarheit mit der Zivilprozeßreform aus dem Jahre 2000 einen Beitrag zur Erleichterung der internationalen Rechtsverfolgung geleistet.

In anderen Bereichen zeigt die Untersuchung der spanischen Rechtsprechung die Einflüsse der Novelle auf das spanische internationale Zivilprozeßrecht. Beispiele sind die Entwicklung des „Spiegelbildprinzips" im spanischen Anerkennungsrecht, die prozessuale Behandlung der internationalen Zuständigkeit und die Anerkennung der internationalen Rechtshängigkeit.

Auch wenn der durch die internationalen Gerichtsstände vermittelte kompetenzrechtliche Schutz zum Teil erst durch den Rückgriff auf Normen außerhalb der LOPJ erreicht werden kann, fügen sich die internationalen Gerichtsstände der LOPJ insgesamt betrachtet harmonisch in die spanische Rechtsordnung ein. Zugleich erfüllen sie auch im internationalen Bereich die Anforderungen an eine zeitgenössische Regelung der internationalen Zuständigkeit in Zivilsachen.

Anhang 1: Gegenüberstellung LOPJ - EuGVÜ

LOPJ	EuGVÜ i. d. F. des 2. Beitrittsübereinkommens vom 25. Oktober 1982
Art. 22 Abs. 1	**Art. 16**
In der Zivilgerichtsbarkeit sind die spanischen Gerichte zuständig:	Ohne Rücksicht auf den Wohnsitz sind ausschließlich zuständig:
1.° Ausschließlich für Klagen, welche dingliche Rechte sowie die Miete und Pacht von in Spanien belegenen unbeweglichen Sachen betreffen;	1. für Klagen, die dingliche Rechte an unbeweglichen Sachen sowie die Miete oder Pacht von unbeweglichen Sachen zum Gegenstand haben, die Gerichte des Vertragsstaates, in dem die unbewegliche Sache belegen ist;
- für Klagen, welche die Gründung, Gültigkeit, Nichtigkeit oder Auflösung von Gesellschaften oder juristischen Personen, die ihren Sitz in Spanien haben, zum Gegenstand haben, ebenso wie für die Beschlüsse ihrer Organe;	2. für Klagen, welche die Gültigkeit, Nichtigkeit oder die Auflösung einer Gesellschaft oder juristischen Person oder der Beschlüsse ihrer Organe zum Gegenstand haben, die Gerichte des Vertragsstaates, in dessen Hoheitsgebiet die Gesellschaft oder juristische Person ihren Sitz hat;
- für Klagen, welche die Gültigkeit oder Nichtigkeit von Eintragungen in ein spanisches Register zum Gegenstand haben;	3. für Klagen, welche die Gültigkeit von Eintragungen in öffentliche Register zum Gegenstand haben, die Gerichte des Vertragsstaates, in dessen Hoheitsgebiet die Register geführt werden;
- für Klagen, welche die Eintragung oder Gültigkeit von Patenten und anderen Rechten, die einer Hinterlegung oder Registrierung bedürfen, zum Gegenstand haben, wenn in Spanien die Hinterlegung oder Registrierung beantragt oder vorgenommen ist;	4. für Klagen, welche die Eintragung oder die Gültigkeit von Patenten, Warenzeichen, Mustern und Modellen sowie ähnlicher Rechte, die einer Hinterlegung oder Registrierung bedürfen, zum Gegenstand haben, die Gerichte des Vertragsstaats, in dessen Hoheitsgebiet die Hinterlegung oder Registrierung beantragt oder

vorgenommen worden ist oder auf Grund eines zwischenstaatlichen Übereinkommens als vorgenommen gilt;

- für Verfahren, welche die Anerkennung und Vollstreckung in Spanien von gerichtlichen Entscheidungen und Schiedssprüchen zum Gegenstand haben, die im Ausland ergangen sind.

5. für Verfahren, welche die Zwangsvollstreckung aus Entscheidungen zum Gegenstand haben, die Gerichte des Vertragsstaats, in dessen Hoheitsgebiet die Zwangsvollstreckung durchgeführt werden soll oder durchgeführt worden ist.

Art. 22 Abs. 2, Alt. 1

2.° Allgemein, wenn sich die Parteien ausdrücklich [... der spanischen Gerichtsbarkeit unterworfen haben]

Art. 17

(1) Haben die Parteien, von denen mindestens eine ihren Wohnsitz in dem Hoheitsgebiet eines Vertragsstaats hat, vereinbart, daß ein Gericht oder die Gerichte eines Vertragsstaats über eine bereits entstandene Rechtsstreitigkeit oder über eine künftige aus einem bestimmten Rechtsverhältnis entspringende Rechtsstreitigkeit entscheiden sollen, so sind dieses Gericht oder die Gerichte dieses Staates ausschließlich zuständig. Eine solche Gerichtsstandsvereinbarung muß schriftlich oder mündlich mit schriftlicher Bestätigung oder im internationalen Handelsverkehr in einer Form geschlossen werden, die den internationalen Handelsbräuchen entspricht, die den Parteien bekannt sind oder die als ihnen bekannt angesehen werden müssen. Wenn eine solche Vereinbarung von Parteien geschlossen wurde, die beide ihren Wohnsitz nicht im Hoheitsgebiet eines Vertragsstaats haben, so können die Gerichte der anderen Vertragsstaaten nicht entscheiden, es sei denn, das vereinbarte Ge-

richt oder die vereinbarten Gerichte haben sich rechtskräftig für unzuständig erklärt.

(2) [...]

(3) Gerichtsstandsvereinbarungen und entsprechende Bestimmungen in *trust*-Bedingungen haben keine rechtliche Wirkung, wenn sie den Vorschriften der Artikel 12 oder 15 zuwiderlaufen oder wenn die Gerichte, deren Zuständigkeit abbedungen wird, auf Grund des Artikels 16 ausschließlich zuständig sind.

(4) Ist eine Gerichtsstandsvereinbarung nur zugunsten einer der Parteien getroffen worden, so behält diese das Recht, jedes andere Gericht anzurufen, das auf Grund dieses Übereinkommens zuständig ist.

Art. 22, Abs. 2, Alt. 2

[...] oder stillschweigend der spanischen Gerichtsbarkeit unterworfen haben, [...]

Art. 18

Sofern das Gericht eines Vertragsstaats nicht bereits nach anderen Vorschriften dieses Übereinkommens zuständig ist, wird es zuständig, wenn sich der Beklagte vor ihm auf das Verfahren einläßt. Dies gilt nicht, wenn der Beklagte sich nur einläßt, um den Mangel der Zuständigkeit geltend zu machen, oder wenn ein anderes Gericht aufgrund des Artikels 16 ausschließlich zuständig ist.

Art. 22 Abs. 2, Alt. 3

[...], sowie wenn der Beklagte seinen Wohnsitz in Spanien hat.

Art. 2

(1) Vorbehaltlich der Vorschriften dieses Übereinkommens sind Personen, die ihren Wohnsitz in dem Hoheitsgebiet eines Vertragsstaats haben, ohne Rücksicht auf ihre Staatsangehörigkeit vor den Gerichten dieses Staates zu verklagen.

(2) [...]

Art. 22 Abs. 3, Alt. 1 bis 5

3.° In Ermangelung der vorangehenden Kriterien [sind die spanischen Gerichte zuständig] für die Abwesenheits- oder Todeserklärung, wenn der Verschollene seinen letzten Wohnsitz in Spanien hatte;

- für die Entmündigung und für Maßnahmen zum Schutz der Person oder von Vermögen Minderjähriger oder Geschäftsunfähiger, wenn diese ihren gewöhnlichen Aufenthalt in Spanien haben;

- für die persönlichen und vermögensrechtlichen Beziehungen zwischen Ehegatten, für Ehenichtigkeits, Ehetrennungs- und Scheidungsklagen, wenn beide Ehegatten im Zeitpunkt der Klageerhebung ihren gewöhnlichen Aufenthalt in Spanien haben oder wenn der Kläger Spanier ist und seinen gewöhnlichen Aufenthalt in Spanien hat, oder wenn beide Ehegatten Spanier sind unabhängig von ihrem Aufenthaltsort, vorausgesetzt, daß sie den Antrag in beiderseitigem Einverständnis stellen oder einer mit der Zustimmung des anderen;

- für die Abstammung eines Kindes und die Beziehungen zwischen Eltern und ichren Kindern, wenn das Kind im Zeitpunkt der Klageerhebung seinen gewöhnlichen Aufenthalt in Spanien hat oder der Kläger Spanier ist oder dort seinen gewöhnlichen Aufenthalt hat;

- für die Begründung einer Adoption, wenn der Adoptierende oder der Adoptierte Spanier ist oder seinen gewöhnlichen Aufenthalt in Spanien hat;

Art. 5

Eine Person, die ihren Wohnsitz in dem Hoheitsgebiet eines Vertragsstaats hat, kann in einem anderen Vertragsstaat verklagt werden:

Art. 22 Abs. 3, Alt. 6

- in Unterhaltssachen, wenn der Unterhaltsgläubiger seinen gewöhnlichen Aufenthalt in Spanien hat;

Art. 5 Nr. 2

2. wenn es sich um eine Unterhaltssache handelt, vor dem Gericht des Ortes, an dem der Unterhaltsberechtigte seinen Wohnsitz oder seinen gewöhnlichen Aufenthalt hat, oder im Falle einer Unterhaltssache, über die im Zusammenhang mit einem Verfahren in Bezug auf den Personenstand zu entscheiden ist, vor dem nach seinem Recht für diese Verfahren zuständigen Gericht, es sei denn, diese Zuständigkeit beruht lediglich auf der Staatsangehörigkeit einer der Parteien.

Art. 22 Abs. 3, Alt. 7

- für vertragliche Verpflichtungen, wenn diese in Spanien entstanden sind oder dort zu erfüllen sind;

Art. 5 Nr. 1

1. wenn ein Vertrag oder Ansprüche aus einem Vertrag den Gegenstand des Verfahrens bilden, vor dem Gericht des Ortes, an dem die Verpflichtung erfüllt worden ist oder zu erfüllen wäre;

Art. 22 Abs. 3, Alt. 8

- im Bereich außervertraglicher Verpflichtungen, wenn die Handlung, von der diese herrührt, in Spanien vorgenommen wurde oder der Verursacher und das Opfer gemeinsamen gewöhnlichen Aufenthalt in Spanien haben;

Art. 5 Nr. 3

3. wenn eine unerlaubte Handlung oder eine Handlung, die einer unerlaubten Handlung gleichgestellt ist, oder wenn Ansprüche aus einer solchen Handlung des Gegenstand des Verfahrens bilden, vor dem Gericht des Ortes, an dem das schädigende Ereignis eingetreten ist.

Art. 22 Abs. 3, Alt. 9

- für Klagen hinsichtlich beweglicher Sachen, wenn diese sich im Zeitpunkt der Klageerhebung in Spanien befinden;

Art. 22 Abs. 3, Alt. 10

- in Nachlaßsachen, wenn der Erblasser seinen letzten Wohnsitz in Spanien hatte oder wenn dort unbewegliches Vermögen des Erblassers belegen ist.

Art. 22 Abs. 4, Alt. 1

4.° Ebenso für Verbrauchersachen, wenn der Käufer seinen Wohnsitz in Spanien hat, wenn es sich um den Kauf beweglicher Sachen auf Teilzahlung handelt oder um ein Darlehen, das zum Kauf derartiger Sachen bestimmt ist;

Art. 13

(1) Für Klagen aus einem Vertrag, den eine Person zu einem Zweck abgeschlossen hat, der nicht der beruflichen oder gewerblichen Tätigkeit dieser Person (Verbraucher) zugerechnet werden kann, bestimmt sich die Zuständigkeit, unbeschadet des Artikels 4 und des Artikels 5 Num-

ferner für jeden anderen Vertrag zur Erbringung einer Dienstleistung oder im Zusammenhang mit beweglichen Sachen, wenn dem Vertragsschluß ein ausdrückliches Angebot oder Werbung in Spanien vorausgegangen sind oder wenn der Verbraucher in Spanien die zum Abschluß des Vertrages notwendigen Rechtshandlungen vorgenommen hat;

mer 5 nach diesem Abschnitt,

1. wenn es sich um den Kauf beweglicher Sachen auf Teilzahlung handelt,

2. wenn es sich um ein in Raten zurückzuzahlendes Darlehen oder um ein anderes Kreditgeschäft handelt, die zur Finanzierung eines Kaufs derartiger Sachen bestimmt sind, oder

3. für andere Verträge, wenn sie die Erbringung einer Dienstleistung oder die Lieferung beweglicher Sachen zum Gegenstand haben, sofern

a) dem Vertragsschluß in dem Staat des Wohnsitzes des Verbrauchers ein ausdrückliches Angebot oder eine Werbung vorausgegangen ist und

b) der Verbraucher in diesem Staat die zum Abschluß des Vertrages erforderlichen Rechtshandlungen vorgenommen hat.

(2) Hat der Vertragspartner des Verbrauchers in dem Hoheitsgebiet eines Vertragsstaats keinen Wohnsitz, besitzt er aber in einem Vertragsstaat eine Zweigniederlassung, Agentur oder sonstige Niederlassung, so wird er für die Streitigkeiten aus ihrem Betrieb so behandelt, wie wenn er seinen Wohnsitz in dem Hoheitsgebiet dieses Staats hätte.

(3) Dieser Abschnitt ist nicht auf Beförderungsverträge anzuwenden.

Art. 14

(1) Die Klage eines Verbrauchers gegen die andere Vertragspartei kann entweder vor den Gerichten des Vertragsstaats erhoben werden, in dessen Hoheitsgebiet diese Vertragspartei ihren Wohnsitz hat, oder vor den Gerichten des Vertragsstaats, in dessen Hoheitsgebiet der Verbraucher seinen Wohnsitz hat

(2) Die Klage der anderen Vertragspartei gegen den Verbraucher kann nur vor den Gerichten des Vertragsstaats erhoben werden, in dessen Hoheitsgebiet der Verbraucher seinen Wohnsitz hat.

(3) Diese Vorschriften lassen das Recht unberührt, eine Widerklage vor dem Gericht zu erheben, bei dem die Klage selbst gemäß den Bestimmungen dieses Abschnitts anhängig ist.

Art. 15

(1) Von den Vorschriften dieses Abschnitts kann im Wege der Vereinbarung nur abgewichen werden:

1. wenn die Vereinbarung nach der Entstehung der Streitigkeit getroffen wird oder

2. wenn sie dem Verbraucher die Befugnis einräumt, andere als die in diesem Abschnitt angeführten Gerichte

anzurufen, oder

3. wenn die zwischen einem Verbraucher und seinem Vertragspartner getroffen ist, die zum Zeitpunkt des Vertragsabschlusses ihren Wohnsitz oder gewöhnlichen Aufenthalt in demselben Vertragsstaat haben, und die Zuständigkeit der Gerichte dieses Staates begründet, es sein denn, daß eine solche Vereinbarung nach dem Recht dieses Staates nicht zulässig ist.

Art. 22 Abs. 4, Alt. 2

- für Versicherungssachen, wenn Versicherter und Versicherer ihren Wohnsitz in Spanien haben;

Art. 7

Für Klagen in Versicherungssachen bestimmt sich die Zuständigkeit vorbehaltlich des Artikels 4 und des Artikels 5 Nr. 5 nach diesem Abschnitt.

Art. 8

(1) Der Versicherer, der seinen Wohnsitz in dem Hoheitsgebiet eines Vertragsstaats hat, kann verklagt werden:

1. vor den Gerichten des Staates, in dem er seinen Wohnsitz hat;

2. in einem anderen Vertragsstaat vor dem Gericht des Bezirks, in dem der Versicherungsnehmer seinen Wohnsitz hat, oder

3. falls es sich um einen Mitversicherer handelt, vor dem Gericht des Vertragsstaats, bei dem der federführende Versicherer verklagt wird.

(2) Hat ein Versicherer in dem Hoheitsgebiet eines Vertragsstaats keinen Wohnsitz, besitzt er aber in einem Vertragsstaat eine Zweigniederlassung, Agentur oder sonstige Niederlassung, so wird er für Streitigkeiten aus ihrem Betrieb so behandelt, wie wenn er seinen Wohnsitz in dem Hoheitsgebiet dieses Staates hätte.

Art. 9

Bei der Haftpflichtversicherung oder bei der Versicherung von unbeweglichen Sachen kann der Versicherer außerdem vor dem Gericht des Ortes, an dem das schädigende Ereignis eingetreten ist, verklagt werden. Das gleiche gilt, wenn sowohl bewegliche als auch unbewegliche Sachen in ein und demselben Versicherungsvertrag versichert und von demselben Schadensfall betroffen sind.

Art. 10

(1) Bei der Haftpflichtversicherung kann der Versicherer auch vor das Gericht, bei dem die Klage des Geschädigten gegen den Versicherten anhängig ist, geladen werden, sofern dies nach dem Recht des angerufenen Gerichts zulässig ist.

(2) Auf eine Klage, die der Verletzte unmittelbar gegen den Versicherer erhebt, sind die Artikel 7 bis 9 anzuwenden, sofern eine solche unmittelbare Klage zulässig ist.

(3) Sieht das für die unmittelbare

Klage maßgebliche Recht die Streitverkündung gegen den Versicherungsnehmer oder den Versicherten vor, so ist dasselbe Gericht auch für diese Person zuständig.

Art. 11

(1) Vorbehaltlich der Bestimmungen des Artikels 10 Absatz 3 kann der Versicherer nur vor den Gerichten des Vertragsstaats klagen, in dessen Hoheitsgebiet der Beklagte seinen Wohnsitz hat, ohne Rücksicht darauf, ob dieser Versicherungsnehmer, Versicherter oder Begünstigter ist.

(2) Die Vorschriften dieses Abschnitts lassen das Recht unberührt, eine Widerklage vor dem Gericht zu erheben, bei dem die Klage selbst gemäß den Bestimmungen dieses Abschnitts anhängig ist.

Art. 12

Von den Vorschriften dieses Abschnitts kann im Wege der Vereinbarung nur abgewichen werden:

1. wenn die Vereinbarung nach der Entstehung der Streitigkeit getroffen wird oder

2. wenn sie dem Versicherungsnehmer, Versicherten oder Begünstigten die Befugnis einräumt, andere als die in diesem Abschnitt angeführten Gerichte anzurufen, oder

3. wenn sie zwischen einem

Versicherungsnehmer und einem Versicherer, die zum Zeitpunkt des Vertragsschlusses ihren Wohnsitz oder gewöhnlichen Aufenthalt in demselben Vertragsstaat haben, getroffen ist, um die Zuständigkeit der Gerichte dieses Staates auch für den Fall zu begründen, daß das schädigende Ereignis im Ausland eingetreten ist, es sei denn, daß eine solche Vereinbarung nach dem Recht dieses Staates nicht zulässig ist, oder

4. wenn sie von einem Versicherungsnehmer abgeschlossen ist, der seinen Wohnsitz nicht in einem Vertragsstaat hat, ausgenommen soweit sie eine Versicherung, zu deren Abschluß eine gesetzliche Verpflichtung besteht, oder die Versicherung von unbeweglichen Sachen in einem Vertragsstaat betrifft, oder

5. wenn sie einen Versicherungsvertrag betrifft, soweit dieser eines oder mehrere der in Artikel 12a aufgeführten Risiken deckt.

Art. 12a

Die in Artikel 12 Nummer 5 erwähnten Risiken sind die folgenden:

1. sämtliche Schäden

a) an Seeschiffen, Anlagen vor der Küste und auf hoher See oder Luftfahrzeugen aus Gefahren, die mit ihrer Verwendung zu gewerblichen Zwecken verbunden sind,

b) an Transportgütern, ausgenommen Reisegepäck der Passagiere, wenn diese Güter ausschließlich oder zum Teil mit diesen Schiffen oder Luftfahrzeugen befördert werden;

2. Haftpflicht aller Art, mit Ausnahme der Haftung für Personenschäden an Passagieren oder Schäden an deren Reisegepäck,

a) aus der Verwendung oder dem Betrieb von Seeschiffen, Anlagen oder Luftfahrzeugen gemäß Nummer 1 Buchstabe a), es sei denn, daß nach den Rechtsvorschriften des Vertragsstaats, in dem das Luftfahrzeug eingetragen ist, Gerichtsstandsvereinbarungen für die Versicherung solcher Risiken untersagt sind,

b) für Schäden, die durch Transportgüter während einer Beförderung im Sinne der Nummer 1 Buchstabe b) verursacht werden;

3. finanzielle Verluste im Zusammenhang mit der Verwendung oder dem Betrieb von Seeschiffen, Anlagen oder Luftfahrzeugen gemäß Nummer 1 Buchstabe a), insbesondere Fracht- oder Charterverlust;

4. irgendein zusätzliches Risiko, das mit einem der unter Nummern 1 bis 3 genannten Risiken in Zusammenhang steht.

Art. 22 Abs. 4, Alt. 3

Art. 5 Nr. 5

[Eine Person, die ihren Wohnsitz in dem Hoheitsgebiet eines Vertragsstaats hat, kann in einem anderen Vertragsstaat verklagt werden:]

- wenn es sich um Streitigkeiten aus dem Betrieb einer Zweigniederlassung, Agentur oder sonstigen Niederlassung handelt, wenn diese sich in Spanien befindet.

wenn es sich um Streitigkeiten aus dem Betrieb einer Zweigniederlassung, einer Agentur oder einer sonstigen Niederlassung handelt, vor dem Gericht des Ortes, an dem sich diese befindet.

Art. 22 Abs. 4, a.E.

- Die Zuständigkeit in Konkurssachen wird einem Spezialgesetz vorbehalten.

Art. 1

(1) Dieses Übereinkommen ist in Zivil- und Handelssachen anzuwenden, ohne daß es auf die Art der Gerichtsbarkeit ankommt. Es erfaßt insbesondere nicht Steuer- und Zollsachen sowie verwaltungsrechtliche Angelegenheiten.

(2) Es ist nicht anzuwenden auf:

1. den Personenstand, die Rechts- und Handlungsfähigkeit sowie die gesetzliche Vertretung von natürlichen Personen, die ehelichen Güterstände, das Gebiet des Erbrechts einschließlich des Testamentsrechts;

2. Konkurse, Vergleiche und ähnliche Verfahren;

3. die soziale Sicherheit;

4. die Schiedsgerichtsbarkeit.

Art. 22 Abs. 5

5.° [Die spanischen Gerichte sind zuständig] für den Erlaß einstweiliger Maßnahmen und Sicherungsanordnungen hinsichtlich in Spanien befindlicher Personen und Güter, sofern die einstweiligen Maßnahmen in Spanien erfüllt werden.

Art. 24

Die in dem Recht eines Vertragsstaats vorgesehenen einstweiligen Maßnahmen einschließlich solcher, die auf eine Sicherung gerichtet sind, können bei den Gerichten dieses Staates auch dann beantragt werden, wenn für die Entscheidung in der Hauptsache das Gericht eines anderen Vertragsstaats auf Grund dieses Übereinkommens zuständig ist.

Art. 25

In der Sozialgerichtsbarkeit sind die spanischen Gerichte zuständig:

1.° Für Klagen betreffend die Rechte und Pflichten aus einem Arbeitsvertrag, wenn die Arbeit in Spanien geleistet wurde oder der Vertrag in Spanien geschlossen wurde;

- wenn der Beklagte seinen Wohnsitz in Spanien oder eine Agentur, Zweigniederlassung, Zweigstelle oder eine sonstige Niederlassung in Spanien hat;

- wenn der Arbeitnehmer und der Arbeitgeber die spanische Staatsangehörigkeit besitzen, unabhängig davon, wo sich der Ort der Arbeitsleistung oder des Vertragsschlusses befindet;

Art. 5 Nr. 1

[...], wenn ein individueller Arbeitsvertrag oder Ansprüche aus einem individuellen Arbeitsvertrag den Gegenstand des Verfahrens bilden, vor dem Gericht des Ortes, an dem der Arbeitnehmer gewöhnlich seine Arbeit verrichtet; verrichtet der Arbeitnehmer seine Arbeit gewöhnlich nicht in ein und demselben Staat, so kann der Arbeitnehmer auch vor dem Gericht des Ortes verklagt werden, in dem sich die Niederlassung, die den Arbeitnehmer eingestellt hat, befindet bzw. befand;

- ferner im Fall von Verschiffungsverträgen, wenn dem Vertrag ein Angebot vorangegangen ist, das ein spanischer Arbeitnehmer in Spanien erhalten hat.

2.° Für die Überprüfung der Rechtmäßigkeit von Tarifverträgen, die in Spanien abgeschlossen wurden und für Forderungen aus Tarifstreitigkeiten, die in Spanien herbeigeführt wurden.

3.° Für Forderungen gegenüber spanischen Unternehmen oder solchen, die ihren Sitz, ihre Agentur, Delegation oder jede andere Vernetzung in Spanien haben, nach sozialer Sicherheit.

Art. 5 Nr. 4, 6 und 7 sowie Artt. 6 und 6a EuGVÜ finden in der LOPJ keine Entsprechungen.

Anhang 2: Spanische Gesetze mit Übersetzung

Spanischer Text
Constitución Española
Art. 24 CE

1. Todas las personas tienen derecho a obtener la tutela efectiva de los jueces y tribunales en el ejercicio de sus derechos e intereses legítimos, sin que, en ningún caso, pueda producirse indefensión.

2. Asimismo, todos tienen derecho al Juez ordinario predeterminado por la ley, a la defensa y a la asistencia de letrado, a ser informados de la acusación formulada contra ellos, a un proceso público sin dilaciones indebidas y con todas las garantías, a utilizar los medios de prueba pertinentes para su defensa, a no declarar contra sí mismos, a no confesarse culpables y a la presunción de inocencia. [...]

Übersetzung
Spanische Verfassung
Art. 24 CE

1. Jedermann hat in Ausübung seiner Rechte und berechtigten Interessen das Recht auf effektiven Rechtsschutz vor den spanischen Gerichten, ohne daß ein Fall von Verteidigungslosigkeit eintreten darf.

2. Ebenso hat jedermann das Recht auf den gesetzliche vorbestimmten ordentlichen Richter, auf Verteidigung und Beistand durch einen Rechtsanwalt, auf Benachrichtigung von einer gegen ihn erhobenen Anklage, auf ein öffentliches Verfahren ohne unnötige Verzögerungen und mit allen Garantien, für seine Verteidigung alle zulässigen Beweismittel zu benutzen, sich nicht selbst belasten zu müssen, sich nicht schuldig bekennen zu müssen und auf die Unschuldsvermutung. [...]

Art. 51 CE

1. Los poderes públicos garantizarán la defensa de los consumidores y usarios, protegiendo, mediante procedimientos eficaces, la seguridad, la salud y los legítimos intereses económicos de los mismos.

Art. 51 CE

1. Die öffentlichen Gewalten garantieren die Verteidigung der Verbraucher und Benutzer, indem sie mit effektiven Mitteln die Sicherheit, die Gesundheit und die berechtigten wirtschaftlichen Interessen derselben schützen.

Spanischer Text	**Übersetzung**
2. Los poderes públicos promoverán la información y la educación de los consumidores y usuarios, fomentarán sus organizaciones y oirán a éstas en las cuestiones que puedan afectar a aquéllos, en los términos que la ley establezca. [...]	2. Die öffentlichen Gewalten fördern die Information und die Erziehung der Verbraucher und Benutzer, unterstützen ihre Organisationen und hören diese nach Maßgabe der gesetzlichen Bestimmungen in den sie berührenden Fragen an. [...]
Art. 81 CE	**Art. 81 CE**
1. Son leyes orgánicas las relativas al desarrollo de los derechos fundamentales y de las libertades públicas, las que aprueben los Estatutos de Autonomía y el régimen electoral general y las demás previstas en la Constitución.	1. Leyes Orgánicas sind Gesetze, die die Entwicklung der Grundrechte und bürgerlichen Freiheiten, die Zustimmung zu den Statuten der Autonomien und die Regelung des allgemeinen Wahlrechts zum Gegenstand haben sowie die in diesem Gesetz als solche vorgesehenen.
Art. 96 CE	**Art. 96 CE**
1. Los tratados internacionales válidamente celebrados, una vez publicados oficialmente en España, formarán parte del ordenamiento interno. Sus diposiciones sólo podran ser derogadas, modificadas o suspendidos en la forma prevista en los propios tratados o de acuerdo con las normas generlas del Derecho internacional.	1. Die wirksam geschlossenen internationalen Verträge werden Bestandteil der innerstaatlichen Rechtsordnung, nachdem sie öffentlich bekannt gemacht sind. Die darin enthaltenen Bestimmungen können nur in der in ihnen vorgesehenen Form oder gemäß den Bestimmungen des Völkerrechts aufgehoben, geändert oder suspendiert werden.
Art. 122 CE	**Art. 122 CE**
1. La ley orgánica del poder judicial determinará la constitución, funcionamiento y gobierno de los Juzgados y Tribunales, así como el estatuto jurídico de los Jueces y Magistrados de carrera, que formarán un Cuerpo único, y del personal al servicio de la Administración de Justicia. [...]	1. Die Ley Orgánica del Poder Judicial bestimmt die Verfassung, die Tätigkeit und Organisation der Gerichte, ebenso wie den Rechtsstatus der Berufsrichter, die einen Sonderstatus erhalten, und des der Justizverwaltung dienenden Personals. [...]

Spanischer Text
Ley Orgánica del Poder Judicial
Art. 9.1 LOPJ

- Los Juzgados y Tribunales ejercerán su jurisdicción exclusivamente en aquellos casos en que les venga atribuida por esta u otra Ley.

Art. 21 Abs. 1 LOPJ

- Los Juzgados y Tribunales conocerán de los juicios que se susciten en territorio español entre españoles, entre extranjeros y entre españoles y extranjeros con arreglo a lo establecido en la presente Ley y en los tratados y convenios internacionales en los que España sea parte.

Art. 22 LOPJ[1]

En el orden civil, los Juzgados y Tribunales españoles serán competentes:

Übersetzung
Gerichtsverfassungsgesetz
Art. 9.1 LOPJ

- Die spanischen Gerichte üben ihre Gerichtsbarkeit ausschließlich in den Fällen aus, in denen sie ihnen nach diesem oder einem anderen Gesetz zugewiesen ist.

Art. 21 Abs. 1 LOPJ

- Die spanischen Gerichte entscheiden über Rechtsstreitigkeiten, die sich auf spanischem Territorium zwischen Spaniern, zwischen Ausländern und zwischen Spaniern und Ausländern ergeben nach Maßgabe der Regelungen dieses Gesetzes und der internationalen Verträge und Übereinkommen, in denen Spanien Vertragspartei ist.

Art. 22 LOPJ

In der Zivilgerichtsbarkeit sind die spanischen Gerichte zuständig:

---

[1] Übersetzung Art. 22 Abs. 1, 2, 3, 3. und 4. Alt. sowie Abs. 5 und Art. 25 Abs. 1, 1.-3. Alt. LOPJ, Artt. 951-954 LEC nach Karl, Die Anerkennung von Entscheidungen in Spanien, Anhang, S. 281ff.

Spanischer Text	Übersetzung
1.° Con carácter exclusivo, en materia de derechos reales y arrendamientos de inmuebles que se hallen en España; en materia de constitución, validez, nulidad o disolución de sociedades o personas jurídicas que tengan su domicilio en territorio español, así como respecto de los acuerdos y decisiones de sus órganos; en materia de validez o nulidad de las inscripciones practicadas en un Registro español; en materia de inscripciones o de validez de patente y otros derechos sometidos a depósito o registro cuando se hubiere solicitado o efectuado en España el depósito o registro; en materia de reconocimiento y ejecución en territorio español de resoluciones judiciales y decisiones arbitrales dictadas en el extranjero.	1. Ausschließlich für Klagen, welche dingliche Rechte sowie die Miete und Pacht von in Spanien belegenen unbeweglichen Sachen betreffen; für Klagen, welche die Gründung, Gültigkeit, Nichtigkeit oder Auflösung von Gesellschaften oder juristischen Personen, die ihren Sitz in Spanien haben, zum Gegenstand haben, ebenso wie für die Beschlüsse ihrer Organe; für Klagen, welche die Gültigkeit oder Nichtigkeit von Eintragungen in ein spanisches Register zum Gegenstand haben; für Klagen, welche die Eintragung oder Gültigkeit von Patenten und anderen Rechten, die einer Hinterlegung oder Registrierung bedürfen, zum Gegenstand haben, wenn in Spanien die Hinterlegung oder Registrierung beantragt oder vorgenommen worden ist; für Verfahren, welche die Anerkennung und Vollstreckung in Spanien von gerichtlichen Entscheidungen und Schiedssprüchen zum Gegenstand haben, die im Ausland ergangen sind.
2.° Con carácter general, cuando las partes se hayan sometido expresa o tácitamente a los Juzgados o Tribunales españoles, así como cuando el demandado tenga su domicilio en España.	2. Allgemein, wenn sich die Parteien ausdrücklich oder stillschweigend den spanischen Gerichten unterworfen haben, oder wenn der Beklagte seinen Wohnsitz in Spanien hat.

Spanischer Text

3.° En defecto de los criterios precedentes y [...]; en materia de relaciones personales y patrimoniales entre cónyuges, nulidad matrimonial, separación y divorcio, cuando ambos cónyuges posean residencia habitual en España al tiempo de la demanda o el demandante sea español y tenga su residencia habitual en España, así como cuando ambos cónyuges tengan la nacionalidad española, cualquiera que sea su lugar de residencia, siempre que promuevan su petición de mutuo acuerdo o uno con el consentimiento del otro; en materia de filiación y de relaciones paternofiliales, cuando el hijo tenga su residencia habitual en España al tiempo de la demanda o el demandante sea español o resida habitualmente en España; [...]; en materia de alimentos, cuando el acreedor de los mismos tenga su residencia habitual en territorio español; en materia de obligaciones contractuales, cuando éstas hayan nacido o deban cumplirse en España; en materia de obligaciones extracontractuales, cuando el hecho del que deriven haya occurido en territorio español o el autor del daño y la víctima tengan su residencia habitual común en España; en las acciones relativas a bienes muebles, si éstos se encuentran en territorio español al tiempo de la demanda; [...]

Übersetzung

3. In Ermangelung der voranstehenden Kriterien und [...]; für die persönlichen und vermögensrechtlichen Beziehungen zwischen Ehegatten, für Ehenichtigkeits-, Ehetrennungs- und Scheidungsklagen, wenn beide Ehegatten ihren gewöhnlichen Aufenthalt im Zeitpunkt der Klageerhebung in Spanien haben oder der Kläger Spanier ist und seinen gewöhnlichen Aufenthalt in Spanien hat, oder wenn beide Ehegatten bei beliebigem Aufenthalt Spanier sind, vorausgesetzt, daß sie den Antrag gemeinsam stellen oder einer mit Zustimmung des anderen; in kindschaftsrechtlichen Angelegenheiten, wenn das Kind im Zeitpunkt der Klageerhebung seinen gewöhnlichen Aufenthalt in Spanien hat oder wenn der Kläger Spanier ist oder dort seinen gewöhnlichen Aufenthalt hat; [...]; in Unterhaltssachen, wenn der Unterhaltsgläubiger seinen gewöhnlichen Aufenthalt in Spanien hat; für vertragliche Verpflichtungen, wenn diese in Spanien entstanden sind oder dort zu erfüllen sind; im Bereich außervertraglicher Verpflichtungen, wenn die Handlung, von der diese herrührt, in Spanien vorgenommen wurde oder der Verursacher und das Opfer gemeinsamen gewöhnlichen Aufenthalt in Spanien haben, für Klagen hinsichtlich beweglicher Sachen, wenn diese sich im Zeitpunkt der Klageerhebung in Spanien befinden; [...]

Spanischer Text	Übersetzung
4.° Asimismo, en materia de contratos de consumidores, cuando el comprador tenga su domicilio en España si se trata de una venta a plazos de objetos muebles corporales o de préstamos destinados a financiar su adquisición, y en el caso de cualquier otro contrato de prestación de servicio o relativo a bienes muebles, cuando la celebración del contrato hubiere sido precedida por oferta personal o de publicidad realizada en España o el consumidor hubiera llevado a cabo en territorio español los actos necesarios para la celebración del contrato; en materia de seguros, cuando el asegurado y asegurador tengan su domicilio en España; y en los litigios relativos a la explotación de una sucursal, agencia o establecimiento mercantil, cuando éste se encuentre en territorio español. [...]	4. ebenso für Verbrauchersachen, wenn der Käufer seinen Wohnsitz in Spanien hat, wenn es sich umden Kauf beweglicher Sachen auf Teilzahlung handelt oder um ein Darlehn, das zum Kauf derartiger Sachen bestimmt ist, ferner für jeden anderen Vertrag zur Erbringung einer Dienstleistung oder im Zusammenhang mit beweglichen Sachen, wenn dem Vertragsschluß ein ausdrückliches Angebot oder eine Werbung in Spanien vorausgegangen sind oder wenn der Verbraucher in Spanien die zum Abschluß des Vertrages notwendigen Rechtshandlungen vorgenommen hat; für Versicherungssachen, wenn Versicherter und Versicherer ihren Wohnsitz in Spanien haben; wenn es sich um Streitigkeiten aus dem Betrieb einer Zweigniederlassung, Agentur oder sonstigen Niederlassung handelt, wenn diese sich in Spanien befindet. [...]
5.° Cuando se trate de adoptar medidas provisionales o de aseguramiento respecto de personas o bienes que se hallen en territorio español y deban cumplirse en España.	5. Für den Erlaß einstweiliger Maßnahmen und Sicherungsanordnungen hinsichtlich in Spanien befindlicher Personen oder Güter, sofern die einstweiligen Maßnahmen und Sicherungsanordnungen in Spanien erfüllt werden.
Art. 25 LOPJ	**Art. 25 LOPJ**
En el orden social, los Juzgados y Tribunales españoles serán competentes:	In der Arbeitsgerichtsbarkeit sind die spanischen Gerichte zuständig:

Spanischer Text

1.° En materia de derechos y obligaciones derivados de contrato de trabajo, cuando los servicios se hayan prestado en España o el contrato se haya celebrado en territorio español; cuando el demandado tenga su domicilio en territorio español o una agencia, sucursal, delegación o cualquier otra representación en España; cuando el trabajador y el empresario tengan nacionalidad española, cualquiera que sea el lugar de prestación de los servicios o de celebración del contrato, y además en el caso de contrato de embarque, si el contrato fue precedido de oferta recibida en España por trabajador español.

Übersetzung

1. Für Klagen betreffend die Rechte und Pflichten aus einem Arbeitsverhältnis, wenn die Arbeit in Spanien geleistet wurde oder der Vertrag in Spanien geschlossen wurde; wenn der Beklagte seinen Wohnsitz in Spanien oder eine Agentur, Zweigniederlassung, Zweigstelle oder eine sonstige Niederlassung in Spanien hat; wenn der Arbeitnehmer und der Arbeitgeber die spanische Staatsangehörigkeit besitzen, unabhängig davon, wo sich der Ort der Arbeitsleistung oder der Ort des Vertragsschlusses befindet; ferner im Fall von Verschiffungsverträgen, wenn dem Vertrag ein Angebot vorangegangen ist, das ein spanischer Arbeitnehmer in Spanien erhalten hat.

Ley de Enjuiciamiento Civil

Art. 51 LEC

- La jurisdicción ordinaria será la única competencia para conocer de los negocios civiles que se susciten en territorio español entre españoles, entre extranjeros y españoles y extranjeros.

Zivilprozeßordnung

Art. 51 LEC

- Die ordentliche Gerichtsbarkeit ist die einzig zuständige für zivilrechtliche Rechtsstreitigkeiten, die in Spanien zwischen Spaniern, zwischen Ausländern und Spaniern und zwischen Ausländern auftreten.

Art. 56 LEC

- Será Juez competente para conocer de los pleitos a que dé origen el ejercicio de las acciones de toda clase, aquél a quien los litigantes se hubieran sometido expresa o tácitamente. [...]

Art. 56 LEC

- Für die Entscheidung über einen Rechtsstreit, der durch die Ausübung der Rechte der Parteien entsteht, ist das Gericht zuständig, dem die Parteien sich ausdrücklich oder stillschweigend unterworfen haben. [...]

Spanischer Text
Art. 57 LEC

Se entenderá por sumisión expresa la hecha por los interesados renunciando clara y terminantemente a su fuero propio, y designado con toda precisión el Juez a quien se sometieren.

Übersetzung
Art. 57 LEC

Als ausdrückliche Unterwerfung versteht sich diejenige, die durch die Beteiligten vorgenommen wird, indem sie klar und bestimmt auf ihr eigenes Forum verzichten und indem sie eindeutig das Gericht bezeichnen, dem sie sich unterwerfen.

Art. 58 LEC

Se entenderá hecha la sumisión tácita:

1.° Por el demandante, en el mero hecho de acudir al Juez interponiendo la demanda.

2.° Por el demandado, en el hecho de hacer, después de personado en juicio, cualquiera gestión que no sea la der proponer en forma la declinatoria.

Art. 58 LEC

Als stillschweigende Unterwerfung versteht sich:

1. Für den Kläger die reine Anrufung des Gerichts mit Einreichung der Klage.

2. Für den Beklagten, nach Erscheinen, jede Handlung, die nicht die förmliche Einreichung der *declinatoria* ist.

Art. 72 LEC

Las cuestiones de competencia podrán promoverse por inhibitoria o por declinatoria.

- La inhibitoria se intentará ante el Juez o Tribunal a quien se considere competente, pidiéndole que dirija oficio al que se estime no serlo, para que se inhiba y remita los autos.

Art. 72 LEC

- Die Fragen der Zuständigkeit können durch die inhibitoria und die declinatoria geltend gemacht werden.

- Die inhibitoria ist an das Gericht zu richten, das für zuständig erachtet wird, mit dem Antrag, gegenüber dem für unzuständig gehaltenen Gericht die Verpflichtung auszusprechen, von der Entscheidung über den Rechtsstreit abzusehen und die Akten zu übersenden.

Spanischer Text

- La declinatoria se proponderá ante el Juez o Tribunal a quien se considere incompetente, pidiéndole que se separe del conocimiento del negocio y remita los autos al tenido por competente.

Übersetzung

- Die declinatoria ist an das Gericht zu richten, das für unzuständig erachtet wird, mit dem Antrag, von der Entscheidung über den Rechtsstreit abzusehen und die Akten an das für zuständig gehaltene Gericht zu übersenden.

Art. 74 LEC

- En ningún caso se promoverán de oficio las cuestiones de competencia en los asuntos civiles; [...]

Art. 74 LEC

- In keinem Fall werden die Fragen der Zuständigkeit in Zivilsachen von Amts wegen geprüft; [...]

Art. 951 LEC

- Las sentencias firmes pronunciadas en países extranjeros tendrán en España la fuerza que estabelezcan los Tratados respectivos.

Art. 951 LEC

- Die im Ausland ergangenen rechtskräftigen Entscheidungen haben in Spanien diejenige Rechtswirksamkeit, welche durch die betreffenden Verträge bestimmt ist.

Art. 952 LEC

- Si no hubiere Tratados especiales con la nación en que se hayan pronunciado tendrán la misma fuerza que en ella se diere a las ejecutorias dictadas en España.

Art. 952 LEC

- Wenn besondere Verträge mit dem Staat, in dem sie ergangen sind, nicht bestehen, so haben sie dieselbe Rechtskraft wie sie dort den in Spanien ergangenen Entscheidungen zuerkannt wird.

Art. 953 LEC

- Si la ejecutoria procediere de una nación en que por jurisprudencia no se dé cumplimiento a las dictadas por los Tribunales españoles, no tendrá fuerza en España.

Art. 953 LEC

- Wenn die Entscheidungen in einem Staat ergangen sind, in welchem nach der Rechtsprechung die Urteile spanischer Gerichte nicht vollstreckt werden, so haben dieselben auch in Spanien keine Rechtskraft.

Art. 954 LEC

- Si no estuviere en ninguno de los casos de que hablen los tres artículos que anteceden, las ejecutorias tendrán fuerza en España, si reúnen las circunstancias siguientes:

1.º Que la ejecutoria haya sido dictada a consecuencia del ejercicio de una acción personal.

2.º Que no haya sido dictada en rebeldía.

3.º Que la obligación para cuyo cumplimiento se haya procedido sea lícida en España.

4.º Que la carta ejecutoria reúna los requisitos necesarios en la nación en que se haya dictado para ser considerada como auténtica, y los que las leyes españoles requieren para que haga fe en España.

Art. 954 LEC

- Liegt keiner der Fälle der drei vorhergehenden Artikel 14 vor, so erhalten die Urteile Rechtskraft in Spanien, wenn sie die folgenden Voraussetzungen erfüllen:

1. Daß das rechtskräftige Urteil aufgrund einer persönlichen Klage erlassen worden ist;

2. Daß es nicht im Versäumungsverfahren ergangen ist;

3. Daß die Verpflichtung, deren Vollstreckbarkeit begehrt wird, in Spanien erlaubt ist;

4. Daß der vollstreckbare Titel in dem Lande, in welchem er erlassen ist, die notwendigen Erfordernisse erfüllt, um als gültig angesehen zu werden, und diejenigen, welche die spanischen Gesetze verlangen, damit er in Spanien Glauben genießt.

Código Civil

Art. 3 Cc

1. Las normas se interpretarán según el sentido propio de sus palabras, en relación con el contexto, los antecedentes históricos y legislativos, y la realidad social del tiempo en que han de ser aplicadas, atendiendo fundamentalmente al espiritú y finalidad de aquéllas.

Zivilgesetzbuch

Art. 3 Cc[2]

1. Normen werden gemäß der eigenen Bedeutung ihrer Worte unter Berücksichtigung des Zusammenhangs, der historischen und gesetzgeberischen Vorgeschichte sowie der sozialen Wirklichkeit der Zeit, in der sie angewendet werden müssen, ausgelegt, wobei grundsätzlich Sinn und Zweck jener Gesetze zu beachten sind.

Art. 7 Cc

1. Los derechos deberán ejercutarse conforme a las exigencias de la buena fe.

2. La ley no ampara el abuso del derecho o el ejercicio antisocial del mismo. Todo acto u omisión que por la intención de su autor, por su objeto o por las circunstancias en que se realice sobrepase manifiestamente los límites normales del ejercicio de un derecho, con daño para tercero, dará lugar a la correspondiente indemnización y a la adopción de las medidas judiciales o administrativas que impidan la persistencia en el abuso.

Art. 7 Cc

1. Rechte müssen gemäß den Erfordernissen von Treu und Glauben ausgeübt werden.

2. Das Gesetz unterstützt nicht den Mißbrauch des Rechtes oder die unsoziale Ausübung desselben. Jedes Handeln oder Unterlassen, das nach der Absicht seines Urhebers, nach seinem Zweck oder nach den Umständen, unter denen es geschieht, offenkundig die üblichen Grenzen der Ausübung eines Rechts zum Schaden Dritter übersteigt, ist Anlaß für die entsprechende Entschädigung sowie für die Ergreifung derjenigen gerichtlichen und Verwaltungsmaßnahmen, die das Festhalten am Mißbrauch verhindern.

---

2 Übersetzung der Normen de *Código civil* nach Peuster, Das spanische Zivilgesetzbuch

Art. 8 Cc

1. [...]

2. Las leyes procesales españolas serán las únicas aplicables a las actuaciones que se sustancien en territorio español, sin perjuicio de las remisiones que las mismas puedan hacer a las leyes extranjeras, respecto a los actos procesales que hayan de realizarse fuera de España.

Art. 8 Cc

1. [...]

2. Die spanischen Prozeßgesetze sind als einzige auf die Verfahren anwendbar, die auf spanischem Gebiet betrieben werden, unbeschadet der Verweisungen, die diese Gesetze hinsichtlich solcher Prozeßhandlungen, die außerhalb Spaniens durchgeführt werden müssen, zugunsten ausländischer Gesetze aussprechen können.

Art. 10 Cc

[...]

5. Se aplicará a las obligaciones contractuales la ley a que las partes hayan sometido expresamente, siempre que tenga alguna conexión con el negocio de que se trate; en su defecto, la ley nacional común a las partes; a falta de ella, de la residencia habitual común, y, en último término, la ley del lugar de celebración del contrato.

No obstante lo dispuesto en el párrafo anterior, a falta de sometimiento expreso, se aplicará a los contratos relativos a bienes inmuebles la ley del lugar donde ésten sitos, y a las compraventas de muebles corporales realizadas en establecimientos mercantiles, la ley del lugar en que éstos radiquen. [...]

Art. 10 Cc

[...]

5. Auf vertragliche Verbindlichkeiten findet das Recht Anwendung, dem sich die Parteien ausdrücklich unterworfen haben, sofern es irgendeine Beziehung zu dem Geschäft hat, um das es sich handelt; bei seinem Fehlen das gemeinsame Heimatrecht der Parteien; bei dessen Fehlen das Recht des gemeinsamen gewöhnlichen Aufenthalts und in letzter Reihe das Recht am Ort des Vertragsschlusses.

Unbeschadet dessen, was im vorangegangenen Absatz bestimmt ist, findet, bei Fehlen einer ausdrücklichen Unterwerfung, auf Verträge über unbewegliche Güter das Recht des Ortes Anwendung, an dem diese belegen sind, und auf Verkäufe von beweglichen körperlichen Gütern, die in Handelsbetrieben getätigt worden sind, das Recht des Ortes, an dem diese sich befinden. [...]

Art. 1255 Cc

Los contratantes pueden establecer los pactos, cláusulas y condiciones que tengan por conveniente, siempre que no sean contrarios a las leyes, a la moral, ni al orden público.

Art. 1255 Cc

Die Vertragsschließenden können die Vereinbarungen, Klauseln und Bedingungen festsetzen, die sie für angebracht halten, sofern sie nicht gegen die Gesetze, die Moral oder die öffentliche Ordnung verstoßen.

Ley General para la Defensa de los Consumidores y Usarios a. F.

Art. 10 LGDCU[3]

1. Las cláusulas, condiciones o estipulaciones que, con carácter general, se apliquen a la oferta, promoción o venta de productos o servicios, incluidos los que faciliten las Administaciones públicas y las Entidades y Empresas de ellas dependientes, deberán cumplir los siguientes requisitos:

[...]

c) Buena fe y justo equilibrio de las contraprestaciones lo que, entre otras cosas, excluye:

[...]

3.° Las cláusulas abusivas, entendiendo por tales las que perjudicen de manera desproporcionada o no equitativa al consumidor, o comporten en el contrato una posición de desequilibrio entre los derechos y las obligaciones de las partes en perjuicio de los consumidores o usarios.

[...]

Verbraucherschutzgesetz a. F.

Art. 10 LGDCU

1. Die Klauseln, Bedingungen oder Abmachungen, die allgemein auf Angebot, Förderung oder Verkauf von Produkten oder Dienstleistungen Anwendung finden, auch auf diejenigen, welche die Öffentlichen Verwaltungen und die von ihnen abhängigen Einrichtungen und Unternehmen vornehmen, müssen folgende Voraussetzungen erfüllen:

[...]

c) Treu und Glauben sowie gerechtes Gewicht der Gegenleistungen, was unter anderem ausschließt:

[...]

3.° Mißbräuchliche Klauseln, d.h. Klauseln, die in unverhältnismäßiger oder unbilliger Weise den Verbraucher schädigen oder welche im Vertrag eine ungleichgewichtige Stellung zwischen den Rechten und Pflichten der Parteien zum Nachteil der Verbraucher oder Benutzer schaffen;

[...]

---

[3] Übersetzung nach Fuchs, Verbraucherschutz in Spanien, S. 193

10.° La imposición de renuncias a los derechos del consumidor y usario reconocidos en esta Ley.

Ley General para la Defensa de los Consumidores y Usarios n. F.

Art. 10 LGDCU

1. Las cláusulas, condiciones o estipulaciones que se apliquen a la oferta o promoción de productos o servicios, y las cláusulas no negociadas individualmente relativas a tales productos o servicios, incluidos los que faciliten las Administraciones públicas y las entidades y empresas de ellas dependientes, deberán cumplir los siguientes requisitos:

[...]

c) Buena fe y justo equilibrio entre los derechos y obligaciones de las partes, lo que en todo caso excluye la la utilización de cláusulas abusivas:

[...]

Art. 10 bis LGDCU

[...]

2. Serán nulas de pleno derecho y se tendrán por no puestas las cláusulas, condiciones y estipulaciones en las que se aprecie el carácter abusivo. ...

10.° Auferlegung von Verzichtserklärungen hinsichtlich von in diesem Gesetz anerkannten Rechten des Verbrauchers und Benutzers;

Verbraucherschutzgesetz n. F.

Art. 10 LGDCU

1. Die Klauseln, Bedingungen oder Abmachungen, die auf Angebot oder Förderung von Produkten oder Dienstleistungen Anwendung finden, und diejenigen Klauseln nicht nicht individuell ausgehandelt worden sind in Bezug auf diese Produkte oder Dienstleistungen, auch diejenigen, welche die Öffentlichen Verwaltungen und die von ihnen abhängigen Unternehmen und Firmen vornehmen, müssen folgende Voraussetzungen erfüllen:

[...]

c) Treu und Glauben sowie gerechtes Gewicht zwischen den Rechten und Pflichten der Parteien, was in jedem Fall die Verwendung mißbräuchlicher Klauseln ausschließt:

[...]

Art. 10 bis LGDCU

[...]

2. Diejenigen Klauseln, Bestimmungen und Abmachungen, die als mißbräuchlich erachtet werden, sind nichtig und gelten als nicht vereinbart. ...

3. Las normas de protección de los consumidores frente a las cláusulas abusivas serán aplicables, cualquiera que sea la Ley que las partes hayan elegido para regir el contrato, en los términos previstos en el artículo 5 del Convenio de Roma de 1980, sobre la Ley aplicable a las obligaciones contractuales.

3. Die Verbraucherschutzvorschriften sind gegenüber mißbräuchlichen Klauseln unabhängig von dem Recht anwendbar, das die Parteien als das auf den Vertrag anzuwendende Recht gewählt haben, gemäß den Bestimmungen des Art. 5 des Römischen Übereinkommens über das auf schuldrechtliche Vereinbarungen anzuwendende Recht.

Disposición adicional primera. Cláusulas abusivas.

A los efectos previstos en el articulo 10 bis, tendrán el carácter de abusivas al menos las cláusulas o estipulaciones siguientes:

Erste Zusatzbestimmung. Mißbräuchliche Klauseln.

Mit den in Art. 10 bis vorgesehenen Wirkungen sind zumindest die nachstehenden Klauseln oder Abmachungen als mißbräuchlich zu qualifizieren:

27. La previsión de pactos de sumisión expresa a Juez o Tribunal distinto del que corresponda al domicilio del consumidor, al lugar del cumplimiento de la obligación o aquél en que se encuentre bien si fuera inmueble, ...

[...]

Se entenderá por profesional, a los efectos de esta disposición adicional, la persona física o jurídica que actúa dentro de su actividad profesional, ya sea pública o privada.

27. Die ausdrückliche Vorsehung von Gerichtsstandsvereinbarungen zugunsten eines Gerichts, das vom Wohnsitz des Verbrauchers, vom Erfüllungsort der Verbindlichkeit oder dem Belegenheitsort der unbeweglichen Sache verschieden ist, ...

[...]

Im Sinne dieser Ersten Zusatzbestimmung ist ein Gewerbetreibender eine natürliche oder juristische Person, die innerhalb ihrer beruflichen Aktivität tätig wird, sei diese privater oder öffentlich-rechtlicher Natur.

Literaturverzeichnis: 1. Spanische Literatur

Adam Muñoz, María Dolores
- El proceso civil con elemento extranjero y la cooperación judicial internacional, Editorial Aranzadi, Pamplona 1995

Albaladejo, Manuel/ Díaz Alabart, Silvia (dirigidos por)
- Comentarios al Código Civil y Compilaciones Forales, tomo I, Vol. 2.°, Artículos 8 a 16, Segunda edición, Madrid 1995

Almagro Nosete, José
- Revista de Derecho Procesal Iberoamericana 1973, S. 705ff.: Reconocimiento y ejecución extranacional de sentencias en la Comunidad Hispano-Luso-Americana y Filipina

Almagro Nosete, José/Tomé Paule, José
- Instituciones de Derecho procesal - Proceso Civil, Madrid 1994

Alvarez González, Santiago
- REDI 1989, S. 298ff.: Anmerkung zu TS (Sala 1.ª) de 26 octubre de 1987
- Condiciones generales en la contratación internacional, Madrid 1992
- REDI 1993, S. 445ff.: Anmerkung zu Sentencia Tribunal Supremo de 20 de julio de 1992
- REDI 1993, S. 466ff.: Anmerkung zu Sentencia Tribunal Supremo de 10 de marzo de 1993
- REDI 1994, S. 388ff.: Anmerkung zu Sentencia Tribunal Supremo de 10 de noviembre de 1993

Alvarez Rubio, Juan José
- REDI 1994, S. 301ff.: Anmerkung zu Sentencia Tribunal Supremo de 13 de octubre de 1993

Amores Conradi, Miguel A.
- REDI 1986, S. 234ff.: Anmerkung zu Tribunal Supremo vom 16. April 1985
- REDI 1989, S. 113ff.: La nueva estructura del sistema español de Competencia Judicial Internacional en el orden civil: Art. 22 LOPJ (zit.: La nueva estructura ...)
- REDI 1989, S. 285ff: Anmerkung zu Sentencia Audiencia Territorial de Oviedo (Sala de lo Civil) de 6 de julio de 1988 und Sentencia Juzgado de Primera Instancia núm. 1 de Avilés de 26 de septiembre de 1987

- REDI 1990, S. 607ff.: Anmerkung zu Sentencia Tribunal Supremo (Sala 1.ª) de 30 de abril de 1990

de Angulo Rodriguez, Miguel
- Lecciones de Derecho Procesal Internacional, Granada 1974

Aranzadi
- Repertorio Cronológico de Jurisprudencia. Comprende todas las sentencias dictadas por el Tribunal Supremo, en sus diversas salas, durante los Años 1930ss. (tomo I, Volumen I: 1930-1931), Pamplona 1975
- Nuevo Diccionario de Legislación, tomo XXIII, Pamplona 1977

Arroyo Martínez, Ignacio
- Anuario de Derecho Marítimo, Vol. II, Madrid 1984

Arenas García, Rafael
- REDI 1992, S. 634ff.: Anmerkung zu Sentencia Audiencia Provincial de Oviedo de 17 de diciembre de 1991
- REDI 1995-1, S. 211ff.: Anmerkung zu Sentencia Audiencia Provincial de Barcelona (Sección 15.ª) de 15 de febrero de 1994
- REDI 1996-1, S. 39ff.: Tratamiento jurisprudencial del ámbito de aplicación de los foros de protección en materia de contratos de consumidores del Convenio de Bruselas de 1968
- REDI 1996-2, S. 266ff.: Anmerkung zu Sentencia de la Audiencia Provincial de Baleares de 18 de julio de 1995
- El control de oficio de la competencia judicial internacional, Madrid 1996

Arturo Majada
- Práctica del Juicio Ejecutivo, Tercera edición, Barcelona 1984

Bardaji Gómez, Luis
- La Ley, 24 de abril de 1987, S. 1ff.: Sobre el Control de Oficio de la Competencia Jucicial Internacional de los Tribunales Españoles = La Ley 1987-2, S. 945ff.

Bercovitz Rodríguez-Cano, Alberto/Bercovitz Rodríguez-Cano, Rodrigo
- Estudios jurídicos sobre protección de los consumidores, Madrid 1987

Bermúdez de la Fuente, José-L./Durán Berrocal, José luis/Galán Menéndez, Alvaro/Marina Martínez-Pardo, Jesús/Abella Poblet, Manuel
- Ley Orgánica del Poder Judicial, 1.ª edición, Madrid 1986

Blanco-Morales Limones, Pilar
- El Seguro Español en el Derecho internacional privado (Derecho comunitario), Madrid 1989

Blasco Lahoz, José Francisco/López Gandía, Juan/Momparler Carrasco, María Angeles
- Curso de Seguridad Social, 2.ª edición, Valencia 1995

Borrás Rodríguez, Alegría
- REDI 1989, S. 613ff.: Anmerkung zu Sentencia Audiencia Provincial de Palma de Mallorca de 13 de octubre de 1988
- Competencia Judicial y Reconocimiento y Ejecución de Decisiones Extranjeras en la CEE, in: Estudios de Derecho Comunitario Europeo, S. 233ff., Madrid 1989
- Los Criterios de Competencia Judicial Internacional en materia civil contenidos en la Ley Orgánica del Poder Judicial. Su aproximación al Convenio de Bruselas de 27 de septiembre de 1968, in: Estudios de Derecho Comunitario Europeo, S. 265ff., Madrid 1989

Caballero Sánchez, Ernesto
- El consumidor de seguros: protección y defensa, Madrid, 1997

Cabello de los Cobos y Mancha, Luis María
- La Ley de condiciones generales de la contratación, Madrid, 1998

Calderon Cuadrado, María Pía
- Las Medidas Cautelares Indeterminadas en el Proceso Civil, 1.ª edición, Madrid 1992

Calvo Caravaca, Alfonso-Luis
- REDI 1983, S. 504ff.: Anmerkung zur Rechtsprechungsübersicht
- La sentencia extranjera en España y la competencia del juez de origen, Prefacio de Julio D. González Campos, Madrid 1986
- Comentarios al Convenio de Bruselas relativo a la competencia judicial y a la ejecución de resoluciones judiciales en materia civil y mercantil, Madrid 1994 (zit.: Comentarios al Convenio de Bruselas ...)

Carrillo Pozo, Luis F.
- REDI 1996-1, S. 294ff.: Anmerkung zu Sentencia Audiencia Territorial de Málaga de 31 de diciembre de 1994

de Castro García;Jaime/Fernández Rodríguez, José Maria/Gómez de la Bárcena, José Maria/ Sánchez Jáugegui, Antonio/Santos Briz, Jaime/de la Esperanza Martínez-Radio, Antonio/Hernández Gil, Francisco
- Código Civil, Comentarios y Jurisprudencia, Otava Edición, Madird 1996 (zit.: de Castro García et al., Código Civil, Comentarios)

Cavanillas Múgica, Santiago
- Responsibilidad Civil y protección de los consumidores, Palma de Mallorca 1985

- Colección Legislativa de España. Jurisprudencia Civil. Sentencias del Tribunal Supremo de Justicia, Madrid, primer tomo: 1862 (zit.: Col. Leg., Jur. Civ., Vol., núm.)

Cortés Domínguez, Valentín
- Derecho Procesal Civil Internacional (Ordenamiento español), Madrid 1981
- Justicia 1985, S. 775ff.: La nueva regulación de la Competencia Jurisdiccional Internacional en materia civil (Arts. 21 y 22 LOPJ) (zit.: La nueva regulación ...)

Cortés Domínguez, Valentin/Gimeno Sendra, Vicente/Moreno Catena, Víctor
- Derecho Procesal - Proceso Civil, Valencia 1993

Cuartero Rubio, María Victoria
- REDI 1990, S 602ff.: Anmerkung zu Sentencia Audiencia Provincial de Barcelona de 13 de junio de 1989
- REDI 1995-1, S. 249ff.: Anmerkung zu Sentencia Audiencia Provincial de Madrid (Sección 21.ª) de 4 de enero de 1994

Desantes Real, Manuel
- REDI 1990, S. 599ff.: Anmerkung zu Sentencia Santa Cruz de Tenerife de 15 de mayo de 1989

Díaz Ruíz, Emilio
- La Ley 1986-2, S. 1078ff.: Jurisdicción Española y contratos de financiación internacional

Diez-Picazo y Ponce de Leon, Luis
- Las condiciones generales de la contratación y cláusulas abusivas, in: Las condiciones generales de la contratación y cláusulas abusivas, Ponente General: Luis Diez-Picazo y Ponce de Leon, Madrid 1996

Embid Irujo, José Miguel
- El consumidor ante el derecho de seguros en: Estudios sobre el derecho de consumo, S. 242ff., por: Corriente Córdoba, José Antonio/Cascajo Castro, José Luis/de Ángel Yagüez, Ricardo/Martín-Retortillo Baquer, Lorenzo/Torio López, Ángel/Díaz Alabart, Silvia/Ortega Álvarez, Luis Ignacio/Embid Irujo, José Miguel, Bilbao 1994

Escudero, José Antonio
- Curso de Historia de Derecho - Fuentes e Instituciones Político-administrativas, 2.ª edición, Madrid 1995

Espinar Vicente, José María
- Derecho Procesal Civil Internacional, Guias de Estudio, La Ley, Madrid 1988
- Curso de Derecho Internacional Privado Español - Derecho Procesal Civil Internacional - Competencia Judicial Internacional. Reconocimiento y ejecución de actos y decisiones extranjeros. Madrid 1993 (zit.: CDIP)

Esteban de la Rosa, Fernando
- REDI 1995-2, S. 358ff.: Anmerkung zu Sentencia Audiencia Provincial de Málaga (Sección 6.ª) de 2 de noviembre de 1993
- REDI 1996-1, S. 287ff.: Anmerkung zu Sentencia Audiencia Provincial de Málaga de 21 de mayo de 1994
- REDI 1996-2, S. 269ff.: Anmerkung zu Sentencia Audiencia Provincial de Alicante (Sección Cuarta) de 4 de octubre de 1995
- REDI 1997-2, S. 228ff.: Anmerkung zu Sentencia Audiencia Provincial de Alicante (Sección Cuarta) de 15 de enero de 1996
- REDI 1998-1, S. 285ff.: Anmerkung zu Auto de la Audiencia Provincial de Madrid de 21 de febrero de 1997

Esteban de la Rosa, Gloria
- REDI 1996-2, S. 281ff.: Anmerkung zu Auto de la Audiencia Provinical de Vizcaya (Sección Cuarta) de 19 de junio de 1996

Fernández Arroyo, Diego P.
- REDI 1990, S. 242ff.: Anmerkung zu Auto TS (Sala 1.ª) de 15 de diciembre de 1987

Fernández Rozas, José Carlos/Sánchez Lorenzo, Sixto
- Curso de Derecho Internacional Privado, 1.ª edición, Madrid 1991 (zit.: CDIP, 1.ª edición)

- Curso de Derecho Internacional Privado, 3.ª edición, Madrid 1996 (zit.: CIP, 3.ª edición)

Fenech, Miguel
- Derecho Procesal Civil - Introducción - Procedimientos ordinarios y de declaración y de ejecución, Madrid 1980

Garau Sobrino, Federico F.
- REDI 1988, S. 249ff.: Anmerkung zu Tribunal Supremo (Sala 1.ª) de 6 de abril de 1987
- Los efectos de las resoluciones extranjeras en España - Sistemas general y convencional, Madrid 1992

García Amigo, Manuel
- Instituciones de Derecho Privado, Vol. I, Parte General, Madrid 1979
- Revista de Derecho Privado 1985, S. 395ff.: La defensa de los consumidores desde el Derecho privado

García Valdecasas, Guillermo
- Parte General del Derecho civil español, Madrid 1983

Garcimartín Alférez, Francisco
- REDI 1995-2, S. 121ff.: „Caben reducciones teleológicas o abuso de Derecho en las normas sobre competencia judicial internacional?“

Gil Conde, Sylvia
- Revista de Derecho Mercantil, núm. 229, julio-septiembre 1998, S. 1303ff.: Legislación-Reseña de Legislación mercantil (abril a junio de 1998)

González Campos, Julio D.
- REDI 1988, S. 208ff.: Anmerkung zu Sentencias de Tribunal Supremo de 2 de marzo de 1987 (inédito); de 16 de 3 marzo de 1987 (RAJ, 1987, núm. 1508)
- REDI 1991, S. 190ff.: Anmerkung zu Sentencia Tribunal Supremo (Sala 1.ª) de 18 de junio de 1990

González Campos, Julio D./Recondo Porrua, Rodrigo
- Lecciones de Derecho procesal civil internacional, 2.ª edición, Bilbao 1981

González Campos, Julio D./Fernández Rozas, J. Carlos/Recondo Porrua, Rodrigo
- Derecho internacional privado, Parte especial, Vol. I, Oviedo 1984 (zit.: DIP)

González Campos, Julio D./Fernandez Rozas, J. Carlos
- Derecho Internacional Privado Español - Textos y materiales, Vol. I, Derecho Judicial Internacional, 2. Auflage, Madrid 1992

González Campos./Fernandez Rozas/Calvo Caravaca/Virgós Soriano/Amores Conradi/Domínguez Lozano
- Derecho Internacional Privado, Parte Especial, 6.ª edición revisada, Madrid 1995

González Granda, Piedad
- Extensión y límites de la jurisdicción española - Análisis sistemático del art. 22 de la Ley Orgánica del Poder Judicial, Barcelona, 1992 (zit.: Extensión y límites ...)

Gutiérrez de Cabiedes, Eduardo
- Revista de Derecho Procesal Iberoamericana 1971, S. 419ff.: La incompetencia de jurisdicción

Guzmán Zapater, Mónica
- REDI 1987, S. 196ff.: Anmerkung zu Tribunal Supremo de 19 de marzo de 1986 und 1 de octubre de 1986
- REDI 1987, S. 447ff.: La prorrogación de competencia en los contratos de venta internacional concluidos por consumidores (zit.: La prorrogación de competencia ...)

Iglesias Buhígues, José Luis/Desantes Real, Manuel en C. del Arenal (Coordinador)
- Las Relaciones de Vecindad, S. 453ff.: Extensiones y límites de la jurisdicción española. Influencia del Convenio de Bruselas de 1968 en la Ley Orgánica des Poder Judicial de 1985, Bilbao 1987 (zit.: Extensiones y límites de la jurisdicción española ...)

Iglesias Buhígues, José Luis/Desantes Real, Manuel
- Tratado de Derecho Comunitario Europeo (Estudio sistematico desde el Derecho Español), tomo III, dirigido por: García de Enterría, Eduardo/González Campos, Julio D./Munoz Machado, Santiago, S. 711ff.: La Quinta Libertad Comunitaria: Competencia Judicial, Reconocimiento y Ejecución de Resoluciones Judiciales en la Comunidad Europeo, Madrid 1986

Jiménez Blanco, Pilar
- REDI 1998-1, S. 279ff.: Anmerkung zu Sentencia del Juzgado de Primera Instancia n.º 1 de Tolosa (Guipúzcoa) de 13 de enero de 1997

Manresa y Navarro, D. José María
- Comentarios al Código Civil Español, tómo VIII, volumen I, sexta edición, revisada, Madrid 1967

Martínez-Pardo, Jesús Maria
- La Ley 1986-2, S. 496ff.: Comentarios a la Sentencia del Tribunal Supremo (Sala 1.ª) de 19 de diciembre de 1985

Martínez Val, José Maria
- Derecho Mercantil, Barcelona 1979

Maseda Rodríguez, Javier
- REDI 1994, 320ff.: Anmerkung zu Tribunal Supremo de 22 de diciembre de 1993

Miaja de la Muela, Adolfo
- Miscellany in Honor of Charalambos N. Fragistas on the occasion of his 35th anniversary as professor of the university, Vol. XII, Part III, Thessaloniki 1968, S. 89ff.: El „imperialismo jurisdiccional" español y el derecho internacional
- Jurídica 1980, S. 419ff.: La Competencia Territorial Internacional de los Tribunales Internos en las Comunidades Europeas

Michinel Álvarez, Miguel Ángel
- REDI 1997-2, S. 47ff.: Sobre la interpretación del articulo 6.3° del Convenio de Bruselas de 27 de septiembre de 1968

de Miguel y Alonso, Carlos
- Homenaje a Ch. Fragistas, Thessaloniki 1967, S. 167ff.: El reconocimiento de sentencias extranjeras en el derecho procesal español

de Miguel Asensio, Pedro Alberto
- REDI 1991, S. 498ff.: Anmerkung zu Tribunal Supremo de 30 de abril de 1991
- Revista de Derecho Privado, julio-agosto 1998, S. 541ff.: Derechos humanos, diversidad cultural y derecho internacional privado
- REDI 1998, S. 327ff.: Anmerkung zu Sentencia de la Audiencia Provincial de Barcelona (Sección 14.ª) de 11 de marzo de 1997

Milans del Bosch Portoles, Iván
- REDI 1995-2, 370ff.: Anmerkung zu Auto Audiencia Provincial de Barcelona (Sección 11.ª) de 2 de junio 1994

Morán García, Manuel E.
- REDI 1996-2, S. 251ff.: Anmerkung zu Sentencia de la Audiencia Provincial de Barcelona (Sección Decimotercera) de 12 de abril de 1994

Montero Aroca, Juan/Ortells Ramos, Manuel/Gómez Colomer, Juan-Luis/Montón Redondo, Alberto
- Derecho Jurisdiccional, Vol II, Proceso Civil, Barcclona 1995

Navarro Contreras, Enrique
- REDI 1997-1, S. 204ff.: Anmerkung zu Sentencia Audiencia Provincial de Álava de 31 de enero de 1996

de la Oliva, Andrés/Fernández, Miguel
- Derecho Procesal Civil, Vol. I, Cuarta edición, Madrid 1995

Pecourt García, Enrique
- REDI 1964, S. 60-80, 370-405, 528-560: La voluntad de las partes y su posible virtualidad en la determinación de la competencia jucicial internacional
- REDI 1966, S. 81ff.: Crónica de Jurisprudencia española en materia de Derecho Internacional Privado
- Homenaje al Profesor Sela Sampil, Vol. II, Oviedo 1970: Una institución singular en la Historia del Derecho Internacional Privado Español: El „fuero de extranjería“ (zit.: Homenaje Sela Sampil)
- Mulitudo Legum Ius Unum. Mélanges en l'honneur de/Essays in honour of/Festschrift für Wilhelm Wengler zu seinem 65. Geburtstag, vol. II, S. 635ff.: Control e impugnación de la competencia internacional de los tribunales españoles, Berlin 1973

Pérez Beviá
- REDI 1982, S. 99ff.: Disposiciones imperativas y leyes de policia en el Convenio de Roma, de 19 de junio de 1980, sobre ley aplicable a las obligaciones contractuales

Pérez Vera, Elisa/Abarca Junco, Paloma/Calvo Caravaca, A. L./González Campos, J. D./Virgos Soriano, M.
- Derecho Internacional Privado, 2.ª edición revisada, Madrid 1990 (zit.: Bearbeiter in Pérez Vera et al., DIP, 2.ª edición)
- Derecho Internacional Privado (DIP), 6.ª edición, Madrid, August 1996 (zit.: Bearbeiter in Pérez Vera et al., DIP, 6.ª edición)

Prietro-Castro y Ferrándiz, Leonardo
- Derecho Procesal Civil, Volumen 2.º, Madrid 1979

- Tratado de Derecho Procesal Civil, Volumen 2.°, Pamplona 1985

Puente Egido, J.
- Derecho Internacional Privado Español: Doctrina Legal del Tribunal Supremo 1841-1977, Barcelona, 1981

Quiñones i/y Escàmez, Anna/Quiñones Escámez, Ana
- Revista Jurídica de Catalunya 1987, S. 657ff.: Evolución de la admisibilidad de la cláusula atributiva de competencia internacional en Derecho Español y comparado (zit.: Evolución de la admisibilidad de la cláusula atributiva ...)
- REDI 1996-2, S. 262f.: Anmerkung zu Auto de la Audiencia Provincial de Valladolid (Sección Primera) de 24 de febrero de 1995
- El foro de la pluralidad de demandados en los litigios internacionales, Madrid, 1996 (zit.: El foro de pluralidad ...)

Ramos Méndez, Francisco
- Derecho Procesal Civil, Tomo I, 2.ª edición, Barcelona 1985
- Derecho Procesal Civil, Tomo I, 3.ª edición, Barcelona 1986
- Enjuiciamiento Civil, Tomo I, Barcelona 1997
- Enjuiciamiento Civil, Tomo II, Barcelona 1997

Recondo Porrua, R.
- Revista de Derecho Procesal 1980, S. 2ff.: El sistema español de competencia judicial internacional
- Revista General de Legislación y Jurisprudencia, Vol. III, Jurisprudencia Civil, primer tomo: 1860, Madrid: Colección completa de las sentencias dictadas por el Tribunal Supremo de Justicia, En Recursos de Nulidad, Casación é Injusticia Notoria, y en materia de competencias, desde la organización de aquellos en 1838 hasta el día (zit.: Rev. Gen., Jur. Civ., tomo, núm.)

Rodríguez Benot, Andrés
- REDI 1992, S. 640ff.: Anmerkung zu Sentencia Audiencia Provincial de Madrid (Sección 11.ª) de 21 de enero de 1992
- REDI 1992, S. 737ff.: Limitaciones parciales a la sumisión en materia de competenica territorial des los Tribunales en la reforma de la LEC de 1992: Posibles efectos en relación con el artículo 22.2 LOPJ y el Convenio de Bruselas de 1968 (zit.: Limitaciones parciales a la sumisión ...)
- REDI 1994, S. 587ff.: España en espacio judicial europeo: Primeros tropiezos jurisprudenciales?
- Los acuerdos atributivos de competencia judicial internacional en derecho comunitario europeo, Madrid, 1994

- REDI 1997-1, S. 211ff.: Anmerkung zu Sentencia Tribunal de Justicia de la Comunidad Europea de 20 de febrero de 1997, Asunto C-106/95, Mainschiffahrts-Genossenschaft eG. (MSG)/Les Gravières Rhénanes SARL

Rodríguez Mateos, Pilar
- REDI 1990, S. 234ff.: Anmerkung zu Sentencia Audiencia Provincial de Valencia (Sala de lo Civil) de 16 de mayo de 1989

Rueda Valdivia, Ricardo
- REDI 1991, S. 480 ff.: Anmerkung zu Sentencia Audiencia Provincial de Granada de 14 de enero de 1991

Ruíz Gutiérrez, Urbano
- Revista de Derecho procesal publicación iberoamericana y filipina 1962, núm. 1, S. 9ff.: La competencia de los tribunales esnañoles en actos en que intervienen elementos extranjeros, con referencia a los de jurisdicción voluntaria

Santos Vijande, Jesús María
- Declinatoria y „Declinatoria Internacional". Tratamiento Procesal de la Competencia Internacional, Madrid 1991

Senés Motilla, Carmen
- Justicia 1986, S. 683ff.: Sistema de Compentencia Judicial Internacional en el ámbito civil: El Articulo 22 de la L.O.P.J. (zit.: Sistema de competencia judicial ...)

Timpanaro Roncero, Salvador
- Las condiciones generales de la contratación y cláusulas abusivas, in: Las condiciones generales de la contratación y cláusulas abusivas, Ponente General: Luis Diez-Picazo y Ponce de Leon, Madrid 1996

Torres Lana, José Angel
- Aranzadi Civil 1995, Volumen II, S. 43ff.: Prorroga de fuero y protección de los consumidores en la reciente jurisprudencia del Tribunal Supremo, Primera edición

Trinidad García, Maria Luisa
- REDI 1986, S. 218ff.: Anmerkung zu Sentencia Audiencia Provincial de Palma de Mallorca de 18 de enero de 1984

Valentín Cortés (Coordinador). Almagro Nosete, José /Gimeno Sendra, Vicente/Gómez Orbaneja, Emilio/Martín Ostos, José/Montero Aroca, Juan/Moreno Catena, Víctor/Ortells Ramos, Manuel/ Ramos Mendéz, Francisco/Serra Dominguez, Manuel/Vázquez Sotelo, José Luis
- Comentarios a la Reforma de la Ley de Enjuiciamiento Civil, Ley 34/1984 de 6 de agosto de 1984, Madrid 1985

de Vega Ruíz, José Augusto
- La Ley de 24 de noviembre de 1987, S. 1ff.: La protección jurídica del consumidor y la administración de Justicia: Procedimientos judiciales

Viñas Farre, Ramón
- REDI 1986, S. 264ff. (266ff.): Anmerkung zu den Entscheidungen TS 8.3. 1982 (Col. Leg., Jur. Civ., marzo-abril 1982, Núm. 101); 15.6.1982 (Col. Leg., Jur. Civ., mayo-juno 1982, núm. 295); 24.5.1983 (Col. Leg., Jur. Civ., mayo-junio 1983, núm. 295); 8.3.1984 (unveröffentlicht); 6.4.1984 (unveröffentlicht); 28.6.1984 (unveröffentlicht); 25.1.1985 (Revista de la Corte Española de Arbitraje, 1985, II, S. 218-220); 19.2.1985 (unveröffetentlicht); 25.2.1985 (Revista de la Corte Española de Arbitraje, 1985, II, S. 220-222); 1.3.1985 (unveröffentlicht)

Virgós Soriano, Miguel/Garcimartín Alférez, Francisco
- La revisión de los Convenios de Bruselas de 1968 y Lugano de 1988 sobre competencia judicial internacional y ejecución de resoluciones judiciales: Una reflexión preliminar española - Seminario celebrado en Tarragona, 30-31 de mayo de 1997; editor: Alegría Borras, Madrid 1998, S. 77ff.: El Convenio de Bruselas y las propuestas para su reforma: Una crítica radical. Arts. 5.1., 21, 24 y 27.2

Zabalo Escudero, María Elena
- REDI 1985, S. 109ff.: Aspectos jurídicos de la protección al consumidor contratante en el Derecho internacional privado
- REDI 1986, S. 613ff.: La competencia judicial internacional de los Tribunales Españoles en materia de contrato de trabajo (El articulo 25.1 de la Ley Orgánica del Poder Judicial de 1985)

2. Spanische Parlamentaria

- Anteproyecto de Ley de Cooperación jurídica internacional en materia civil, Actividad prelegislativa del Ministerio de Jucticia (1996-1999), Año L III, Supl. Nr. 1854, 1.10.1999

- Congreso de los Diputados I, Legislatura I, Serie A, núm. 129-I, 16-4-80

- Congreso de los Diputados, Serie A, 118 - 19-9-84 - Enmiendas

- Consejo General del Poder Judicial, Jurisprudencia seleccionada de la Sala de lo Civil del Tribunal Supremo (Primer semestre de 1995), Volumen II

- Boletín de Información del Ministerio de Justicia de 15 de enero de 1988

- Boletín Oficial de las Cortes Generales –Congreso de los Diputados-, Serie A: Proyectos de Ley, 13 de noviembre de 1998, núm. 147-1, 121/000147 Enjuiciamiento Civil

3. Deutsche Literatur

Adomeit, Klaus/Frühbeck, Guillermo
- Einführung in das spanische Recht - Das Verfassungs-, Zivil-, Wirtschafts- und Arbeitsrecht des Königreichs Spanien, München 1993

de Almeida Cruz, Martinho/Desantes Real, Manuel/Jenard, Paul
- Amtsblatt der EG vom 28.7.1990 Nr. C 189, S. 35ff.: Bericht zum EuGVÜ vom 26.5.1989

Aretz, Hans/Korth, Jürgen
- Internationales Privat- und Verfahrensrecht, Köln, Berlin, Bonn, München 1989

Arroyo Martinez
- transpR 11/85, S. 383ff.: Gerichtsstandsklauseln in internationalen Verträgen nach der spanischen Rechtsprechung, Kritische Anmerkungen zu dem Urteil des Oberlandesgerichts (Audiencia Territorial) Barcelona vom 22.10.1980 = RIW 1986, S. 604ff.

Aull, Matthias
- IPRax 1999, S. 226ff.: Zur isolierten Prorogation nach Art. 17 Abs. 1 LugÜ – zu OLG Hamm, 18.9.1997 – 5 U 89/97

Bauer, Max/König, Bernhard/Zanon, Heinz
- Italienische Zivilprozeßordnung * Codice di Procedura Civile - Zweisprachige Ausgabe, Bozen 1982

de Bra, Peter
- Verbraucherschutz durch Gerichtsstandsregelungen im deutschen und europäischen Zivilprozeßrecht, Frankfurt am Main 1992

Bülow, Arthur
- RabelsZ 1965, S. 473ff.: Vereinheitlichtes internationales Zivilprozeßrecht in der Europäischen Wirtschaftsgemeinschaft - Der Entwurf eines Abkommens über die internationale Zuständigkeit, die Anerkennung und die Vollstreckung gerichtlicher Entscheidungen

Bülow, Peter
- EuZW 1993, S. 435ff.: Zum internationalen Anwendungsbereich des deutschen Verbraucherkreditgesetzes

Bülow, Arthur/Böckstiegel, Karl-Heinz/Geimer, Reinhold/Schütze, Rolf
- Der internationale Rechtsverkehr in Zivil- und Handelssachen, Quellensammlung mit Erläuterungen, Band 1, Loseblattsammlung, Stand: Januar 1998 (21. Ergänzungslieferung), München

Coester-Waltjen, Dagmar
- Die Bedeutung des EuGVÜ und des Luganer Übereinkommens für Drittstaaten in: Festschrift für Hideo Nakamura zum 70. Geburtstag am 2. März 1996, S. 89ff., Herausgeber: Heldrich, Andreas/Uchida, Takeyoshi, Tokyo 1996

Creifelds, Carl
- Rechtswörterbuch, 15. neubearbeitete Auflage, München 1999

Czernich, Dietmar/Tiefenthaler, Stefan
- Die Übereinkommen von Lugano und Brüssel – Europäisches Gerichtsstands- und Vollstreckungsrecht – Kurzkommentar, Wien 1997 (zit.: Europäisches Gerichtsstands- und Vollstreckungsrecht)

Dietze, Jan/Schnichels, Dominik
- EuZW 1996, S. 455ff.: Die aktuelle Rechtsprechung des EuGH zum EuGVÜ - Übersicht über das Jahr 1995

Dörner, Heinrich/Staudinger, Ansgar
- IPRax 1999, S. 338ff.: Internationale Zuständigkeit – Vertragsstaatenbezug, rügelose Einlassung und Gerichtsstandsklausel (zu BGH, 21.11.1996 – IX ZR 264/95)

Ebert-Weidenfeller, Andreas
- RIW 1992, S. 139ff.: Anmerkung zur Entscheidung des High Court of Justice (Chancery Division) in Sachen Kurz gegen Stella Musical VeranstaltungsGmbH vom 26. 7. 1991: Nichtausschließliche Gerichtsstandsvereinbarung nach dem EuGVÜ

Eilers, Anke
- Maßnahmen des einstweiligen Rechtsschutzes im europäischen Zivilrechtsverkehr - Internationale Zuständigkeit, Anerkennung, Vollstreckung, Bielefeld 1991

Feirreira Pinto, Fernando A.
- Die Reform des nationalen Zivilprozeßrechts als Angleichung: Das Beispiel Portugal, in: Ein internationales Zivilverfahrensrecht für Gesamteuropa, S. 369ff.; Herausgeber: Erik Jayme, Heidelberg 1991

Firsching, Karl/von Hoffmann, Bernd
- Internationales Privatrecht, 5. Auflage, München 1997

Fischer, Klaus-Bernd/Fischer, Ana-Katharina
- Spanisches Handels- und Wirtschaftsrecht, 2., völlig neubearbeitete und erweiterte Auflage, Heidelberg 1995

Fröhlingsdorf, Josef
- RIW 1985, S. 99ff.: Das neue spanische Verbraucherschutzgesetz

Fuchs, Angelika
- IPRax 1998, S. 327ff.: Begriff „Unterhaltsberechtigter" in Art. 5 Nr. 2 EuGVÜ geklärt (zu EuGH, 20.3.1997 - Rs. C 295/95)

Fuchs, Daniel
- Verbraucherschutz in Spanien - Die Rechtslage nach dem Konsumentenschutzgesetz von 1984, 1. Auflage, Baden-Baden 1990

Garau Sobrino, Federico F.
- Harmonisierung des europäischen internationalen Zivilverfahrensrechts durch nationale Angleichung und bilaterale Abkommen: Das Beispiel Spanien, in: Ein internationales Zivilverfahrensrecht für Gesamteuropa, S. 341ff.; Herausgeber: Erik Jayme, Heidelberg 1991 (zit.: Ein internationales Zivilverfahrensrecht ... Das Beispiel Spanien)

Geimer, Reinhold
- Zur Prüfung der Gerichtsbarkeit und der internationalen Zuständigkeit bei der Anerkennung ausländischer Urteile, Bielefeld, 1966
- NJW 1984, S. 527ff.: Beachtung ausländischer Rechtshänigigkeit und Justizgewährungsanspruch
- ZZP 87 (1974), S. 336ff.: Anmerkung zu BGH, Urt. v. 9. April 1973 - VIII ZR 64/71 - OLG Köln, LG Köln,
- NJW 1986, S. 1438ff.: Anmerkung zu BGH, Urt. v. 20. Januar 1986 - II ZR 56/85 - München
- IPrax 1986, 208ff.: EuGVÜ und Aufrechnung: Keine Erweiterung der internationalen Entscheidungszuständigkeit - Aufrechnungsverbot bei Abweisung der Klage wegen internationaler Unzuständigkeit (zu EuGH, 4.7.1985, RS 220/84 und OLG Hamm, 25.9.1985, 20 U 51/85)
- EuZW 1993, S. 564ff.: Kompetenzrechtlicher Verbraucherschutz - Anmerkungen zu dem Urteil des BGH, EuZW 1993, 517 und dem Vorlagebeschluß des BGH, EuZW 1993, 518

- Verfassungsrechtliche Vorgaben bei der Normierung der internationalen Zuständigkeit, in: Festschrift für Fritz Schwind zum 80. Geburtstag, S. 17ff., Herausgeber: Matscher, Franz/Seidl-Hohenveldern, Ignaz, Wien 1993
- Anerkennung ausländischer Entscheidungen in Deutschland, München, 1995
- Internationales Zivilprozeßrecht, 3. Auflage, Köln, 1997 (zit.: Geimer, IZPR)

Geimer, Reinhold/Schütze, Rolf
- Internationale Urteilsanerkennung Band I, 1. Halbband: Das EWG-Übereinkommen über die gerichtliche Zuständigkeit und die Vollstreckung gerichtlicher Entscheidungen in Zivil- und Handelssachen, 1983
- Europäisches Zivilverfahrensrecht, Kommentar zum EuGVÜ und zum Lugano-Übereinkommen, München 1997

Gottwald, Peter/Baumann, Thomas
- IPRax 1998, 445ff.: Zur Derogation der deutschen internationalen Zuständigkeit (zu BGH, 18.3.1997 - XI ZR 34/96)

Grube, Lars
- EuZW 1992, S. 17ff.: Deutsch-spanische Gerichtsstandsvereinbarungen

Grunsky, Wolfgang
- JZ 1973, S. 641ff.: Probleme des EWG-Übereinkommens über die gerichtliche Zuständigkeit und die Vollstreckung gerichtlicher Entscheidungen in Zivil- und Handelssachen

Hakenberg, Waltraud
- AnwBl 1997, S. 56f.: Der europäische zivilrechtliche Verbraucherschutz - Überblick und aktuelle Entwicklungen

Hauschild, Malte Hans-Georg
- Gerichtsstandsvereinbarungen in Spanien und Portugal und das Beitrittsübereinkommen zum EuGVÜ von San Sebastián, Hamburg 1995 (zit.: Gerichtsstandsvereinbarungen in Spanien und Portugal

Heinrichs, Helmut
- NJW 1995, S. 153ff.: Umsetzung der EG-Richtlinie über mißbräuchliche Klauseln in Verbraucherverträgen durch Auslegung

Herdegen, Matthias
- Internationales Wirtschaftsrecht, 2. Auflage, München 1995

Hernanz Sánchez, Francisca
- Das Kollsions-, Zuständigkeits- und Anerkennungsrecht der internationalen Ehescheidung in Spanien, Berlin 1987

Heß, Burkhard
- JZ 1998, S. 1021ff.: Der Binnenmarktprozeß

Heß, Burkhard/Vollkommer, Gregor
- IPRax 1999, S. 220ff.: Die begrenzte Freizügigkeit einstweiliger Maßnahmen nach Art. 24 EuGVÜ, zu EuGH, 17.11.1998 – Rs. C-391/95 – van Uden Maritime BV/Deco-Line KG

von Hoffmann, Bernd
- AWD 1973, S. 59ff.: Das EWG-Übereinkommen über die gerichtliche Zuständigkeit und die Vollstreckung gerichtlicher Entscheidungen in Zivil- und Handelssachen
- IPRax 1982, S. 217ff.: Gegenwartsprobleme internationaler Zuständigkeit
- IPRax 1989, S. 261ff.: Inländische Sachnormen mit zwingendem internationalen Anwendungsbereich

von Hoffmann, Bernd/Hau, Wolfgang
- RIW 1997, S. 89ff.: Probleme der abredewidrigen Streitverkündung im Europäischen Zivilrechtsverkehr

Jaeckel, Fritz
- Die Reichweite der lex fori im internationalen Zivilprozeßrecht, Berlin 1995

Jayme, Erik
- Das europäische Gerichtsstands- und Vollstreckungsübereinkommen und die Drittländer - Das Beispiel Österreich, in: Europarecht - Internationales Privatrecht - Rechtsvergleichung, Herausgeber: Fritz Schwind, S. 97ff., Wien 1988
- IPRax 1992, S. 357f.: Grundfragen zum Anwendungsbereich des EuGVÜ- Zwei Vorlagen an den EuGH (zu House of Lords, 13.7.1992, Ladenimor S.A. v. Intercomfinanz S.A. und BGH, 26.3.1992 – VII ZR 258/91)
- *Giuseppe Pisanelli* (1812-1879): Zur Begründung des „Internationalen" Zivilprozeßrechts, in: Festschrift für Fritz Schwind zum 80. Geburtstag, S. 43ff., Wien 1993

Jayme, Erik/Hausmann, Rainer
- Internationales Privat- und Verfahrensrecht, Textausgabe, 9., neubearbeitete und erweiterte Auflage, München, Stand: 1. Februar 1998

Jayme, Erik/Kohler, Christian
- IPRax 1993, S. 357ff.: Das Internationale Privat- und Verfahrensrecht der EG 1993 - Spannungen zwischen Staatsverträgen und Richtlinien
- IPRax 1995, S. 343ff.: Europäisches Kollisionsrecht - Der Dialog der Quellen
- IPRax 1996, S. 377ff.: Europäisches Kollisionsrecht 1996 - Anpassung und Transformation der nationalen Rechte
- IPRax 1998, S. 417ff.: Europäisches Kollisionsrecht 1998 - Kulturelle Unterschiede und Parallelaktionen
- IPRax 1999, S. 401ff.: Europäisches Kollisionsrecht 1999 - Die Abendstunde der Staatsverträge

Jayme, Erik/Sacher, Wolfgang
- RIW/AWD 1981, S. 597ff.: Neuere Entwicklungen des Rechts der Allgemeinen Geschäftsbedingungen in Spanien

Jenard, P.
- Amtsblatt der EG Nr. C 59 vom 5. März 1979, S. 1-70: Bericht zum EuGVÜ vom 27.9.1968 und zum Auslegungsprotokoll vom 3.6.1971 = BT-Drucks. VI/1973, 52-104 und VI/3294

Jenard, P./Möller, G.
- Amtsblatt der EG Nr. C 189 vom 28. Juli 1990, S. 57ff.: Bericht zum Übereinkommen über die gerichtliche Zuständigkeit und die Vollstreckung gerichtlicher Entscheidungen in Zivil- und Handelssachen, geschlossen in Lugano am 16. September 1988

Karl, Anna-Maria
- Die Anerkennung von Entscheidungen in Spanien, Tübingen 1993

Kaser, Max
- Das römische Zivilprozeßrecht, München 1966

Kindler, Peter
- RabelsZ 1997, S. 227ff.: Internationale Zuständigkeit und anwendbares Recht im italienischen IPR-Gesetz von 1995

Kohler, Christian
- EuZW 1991, S. 303ff.: Die zweite Revision des Europäischen Gerichtsstands- und Vollstreckungsübereinkommens - Ein Überblick über das EuGVÜ 1989

Kropholler, Jan
- in Festschrift für Murad Ferid zum 80. Geburtstag am 11. April 1988, S. 239ff.: Problematische Schranken der europäischen Zuständigkeitsordnung gegenüber Drittstaaten; Herausgeber: Heldrich, Andreas/Sonnenberger, Hans Jürgen, Frankfurt am Main 1988
- Europäisches Zivilprozeßrecht, Kommentar zu EuGVÜ und Lugano-Übereinkommen, 6. neubearbeitete und erweiterte Auflage, Heidelberg 1998 (zit.: Europäisches Zivilprozeßrecht)

Kubis, Sebastian
- IPRax 1998, S. 10ff.: Gerichtspflicht durch Schweigen? - Prorogation, Erfüllungsortvereinbarung und internationale Handelsbräuche (zu EuGH, 20.2.1997 - Rs. C-106/95 - MSG, Mainschiffahrts-Genossenschaft e G/Les Gravières Rhenanes SARL)

Leipold, Dieter
- IPRax 1982, S. 222ff.: Zuständigkeitsvereinbarung und rügelose Einlassung nach dem Europäischen Gerichtsstands- und Vollstreckungsübereinkommen (zu EuGH, 24.6.1981, RS 150/80 sowie EuGH, 22.10.1981, RS 27/81)

Linke, Hartmut
- Internationales Zivilprozeßrecht, Leitfaden für Verfahren mit Auslandsbezug, 2. völlig überarbeitete Auflage, Köln 1995

Lüderitz, Alexander
- Ius inter nationes, Festschrift für Stefan Riesenfeld aus Anlaß seines 75. Geburtstages, S. 147ff.: „Verbraucherschutz" im internationalen Vertragsrecht - ein Zuständigkeitsproblem; Herausgeber: Jayme, Erik/Kegel, Gerhard/Lutter/Marcus, Heidelberg 1983

Mankowski, Peter
- VersR 1993, S. 154ff.: Nationale Erweiterungen der Rechtswahl im neuen Internationalen Versicherungsvertragsrecht
- EuZW 1996, S. 177ff.: Timesharing und internationale Zuständigkeit am Belegenheitsort

Martiny, Dieter
- Handbuch des Internationalen Zivilverfahrensrechts, Band III/1, Anerkennung ausländischer Entscheidungen nach autonomem Recht, Tübingen, 1984

Meyer, Stefan
- RIW 1993, S. 815ff.: Das System des vorläufigen Rechtsschutzes im spanischen Zivilprozeß

Meyer, Stefan/Sande, Maria
- Allgemeine Geschäftsbedingungen im spanischen Recht in: Aktuelles spanisches Handels- und Wirtschaftsrecht, Hrsg: Löber, Burckhardt/Peuster, Witold, Frankfurt/Köln, Berlin, Bonn, München 1991

Mezger, Ernst
- RIW 1976, S. 345ff.: Drei Jahre EG-Zuständigkeits- und Vollstreckungsübereinkommen in Frankreich

Mitteis, Heinrich/Lieberich, Heinz
- Deutsche Rechtsgeschichte, 19., erweiterte Auflage, München 1992

Munz, Christoph
- Das spanische System der internationalen Zuständigkeiten und seine künftige Einfügung in das EuGVÜ, Bonn 1984
- RIW 1985, S. 535ff.: Die internationale Zuständigkeit spanischer Zivilgerichte
- RIW 1985, S. 782ff.: Die örtliche Zuständigkeit der spanischen Gerichte in Zivilsachen

- Münchener Kommentar zur Zivilprozeßordnung mit GVG und Nebengesetzen, Band 1, §§ 1 - 354; Herausgeber: Lüke, Gerhard/Walchshöfer, Alfred, München 1992 (zit.: Bearbeiter in MüKO)

- Münchener Kommentar zur Zivilprozeßordnung mit GVG und Nebengesetzen, Band 3, §§ 803 - 1043, EGZPO, GVG, EGGVG, Internationales Zivilprozeßrecht; Herausgeber: Lüke, Gerhard/Walchshöfer, Alfred, München 1992 (zit.: Bearbeiter in MüKO)

Nagel, Heinrich/Gottwald, Peter
- Internationales Zivilprozeßrecht, 4., neubearbeitete Auflage, Köln 1997

Neuhaus, Paul Heinrich
- Die Grundbegriffe des Internationalen Privatrechts, 2. Auflage, Tübingen 1976

Neuner, Robert
- Beiträge zum Zivilprozeß, Bd. 6, Internationale Zuständigkeit; Mannheim/Berlin/Leipzig 1929

Peuster, Witold
- Das spanische Zivilgesetzbuch eingeleitet und übersetzt von; Köln 1979

Pfeiffer, Thomas
- Internationale Zuständigkeit und prozessuale Gerechtigkeit - Die internationale Zuständigkeit im
- Zivilprozeß zwischen effektivem Rechtsschutz und nationaler Zuständigkeitspolitik, Frankfurt am Main, 1995

Piltz, Burghard
- NJW 1979, S. 1071ff.: Die Zuständigkeitsordnung nach dem EWG-Gerichts- stands- und Vollstreckungsübereinkommen
- NJW 1981, S. 1876ff: Der Gerichtsstand des Erfüllungsortes nach dem EuGVÜ

Ramos, Francisco
- IPRax 1985, S. 235ff.: Vollstreckung deutscher Scheidungsurteile in Spanien

Rau, Hans
- IPRax 1981, S. 189ff.: Neues spanisches Internationales Familienrecht

Schack, Haimo
- IPRax 1990, S. 19f.: Derogation des Vermögensgerichtsstandes zwischen deutscher lex fori und ausländischem Prorogationsstatut (zu BGH, 24.11.1988 - III ZR 150/87)
- ZEuP 1993, S. 306ff.: Perspektiven eines weltweiten Anerkennungs- und Voll- streckungsübereinkommens
- Internationales Zivilverfahrensrecht, 2., neubearbeitete Auflage, München 1996

Schellhammer, Kurt
- Zivilprozeßrecht, Gesetz-Praxis-Fälle, Ein Lehrbuch, 7., überarbeitete Auflage, Heidelberg 1996

Schlosser, Peter F.
- Amtsblatt der EG, Nr. C 59 vom 5. März 1979, S. 71 - 151: Bericht zum EuGVÜ vom 9.10.1978
- EuGVÜ, Europäisches Gerichtsstands- und Vollstreckungsübereinkommen mit Luganer Übereinkommen und den Haager Übereinkommen über Zustellung und Beweisaufnahme, München, 1996 (zit.: EuGVÜ)

Schmidt-Aßmann, Eberhard
- Besonderes Verwaltungsrecht, 11., neubearbeitete Auflage, Berlin 1999

Schöfberger/Hauser
- BT-Drucksache 7/1384 vom 7. Dezember 1973, Bericht und Antrag des Rechtsausschusses (6. Ausschuß) zu dem vom Bundesrat eingebrachten Entwurf eines Gesetzes zur Änderung der Zivilprozeßordnung -Drucksache 7/268-, S. 1ff.

Schomerus, Andreas
- NJW 1995, S. 359ff.: Time-Sharing-Verträge in Spanien im Lichte der EG-Richtlinie über den Erwerb von Teilnutzungsrechten an Immobilien
- NJW 1996, S. 3239ff.: Gerichtliche Durchsetzung von Rückzahlungsansprüchen aus Time-Sharing-Verträgen in Spanien

Schröder, Jochen
- Internationale Zuständigkeit - Entwurf eines Systems von Zuständigkeitsinteressen im zwischenstaatlichen Privatverfahrensrecht aufgrund rechtshistorischer, rechtsvergleichender und rechtspolitischer Betrachtungen, Opladen 1971

Schuschke, Winfried/ Walker, Wolf-Dietrich
- Vollstreckung und Vorläufiger Rechtsschutz, Kommentar zum Achten Buch der Zivilprozeßordnung, Band I, Zwangsvollstreckung, §§ 704-915 h ZPO, 2. völlig neubearbeitete und erweiterte Auflage, Köln, Berlin, Bonn, München 1997

Spellenberg, Ulrich
- ZZP 91 (1978), S. 39ff.: Der Gerichtsstand des Erfüllungsortes im europäischen Gerichtsstands- und Vollstreckungsübereinkommen

Stein/Jonas
- Kommentar zur Zivilprozeßordnung, bearbeitet von Wolfgang Grunsky, Dieter Leipold, Wolfgang Münzberg, Peter Schlosser, Ekkehard Schumann, Band 2, Teilband 2, 21. Auflage, Tübingen 1994 (zit.: St/J)

Stojan, Teddy Svatopluk
- Die Anerkennung und Vollstreckung ausländischer Zivilurteile in Handelssachen, Zürich, 1986

Teixeira de Sousa, Miguel

- IPRax 1997, S. 352ff.: Die neue internationale Zuständigkeitsregelung im portugiesischen Zivilprozeßgesetzbuch und die Brüsseler und Luganer Übereinkommen: einige vergleichende Bemerkungen

Thomas, Heinz/Putzo, Hans

- Zivilprozeßordnung mit Gerichtsverfassungsgesetz und den Einführungsgesetzen, dem Brüsseler EWG-Übereinkommen und dem Luganer Übereinkommen über die gerichtliche Zuständigkeit und die Vollstreckung gerichtlicher Entscheidungen in Zivil- und Handelssachen sowie dem Anerkennungs- und Vollstreckungsausführungsgesetz erläutert von Thomas, Heinz/Putzo, Hans/Reichold, Klaus/Hüßtege, Rainer, 22., neubearbeitete Auflage, München 1999 (zit.: Thomas/Putzo)

Trunk, Alexander

- Die Erweiterung des EuGVÜ-Systems am Vorabend des Europäischen Binnenmarktes, München 1991

Wagner, Rolf

- IPRax 1998, S. 241ff.: Die geplante Reform des Brüsseler und des Lugano-Übereinkommens

Walter, Gerhard

- ZZP 1996 (109. Band), S. 3ff.: Reform des internationalen Zivilprozeßrechts in Italien

Weigand, Frank-Bernd

- RIW 1991, S. 717ff.: Der Beitritt Spaniens und Portugals zum EuGVÜ - Das Beitrittsübereinkommen von Donostia-San Sebastian vom26. Mai 1989
- Der deutsch-spanische Rechtsverkehr - Zuständigkeit, Anerkennung, Vollstreckung, Frankfurt am Main, 1992 (zit.: Der deutsch-spanische Rechtsverkehr)

Weiß, Josef

- Die Konkretisierung der Gerichtsstandsregeln des EuGVÜ durch den EuGH, Frankfurt am Main 1997

Wengler, Leopold

- Institutionen des römischen Zivilprozessrechts, München 1925

Werth, Dieter

- RIW/AWD 1975, S. 556ff.: Die spanische Regelung der internationalen Zuständigkeit

Zöller, Richard
- Zivilprozeßordnung mit Gerichtsverfassungsgesetz und den Einführungsgesetzen, mit Internationalem Zivilprozeßrecht, Kostenanmerkungen, bearbeitet von Geimer, Reinhold/Greger, Reinhard/Gummer, Peter/Herget, Kurt/Philippi, Peter/Stöber, Kurt/Vollkommer, Max, 21. neubearbeitete Auflage, Köln 1999 (zit. Bearbeiter in Zöller, ZPO)

4. Sonstige Quellen

- Bundestagsdrucksache 11/5462 vom 25. Oktober 1989, S. 1ff.: Gesetzesentwurf der Bundesregierung - Entwurf eines Gesetzes über Verbraucherkredite, zur Änderung der Zivilprozeßordnung und anderer Gesetze

- Amtsblatt der EG Nr. C 33 vom 31.1.1998, S. 3ff.: Mitteilung der Kommission an den Rat und das Europäische Parlament: „Wege zu einer effizienteren Erwirkung und Vollstreckung von gerichtlichen Entscheidungen in der Europäischen Union"

- Tätigkeiten des Gerichtshofes und des Gerichts Erster Instanz der Europäischen Gemeinschaften:

    - Woche vom 16. bis 20. März 1998, Nr. 09/98, S. 1f.: EuGH, Urt. vom 17. März 1998, Bayerische Hypotheken- u. Wechselbank AG/Edgar Dietzinger, Rs. C-45/96
    - Woche vom 14. bis 18. September 1998, Nr. 20/98, S. 48ff.: Vorabentscheidungsersuchen des Juzgado de Primera Instancia de Barcelona, Océano Grupo Editorial SA/Rocío Murciano Quintero, Rs. C-240/98 et al. (bis Rs. C-244/98)
    - Woche vom 26. bis 30. Oktober 1998, Nr. 26/98, S. 8ff.: EuGH, Urt. vom 27. Oktober 1998, Réunion Européenne SA u.a./Spliethoff's Bevrachtingskantoor BV und Capitaine commandant le navire „Alblasgracht V002", Rs. C-51/97
    - Woche vom 15. bis 19. März 1999, Nr. 08/99, S. 4ff.: EuGH, Urt. vom 16. März 1999, Trasporti Castelletti Spedizioni Internazionali SpA/Hugo Trumpy SpA, Rs. C-159/97
    - Woche vom 12. bis 16. April und vom 19. bis 23. April 1999, Nr. 10/99, S. 13ff.: EuGH, Urt. vom 22. April 1999, Travel Vac SL/Manuel José Antelm Sanchis, Rs. C-423/97
    - Woche vom 26. bis 30. April 1999, Nr. 11/99, S. 1ff.: EuGH, Urt. vom 27. April 1999, Hans-Hermann Mietz/Intership Yachting Smeek BV, Rs. C-99/96
    - Woche vom 27. September bis 1. Oktober 1999, Nr. 24/99, S. 1ff.: EuGH, Urt. vom 28. September 1999, GIE Groupe Concorde u.a./Capitaine commandant le navire „Suhadiwarno Panjan", Rs. C-440/97

Ballarino, Tito
- Diritto Internazionale Privato, seconda edizione aggiornata sulla legge 218/1995, Padova 1996

Cremades, Bernardo M./Cabiedes Eduardo G.
- Litigating in Spain - Considerations for foreign practitioners, including international judicial assistance, enforcement of foreign judgements, bancruptcy, arbitration and other civil proceedings, Madrid 1989

- IPRax 1996, S. 356ff. (Materialien): Legge 31 Maggio 1995, N.218 - Riforma del sistema Italiano di diritto internazionale privato/Gesetz v. 31. Mai 1995 Nr.218 - Reform des italienischen Systems des Internationalen Privatrechts

- IPRax 2000, S. 41ff. (Materialien): EG-Kommission: Vorschlag für eine Verordnung (EG) des Rates über die gerichtliche Zuständigkeit und die Anerkennung und Vollstreckung von Entscheidungen in Zivil- und Handelssachen

Fawcett, J. J.
- Declining Jurisdiction in Private International Law, Reports to the XIVth Congress of the International Academy of Comparative Law Athens, August 1994, Oxford 1995

Szászy, István
- International Civil Procedure. A Comparative Study, Budapest 1967

STUDIEN ZUM VERGLEICHENDEN UND INTERNATIONALEN RECHT

Herausgeber: Bernd von Hoffmann, Erik Jayme und Heinz-Peter Mansel

Band 1 Ferdinand Henke: Die Datenschutzkonvention des Europarates. 1986.

Band 2 Peter Czermak: Der express trust im internationalen Privatrecht. 1986.

Band 3 Peter Kindler: Der Ausgleichsanspruch des Handelsvertreters im deutsch-italienischen Warenverkehr. Eine rechtsvergleichende und kollisionsrechtliche Untersuchung. 1987.

Band 4 Wilhelm Denzer: Stellung und Bedeutung des Engineers in den FIDIC-Bauvertragsbedingungen. 1988.

Band 5 Marijan-Maximilian Lederer: Die internationale Enteignung von Mitgliedschaftsrechten unter besonderer Berücksichtigung der französischen Enteignungen 1982. 1989.

Band 6 Rainer Esser: Klagen gegen ausländische Staaten. 1990.

Band 7 Chang Jae-Ok: Auf dem Weg zu einer Materialisierung des Immateriellen ? Personen-, Persönlichkeitsschutz und Geldersatz des immateriellen Schadens in rechtsvergleichender Hinsicht am Beispiel des koreanischen und japanischen Zivilrechts unter besonderer Berücksichtigung des deutschen Rechts. 1990.

Band 8 Paul-Frank Weise: Lex mercatoria. Materielles Recht vor der internationalen Handelsschiedsgerichtbarkeit.1990.

Band 9 Werner Born: Der Auftrittsvertrag für Musikgruppen im Bereich der Rock- und Popmusik. 1990.

Band 10 Ralf Erich Jürgens: IPR und Verfassung in Italien und in der Bundesrepublik Deutschland. 1990.

Band 11 Rainer Gildeggen: Internationale Schieds- und Schiedsverfahrensvereinbarungen in Allgemeinen Geschäftsbedingungen vor deutschen Gerichten. 1991.

Band 12 Klaus Grabinski: Die kollisionsrechtliche Behandlung des Durchgriffs bei rechtlich verselbständigten Unternehmen in privater oder öffentlicher Hand. 1991.

Band 13 Dieter Stummel: Konkurs und Integration. Konventionsrechtliche Wege zur Bewältigung grenzüberschreitender Insolvenzverfahren. 1991.

Band 14 Joachim Güntzer: Die Rechtsstellung des Geschäftsführers im spanischen Aktienrecht. Die Neuregelung des spanischen Aktienrechts nach dem Beitritt Spaniens zur EG. 1991.

Band 15 Sabine Isenburg-Epple: Die Berücksichtigung ausländischer Rechtshängigkeit nach dem Europäischen Gerichtsstands- und Vollstreckungsübereinkommen vom 27.9.1968. Untersuchungen zum Anwendungsbereich von Art. 21 EuGVÜ unter schwerpunktmäßiger Behandlung der Frage nach der Bestimmung eines europäischen Streitgegenstandsbegriffs. 1992.

Band 16 Ulrich Nickl: Die Qualifikation der culpa in contrahendo im Internationalen Privatrecht. 1992.

Band 17 Theo Rauh: Leistungserschwerungen im Schuldvertrag. Eine rechtsvergleichende Untersuchung des englischen, US-amerikanischen, französischen und deutschen Rechts unter besonderer Berücksichtigung der gerichtlichen Praxis. 1992.

Band 18 Bernadette Chaussade-Klein: Vorvertragliche "obligation de renseignements" im französischen Recht. 1992.

Band 19 Josef Sievers: Verbraucherschutz gegen unlautere Vertragsbedingungen im französischen Recht. Vom Code civil zum "Code de la consommation" – die Entstehung eines Sonderprivatrechts für Verbraucher. 1993.

Band 20 Achim Schäfer: Grenzüberschreitende Kreditsicherung an Grundstücken, unter besonderer Berücksichtigung des deutschen und italienischen Rechts. 1993.

Band 21 Eugenio Hernández-Breton: Internationale Gerichtsstandsklauseln in Allgemeinen Geschäftsbedingungen. Unter besonderer Berücksichtigung des deutsch-südamerikanischen Rechtsverkehrs (dargestellt am Beispiel Argentinien, Brasilien und Venezuela). 1993.

Band 22 Ingo Reng: Unterhaltsansprüche aufgrund nichtehelicher Lebensgemeinschaft – Internationales Privatrecht und ausländisches materielles Recht. 1994.

Band 23 Stefanie Roloff: Die Geltendmachung ausländischer öffentlicher Ansprüche im Inland. 1994.

Band 24 Katharina Ludwig: Der Vertragsschluß nach UN-Kaufrecht im Spannungsverhältnis von Common Law und Civil Law. Dargestellt auf der Grundlage der Rechtsordnungen Englands und Deutschlands. 1994.

Band 25 Malte Diesselhorst: Mehrparteienschiedsverfahren. Internationale Schiedsverfahren unter Beteiligung von mehr als zwei Parteien. 1994.

Band 26 Manfred Kost: Konsensprobleme im internationalen Schuldvertragsrecht. 1995.

Band 27 Wolff-Heinrich Fleischer: Das italienische Wettbewerbsrecht und die Probleme des selektiven Parfümvertriebs unter Berücksichtigung der Rechtslage in Frankreich und Deutschland. 1995.

Band 28 Angelika Fuchs: Lateinamerikanische Devisenkontrollen in der internationalen Schuldenkrise und Art. VIII Abschn. 2 b) IWF-Abkommen. 1995.

Band 29 Jacques Matthias Aull: Der Geltungsanspruch des EuGVÜ: "Binnensachverhalte" und Internationales Zivilverfahrensrecht in der Europäischen Union. Zur Auslegung von Art. 17 Abs. 1 S. 1 EuGVÜ. 1996.

Band 30 Hartmut Ost: EVÜ und fact doctrine. Konflikte zwischen europäischer IPR-Vereinheitlichung und der Stellung ausländischen Rechts im angelsächsischen Zivilprozeß. 1996.

Band 31 Stefan Wagner: Die Testierfähigkeit im Internationalen Privatrecht. 1996.

Band 32 Wolfgang Jakob Hau: Positive Kompetenzkonflikte im Internationalen Zivilprozeßrecht. Überlegungen zur Bewältigung von *multi-fora disputes*. 1996.

Band 33 Markus Schütz: UN-Kaufrecht und *Culpa in contrahendo*. 1996.

Band 34 Volker Geyrhalter: Das Lösungsrecht des gutgläubigen Erwerbers. Ein "vergessener" Kompromiß und die Auswirkungen auf das heutige deutsche Recht unter besonderer Berücksichtigung des internationalen Sachenrechts. 1996.

Band 35 Andreas Kramer: Abwicklungsstörungen bei Kaufverträgen. Die Lieferung vertragswidriger Sachen im deutschen und italienischen Recht. 1996.

Band 36 Petra Krings: Erfüllungsmodalitäten im internationalen Schuldvertragsrecht. 1997.

Band 37 Tonja Gaibler: Der rechtsgeschäftliche Irrtum im französischen Recht. 1997.

Band 38 Dirk Otto: Rechtsspaltung im indischen Erbrecht. Bedeutung und Auswirkungen auf deutsch-indische Nachlaßfälle. 1997.

Band 39 Gregor W. Decku: Zwischen Vertrag und Delikt. Grenzfälle vertraglicher und deliktischer Haftung dargestellt am Beispiel der Berufs- und Expertenhaftung zum Schutze des Vermögens Dritter im deutschen und englischen Recht. 1997.

Band 40 Ulrike Höpping: Auswirkungen der Warenverkehrsfreiheit auf das IPR unter besonderer Berücksichtigung des Internationalen Produkthaftungsrechts und des Internationalen Vertragsrechts. 1997.

Band 41 Andreas Bartosch: Die vermögensrechtlichen Beziehungen der Ehegatten bei bestehender Ehe im englischen Recht – Eigentum, Besitz, Schuldvertrag. 1997.

Band 42 Helene Boriths Müller: Die Umsetzung der europäischen Übereinkommen von Rom und Brüssel in das Recht der Mitgliedstaaten. Dargestellt am Beispiel Deutschlands und Dänemarks. 1997.

Band 43 Bernd von Hoffmann / Myong-Chang Hwang (eds.): The Public Concept of Land Ownership. Reports and Discussions of a German-Korean Symposium held in Seoul on October 7-9, 1996. 1997.

Band 44 Oliver Heeder: Fraus legis. Eine rechtsvergleichende Untersuchung über den Vorbehalt der Gesetzesumgehung in Deutschland, Österreich, der Schweiz, Frankreich und Belgien unter besonderer Berücksichtigung des Internationalen Privatrechts. 1998.

Band 45 Heinrich Schütt: Deliktstyp und Internationales Privatrecht. Dargestellt an grenzüberschreitenden Problemen der Arzthaftung. 1998.

Band 46 Axel Steiner: Die stillschweigende Rechtswahl im Prozeß im System der subjektiven Anknüpfungen im deutschen Internationalen Privatrecht. 1998.

Band 47 Martina Schulz: Der Eigentumsvorbehalt in europäischen Rechtsordnungen. Rechtsvergleichende Untersuchung des deutschen, englischen und französischen Rechts unter besonderer Berücksichtigung von Erweiterungen und Verlängerungen. 1998.

Band 48 Karin Dreher: Die Rechtswahl im internationalen Erbrecht. Unter besonderer Berücksichtigung des italienischen IPR-Reformgesetzes N. 218 vom 31. Mai 1995. 1999.

Band 49 Giuliano Gabrielli: Das Verhältnis zwischen der Anfechtung wegen Eigenschaftsirrtums und den Gewährleistungsansprüchen im deutschen, österreichischen und italienischen Recht. 1999.

Band 50 Bernd von Hoffmann / Myong-Chan Hwang (eds.): Developments in Land Law. Reports and Discussions of a German-Korean Symposium held in Berlin and Trier on July 21-24, 1997. 1999.

Band 51 Volker Heidbüchel: Das UNCITRAL-Übereinkommen über unabhängige Garantien und Standby Letters of Credit. Vergleiche mit den Richtlinien der Internationalen Handelskammer, dem deutschen, englischen und US-amerikanischen Recht. 1999.

Band 52 Jan Christoph Nordmeyer: Pflichtteilsansprüche und Wiedervereinigung. Eine systematische Analyse der Ausgleichsansprüche nach BGB-Pflichtteilsrecht unter besonderer Berücksichtigung der durch den Wiedervereinigungsprozeß eingetretenen Wertveränderungen. 1999.

Band 53 Bettina Linder: Vertragsabschluß beim grenzüberschreitenden Verbraucherleasing. 1999.

Band 54 Almontasser Fetih: Die zivilrechtliche Haftung bei Vertragsverhandlungen. Eine rechtsvergleichende Studie zum deutschen, französischen, ägyptischen und islamischen Recht. 2000.

Band 55 Sona Rajani: Die Geltung und Anwendung des Gemeinschaftsrechts im Vereinigten Königreich von Großbritannien und Nordirland. Der Grundsatz der Parlamentssouveränität im Wandel. 2000.

Band 56 Joachim Kayser: Gegenmaßnahmen im Außenwirtschaftsrecht und das System des europäischen Kollisionsrechts. Eine Analyse der EU-Abwehrverordnung gegen die Auswirkungen extraterritorialer Rechtserstreckung eines Drittlandes. 2001.

Band 57 Albrecht Conrad: Qualifikationsfragen des Trust im Europäischen Zivilprozeßrecht. 2001.

Band 58 Bernd Borgmann: Die Entsendung von Arbeitnehmern in der Europäischen Gemeinschaft. Wechselwirkungen zwischen Kollisionsrecht, Grundfreiheiten und Spezialgesetzen. 2001.

Band 59 Aleksandar Jaksic: Arbitration and Human Rights. 2002.

Band 60 Islamisches und arabisches Recht als Problem der Rechtsanwendung. Symposium zu Ehren von Professor Emeritus Dr. iur. Omaia Elwan. Veranstaltet vom Institut für ausländisches und internationales Privat- und Wirtschaftsrecht der Universität Heidelberg und der Gesellschaft für Arabisches und Islamisches Recht e.V. Herausgegeben von Herbert Kronke, Gert Reinhart und Nika Witteborg. 2001.

Band 61 Patrick Fiedler: Stabilisierungsklauseln und materielle Verweisung im internationalen Vertragsrecht. 2001.

Band 62 Werner Mangold: Die Abtretung im Europäischen Kollisionsrecht. Unter besonderer Berücksichtigung des spanischen Rechts. 2001.

Band 63 Eike Dirk Eschenfelder: Beweiserhebung im Ausland und ihre Verwertung im inländischen Zivilprozess. Zur Bedeutung des US-amerikanischen discovery-Verfahrens für das deutsche Erkenntnisverfahren. 2002.

Band 64 Bernd Ehle: Wege zu einer Kohärenz der Rechtsquellen im Europäischen Kollisionsrecht der Verbraucherverträge. 2002.

Band 65 Heiko Lehmkuhl: Das Nacherfüllungsrecht des Verkäufers im UN-Kaufrecht. 2002.

Band 66 Jochen Nikolaus Schlotter: Erbrechtliche Probleme in der Société Privée Européenne. IPR-Harmonisierung im einheitlichen Europäischen Rechtsraum. 2002.

Band 67 Konrad Ost: Doppelrelevante Tatsachen im Internationalen Zivilverfahrensrecht. Zur Prüfung der internationalen Zuständigkeit bei den Gerichtsständen des Erfüllungsortes und der unerlaubten Handlung. 2002.

Band 68 Tobias Bosch: Die Durchbrechungen des Gesamtstatuts im internationalen Ehegüterrecht. Unter besonderer Berücksichtigung deutsch-französischer Rechtsfälle. 2002.

Band 69 Ursula Philipp: Form im amerikanischen Erbrecht. Zwischen Formalismus und harmless error. 2002.

Band 70 Christian Stefan Wolf: Der Begriff der wesentlich engeren Verbindung im Internationalen Sachenrecht. 2002.

Band 71 André Fomferek: Der Schutz des Vermögens Minderjähriger. Ein Vergleich des deutschen und des englischen Rechts unter Berücksichtigung des schottischen und irischen Rechts. 2002.

Band 72 Nicolas Blanchard: Die prozessualen Schranken der Formfreiheit. Beweismittel und Beweiskraft im EG-Schuldvertragsübereinkommen in deutsch-französischen Vertragsfällen. 2002.

Band 73 Markus Dreißigacker: Sprachenfreiheit im Verbrauchervertragsrecht. Der Verbraucher im Spannungsfeld zwischen kultureller Identität und Privatautonomie. 2002.

Band 74 Vassiliki Myller-Igknay: Auskunftsansprüche im griechischen Zivilrecht. Auswirkungen im deutsch-griechischen Rechtsverkehr sowie im deutschen internationalen Privat- und Verfahrensrecht. 2003

Band 75 Stefan Bruinier: Der Einfluss der Grundfreiheiten auf das Internationale Privatrecht. 2003.

Band 76 Nika Witteborg: Das gemeinsame Sorgerecht nichtverheirateter Eltern. Eine Untersuchung im soziologischen, rechtsgeschichtlichen, verfassungsrechtlichen, rechtsvergleichenden und internationalen Kontext. 2003.

Band 77 Peter Stankewitsch: Entscheidungsnormen im IPR als Wirksamkeitsvoraussetzungen der Rechtswahl. 2003.

Band 78 Jan Wilhelm Ritter: Euro-Einführung und IPR unter besonderer Berücksichtigung nachehelicher Unterhaltsverträge. Eine Untersuchung mit Blick auf das deutsche, französische und schweizerische Recht. 2003.

Band 79 Wolf Richard Herkner: Die Grenzen der Rechtswahl im internationalen Deliktsrecht. 2003.

Band 80 Ira Ditandy: Internationale Zuständigkeit. Neuregelung durch die LOPJ 1985. Vergleich mit dem europäischen Vorbild und Auswirkungen auf das spanische internationale Zivilverfahrensrecht. 2003.

FSC
www.fsc.org
MIX
Papier | Fördert gute Waldnutzung
FSC® C083411

Kolibri 360 GmbH
Ferdinand-Jühlke-Straße 7
99095 Erfurt, Deutschland
produktsicherheit@kolibri360.de

Druck:
CPI Druckdienstleistungen GmbH
im Auftrag der
Kolibri 360 GmbH
Ferdinand-Jühlke-Str. 7
99095 Erfurt